중재반응을 위한 증거기반 읽기 교수

Diane Haager · Janette Klingner · Sharon Vaughn 편저
이병혁 · 홍성두 공역

학지사

Evidence-Based Reading Practices for Response to Intervention

by Diane Haager, Ph.D., Janette Klingner, Ph.D., and Sharon Vaughn, Ph.D.

역자 서문

현대 사회에서 읽기는 생존과 관련된 문제가 된다. 모든 아동은 모국어를 읽을 수 있어야 하며 이를 통해 원하는 메시지를 주고받을 수 있어야 한다. 하지만 불행하게도 상당수의 아동이 읽기에 어려움을 겪고 있으며, 어떤 경우 그 어려움은 장애로 일컬어지기도 한다.

그것이 어떠한 것이든 장애를 지닌 것으로 판별된다는 것은 해당 개인의 삶에 극적인 영향을 미친다. 잘못된 판별로 인해 장애가 있음에도 장애가 없는 것으로 결정되거나 장애가 없음에도 장애가 있는 것으로 결정된다면, 해당 개인은 물론 가족들의 삶 또한 위기에 처하게 된다. 따라서 어떤 아동에게 장애가 있는지 아닌지를 정확하게 판별해야 함은 이론의 여지가 없다. 하지만 읽기장애를 포함한 학습장애는 그 정의가 아직 모호하고 유사 개념인 학습부진과 많이 혼동되고 있으며, 이는 현장에서 아동들을 지도하고 있는 교사들에게 자신이 담당하고 있는 아동의 학습문제가 학습장애로 인한 것인지 아니면 학습부진으로 인한 것인지를 결정하기 어렵게 만들고 있다. 그동안 학습장애 분야에서의 판별은 주로 지적 능력과 성취 사이의 불일치(차이공식)를 기준으로 이루어져 왔으나, 차이공식은 그냥 지나칠 수 없는 여러 문제점으로 비판을 받아왔다. 이러한 이유로 차이공식에 대한 대안으로 제시된 것이 바로 '중재에 대한 반응(Response To Intervention)', 즉 중재반응 모델이다.

이 책은 총 13장으로 이루어져 있으며 다수의 저명한 학자들이 중재반응 모델을 천착하고 있다. 또한 단지 이론적인 부분뿐 아니라 적용 및 실행 방법을 깊이 있게 논의함으로써 현장 교사들에게 중재반응 모델에 대한 이해를 높이고, 실제에서 적용을 가능케 한다는 점은 이 책의 긍정적인 특성이라 할 수 있다. 물론 중재반응 모델이 읽기 문제를 판별하는 데 있어 유일하게 올바른 방식은 아니다. 하지만 장애라는 중요한 주제를 다룰 수 있는 하나의 효과적인 접근방식임에는 틀림없으므로 현장에서 아동들을 가르치는 교사들에게도 그리고 연구자들에게도 의미 있는 선택사항이 될 수 있을 것이다.

끝으로 이 책이 출판될 수 있도록 도와주신 학지사 김진환 사장님을 비롯하여 여러 번의 지난한 편집 작업에 애써 주신 박지영 선생님과 모든 직원께 감사의 말씀을 전한다.

2018. 7.

역자 일동

「차례」

제5부 3단계 모델의 실행

제1부

3단계 모델의 배경과 개관

제1장

읽기 중재의 3단계 모델 개관

Sharon Vaughn and Janette Klingner

1970년대 중반 이후로 학습장애 학생들의 판별은 지속적인 논쟁주제가 되어 왔다. 비록 수학이나 읽기 '전쟁'만큼 격하지는 않을지라도, 어떻게 학습장애를 판별하는 것이 최선일 것인가에 대한 쟁점은 놀라우리만큼 수년 동안 변화된 것이 거의 없다. 이러한 쟁점에는 ① 판별과정에서 매우 심하게 영향을 미치는 교사의 지각을 통해 학생을 서비스에 의뢰하는 주관성, ② IQ와 성취의 차이 같은 결함 있는 방법을 주요 실제로 강조하여 학습장애를 결정하는 부정확한 절차, ③ 예방과 조기중재 모델보다는 '실패할 때까지 기다리는(wait-to-fail)' 모델을 활용하여 판별되는 학생, ④ 누가 학습장애를 가진 것으로 판별되는가에 거의 영향을 미치지 않는 학습기회와 환경, ⑤ 주(州)별 학습장애 출현율에 있어서의 상당한 차이 그리고 ⑥ 부적절하게 판별되고 특수교육 서비스를 받는 너무 많은 소수민족 집단 등이 포함된다.

자주 논의되는 이러한 문제는 학습장애 분야를 끈질지게 괴롭혔다. 사실 많은 학습장애인의 옹호자들은 좀 더 옹호할 수 있는 판별 과정이 실행되지 않는다면, 학습장애 범주가 아마도 특수교육에 받아들여지지 않을 수도 있지 않을까 염려했다. 이러한 염려 때문에 특수교육과 관련된 몇 가지 개별적인 제안이 실행되었다. 다음 장에서 논의되겠지만, 다행히도 이러한 제안들은 학습장애 학생들을 위한 판별과 중재 실제에 변화의 발판을 마련한 수렴적 결과를 산출했다.

주요 변화로는 학생들에게 읽기와 학습에 어려움이 있는지 결정하기 위한 방법으로 점점 더 집중적인 중재 층들을 활용하는 중재반응(Response To Intervention: RIT) 모델의 사용이 권장되고 있다는 것이다. 이러한 교수(instruction)의 층은 종종 교수단계로 생각된다. 단계의 수는 다양한 반면에, 학교는 전형적으로 세 가지 단계를 사용한다. '단계 1 혹은 1차 중재'는 교사가 모든 학생에게 제공하는 하나의 읽기 교수를 일컫는다. '단계 2 혹은 2차 중재'는 일반적 선별을 통해 판별된 그리고 추가적인 읽기 중재를 필요로 하는 학생에게 제공되는 읽기 교수를 일컫는다. 그리고 '단계 3 혹은 3차 중재'는 학습할 때 지속적으로 어려움을 겪으며 2차 중재에 대한 반응이 적절하지 않은 학생에게 제공되는 읽기 교수를 말한다.

중재반응을 위한 배경 조성

2001년 이후로 세 가지 중요한 발의들이 학습장애 학생들의 판별과정에서 변화를 위한 장을 마련해 왔다. 이러한 세 가지 발의들은 President's Commission on Excellence in Special Education(2002), 미국 교육부(U.S. Department of Education)의 OSEP(The Office of Special Education Program)가 후원한 Learning Disabilities Summit(Bradley, Danielson, & Hallahan, 2002)과 특수교육을 받는 소수민족 학생들에 관한 The National Research Council 보고서다. 이 발의들 각각에서의 권고사항을 다음 단락에 간략하게 정리한다.

President's Commission on Excellence in Special Education은 미국 전역에서 13번의 공청회를 열었고, 글로 작성된 수백 건의 의견들을 청하여 받았다. 위원회의 보고(2002)는 현재 특수교육 체제가 문서작업과 배치를 너무 중요시하고 교수를 충분히 강조하지 않으며 예방이나 중재에 초점이 맞추어져 있기보다 '실패할 때까지 기다리는' 접근을 취한다고 밝혔다. 또한 위원회는 일반교육과 특수교육 체제가 장애아동에게 서비스를 제공하는 통합된 체제라기보다 별개로 운영된다는 것을 인정했다. 이러한 결과로 대통령 위원회는 성과에 대한 점검을 통해 장애학생 또한 일반교육의 한 부분으로 수용하는 예방 모델을 실행하는 것으로 교육체제의 초점을 바꿀 것을 제안하였다. "간단히 말해, 교육체제는 반드시 그 체제가 제공하는 기회와 각 아동이 성취한 결과물에 의해 평가되어야 한다."(2002, p. 9)

2001년 8월 OSEP가 후원하는 Learning Disabilities Summit은 학습장애 분야의 연구자들을 소집하였다. 이 회담의 목적은 학습장애 판별과 관련된 가장 최근의 연구 및 실제의 결과들을 판단하고 학습장애 결정에 대한 부정확한 절차, 학생을 학습장애로 의뢰하는 데 있어서의 주관성 그리고 처리상 문제점들을 규명하는 것과 관련된 측정 문제 등과 같은 이전에 확인된 쟁점들을 해결하기 위한 대안적 실제들을 규명하는 데 있었다. 이 회담에서의 결과는 800페이지가 넘는 책에서 보고되었다(Bradley, Danielson, & Hallahan, 2002).

이 책(Bradley, Danielson, & Hallahan, 2002)에서 보고된 결과의 완벽한 정리는 이 서론 범위를 넘어선다 할지라도, 자문팀은 학습장애 판별 및 학습장애 학생들의 더 적절한 판별을 촉진하는 수단으로서의 중재반응 모델 사용과 관련된 여덟 가지 주요 원리에 대한 합의를 이루어 냈다. 여덟 가지 주요 원리는 다음과 같다.

- 학습장애의 개념은 타당한 구인이다.
- 학습장애 학생들은 특수교육이 필요하다.
- 학습장애인은 전 생애에 걸쳐 겪는 장애를 가진다.
- 6% 이상일 수 있지만, 학습장애의 정확한 출현율은 알려지지 않았다.
- 지능과 성취 간의 불일치는 학습장애 학생을 판별하는 데 적절한 실제가 아니다.
- 처리장애(processing disorder)와 학습장애 간의 연관성은 측정하기 어렵고, 대부분의 처리장애 학생을 위한 올바른 처치를 결정하기 어렵다.
- 중재반응 모델은 학습장애인을 규명하기에 가장 유망한 방법이다.
- 학습장애 학생을 위한 효과적인 중재에 대해 많이 알려져 있지만, 비효과적인 중재가 계속해서 사용되고 있다.

일관된 결과는 전통적인 사정 실제들을 활용한 학습장애 학생의 판별과 처치가 정확하게 학습장애 학생을 판별하지 않을 거라는 것이다. 학습장애 학생들은 예기치 않는 저성취를 보이기 때문에, 일반적으로 효과적인 교수에 대한 미약한 반응은 특수교육을 요하는 학생들을 판별하기 위한 지침으로 사용될 수 있을 것이다.

특수교육을 받는 소수민족 집단 학생들에 대한 Donovan과 Cross의 보고(2002)는 Learning Disabilities Summit(Bradley, Danielson, & Hallahan, 2002)의 자문단들이 제시한 권고사항들 및 President's Commission on Excellence in Special Education의 권고사항들과 유사한 내용을 제공하고 있다. 여러 결과에서 특수교육에 의뢰되는 주요한 이유가 읽기와 행동문제라는 것이 드러났다. 위원회의 권고사항은 조기 선별과 중재 실행이 이루어지기 위해서는 조기 판별과 처치가 제공되어야 한다는 것이었다. 읽기와 행동문제를 가진 학생들을 위한 효과적인 중재에 관하여 지식기반이 증가하고 있기 때문에, 교육체제는 학생들의 문제를 감소하는 것을 목표로 하는 학교 단위의 행동과 읽기 프로그램을 설립할 수 있다. 이러한 프로그램에 참여한 후에도 여전히 문제를 보이는 학생들은 적절한 프로그램이 없기 때문에 특수교육에 배치되기보다는 특수교육을 필요로 하는 것으로 보인다. 위원회는 다음과 같이 제안하였다.

> 특수교육 적법성에 관한 연방정부의 지침들은 더 나은 일반교육과 특수교육의 통합 서비스를 장려하기 위하여 변화되고 있다. 우리는 어떤 학생이 하나 또는 그 이상의 영역에서 전형적인 수행 수준과는 큰 차이를 보일 때와 학교 상황의 적절한 기능 영역에서 높은 수준의 중재에 불충분하게 반응한다는 증거를 보일 때 적격성이 나타난다고 제안한다(Donovan & Cross, 2002, p. 362).

중재반응: 학습장애 학생을 위한 판별과 교수의 새로운 시대

학습장애 학생의 판별을 위한 새로운 방향은 앞서 언급한 세 가지 발의에서 비롯되었다. 2004년 「장애인교육법(Individuals with Disabilities Education Improvement Act: IDEA)」(PL 108-446)는 학습장애 학생을 판별하는 하나의 실제로 중재반응을 제안하였다. 앞서 검토한 합의 보고서를 인용하면, 2004년의 IDEA는 다음과 같이 제안하였다.

- IQ-성취 불일치 준거는 서비스가 가장 이로울 것 같은 초기에 서비스를 제공하는 대신 학생의 수행이 준거를 충족할 만큼 충분히 낮아질 때까지 중재를 지연시키므로 불일치 준거의 사용 중단
- 어떤 아동의 수행 수준과 또래들의 수행 수준 간의 차이를 일찍 메울 수 있도록 하는 조기 선별과 중재
- 다단계 중재 전략의 사용
- 학생들이 특수교육에서 적절한 진전을 보일 수 있도록 학습을 가속화하는 실제에 관한 지역적 검토
- 질 높은 연구기반 중재에 대한 학생 반응의 체계적이고 지속적인 진전도 점검
- 일반교육과 특수교육 서비스의 더 나은 통합
- 학생을 의뢰하고 판별하며 특수교육 서비스를 제공할 때 맥락의 역할 고려

이러한 제안들이 매우 합리적이고 방향이 잘 제시되어 있더라도, 적용에 있어서는 많은 주와 지역 교육 기관에 따라 다소 벅찰 것으로 보였다. 그래서 2004년의 IDEA에 반응하여, National Association of State Directors of Special Education(2005)은 중재반응을 적용하는 데 필요한 규정상 고려사항들과 실행 실제들을 이해하는 데 있어 교육자들을 도와주도록 고안된 문서를 작성하였다. 이 문서는 중재반응에 대한 표준 프로토콜 접근과 문제해결 모두에 있어 우수한 개관을 제공한다. 또한 중재반응을 좀 더 이해하려고 노력하는 사람들에게 가장 가치 있을 것은 그 문서 마지막에 제공된 질의응답일 것이다.

개관

이 책은 국가적으로 실행되고 있는 중재반응 접근과 관련된 최상의 연구들과 사고의 일부를 반영한다. 우리의 목적은 중재반응 모델에 대해 알려진 것들의 개요를 제공하고 독자들이 고려해야 할 의문점들을 제기하는 것이다. 이 책은 다섯 부분으로 나뉜다. 첫 번째 부분은 3단계 모델의 배경과 개관을 제공하고, 두 번째 부분은 1차 중재를, 세 번째 부분은 2차 중재를 논의한다. 네 번째 부분에서는 3차 중재를 논의하고 다섯 번째이자 마지막 부분은 중재반응 적용과 연구와 관련된 다양한 쟁점에 관하여 기술하고 있다.

3단계 모델의 배경과 개관

제2장에서 Vaughn, Wanzek, Woodruff 그리고 Thompson이 효과적인 교수를 제공하고, 어려움을 보이고 있는 읽기 해독자를 일찍 판별하고, 적절한 중재를 제공하고, 읽기의 어려움을 예방하고, 읽기장애 학생을 판별하기 위한 중재반응의 잠재성에 대해 논의한다. 그들은 읽기에 어려움을 보이는 어린아이들을 위해 중재반응을 다룬 42편의 논문을 개관하고, 어떤 학생들이 비반응자로 간주되어야 하는지와 2차 중재는 어떤 모습이어야 하는지를 결정하는 것과 관련된 중요한 문제를 제기한다. 그들은 실행 가능한 3단계 모델을 서술하고 어떻게 중재반응이 교육자들로 하여금 유의한 교수적 결정을 내릴 수 있도록 돕는지 설명한다.

제3장에서는 Fuchs와 Fuchs가 세 가지 중요한 목적에 초점을 두고 읽기 중재에 대한 3단계 접근 내에서 사정의 역할을 기술한다. 저자들은 또한 무엇이 교육과정중심측정인지와 그것이 어떻게 이 세 가지 사정 목적을 만족하도록 적용될 수 있는지를 설명한다. 중재반응 모델 내에서 교육과정중심측정의 역할을 기술하기 위해서, 그들은 가상의 학교 1학년 교실의 사례 연구를 제시하고 유치원에서 6학년까지에 걸친 포괄적인 틀의 개요를 제시한다.

1차 중재

제4장에서는 Foorman, Carlson 그리고 Santi가 1학년 교실에서 읽기 교수법을 관찰하면서 익힌 수업을 제시한다. 그들은 일반학급에서 제공하는 형식적인 읽기 교수법이 중재반응 모델의 일부로서 결정적으로 중요하다는 것을 강조한다. 그들은 교사들이 교수 목적에 맞게 자료를 근거로 한 결정을 내릴 수 있도록 좀 더 많은 사정이 필요하다고 제안한다.

Greenwood, Kamps, Terry 그리고 Linebarger가 집필한 제5장은 특히 도심의 학교에서 특수교육을 예방하는 수단으로서의 1차 중재를 기술한다. 그들은 Greenwood와 동료들이 20년이 넘는 기간 동안 시행한 학급 전체 또래교수 및 다른 또래지원 학습전략에 관한 연구들을 정리하였고 어려움을 보이거나 뒤처진 독자의 출현율은 효과적인 조기 교수를 통해 감소할 수 있음을 언급하였다. 또한 그들은 어떻게 이 교수전략을 광범위하며 체계적으로 활용할 수 있을지를 논의한다.

2차 중재

제6장에서는 Denton, Fletcher, Simos, Papanicolaou 그리고 Anthony가 서로 다른 두 연구에서 자신들이 수행한 읽기 중재 3단계 모델의 적용을 기술한다. 그들은 집중적인 중재에 적절하게 반응한 학생들과 그렇지 않은 학생들의 비교를 포함하여, 이 두 연구 중 하나에 참여했던 학생들에 대해 상세한 설명을 제공하고 있다. 이들은 또한 적절한 독해자가 되었던 연구대상들과 교수에 그다지 적절하게 반응하지 못했던 연구대상들에 대한 뇌 기능에서의 변화를 논의하고 있다.

제7장에서 O'Connor는 2차 중재에 특별한 초점을 두면서 읽기에 있어 학생들이 보인 성과에 영향을 미치는 여러 층으로 구성된 중재에 대해 논의하고 있다. O'Connor는 중재반응 모델의 단계 2에서 알파벳 규칙에 초점을 유지하면서 교수 강도를 증가시키는 것이 학생들의 향상(하지만 치료가 아닌)을 이끌어 냄을 보여 주고 있다. O'Connor는 읽기장애를 최소화할 수 있는 교수법의 유형과 강도에 관하여 여전히 더

많이 배워야 한다고 주장하며 중재반응을 사용할 때 내려야만 하는 결정에 대한 중요한 질문들을 제기한다.

3차 중재

Harn, Kame'enui 그리고 Simmons가 집필한 제8장에서는 지원이 가장 필요한 유치원생들, 특히 중재반응의 단계 3에 참여한 유치원생들을 위한 중재들의 핵심적인 특징들을 논의하고 있다. 이들은 읽기에 어려움을 보일 위험에 처해 있는 것으로 판별된 유치원생들에 대한 연구로부터 얻은 자료를 제공하고 있으며, 효과적인 3차 중재들은 경험적 기반을 갖고 있어야 하고, 목적을 갖고 실행되어야 하며, 높은 우선순위를 부여받아야 한다고 결론짓고 있다. 또한 그들에 따르면 학생 진전도는 면밀하게 점검해야만 한다.

제9장에서는 Vellutino, Scanlon, Small, Fanuele 그리고 Sweeney가 유치원과 1학년 중재를 통해 읽기의 어려움을 조기에 예방하는 모델을 서술한다. 그들은 그들의 연구로부터 엄선된 결과들을 요약한다. 그들의 모델은 조기 읽기 곤란의 위험성을 보이는 것으로 판별된 유치원 학생에게 교실에서 교수를 받기 이전에 지원을 제공한다는 면에서 3단계 모델과 다소 차이를 보인다. 그들의 중재는 교수를 수정하려는 어떠한 시도도 없이 첫 번째 단계 교실에서의 문해력 교수를 보충하였다.

실행과 관련된 쟁점

제10장에서 Klingner, Sorrells 그리고 Barrera는 문화적 · 언어적으로 다양한 학생들에게 중재반응 모델을 적용할 때의 고려사항을 논의한다. 그들은 중재반응 모델이 소수민족 집단 출신의 학생들이 특수교육에 지나치게 많이 배치되는 현상을 줄일 수 있는 매우 유망한 방법이라고 언급하였으나, 증거기반 중재들이 문화적 · 언어적으로 다양한 학생들을 위한 사정 및 중재들에 대해 알려진 것들을 고려하지 않는다면 학생들의 학습기회를 위태롭게 하여 학생들이 여전히 부적절하게 특수교육에 배치될 것이

라고 경고하고 있다.

제11장에서는 Haager와 Mahdavi가 3단계 모델에서 교사에게 합리적으로 기대되는 것들에 대해 논의했다. 교사들은 3단계 모델에서 더 많은 책임감을 가지게 되었다. 수업에 연구기반 실제를 제공하는 것과 일반적인 선별과 진전도 점검을 수행하는 것 그리고 직업적 계발에 참여하는 것은 교사들이 책임져야 할 많은 활동 중의 일부일 뿐이다. 이 장은 교육 리더들에게 어떻게 교사가 이러한 과정에 합당하게 참여할 수 있는지에 관한 지침을 제공한다.

제12장에서는 Marston, Reschly, Lau, Muyskens 그리고 Canter가 미니애폴리스 공립학교에서 수년간 연구했던 문제해결 모델을 기술한다. 그들은 다단계 모델의 역사적인 관점을 제공하고, 그 과정에서 배우게 된 교훈들을 논의하며, 제안점을 제공한다. 미니애폴리스 모델의 기초는 일반교육에서 학급교사부터 시작하고 , 팀 협력 수준의 점진적 증가를 포함하여 중재와 평가의 집중적 단계로 이동하는 순차적 접근 방식이다.

끝으로 Speece와 Walker가 집필한 제13장은 중재반응 적용과 연구들에 관한 중요한 쟁점들을 제기한다. 저자들은 그들이 연구가 더 필요하다고 믿는 중재반응 모델의 네 가지 요소, 즉 선별 절차, 교수의 강도 및 내용, 반응의 정의 그리고 '초등교육 이후' 아동들을 위한 함의 등을 논의하고 있다. 그들은 입증된 교수 실제들을 중재반응과 학습장애 판별이라는 더 큰 맥락에 놓고 보는 넓은 관점을 제공하고 있다.

중재반응 모델의 적용은 사정과 교수에 있어 근거가 확실한 실제를 요구할 것이라고 인정된다. 각 장에서 제공하는 정보들은 어떻게 이러한 적용이 시작되어야 할지를 결정하는데 있어 교사와 행정가들을 도울 수 있다.

참고문헌

Bradley, R., Danielson, L., & Hallahan, D. P. (2002). *Identification of learning disabilities: Research to practice.* Mahwah, NJ: Lawrence Erlbaum Associates.

Donovan, M. S., & Cross, C. T. (2002). *Minority students in special and gifted education.* National Research Council. Committee on Minority Representation in Special Education. Division of Behavior and Social Sciences and Education. Washington, DC: National Academies Press.

President's Commission on Excellence in Special Education. (2002). *A new era: Revitalizing special education for children and their families.* Washington, DC: U.S. Department of Education.

제2장

읽기장애 학생의 예방과 조기 판별

Sharon Vaughn, Jeanne Wanzek, Althea L. Woodruff,
and Sylvia Linan-Thompson

아동들이 초등학교에서 적절한 문해 기술을 습득해야 하는 것의 중요성은 강조되어 왔다. 1학년과 2학년에서 읽기를 배우지 못한 학생들은 계속해서 읽기에 어려움을 겪을 가능성이 높고(Juel, 1988; Morris, Shaw, & Perney, 1990), 형식적 학교교육의 첫 몇 년 동안 유창한 읽기기술을 습득한 아동들보다 학업에서의 실패 및 학교 중퇴에 처할 위험성이 더 높다. 모든 학생의 읽기가 학년 수준에 맞거나 그 이상일 거라는 기대에 미치지 못한다는 것 또한 잘 기록되어 있다. 우리나라의 성적표라고 할 수 있는 국가학업성취평가(National Assessment of Educational Progress)는 미국의 4학년과 8학년 학생들의 2/3 이상이 까다로운 텍스트들을 유창한 수준으로 다루지 못한다는 것을 보여주고 있다(Nationa Center for Education Statistics: NCES, 2003). 더 걱정스러운 것은 이 낮은 수준의 읽기를 보이는 학생들의 비율이 지난 10년 동안 비교적 안정적인 상태를 유지해 왔다는 것이다. 더 구체적으로 말하면 전국의 4학년 학생들의 무려 37%가 기초 수준의 읽기를 하지 못한다는 사실이다. 즉, 이들은 단순한 아동용 책들에서 볼 수 있는 형태의 짤막한 문단도 읽을 수 없다는 것이다(NCES, 2003). 읽기 실패는 특히 빈곤한 생활을 하는 아동들에게 일반적인 현상이다. 4학년 학생들 중 저소득 계층 출신 학생들의 70%가 이 기초 수준의 읽기를 하지 못한다(Lyon, 2001). 학생들의 읽기 성취를 향상시키려는 노력으로 2001년의 「낙오아동방지법(No Child Left Behind Act)」(PL 107-110)은 읽기 어려움에 처할 위험이 있는 학생들의 조기 판별 및 중재를 위한 체제를 포함하였다.

읽기 관련 장애를 가진 것으로 판별되는(보통 읽기 실패를 1, 2년간 겪은 후에) 그리고 특수교육 서비스가 제공되고 있는 아동들의 진전도에 대한 자료에서 읽기 실패의 위험에 처해 있는 학생들에 대한 조기 판별의 필요성에 대해 보다 더 많은 증거가 나오고 있다. Office of Special Education and Rehabilitative Services에서 출판한 보고서(2001)에 따르면 학생들 중 대략 60%가 특수교육 서비스로부터 최대 이익을 끌어내기에는 너무 늦게 판별을 받고 있다. 늦은 판별이 초래하는 장기적인 결과는 과소평가될 수 없다. 예를 들어, 읽기 학습의 어려움으로 인해 특수교육이나 보충교육을 받는 학생들의 2%만이 4년제 대학을 졸업할 것이다(Lyon, 2001).

어려움을 지니고 있는 초등학생들의 상당수가 그들에게 기대되는 읽기 수행 수준과 실제 읽기 수준 사이의 현저한 차이를 기반으로 특수교육 서비스를 받을 권리를 갖게 된다. 그러므로 읽기 어려움의 쟁점은 만일 주의를 기울이지 않는다면 위험에 대한 조기 경고가 추가적 문제들과 특수교육으로의 의뢰와 배치로 이어질 수 있다는 것이다.

읽기에 문제를 가질 위험에 처한 학생들의 향상된 결과와 연계된 가장 중요한 요인들 중 두 가지는 선별을 통한 조기 판별과 조기중재다. 읽기 실패의 위험에 처한 학생들을 조기에 그리고 비교적 정확하게 판별할 수 있게 하는 선별척도들이 이제 사용 가능하다. 게다가 읽기의 기본적인 요소들을 숙지하는 데 어려움을 보이는 학생들에게 가장 효과적인 중재 유형들에 대한 많은 연구가 존재한다. 따라서 최소한 영어 단일어 사용 학생들을 위한 그리고 점점 더 이중언어 학생들을 위한(Vaughn, Linan-Thompson, Mathes et al., 2006; Vaughn et al., 2006) 타당한 조기중재 실제들의 자료가 더 많아지고 있다.

이제 필요한 것은 앞서 언급된 모든 중요한 영역, 즉 모든 학생을 위한 효과적인 읽기 교수와 읽기에 문제를 가질 위험에 처한 학생들의 조기 판별, 위험에 처한 학생들을 위한 효과적인 중재, 전문성 개발, 해당 프로그램을 유지하기 위한 학교자원의 효율적이고 효과적인 배치 그리고 해당 프로그램의 각 측면에 포함된 부모와 가족의 참여 등에 최선의 실제들을 통합하는 학교 전체 프로그램 모델이다.

중재에 대한 반응: 학습장애의 조기 판별

읽기문제의 예방 및 조기 판별에 대한 쟁점들 중 한 가지는 특수교육 서비스에 의뢰되는 시기다. 대다수의 주에서 시행되는 판별절차들 하에서 학생들은 보통 그들의 학업 실패가 심각해지기 전에 학습장애 범주 내에서 서비스를 받을 자격을 갖지 못한다. 이는 많은 부분 학습장애 학생들을 판별하기 위해 IQ와 성취의 불일치 방법을 활용하기 때문이다. 이 방법은 본질적으로 학생들이 특별한 서비스를 받을 수 있는 대상으로 간주되기 전에 읽기와 같은 영역들에서 상당한 정도로 뒤처질 것을 요구한다. 이 모델이 수년 동안 전형적인 읽기 능력을 지닌 학생들과 빈약한 읽기 능력을 지닌 학생들 간을 혹은 읽기 능력이 낮은 하위집단들 간을 정확하게 구분하는지 등을 포함한 많은 근거로 질문을 받아왔지만(Fletcher, Coulter, Reschly, & Vaughn, 2004; Fletcher, Francis, Rourke, Shaywitz, & Shaywitz, 1992; Siegel, 1992; Stuebing et al., 2002; Vellutino, Scanlon, & Lyon, 2000), 대다수의 주에서는 여전히 학습장애 학생들을 판별하기 위한 주요 절차로 남아 있다.

어떤 학생에게 특수교육이 필요한지를 결정하기 위한 방법으로 조기중재에 대한 해당 학생의 반응에 초점을 맞춘 IQ와 성취의 불일치 모델의 대안이 제안되었다(Fuchs & Fuchs, 1998; Gresham, 2002). 중재반응 접근방식은 학생들이 적절한 중재에 참여하고 있는 동안 그들의 진전도를 교육과정중심측정에 의해 점검하는 것에 근거하고 있다. 최소한의 진전을 보이거나 진전을 전혀 보이지 않는 학생들은 일정 기간에 걸친 그들의 반응을 결정하기 위해 더 집중적이고 구체적인 중재를 제공받을 수 있다. 더 집중적인 중재로부터 적절한 이익을 보는 데 실패한 학생들은 학구 및 부모들에 의해 학습장애를 가진 것으로 간주할 수 있는 학생들이다. 중재반응 모델의 효과적인 실행에 있어 핵심적인 것은 1) 중재에 민감하고 여러 번 시행될 수 있는 신뢰할 수 있고 타당한 척도, 2) 읽기 해독 및 이해 등과 같은 목표 성과에 대해 입증된 중재 프로토콜(Vaughn, 2002), 3) 선별, 중재 그리고 배치의 조화된 체제를 정확히 진행하는 학교 수준의 모델 등이다. 중재반응을 포함하고 있는 판별 모델들을 활용하기 위한 주요 취지는 학업에 있어 어려움을 보이는 학생들에게 조기중재 그리고(혹은) 의뢰 전(prereferral) 서비스들을 제공하는 데 있다. 그 목적은 부적절한 의뢰 및 판별을 줄이고 학생들을 위한 예방 모델을 확립하는 데 있으며, 따라서 많은 학교에 자리 잡고 있는 '실패할 때까지 기다리는' 모델을 없애는 것이다(Fletcher et al., 2004).

중재반응에 대한 연구

읽기장애나 읽기 곤란 학생들에 대한 중재들을 조사한 연구들은 중재집단이 전체적으로 의미 있는 결과를 얻었을 때조차 일부 아동은 중재에 그만큼 잘 반응하지 않고 있다는 것을 보여 주고 있다. 이 학생들은 중재에 '무반응자(nonresponder)'로 간주될 것이다. 최근 들어 연구자들이 보고된 중재에 대한 무반응자의 수나 비율을 기록하는 것이 점점 더 일반화되고 있다. 거의 모든 사례에서 무반응자로 언급된 학생들은 실제로 낮은 반응을 보이는 학생들이거나(이들의 반응률 기울기는 궁극적으로 이들이 수준에 맞는 독자가 될 수 있도록 이들의 진전을 촉진할 만큼 충분히 가파르지 않음을 의미함) 이들을 위한 중재의 시작점이 너무 낮아서 비록 반응하고 있다 하더라도 학년 수준의 기준을 충족시킬 만큼 충분한 진전을 보이지 못하고 있다는 점을 언급하는 일은 중요하다.

읽기에 어려움을 보이고 있는 어린 학생들을 위해 중재반응을 다룬 연구들의 후기를 제공하기 위해 우리는 3단계로 이에 상응하는 문헌들을 가려내었다. 첫째, Al Otaiba와 Fuchs(2000)가 1966년부터 2000년까지를 망라하여 얻은 문헌들의 종합에서 23개 중재 연구를 포함하였다. 둘째, 2000년 6월부터 2004년 8월까지 출판된 연구들을 확인하기 위해 1) PsycInfo와 ERIC을 이용한 컴퓨터 탐색(1999년부터 2004년까지의 자료), 2) 이 주제와 관련된 10개의 주요 학회지의 수작업 탐색(2001년부터 2004년까지의 자료), 3) 컴퓨터와 수작업 탐색을 통해 포착되지 않은 추가적인 연구들을 가려내기 위해 관련 메타분석의 참고문헌 부분 조사의 3단계 과정이 활용되었다(Nelson, Benner, & Gonzalez, 2003). 셋째, 1996년부터 2003년까지의 자료를 찾기 위해 논문 초록 탐색이 수행되었다. Al Otaiba와 Fuchs(2000)가 설정한 준거들에 부합되는 연구의 포함 준거는 다음과 같다.

- 동료들이 평가하는 학술지에 실린 박사학위 논문이나 연구
- 연구대상의 범위는 학령 전 아동부터 초등학교 3학년 아동까지
- 연구대상에는 읽기에 어려움을 보일 위험에 처한 학생들(예를 들어, 능력이 낮은 학생들, 음운 인식이 낮은 학생들, 저소득 학생들, 언어장애 학생들, 학습장애 학생들)을 포함
- 초기 문해력을 목표로 하고 영어로 수행된 중재들
- 읽기에서의 성과를 다룬 연구 결과들
- 중재에 반응이 없었던 학생들에 대한 설명을 보고한 연구(연구대상 전체와는 별도로 무반응자들에 대한 서술적 정보를 제공하지 않은 채 이 무반응자들의 비율을 보고한 연구들은 포함되지 않았다)

총 42편의 연구가 준거를 충족하였다. 12편은 통계적 분석 없이 무반응자들을 서술하였고, 25편은 읽기 중재에 대한 무반응을 예측하는 요소들을 조사하였다. 5편은 여러 차례의 중재가 시행된 후 무반응자들의 특성을 연구하였다. 한 연구에서 무반응자의 독특한 특성들이 서로 다른 2개의 연구로 보고되어, 총 43편의 연구나 박사학위 논문이 포함되었다. 이 모든 연구를 검토하고 분석하는 것은 이 장의 범위를 벗어나는 것이지만 Wanzek(2005)은 이 모든 연구를 요약하였다. 중재에 대한 무반응의 일관된 정의가 이 분야에 적용되지 않았다. 그러므로 중재에 대한 무반응은 우리가 찾아낸 연구들에서 학년 수준 성과의 부족, 특정 척도에 대해 경험적으로 도출된 준거들(예를 들어, 단어읽기 척도에서 백분위 30 이하의 학생들), 그리고 다른 학생들과 비교해 볼 때 중재에서의 무진전 혹은 느린 진전 등을 포함하여 다양한 방식으로 정의되었다. 종종 '학년 수준'이나 '느린 진전'을 결정하는 준거들조차 구체화되지 않았다. 중재반응이

하나의 판별 접근방식으로 효과적으로 사용될 수 있기 전에 중재에 대한 반응과 무반응을 구성하는 것이 무엇인가에 대한 합의가 필요하다는 점이 분명하다. 무반응을 정의하기 위한 한 가지 제안은 진전의 기울기와 학생들에 대한 수행 수준 모두를 활용하는 것이었다(Fuchs, Fuchs, McMaster, & Al Otaiba, 2003). 이 정의를 활용하면 평균 이하의 성취 수준을 보이는 그리고 중재에서 최소한의 진전을 보이는 어떤 학생은 중재에 반응을 보이지 않는 것으로 판별된다. 이에 비해 중재에서 낮은 수행 수준으로 시작하고 중재가 끝날 때까지 준거를 충족하지 못한 어떤 학생은 만일 충분한 진전의 기울기를 보인다면 여전히 중재에 반응하고 있다는 증거를 보일 수 있다. 만약 그 학생의 진전 기울기가 계속해서 반응을 보여 준다면, 그 학생은 반응하고 있는 것이며 더 집중적인 중재나 특수교육이 필요하지 않은 것이다. 비록 학생의 성장은 물론 학생의 수행 수준을 조사하는 이 접근방식이 무반응에 대한 더 일관된 정의로 이 분야를 이끌 수 있다 하더라도, 그러한 일관된 과정은 아직 자리 잡지 못하고 있다. 그러므로 중재 반응의 일관된 수준은 연구들 전반에 걸쳐 이용 가능한 것이 아니다.

무반응의 정의에 일관성이 없음에 덧붙여, 중재 충실성은 종합된 연구들 중 17편에서 보고되고 있을 뿐이다. 독립변수의 타당도 측정 부족은 교육 분야에서 지속적인 문제였다(예를 들면, Gresham, MacMillan, Beebe-Frankenberger, & Bocian, 2000). 만약 실행에서의 충실성이 알려지지 않거나 보고되지 않는다면 사용된 중재들의 일반적인 효과를 결정하기는 어렵다. 하지만 이 장에 보고된 5편의 연구 중 4편은 보고된 결과들의 타당도를 향상시키면서 실행의 충실성을 기록하고 있다(Al Otaiba, 2000; Berninger et al., 2002; Vadasy, Sanders, Peyton, & Jenkins, 2002; Vaughn, Linan-Thompson, & Hickman, 2003).

다중 중재를 제공하는 연구

확인된 연구들 중 5편이 다중 중재 제공을 다루었다(Al Otaiba, 2000; Berninger et al., 2002; Vadasy et al., 2002; Vaughn, Linan-Thompson et al., 2003; Vellutino et al., 1996). 한 연구는 두 번째 논문에서 무반응자들에 대한 추가적인 정보를 보고하였다(Vellutino et al., 1996). 우리는 해당 연구들이 우리가 제안했던 3단계 모델과 아주 밀접하게 관련되어 있기 때문에 검토하기 위해 선택하였다. 이 연구들은 중재반응을 통한 결과가 더 이상 위험하지 않다고 하는 학생들을 대상으로 다중 중재 제공을 구체화하고 있다. 이 연구들 각각은 한 차례의 중재가 제공된 후 무반응자들을 가려내었고, 불충분한 반응을 보인 학생들에게 추가적인 중재를 제공하였다.

이 연구들 중 4편은 읽기에 어려움을 갖게 될 위험에 처해 있는 학생들에게 유치원의 봄학기(Al Otaiba, 2000)나 초등학교 1학년(Berninger et al., 2002; Vadasy et al., 2002; Vellutino et al., 1996)에 대략 한 학기 정도 중재를 제공하였다. 유치원 중재(Al Otaiba, 2000)는 음운 인식, 철자 소리 그리고 소리들을 혼합하여 단어로 만드는 것 등에 초점을 맞췄다. 1학년 중재에는 철자 소리, 단어 읽기, 이야기 읽기 그리고 철자 등이 포함되었다. 중재를 적용한 학기 이후에 불충분한 진전을 보인 학생들이 확인되었고 다음 학년(즉, 초등학교 1학년이나 2학년) 동안 추가 중재를 받았다. 일반적으로 이 연구들 각각에서 중재가 적용된 두 번째 학기는 개념들을 검토하고, 이해 교수를 통합함은 물론 단어 읽기의 난이도를 증가시킴으로써 첫 번째 학기를 기반으로 이루어졌다. 두 연구에서 계속되는 무반응의 예측변인들이 규명되었다. Berninger와 동료들(2002)은 단어 읽기에서의 성장이 다중 중재 이후의 단어 읽기 척도에 대한 반응을 예견한다는 것을 발견하였다. Al Otaiba(2000)는 음소 인식(phonemic awareness), 빠른 자동 명명화(rapid automatic naming), 문법적 종결(grammatical closure), 어휘, 문장 모방, 단어 변별 그리고 행동 등을 중재에 대한 무반응의 중요한 예측변인으로 보고하였다. Vadasy와 동료들(2002)은 계속되는 무반응의 예측변인들을 확인하지 못한 반면, 추가 중재가 학생들의 성과를 많이 향상시키지 못했다고 보고하였다.

Vellutino와 동료들(1996)은 또한 단어 읽기에 대한 반응을 조사하였고, 첫 중재 이후에 '우수한' 성장이나 '매우 우수한' 성장을 보인 학생들과 함께 '낮은' 성장이나 '매우 낮은' 성장을 보인 학생들을 가려내었다. 첫 번째 중재와 두 번째 중재 모두 유창성과 음운 인식, 철자의 이름 및 소리, 일견단어(sight word) 읽기, 어휘 그리고 쓰기에 있어 일대일 교수를 포함하고 있었다. 집단 구분의 예측인자에는 주의집중, 음소 인식, 빠른 자동 명명화, 시각-언어 연계 그리고 언어 기억 등이 포함되었다. 비록 계속되는 무반응의 예측변인들은 규명되지 않았지만 확인된 성장 집단들은 두 번째 중재 후에 성과 척도에 있어서도 변함없이 두드러졌다. 추수 연구에서 Vellutino와 동료들(2000)은 IQ 점수는 중재에 대한 반응을 예견하는 것과 관계가 없다고 보고하였다(Vellutino et al., 1996).

다른 연구에서 세 번의 중재 기회가 읽기 문제 위험에 처한 2학년 학생들에게 10주 동안 제공되었다(Vaughn, Linan-Thompson, & Hickman, 2003). 학생들은 유창성과 음운 인식, 단어 분석, 철자 그리고 매일 교육용 단락 읽기 등에서 교수를 받았다. 각각의 10주가 지난 후 읽기 유창성에서 준거에 도달한 학생들은 중재를 더 이상 받지 않았다. 그러므로 중재 기간은 학생들 개개인이 보인 진전에 따라 10주나 20주 혹은 30주였다. 어떤 학생들은 30주 내내 불충분한 반응을 보였고, 따라서 중재를 벗어나지 못했다. 읽기 유창성과 이해 그리고 빠른 자동 명명화 등의 영역은 30주 전체 기간 동안 지속적인 불충분 반응과 관련이 있었다. 연구에 참여한 2학년 학생들에게 음소 인식과 해독 능력은 중재를 벗어나지 못할 학생들을 예측하지 못했다. 하지만 Vadasy와 동료들(2002)의 연구와 대조적으로 추가 중재는 보다 더 많은 학생이 진전하도록 했으며 20주와 30주 기간 모두에서 중재를 벗어날 준거들을 충족하게 했다.

읽기에 3단계 모델을 실행한 우리 자신의 연구만큼이나 이러한 연구들은 중재반응에 대한 매우 흥미롭고 도발적인 질문들을 제기하고 있다. 이러한 질문들의 대부분은 학교 상황에서 중재반응을 실시하는 것과 관련이 있다. 예를 들어, 입증된 중재에 적절하게 반응하지 못한 학생들은 자동적으로 특수교육에 의뢰되어야 하는가? 입증된 중재에 대한 반응의 부족에 있어 어떤 시점에 학생들은 특수교육에 의뢰될 자격을 가진 것으로 간주해야 하는가? 입증된 중재를 제공할 적절한 사람은 누구인가(예를 들어, 학급 담임교사, 훈련된 인력, 읽기 전문가)? 우리는 입증된 읽기 중재들을 교사들이 사용할 수 있다는 확신을 얼마나 가져야 하며, 교사들은 그 중재들을 실행하는 데 적절한 자료들을 어떻게 얻어야 하는가? 교육 분야의 지도자들은 물론 일반교사와 특수교사도 그들이 중재반응을 적절하게 실행하기 위해 필요한 정보를 가질 수 있도록 이러한 질문이나 다른 많은 질문을 다룰 필요가 있다.

불충분한 반응을 보이는 학생을 위한 중재

Torgesen(2000)은 효과적인 교수에 반응을 보이지 않는 학생들은 더 집중적인 중재를 필요로 할 것이라고 제안하였다. 이 가설을 조사하려는 노력에서 몇몇 연구자는 다양한 수준의 교수 강도가 제공될 때 읽기 어려움을 지닌 학생들이 보인 읽기 결과를 조사하였다. 이러한 연구들에서 강도는 교수 집단의 크기를 줄이는 것으로 그리고(혹은) 학생이 교수를 받는 데 들이는 시간의 양을 늘리는 것으로 정의되었다.

비록 장애학생들에게는 학급 전체를 대상으로 하는 교수가 소집단 교수나 학생들끼리 짝지어 하는 교수에 비해 덜 효과적이라는 것(Elbaum, Vaughn, Hughes, & Moody, 1999; Schumm, Moody, & Vaughn, 2000)이 놀라운 일이 아니라도, 이 결과는 어떤 집단 크기가 학생들이 적절한 진전을 보이는 데 충분한 강도가 되는지에 대한 증거를 제공하지는 않는다. 이 집단 크기 문제를 다루기 위해 읽기 곤란의 위험에 처한 2학년 학생들을 대상으로 다양한 집단 크기에서 중재가 실행되었다(Vaughn, Linan-Thompson, Kouzekanani et al., 2003). 학생들은 교수를 받기 위해 교사 1명에 학생 10명으로 구성된 집단이나 교사 1명에 학생들 3명으로 구성된 집단에 무선 할당되었고 혹은 일대일 교수를 받았다. 이 세 집단의 학생들 모두에게 동일한 읽기 중재가 제공되었다. 그 결과는 3명 집단에서 혹은 일대일로 교수를 받은 학생들은 이해 척도에서 10명 집단에서 교수 받은 학생들보다 훨씬 더 높은 점수를 얻었음을 보여 주었다. 일대일 교수를 받은 학생들은 10명 집단의 학생들보다 유창성 및 음운 인식에서 훨씬 더 높은 점수를 획득하였다. 3명 집단에서 교수 받은 학생들과 일대일 교수를 받은 학생들 사이에 유의한 차이는 없었고, 이는 학생들의 성과를 향상시키기 위해 일대일 교수를 제공하기까지 강도를 증가시킬 필요는 없을 수 있음을 보여 주는 것이다. 일대일 튜터링 중재에 대한 메타분석은 일대일 교수가 소집단 교수와 다른 결과를 산출하지 않았다는 유사한 결과를 발견하였다(Elbaum, Vaughn, Hughes, & Moody, 2000).

강도를 개념화하기 위한 또 다른 방식은 중재의 기간을 고려하는 것이다. 일대일 교수에 대한 메타분석(Elbaum et al., 2000)에서 연구 표본들은 20주 남짓 지속되는 중재와 20주 이상 지속되는 중재로 나뉘었다. 20주 남짓 지속되는 중재에서 더 높은 효과가 산출되었으며, 이는 학생들이 어떤 중재의 초기에 가장 큰 이익을 얻을 수 있음을 시사하는 것이다. 비록 학생의 진전이 여전히 더 긴 중재에서 분명하게 나타난다 하더라도, 더 짧은 기간에 상당한 크기의 이익이 얻어진다는 것 또한 더 긴 중재를 제공하는 것에 의해 중재의 강도 수준이 실질적으로 증가하지 않는다는 것을 암시하는 것일 수 있다.

중재 기간의 효과에 대한 더 구체적인 연구는 10주, 20주 혹은 30주짜리 읽기 중재에 참여한 읽기에 어려움을 지닌 2학년 학생들 연구에서 찾아볼 수 있다(Vaughn, Linan-Thompson, & Hickman, 2003). 중재 기간은 학생 개개인이 보인 진전에 따라 결정되었다. 읽기 유창성 척도에서 통과에 해당하는 점수(분당 정확한 단어의 개수가 55개 이상)를 얻은 학생들과 최소한 연속 3주 동안 유창성에 대한 진전도 점검 척도에서 통과에 해당하는 점수(분당 정확한 단어의 개수가 50개 이상)를 얻은 학생들은 그들의 진전이 계속 추적되지는 않았으나 중재에서 벗어났다. 매 10주 중재 후 이 준거를 충족하지 못한 학생들은 추가 10주 동안 중재에 계속 참여하였다. 20주 교수를 받고 중재에서 벗어난 12명의 학생 중 10명은 물론 10주간 교수를 받고 중재에서 벗어난 학생들 10명은 학급에서의 읽기 교수만으로 읽기 유창성에서 계속 진전을 보였다. 이 결과는 긴 중재가 훨씬 더 많은 학생으로 하여금 핵심적인 읽기 교수로부터 이익을 얻을 수 있게 하는 읽기 수준에 도달하는 데 도움이 되었음을 보여 주었다. 추가적인 10명의 학생은 30주 교수 후 중재에서 벗어날 준거를 충족하였으나 그들의 진전은 중재에서 벗어난 후 추적되지 않았다. Elbaum과 동료들(2000)의 메타분석과 결합된 이러한 연구는 최소한 20주까지의 중재들이 많은 학생에게 그들 자신의 읽기 성과에 있어 상당한 이익을 보게 할 수 있다는 증거를 제공하고 있다.

중재 기간을 조사했던 연구들 모두 학생들이 보인 성과에 대한 늘어나는 중재 일수의 효과를 고려하였다. 중재 시간이나 강도를 증가시키기 위한 또 다른 방식은 동일한 중재 일수 동안 회기 수나 학생들이 중재에 사용하는 교수 시간을 늘리는 것이다(예를 들어, 10주 동안 하루에 2시간 대 10주 동안 하루에 1시간). 비록 이런 유형의 중재 강도의 효과가 문헌에서 상세하게 연구되지 않았다 하더라도, 읽기를 다룬 문헌에서의 중재들은 보통 매일 20~50분 정도 수행되었다. 눈에 띄는 예외는 Torgesen과 동료들

(2001)이 수행한 연구로, 이들은 읽기장애를 지닌 8세에서 10세 학생들에게 8~9주 동안 매일 두 번의 50분짜리 읽기 중재를 제공하였다. 67.5시간의 교수는 단어 읽기와 이해에서 상당한 향상을 성취하였고, 이 결과는 그 후 2년 동안의 추수 연구에서도 유지되었다. 이 연구는 짧은 기간 동안 더 많은 교수가 심한 읽기장애를 지닌 학생들에게 이로울 수 있다는 것을 시사하고 있다. 그러나 이 연구는 중재에 있어 증가된 시간이 하루에 더 적은 시간 동안 하는 중재에 비해 결과를 유의하게 향상시키는지에 대해 조사하도록 분명하게 설계되지는 않았다.

교수 강도(집단 크기 및 중재 기간)에 대한 연구는 소집단 교수와 증가된 중재 기간이 더 많은 학생을 읽기에서 성공할 수 있게 한다는 예비 증거를 제공하고 있다. 중재의 어떤 수준이 일반적으로 효과적인 읽기 중재에서 충분한 진전을 보이지 못하는 학생들의 성과를 향상시킬 수 있는지 결정하기 위해 그 이상의 연구가 필요하다. 특히 읽기장애의 위험에 처해 있는 학생들을 위해, 이 연구는 학교가 중재나 특수교육에의 의뢰 및 배치를 필요로 하는 학생을 결정하는 데 도움이 될 수 있고, 따라서 가장 효과적인 중재를 가장 효율적인 방식으로 제공하고 대규모의 자원을 오랫동안 할당하는 것을 줄일 수 있을 것이다.

3단계 모델

우리는 모든 어린 독해자, 특히 초등학교 저학년에서 힘겨워하는 학생들과 중재들이 제공된 후 적절한 진전을 보이지 못하는 학생들의 교수적 요구에 맞도록 자원을 활용하는 데 있어 학구를 지원하기 위한 하나의 의사결정 틀로서 3단계 모델을 체계화하였다. 이 모델은 읽기 문제를 예방하는 데 초점을 맞추고 있으며, 학생들이 뒤처지기 전 유치원 및 초등학교 1학년 때 일찍 이들을 판별하여 이들이 학교교육을 받는 첫 4년 동안 필요한 학업적 중재들을 제공하는 데 목표를 두고 있다. 이 모델은 힘겨워하는 독해자들을 위한 하나의 안전망으로 그리고 '실패할 때까지 기다리는' 모델에 대한 하나의 대안으로 개념화될 수 있다. 이 모델은 단계 1(모든 학생을 대상으로 1년에 세 번하는 선별과 함께 핵심적인 읽기 교수와 읽기에 문제를 갖게 될 위험이 있는 학생들에 대한 더 빈번한 진전도 점검), 단계 2(어려움을 겪는 학생들을 위한 중재 및 진전도 점검) 그리고 단계 3(단계 2의 중재로는 불충분한 학생들을 위한 집중적인 중재) 등 교수의 3단계나 수준으로 구성되어 있다.

단계 1

단계 1은 ① 과학적 읽기 연구에 근거한 핵심적인 읽기 프로그램 혹은 교육과정, ② 교수 요구를 결정하기 위해 매년 최소한 세 번(가을, 겨울 그리고 봄) 학생들에게 시행하는 선별 및 기준 검정 그리고 ③ 모든 학생이 양질의 읽기 교수를 확실히 받게 하기 위해 교사들에게 필요한 도구를 제공하는 지속적인 교사 연수의 세 가지 요소로 구성되어 있다. 단계 1의 읽기 교수는 한 학교 학생들 대다수의 요구를 다루기 위해 설계된 것이다. 핵심적인 학급 읽기 교수가 제공되는 동안, 학생들은 매우 중요한 초기 읽기 기술에 있어 다양한 수준에 있다. 어떤 학생들은 교사가 제공하는 표준 교수로 필요한 기술들을 습득할 수 있지만 다른 학생들은 특정 기술 영역에서 더 집중적인 교수를 필요로 한다. 교사들이 유연한 집단 크기 및 목표가 되는 특정 기술 등을 포함한 효과적인 읽기 프로그램들을 실시할 때, 그들은 종종 학생 대다수의 요구를 충족시킬 수 있다. 그러므로 단계 1에서 학급 담임교사가 제공하는 교수는 많은 학생의 요구를 충분히 만족시킨다.

단계 2와 단계 3

집중적인 학급 읽기 교수는 일부 학생의 요구를 충족시키기에는 부족하다. 이들의 진전을 가속화하고 그들이 더 이상 뒤처지지 않게 하기 위해 이 학생들은 핵심적인 읽기 교수에 시간을 배정하는 것에 덧붙여 더 전략적인 중재를 필요로 한다. 단계 2는 이 학생들에게 매일 30분의 집중적인 그리고 소집단의 읽기 교수를 추가로 제공함으로써 그들의 요구를 만족시키기 위해 고안된 것이다. 그 목적은 핵심적인 읽기 교수 내에서 가르치는 기술들을 지원하고 강화하는 데 있다. 단계 2에서 학급 담임교사나 읽기 전문교사, 혹은 단계 2 중재에 특별히 훈련을 받은 또 다른 지원 인력이 중재자가 될 수 있다.

단계 2 중재를 받는 학생들 중 적은 수가 필요한 읽기 기술들을 습득하는 데 있어 계속해서 많은 어려움을 보인다. 이 학생들은 더 명시적이고, 더 집중적이며 그들의 개인적 요구를 충족하기 위해 구체적으로 설계된 교수를 필요로 한다. 이 학생들에게는 45~60분 정도의 특화된 소집단 읽기 교수가 단계 3에서 단계 1의 중재에 더하여 제공될 수 있다. 읽기 전문교사, 특수교사, 혹은 이 중재에 대해 특별히 훈련을 받은 외부 중재자가 단계 3의 중재자가 될 수 있다. 3단계의 요소들과 단계 간 차이에 대한 더 포괄적인 설명은 〈표 2-1〉에 제시되어 있다.

단계들 관련시키기

단계 2와 단계 3은 기준 사정 결과 낮은 초기 문해 기술을 지니고 읽기에 어려움을 가질 위험이 있는 것으로 판별된 학생들에게 집중적인 교수를 제공한다. 일반적으로 단계 1의 교수(핵심적인 읽기 교수)는 학습자들 중 70~80%(혹은 그 이상)의 요구를 충족시켜야 한다. 하위 20~30%는 단계 2의 중재로 추가적인 지원을 필요로 할 것이며, 5~10%는 집중적인 중재를 위해 단계 3의 중재를 요구할 것으로 예측된다. 3단계 모델의 목적은 읽기에 어려움을 지닌 학생들의 수를 줄여 모든 학생이 성공적인 독해자가 되는 데 있다. 더욱이 이 모델은 모든 수준의 교수를 위한 통합된 접근방식으로서의 가능성을 지니고 있다.

[그림 2-1]에 나타난 것처럼 3단계에 걸친 이동은 학생들이 필요에 따라 들어가고 나오는 역동적인 과정이다. 일단 어떤 학생의 요구가 충족되면 해당 학생은 사정에서 학년 수준의 기준을 성취할 수 있고 그 학생에게는 중재가 더 이상 필요하지 않게 된다. 유치원에서 초등학교 3학년까지의 모든 학생을 대상으로 매년 세 차례(가을, 겨울 그리고 봄)에 걸쳐 하는 선별 및 기준 검정은 반드시 추가적인 도움이 필요한 학생들이 1) 조기에 판별되게 하거나, 2) 그들이 만일 이전에 지원을 받았고 중재가 다시 필요함

표 2-1 3단계 모델: 교수 단계

구분	단계 1	단계 2	단계 3
정의	지속적인 교사 연수와 매년 세 차례의 기준 사정을 포함한 '핵심적인' 교육과정 및 교수적 읽기 프로그램과 전략들	단계 1을 보충하고, 개선하며, 지원하기 위해 설계되고 차용된 소집단 프로그램들, 전략들 그리고 절차들	단계 1과 단계 2에 배정된 시간 이상으로 확장되며 1~3명의 학생으로 구성된 집단의 특별히 설계되고 개개인의 요구에 맞춘 읽기 교수
초점	유치원에서 초등학교 3학년까지의 모든 학생	단계 1에서의 노력에 반응을 보이지 않은, 읽기에 현저한 어려움을 지닌 학생들	단계 1과 단계 2에서 적절한 반응을 보이지 않은, 읽기에 현저한 어려움을 지니고 있거나 읽기장애인 학생들
프로그램	읽기 시작 단계의 다섯 가지 중요한 요소를 강조하는, 과학적 근거를 갖춘 읽기 교수 및 교육과정	읽기 시작 단계의 다섯 가지 중요한 요소를 강조하는, 특화되고 과학적 근거를 갖춘 읽기 프로그램	읽기 시작 단계의 다섯 가지 중요한 요소를 강조하는, 지속적이고 집중적이며 과학적 근거를 갖춘 읽기 프로그램
교수	수업일 내내 삽입된 많은 연습 기회	추가적인 주의, 초점, 지원 수업일 내내 삽입된 추가적인 연습 기회 사전교수, 복습 기술들(기술들을 연습하기 위한 빈번한 기회)	신중하게 설계되고 실행된 명시적이고 체계적인 교수 신중하게 유지된 실행의 충실성
중재자	일반교사	학교가 중재를 제공하도록 결정한 인력	학교가 집중적인 중재를 제공하도록 결정한 인력
환경	일반학급	학교가 지정한 적절한 환경	학교가 지정한 적절한 환경
집단 구성	유연한 집단 구성	동질적 소집단 교수(예를 들어, 교사와 학생의 비율이 1 대 4 혹은 1 대 5)	동질적 소집단 교수(예를 들어, 교사와 학생의 비율이 1 대 3)
시간	매일 최소 90분	매일 최소 20분	매일 45~60분
사정	학년 초·중·말에 기준 사정	적절한 진전 및 학습을 보장하기 위해 목표 기술에 대한 월 2회의 진전도 점검	적절한 진전 및 학습을 보장하기 위해 목표 기술에 대한 주별 진전도 점검

을 보인다면 다시 판별되게 한다. 이전의 읽기 중재에 비하여 3단계 모델은 학생들의 변화하는 요구에 반응하는 체제를 제공한다.

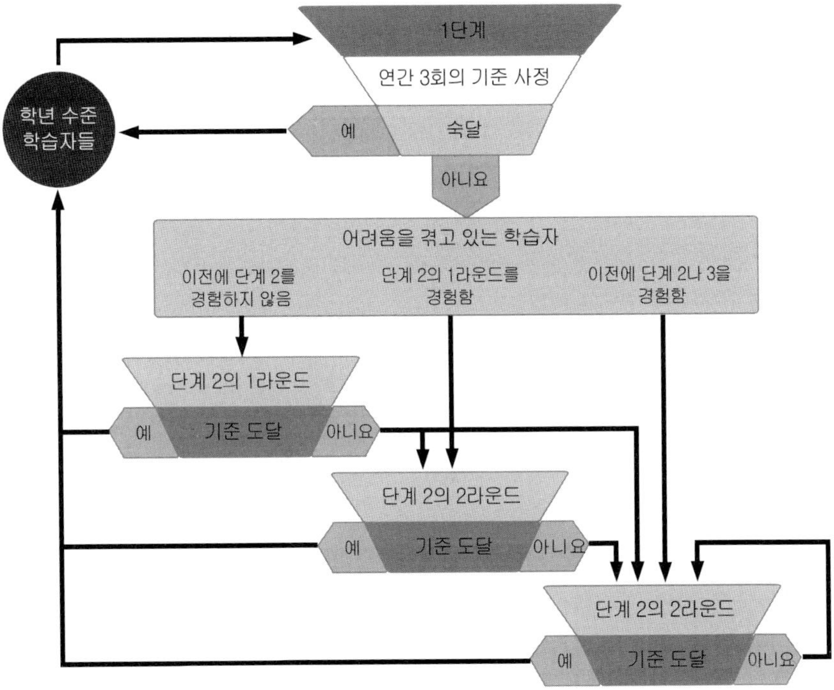

[그림 2-1] 단계 1, 단계 2 그리고 단계 3을 통한 이동의 예

모델에서의 사정 및 진전도 점검

3단계 모델에서 사정은 중심적인 역할을 한다. 1) 중재 요구를 결정하기 위한 선별 및 기준 검정과, 2) 학생의 진전을 추적하기 위한 진전도 점검 사정의 두 가지 형태의 사정이 교수에 영향을 미치기 위해 사용된다(Good, Simmons, & Smith, 1998; Simmons & Kame'enui, 1998). 기준 사정은 3단계 모델의 주요 측면인, 읽기 문제를 보일 위험에 있는 학생들의 조기 판별에 도움이 된다. 유치원부터 초등학교 3학년까지의 모든 학생을 대상으로 초가을과 초겨울 그리고 늦은 봄에 실시한다. 적절한 진전을 보이지 못

한 학생들에게 교사들은 핵심적인 학급 교수(단계 1)와 학생들의 요구에 맞춘 중재(단계 2 혹은 단계 3)를 결합하고, 교수를 조정하기 위하여 지속적인 진전도 점검 자료를 활용하며, 학생들의 학업 성장을 확실히 한다.

기준 자료는 읽기 수행이 개인과 학급 그리고 학년과 학교 수준에서 분석될 수 있도록 데이터베이스에 입력될 수 있다. 그러고 나서 1) 읽기 중재를 통해 이익을 볼 학생들을 가려내고, 2) 학생들의 요구를 기반으로 읽기 교수를 개개인에게 맞추며, 3) 학교 인력들을 도와 단계 1(핵심적인 읽기 프로그램)의 효과와 교사들의 전문가로서의 계발 요구 등을 결정하기 위해 교사 및 행정가들에게 보고서가 배포될 수 있다.

단계 2나 단계 3의 교수를 받는 학생들은 빈번하고 지속적인 진전도 점검을 받는다(Kame'enui & Carnine, 1998; Pressley, Rankin, & Yokoi, 1996). 교사들의 교수는 그들이 1) 학생의 학습을 추적하고, 2) 교수를 계획하며, 3) 학생들에게 피드백을 제공하기 위해 진전도 점검을 활용할 때 개선된다(Fuchs, 1986). 이러한 적시 중재와 결합된 사정들의 활용은 읽기에 어려움을 지닌 학생들의 수를 줄이고 결국 특수교육 서비스에 의뢰된 학생 수를 감소시킬 것이다.

3단계 모델에 대한 연구

우리는 학생의 성과를 향상시키기 위한 학교기반 모델의 효과를 조사하려고 5년짜리 프로젝트를 시작하였다(Vaughn, Linan-Thompson, Elbaum et al., 2004). 이 종단 연구의 대상들은 여섯 곳의 유치원부터 초등학교 3학년까지의 학생들과 그들의 교사들이다. 우리가 이 모델의 실행을 시작하기 전에 3단계 모델 실행에 참여한 학생 및 교사들과 비교할 수 있도록 이 학교들의 유치원부터 초등학교 1학년까지 학생들과 교사들이 역사적 통제집단(HC)으로 명명되었다. 프로젝트를 시작한 첫 해 동안 유치원생들 및 1학년 학생들이 사정되었지만 그들의 교사들은 누구도 연구팀으로부터 연수(단계 1)를 받지 못했고, 학생들 중 누구도 우리가 제공하는 중재(단계 2)를 받지 못했다. 두 번째 해 동안 참여한 학교에 근무하는 모든 유치원 교사에게 연수가 주어지고 학교에

표 2-2 각 집단(cohort) 및 연도에서의 학년 수준

집단	1년차	2년차	3년차	4년차	5년차
역사적 통제	유치원, 1학년	1학년, 2학년	2학년, 3학년	3학년	
집단 1		유치원	1학년	2학년	3학년
집단 2			유치원	1학년	2학년

있는 모든 유치원생에게 단계 1 교수가 제공되면서 3단계 모델의 실행이 시작되었다. 학생들이 다음 학년으로 진급함에 따라 잇따른 학년 수준의 교사들은 지속적인 교사 연수 프로그램에 참여하고 학생들은 계속해서 단계 1 중재를 제공받는다(프로젝트가 진행되는 동안 매년 각 집단에 참여한 학년 수준의 요약은 〈표 2-2〉 참조). 이 프로젝트는 시간의 흐름에 따라 학생과 교사 모두의 기술과 지각의 변화를 기록하고 있다. 학생들에 관하여 초점은 읽기 기술에 있어서의 성장이다. 교사들에 관하여 초점은 증진된 교수 기술과 모델의 학교 수준 실행과 관련된 장애물과 촉진자에 대한 인식이다.

단계 1의 교수를 지원하는 것에 덧붙여, 단계 2를 위한 기준 사정에서의 위험준거에 해당하는 학생들은 단계 1 더하기 단계 2(단계 1+2) 집단이나 학교에서 제공하는 보통의 서비스를 받는 단계 1(단계 1+SS) 집단에 무선으로 배정되었다. 따라서 단계 2 교수를 연구하기 위해 읽기 위험 독해자로 구성된 처치집단과 통제집단이 활용되었다. 학급 담임교사 개개인에게는 단계 1에서의 교사 효과를 위하여 단계 1+2 집단과 단계 1+SS 집단에 속한 학생들이 짝을 지어 배정되었다. 2학년에 올라가며 단계 2의 중재에 적절하게 반응하지 못한 학생들은 단계 1의 핵심 교수뿐만 아니라 이 학생들의 더 광범위한 읽기 요구를 다루기 위해 훨씬 더 많은 시간(매일 45~60분)이 걸리고 더 집중적인(지속적인 진전도 점검, 더 작은 집단 크기) 단계 3 중재에도 참여한다.

읽기 중재의 3단계 모델이 읽기에서의 어려움을 예방하고 읽기장애 학생들의 적절한 조기 판별에 도움이 되는 정도를 더 잘 이해하기 위해 우리는 우리의 표본과 자료들을 활용하여 몇몇 중요한 연구 문제들을 다루고자 했다. 우리는 여러 단계의 교수를 받은 학생들과 교수를 받지 않은 학생들의 진전을 비교함으로써 교수 각 단계의 상

대적 영향을 다루려고 계획한 것이다. 우리는 이 단계들에 대한 반응의 형태와 다양한 단계의 교수들에 대한 반응을 구별하는 학생들과 교사들의 특성에 관심이 있다. 우리는 또한 초기 기술들은 수준에 맞는 수행을 하고 있음을 보여 주었지만 나중에는 읽기에 있어 낮은 수행을 한 학생들은 물론 저학년(유치원과 초등학교 1학년) 때 읽기 어려움을 보였지만 나중(초등학교 2학년과 3학년)에는 그렇지 않았던 학생들을 연구하는 데에도 관심이 있다. 게다가 우리는 특수교육에 적합한 것으로 판별되고 읽기에 있어 중재를 필요로 하는 학생들에게 관심이 있다. 특수교육에 적합한 것으로 판별된 학생들의 수가 일정 기간에 변화하는 정도와 3단계 모델에 영향을 받는 정도가 기록될 것이다.

예비 결과

단계 1과 단계 2 모두의 효과를 조사하기 위해 우리는 기초 문해 기술에 어려움을 겪고 있는 학생들을 ① 역사적 통제집단, ② 단계 1 더하기 단계 2 집단 그리고 ③ 학교에서 제공하는 보통의 서비스를 받는 단계 1 집단(단계 1 더하기 학교 서비스 집단)의 세 집단으로 나누어 비교하였다. 우리가 연구를 한 첫 두 해 동안, 이 집단들 각각에 속한 학생들은 유치원에 다니는 중, 유치원을 마칠 즈음 그리고 초등학교 1학년을 시작할 때에 평가받았다. 세 기간 전반에 걸쳐 우리는 DIBELS(Dynamic Indicators of Basic Early Literacy Skills; Good & Kaminski, 2002)의 세 가지 척도와 WRMT-R(Woodcock Reading Mastery Tests-Revised; Woodcock, 1987)의 두 가지 척도를 사용하였다. 예비 결과는 1) 대문자 및 소문자를 유창하고 정확하게 명명하기, 2) 단어를 음소들로 유창하게 분절하기, 3) 무의미 단어들을 해독하기, 4) 단순하고 복잡한 무의미 단어 모두를 정확하게 해독하기 그리고 5) 단어들을 정확하게 읽기의 몇 가지 문해 기술과 관련이 있다.

어려움을 겪고 있는 독해자로 구성된 세 집단의 점수를 비교해 볼 때, 이 영역들 각각에서 한 가지 형태가 세 시기 전반에 걸쳐 나타나고 있다. 유치원에 다니는 중에는 이 세 집단 모두 척도 전반에 걸쳐 매우 비슷해 보였지만, 유치원을 마칠 즈음과 초등학교 1학년을 시작할 때에는 세 집단에서 차이가 나타났다. 특히 이 두 시기에 단계 1+SS 집단이 역사적 통제집단과 비교할 때 평가된 5개의 영역 전반에 걸쳐 더 높은 점수를 보였다. 학생들이 얻은 점수에 있어 이와 같은 향상은 우리의 단계 1 중재 하나가 학생들의 문해 기술에 대해 갖는 효과를 설명해 주는 것이다. 더욱이 5개의 기술 영역 전반에 걸친 단계 1+2 집단의 점수는 역사적 통제집단의 점수와 단계 1+SS 집단의 점수 모두를 능가하였고, 이는 목표화된 전략적 중재(즉, 단계 2)를 개선된 일반학급 읽기 교수(즉, 단계 1)와 결합하는 것의 중요성을 입증하는 결과다.

요약

학습장애 학생들을 특수교육 프로그램에 적절하게 판별하고 배치하는 것은 그 시작부터 문제가 있었다. 적지 않은 부분에서 학습장애인들을 판별한다는 도전은 많은 교육구로 하여금 조기중재를 제공하지 못하게 했던 지능과 성취 사이의 불일치의 부적절한 사용에 뿌리를 두고 있다. 비록 어려움을 겪고 있는 독해자를 위한 입증된 중재들에 대해 많은 것이 알려져 있기는 하지만, 학생의 요구를 다루기 위해서는 학교 수준 프로그램들이 필요하다. 3단계 모델은 모든 어린 독해자의 교수적 요구를 충족시키는 데 있어 학교 및 학교구들을 돕기 위한 의사결정 틀이다. 3단계 모델에는 과학적 읽기 연구에 근거한 핵심적인 읽기 프로그램이나 교육과정의 실행과 어려움을 겪고 있는 독해자들을 판별하고 적절한 교수적 결정을 내리기 위한 지속적 사정, 학생들의 요구를 충족시키기 위한 교사들의 전문지식 계발 그리고 학생들 개개인의 필요에 따라 강도 면에서 증가한 중재들 등이 포함된다. 3단계 모델의 활용은 효과적인 교수를 제공하고, 어려움을 겪는 독해자들을 조기에 판별하며, 적절한 중재를 제공하고, 학교에 다니는 동안 교수적 결정을 내리는 데 있어 교육자들을 돕기 위한 틀을 제공할 수 있다. 비록 중재반응과 학교에서 중재반응을 효과적으로 실행하는 문제에 있어서 답이 주어지지 않은 많은 질문이 존재한다 하더라도(Vaughn & Fuchs, 2003), 우리는 현재와 미래의 연구가 이러한 질문들을 다루는 데 도움이 될 것이라는 점을 낙관하고 있다.

참고문헌

Al Otaiba, S. D. (2000). Children who do not respond to early literacy intervention: A longitudinal study across kindergarten and first grade. *Dissertation Abstracts International, 61*(4), 1354A. (UMI No. 9970028)

Al Otaiba, S., & Fuchs, D. (2002). Characteristics of children who are unresponsive to early literacy intervention: A review of the literature. *Remedial and Special Education, 23,* 300-316.

Berninger, V. W., Abbott, R. D., Vermeulen, K., Ogier, S., Brooksher, R., Zook, D., et al. (2002). Comparison of faster and slower responders to early intervention in reading: Differentiating features of their language profiles. *Learning Disability Quarterly, 25,* 59-76.

Elbaum, B., Vaughn, S., Hughes, M., & Moody, S. W. (1999). Grouping practices and reading outcomes for students with disabilities. *Exceptional Children, 65,* 399-415.

Elbaum, B., Vaughn, S., Hughes, M. T., & Moody, S. W. (2000). How effective are one-to-one tutoring programs in reading for elementary students at risk for reading failure? A meta-analysis of the intervention research. *Journal of Educational Psychology, 92,* 605-619.

Fletcher, J. M., Coulter, W. A., Reschly, D. J., & Vaughn, S. (2004). Alternative approaches to the definition and identification of learning disabilities: Some questions and answers. *Annals of Dyslexia, 54*(2), 304-331.

Fletcher, J. M., Francis, D. J., Rourke, B. P., Shaywitz, B., & Shaywitz, S. E. (1992). The validity of the discrepancy-based definitions of learning disabilities. *Journal of Learning Disabilities, 25,* 555-561, 573.

Fuchs, L. S. (1986). Monitoring progress among mildly handicapped pupils: Review of current practice and research. *Remedial and Special Education, 7*(5), 5-12.

Fuchs, L. S., & Fuchs, D. (1998). Treatment validity: A unifying concept for reconceptualizing the identification of learning disabilities. *Learning Disabilities Research and Practice, 13,* 204-219.

Fuchs, D., Fuchs, L. S., McMaster, K. N., & Al Otaiba, S. (2003). Identifying children at risk for reading failure: Curriculum-based measurement and the dual-discrepancy approach. In H. L. Swanson, K. R. Harris, & S. Graham (Eds.), *Handbook of learning disabilities* (pp. 431–449). New York: The Guilford Press.

Good, R. H., & Kaminski, R. (2002). *Dynamic indicators of basic early literacy skills.* (6th ed.). Eugene, OR: Institute for the Development of Educational Achievement.

Good, R. H., Simmons, D. C., & Smith, S. B. (1998). Effective academic interventions in the United States: Evaluating and enhancing the acquisition of early reading skills. *School Psychology Review, 27,* 45–56.

Gresham, F. M. (2002). Responsiveness to intervention: An alternative approach to the identification of learning disabilities. In R. Bradley, L. Danielson, & D. P. Hallahan (Eds.), *Identification of learning disabilities: Research to practice* (pp. 467–547). Mahwah, NJ: Lawrence Erlbaum Associates.

Gresham, F. M., MacMillan, D. L., Beebe-Frankenberger, M. E., & Bocian, K. M. (2000). Treatment integrity in learning disabilities intervention research: Do we really know how treatments are implemented? *Learning Disabilities Research and Practice, 15,* 198–205.

Juel, C. (1988). Learning to read and write: A longitudinal study of 54 children from first through fourth grade. *Journal of Educational Psychology, 80,* 437–447.

Kame'enui, E. J., & Carnine, D. W. (1998). *Effective teaching strategies that accommodate diverse learners.* Upper Saddle River, NJ: Prentice Hall.

Lyon, G. R. (2001). Measuring success: Using assessments and accountability to raise student achievement. Address to U.S. House of Representatives Subcommittee on Education Reform, Committee on Education and the Workforce. Statement retrieved on September 30, 2004, from http://www.nrrf.org/lyon_statement3-01.htm

Morris, D., Shaw, B., & Perney, J. (1990). Helping low readers in grades 2 and 3: An after-school volunteer tutoring program. *Elementary School Journal, 91,* 133–150.

National Center for Education Statistics. (2003). National assessment of educational progress. Retrieved December 23, 2003, from http://nces.ed.gov/nationsreportcard/reading/results2003

Nelson, J. R., Benner, G. J., & Gonzalez, J. (2003). Learner characteristics that influence the treatment effectiveness of early literacy interventions: A meta-analytic review. *Learning Disabilities Research and Practice, 18,* 255–267.

No Child Left Behind Act of 2001, PL 107–110, 115 Stat. 1425, 20 U.S.C. §§ 6301 *et seq.*

Pressley, M., Rankin, J., & Yokoi, L. (1996). A survey of instructional practices of primary teachers nominated as effective in promoting literacy. *Scientific Studies of Reading,*

1, 145-160.

Schumm, J. S., Moody, S. W., & Vaughn, S. (2000). Grouping for reading instruction: Does one size fit all? *Journal of Learning Disabilities, 33,* 477-488.

Siegel, L. S. (1992). An evaluation of the discrepancy definition of dyslexia. *Journal of Learning Disabilities, 25,* 618-629.

Simmons, D. C., & Kame'enui, E. J. (Eds.). (1998). *What reading research tells us about children with diverse learning needs: Bases and basics.* Mahwah, NJ: Lawrence Erlbaum Associates.

Stuebing, K. K., Fletcher, J. M., LeDoux, J. M., Lyon, G. R., Shaywitz, S. E., & Shaywitz, B. A. (2002). Validity of IQ-discrepancy classifications of reading difficulties: A meta-analysis. *American Educational Research Journal, 39,* 469-518.

Torgesen, J. K. (2000). Individual differences in response to early interventions in reading: The lingering problem of treatment resisters. *Learning Disabilities Research and Practice, 15,* 55-64.

Torgesen, J. K., Alexander, A. W., Wagner, R. K., Rashotte, C. A., Voeller, K. K. S., & Conway, T. (2001). Intensive remedial instruction for children with severe reading disabilities: Immediate and long-term outcomes from two instructional approaches. *Journal of Learning Disabilities, 34,* 33-58.

Vadasy, P. F., Sanders, E. A., Peyton, J. A., & Jenkins, J. R. (2002). Timing and intensity of tutoring: A closer look at the conditions for effective early literacy tutoring. *Learning Disabilities Research and Practice, 17,* 227-241.

Vaughn, S. (2002). Using response to treatment for identifying students with learning disabilities. In R. Bradley, L. Danielson, & D. P. Hallahan (Eds.), *Identification of learning disabilities: Research to practice* (pp. 549-554). Mahwah, NJ: Lawrence Erlbaum Associates.

Vaughn, S., & Fuchs, L. S. (2003). Redefining learning disabilities as inadequate response to treatment: The promise and potential problems. *Learning Disabilities Research and Practice, 18*(3), 137-146.

Vaughn, S., Linan-Thompson, S., Elbaum, B., Wanzek, J., Rodriguez, K. T., Cavanaugh, C. L., et al. (2004). *Centers for implementing K-3 behavior and reading intervention models preventing reading difficulties: A three-tiered intervention model.* Unpublished report, University of Texas Center for Reading and Language Arts.

Vaughn, S., Linan-Thompson, S., & Hickman, P. (2003). Response to instruction as a means of identifying students with reading/learning disabilities. *Exceptional Children, 69,* 391-409.

Vaughn, S., Linan-Thompson, S., Kouzekanani, K., Bryant, D. P., Dickson, S., & Blozis, S. A. (2003). Reading instruction grouping for students with reading difficulties. *Remedial and Special Education, 24,* 301-315.

Vaughn, S., Linan-Thompson, S., Mathes, P. G., Cirino, P. T., Carlson, C. D., Francis, D. J., et al. (2006). Effectiveness of Spanish intervention for first-grade English language learners at risk for reading difficulties. *Journal of Learning Disabilities, 39*(1), 56-73.

Vaughn, S., Mathes, P. G., Linan-Thompson, S., Cirino, P., Carlson, C., Francis, D. H., et al. (2006). First-grade English language learners at-risk for reading problems: Effectiveness of an English intervention. *Elementary School Journal, 107*(2), 153-180.

Vellutino, F. R., Scanlon, D. M., & Lyon, G. R. (2000). Differentiating between difficult-to-remediate and readily remediated poor readers. *Journal of Learning Disabilities, 33,* 223-238.

Vellutino, F. R., Scanlon, D. M., Sipay, E. R., Small, S. G., Pratt, A., Chen, R., et al. (1996). Cognitive profiles of difficult-to-remediate and readily remediated poor readers: Early intervention as a vehicle for distinguishing between cognitive and experiential deficits as basic causes of specific reading disability. *Journal of Educational Psychology, 88,* 601-638.

Wanzek, J. (2005). *The effects of varying amounts of time in reading intervention for students demonstrating insufficient response to intervention.* Unpublished doctoral dissertation, University of Texas at Austin.

Woodcock, R. W. (1987). *Woodcock reading mastery test-revised.* Circle Pines, MN: AGS Publications.

제3장

읽기 교수에 대한 3단계 접근에서 사정의 역할

Lynn S. Fuchs and Douglas Fuchs

연구는 학습자의 읽기 수행을 고양시키기 위한 중재의 효과성을 입증해 오고 있다. 이러한 연구에서 학습자 혹은 학급은 비교하고자 하는 중재에 대하여 무선 할당된다. 시간의 흐름에 따른 읽기의 성장은 다양한 중재 대상자에게서 측정된다. 그리고 학생들 대다수를 위해 우수한 성과를 촉진하는 방법이 확인된다.

물론 어떠한 교수 방법도, 심지어 무선 통제 연구에서 효과적인 것으로 입증된 것조차 모든 학생에게 효과가 있는 것은 아니다. 이러한 이유로 일반교육 내에서 입증된 중재를 학교가 실행할 때, 아동의 읽기 수행에 있어서 중재의 효과를 지속적으로 점검함으로써 적절하게 반응하지 않는 아동들이 즉시 판별될 수 있도록 해야 한다. 이후 이 학생들을 위한 더 집중적인 프로그램을 실행할 수 있다. 이 프로그램의 두 번째 수준에서 반응하는 데 실패한 학생들에게는 학생의 반응을 계속해서 평가하는 동안 세 번째 수준인 더 개별화된 교수를 실시할 수 있다. 반응이 측정되는 동안 강도와 개별화가 점차 증가하는 중재들이 수행되는 이 반복적인 과정은 중재에 대한 3단계 접근 방식을 설명하고 있다.

중재에 대한 3단계 접근방식의 핵심 요소는 사정으로, 이 사정은 지속적인 점검과 주의의 대상이 되어야 하는 아동들의 판별을 목적으로 하고, 모니터링의 대상이 되는 아동들의 중재에 대한 반응을 수량화하며, 가장 반응이 없는 집단의 아동들을 위한 개별적인 교수 프로그램을 개개인에게 맞추기 위한 것이다. 최근 교수에 대한 반응을 사정하는 데 있어, 또 개별적인 프로그램을 개개인의 요구에 맞추는 데 있어 최신의 기술을 활용한 실제는 교육과정중심측정(Curriculum-Based Measurement: CBM)으로 알려진 진전도 점검의 형태에 중심을 두고 있다.

이 장에서 우리는 필수적인 세 가지 사정 기능에 초점을 두고 읽기 중재에 대한 3단계 접근에서 사정의 역할을 설명하고자 한다. 또한 우리는 교육과정중심측정이 무엇인가, 어떻게 교육과정중심측정이 이러한 세 가지 사정 기능을 만족시킬 수 있는가를 설명할 것이다. 그다음으로 3단계 접근에서 사정의 역할을 일반적으로 그리고 교육과정중심측정을 구체적으로 설명하기 위해 초등학교 1학년 학생들을 대상으로 수행된 사례 연구를 제시하려 한다. 이 장을 마치기 전에 우리는 독자들이 1학년 학생들의 사례 연구에서 설명된 원리들을 전체 초등학년을 통해 적용할 수 있도록 유치원에서 초등학교 6학년에 이르는 포괄적인 교육과정중심측정의 틀을 서술할 것이다.

3단계 읽기 중재에 필수적인 세 가지 사정 기능

3단계 읽기 중재의 수행은 세 가지 기능을 위하여 사정의 활용을 필요로 한다. 첫 번째 기능은 이후 주의의 대상이 되는 일부 학생에 대한 선별이다. 두 번째 기능은 어떤 학생들이 교수의 두 번째 및 세 번째 단계에 들어가야 하는지 그리고 그 단계에서 나와야 하는지에 대한 결정을 내릴 수 있도록 교수에 대한 반응을 수량화하는 진전도 점검이다. 3단계 읽기 중재에 있어 사정의 세 번째 기능은 세 번째 교수 단계에서 교사들을 도와 교수를 개별화하는 방식으로 교수 계획에 대한 정보를 제공하는 것이다.

선별을 위하여 학교의 모든 학생은 학년의 첫 번째 달에 중요한 준거 측정에 있어 향후 수행을 예측하는 데 진단적 유용도를 나타내는 간단한 선별도구(예를 들어, 읽기 수준 사정)를 통하여 사정된다. 어떤 아동이 중요한 준거 측정에서 성공 혹은 실패할 것 같은지를 나타내는 준거 점수를 이후에 적용한다. 준거에 미치지 못하는 성취를 보인 아동이 이후 주의의 대상이 된다.

이러한 주의는 진전도 점검의 형태에서 나타난다. 단계 1 일반교육 프로그램이 실행될 때, 학생의 읽기 수행은 빈번하게 적어도 일주일에 한 번씩 측정되며 진전도는 그 점수들로부터 계산된다. 그 후에 진전도를 교수에 대한 '반응'으로 여기는가를 결정하기 위해 준거가 적용되고 그 결정은 학생들을 단계 2로 이동시키는 데 사용된다. 각각의 단계에서 반응이 유사한 방식으로 사정되고 수량화되며, 따라서 학생들을 단계 2와 단계 3으로 이동시키고 그 단계들에서 나오게 하는 방법에 대한 결정이 이루어질 수 있다.

3단계 읽기 중재에 있어 사정의 세 번째 기능은 교수 계획에 중점을 둔다. 단계 2는 보통 단계 1의 일반교육에서 가능한 것보다도 더욱 집중적인 중재를 제공하나 표준화된 중재 프로토콜을 대표하는 소집단 학습 지도에 의존한다. 개별화는 보통 단계 2에서 강조되지 않는다. 단계 2의 집중적이나 표준화된 중재 프로토콜에 대하여 반응을 나타내지 않을 경우, 학생은 개별화를 그 특징으로 하는 단계 3으로 이동하게 된다. 학생의 필요에 반응하는 방식으로 학생의 프로그램을 개별화하기 위해 학생의 필요에 대한 사정이 요구된다. 이는 연역적 혹은 귀납적 접근으로 이루어질 수 있다. 연역적 접근에 있어 아동의 인지 능력(예를 들면, 빠른 명명화 속도, 개념 형성, 작업기억)이 사정되고, 결과는 인지적 결함을 개선하는 동안 아동의 강점을 이용하는 프로그램을 고안하는 데 사용된다. 귀납적 접근에 있어, 대안적인 교수적 구성요소가 체계적으로 도입된다. 아동의 읽기 진전이 점검되며 각각의 요소로 수량화된다. 그리고 아동의 진전에 거의 효과가 없는 요소들은 제거되는 반면, 성장을 최대화하는 구성요소가 아동의 프로그램에 포함된다. 귀납적 접근에 있어 교수적 특성이 아동의 필요를 충족시키고 있다는 것을 경험적으로 보여 줌에 따라 교수 프로그램은 누적되어 형성된다. 오늘날 연구는 개인의 교수적 요구를 사정하는 데 있어 귀납적 접근을 선호한다.

교육과정중심측정: 세 가지 사정 기능 충족을 과학적으로 입증하기

교육과정중심측정은 3단계 읽기 중재의 실행에 요구되는 세 가지 유형의 사정 결정을 충족시키기 위해 사용할 수 있는 일련의 사정 방법이다. 교육과정중심측정은 교사들에게 학업적 수행에 대한 신뢰할 만하고, 타당하며, 효율적인 지표를 제공한다. 이 지표들은 선별 결정을 위해 개별 학생이 특정 시점의 위치에 있는지를 측정하게 하고, 중재에 대한 반응을 측정하기 위해 시간에 따른 학생의 진전도를 나타낸다(Deno, 1985). 게다가 여러 연구는 교사들이 읽기 성과를 향상시키는 더 개별화된 교수 프로그램을 고안하는 데 교육과정중심측정을 사용할 수 있음을 보여 주고 있다. 이러한 방식으로 교육과정중심측정은 세 가지 사정 기능을 만족시킨다.

교육과정중심측정은 이 세 가지 특징을 포함하며, 몇 가지 방식에서 대다수의 학급 사정 형태와는 다르다(Fuchs & Deno, 1991). 첫째, 교육과정중심측정은 표준화되어 있어 입증된 신뢰도 및 타당도와 함께 측정되는 행동들과 그 행동들을 측정하기 위한 절차들이 규정되어 있다. 둘째, 교육과정중심측정의 초점은 학령기 전체는 아니더라도 상당 기간 동안 검사의 방법과 내용에 있어서 장기적으로 일관성을 유지하는 것이다. 장기간 일관성이 가능한 주된 이유는 진전도가 시간 흐름에 따라 체계적으로 점검될 수 있기 때문이다. 셋째, 교육과정중심측정은 유창성에 기초하므로 학생들은 검사 자극에 반응할 때 정해진 시간을 제공받는다. 그러므로 향상은 중요한 행동들을 정확하고, 쉽게 수행하는 개인의 능력을 반영한다.

교육과정중심측정이 활용되는 방법을 설명하기 위해 어떤 교사가 학년 말 수행 읽기 목표를 적절한 2학년 수행으로 수립하였다고 가정하자. 그 후 교사는 수립된 방법에 의거하여 동질적인 2학년 수준 난이도의 단락 30개를 가려낸다. 교사는 매주 1분 동안 서로 다른 단락 하나를 학생에게 소리 내서 읽게 함으로써 한 번의 검사를 수행한다. 점수는 정확하게 읽은 단어의 개수다. 각각의 단순하고 짧은 사정은 다면적인 수행을 필요로 하기 때문에 읽기 역량에 대한 지표를 산출한다. 예를 들어, 이러한 수행은 문자들을 자동적으로 논리 정연하게 소리 표상으로 변환하고, 그 소리 요소들을 인식 가능한 전체로 결합하여 어휘 표상에 자동적으로 접근하며, 문장 내 그리고 문장 간 의미 있는 연계를 처리하고, 텍스트의 의미를 사전 정보에 연결시키며, 생략된 정보를 제공하기 위해 추론하는 등의 독자의 기술들을 필요로 한다. 역량 있는 독자들은 텍스트를 구어(spoken language)로 변환할 때 이들은 이러한 기술들을 정해진 대로 별로 힘들이지 않는 방식으로 조정한다(Fuchs, Fuchs, Hosp, & Jenkins, 2001).

이러한 교육과정중심측정의 단락 읽기 유창성 과제는 이 복잡한 수행을 반영하기 때문에, 교육과정중심측정은 읽기에 관한 전문적 지식을 특징짓는 데 그리고 초등 학년에서 읽기에 관한 전문적 지식의 발달을 추적하는 데 활용될 수 있다(예를 들어, Biemiller, 1977, 1978; Fuchs & Deno, 1991). 규준적인 틀 안에서 주어진 시점의 수행 수준은 선별 결정에 관한 위험 상태를 나타내기 위해 개인들 간에 비교를 실시한다. 개인 내 틀을 사용할 때 학생의 점수는 그래프로 그리고, 기울기는 읽기 향상을 수량화하기 위한 일련의 점수로 계산된다. 읽기 역량과 성장을 특징화하기 위한 이러한 전략들은 다른 학급에서의 읽기 사정에 의해 제공되는 것보다 더 개인 내 그리고 개인 간 차이에 민감함을 보여 주고 있다(예를 들어, Marton, Fuchs, & Deno, 1986). 게다가 교육과정중심측정은 다양한 중재하에서 성취된 성장에 민감하다(Fuchs, Fuchs, & Hamlett, 1989b; Hintze & Shapiro, 1997; Hintz, Shaporo, & Lutz, 1994; Marston et al., 1986). 이와 관련하여 교육과정중심측정에 반응하도록 개발된 교사의 교수 계획에는 해독 교수, 반복 읽기, 어휘 교수, 문법 연습 그리고 의미 지도 활동을 포함한 광범위한 읽기 방법이 포함된다(Fuchs, Fuchs, Hamlett, & Ferguson, 1992). 따라서 교육과정중심측정은 어떤 특정 읽기 교수 방법에 제한되어 있지 않다. 이와 유사한 방식으로 다른 교육과정중심측정 과제들(이 장의 후반부에서 논의됨) 또한 전반적인 읽기 수행의 주요 지표로 사용되고, 이 지표들은 선별과 진전도 점검 결정 그리고 읽기 발달에 있어 다양한 측면에서 유용하다.

하지만 어쩌면 가장 중요한 것은 여러 연구가 교육과정중심측정의 진전도 점검이 심각한 읽기문제를 지닌 학생들을 위한 프로그램들을 계획하고, 이 학생들의 성취에 영향을 미치는 교사의 능력을 향상시킴을 보여 주고 있다는 점일 것이다. 교육과정중심측정이 읽기 교수에 정보를 제공하는 방법은 그래프로 표시되는 수행 지표에 의존한다. 즉, 의사결정은 1분 안에 정확하게 읽는 단어의 개수에서의 성장률에 결부된다. 만일 학생의 성장 궤적이 적절한 것으로 판단될 경우, 교사는 학년 말 수행에 대한 학생의 목표를 증가시킨다. 만일 그렇지 않다면 교사는 교수 프로그램을 수정한다. 연구는 이러한 의사결정 규칙이 개별적 요구에 대하여 보다 반응적인 더 다양한 교수 프로그램(Fuchs et al., 1989b)과 보다 야심찬 학생 목표(Fuchs, Fuchs, & Hamlett, 1989a)를 갖추고 상업적인 표준화 읽기 검사에서의 보다 높은 학년 말 점수(예를 들어, Fuchs, Deno, & Mirkin, 1984)를 유도한다는 것을 보여 주고 있다. 따라서 교육과정중심측정은 실행가들이 교육과정중심측정을 교수에 대한 학생의 반응을 판단하는 데 사용할 때조차 교수 프로그램 제작의 질을 향상시킬 수 있다.

세 가지 사정 기능 충족을 위한 교육과정중심측정의 적용: 1학년 사례 연구

교육과정중심측정이 읽기 중재에 있어 3단계 접근에서 어떻게 세 가지 사정 기능을 충족하는지 설명하기 위해 우리는 Carlton 학교라 명명한 가상의 학교에서의 사례 연구 하나를 제시한다. 우리는 1학년에 초점을 맞췄다. 이 사례 연구를 제시하기에 앞서 우리는 1학년에서 사용된 교육과정중심측정 척도와 단계 1의 교수 맥락 그리고 Carlton 학교의 3단계 읽기 중재에서 사용된 단계 2와 단계 3 교수의 특징 등을 간략하게 설명할 것이다.

교육과정중심측정 척도

선별을 위하여 Carlton 학교는 단계 1 · 2 · 3에서의 반응을 측정하기 위해 그리고 교수 계획에 정보를 제공하기 위해 '교육과정중심측정 단어 판별 유창성 검사(CBM Word Identification Fluency: CBM-WIF)'를 1학년 대상으로 실시하였다. CBM-WIF으로 학생들은 1분 동안 일련의 단어를 읽는다. 수행 점수는 정확하게 읽은 단어의 수이며 각각의 동형검사는 100개의 고빈도 입문단어, 초보단어, 1학년 수준 단어에서 50개의 단어를 무작위로 표집한다. 만일 학생이 1분 전에 읽기를 완수한다면 점수는 분당 단어 읽기를 반영하기 위해 비례로 계산한다.

CBM-WIF의 동형검사 신뢰도/안정도는 .97이다. CBM-WIF 수행 수준에 대한 타당도 또한 높다. 공인타당도에 있어 Woodcock Reading Mastery Test 중 단어 판별(Woodcock, 1998) 하위검사와의 상관은 가을에 .77 그리고 봄에 .82였다. 교육과정중심측정 단락 읽기 유창성과의 상관은 봄에 .93이었다. 그리고 Comprehension Reading Assessment Battery의 이해 영역과의 상관은 봄에 .73이었다. 예언 타당도에 있어 동일한 준거 척도에 대한 가을부터 봄까지의 상관은 .63에서 .80 사이였다.

CBM-WIF 기울기(예를 들어, 날짜와 점수 간의 최소제곱 회귀에 기초한 주간 향상)도 타당한 것으로 보였다. CBM-WIF 기울기와 1학년 학년 말 Woodcock Reading Mastery Test의 단어 판별(Woodcock, 1998) 하위검사 간의 상관은 .70이다. 학년 말 교육과정중심측정 단락 읽기 유창성과는 .85이고 학년 말 Comprehension Reading Assessment Battery의 이해 검사와는 .66이다.

선별을 위하여 Carlton 학교는 9월에 초등학교 1학년 모든 학생을 대상으로 CBM-WIF의 두 가지 대안적 형태검사를 통해 두 검사 전반에 걸쳐 수행을 평가하는 사정을 실시한다. Carlton 학교는 1학년이 시작될 때 1학년 말 읽기에 실패할 위험을 지정하기 위하여 CBM-WIF 15점을 준거 점수로 활용한다(예를 들어, CBM-WIF에서 15점 이하 점수를 받는 모든 학생이 만약 중재를 받지 않는다면 읽기에 있어 어려움을 경험할 위험에 처한 것으로 생각하는 것이다). 이 학생들은 단계 1 일반교육에 참여하면서 이후 진전도 점검의 대상이 되고, 역시 진전도 점검을 실시하는 단계 2 혹은 단계 3 교수의 후보가 된다.

교수에 대한 반응을 점검하고 교수 단계에서 학생을 이동시키기 위하여, Carlton 학교는 위험군 학생들을 대상으로 CBM-WIF의 다른 형태를 매주 측정하였다. 단계 2와 단계 3 모두에서 점수는 그래프화되며 기울기는 결정 시점에서 산출된다. 연구는 전형적인 발달을 보이는 1학년 학생들의 경우 CBM-WIF에서 주당 약 1.75단어가 향상

됨을 보여 주고 있다. 교수에 긍정적으로 반응하는 위험군 학생들에 대한 규준적 틀에 기초하여, Carlton 학교는 주당 1단어의 증가를 나타내는 CBM-WIF 기울기를 활용하여 반응에 대한 긍정적 반응을 지정하였다.

단계 1 일반교육

Carlton 학교에서 단계 1 교수는 '일반적으로 효과적인' 것으로 세 가지 이유에서 설명할 수 있다. 첫째, 모든 1학년 교사는 입증된 읽기 교육과정인 'Open Court'를 사용한다. 둘째, Carlton 학교의 수석 읽기 교사는 1학년 교사 개개인의 'Open Court'에 대한 수행을 분기별로 관찰하고, 프로그램이 높은 수준의 충실도로 실행되고 있음을 문서화한다. Carlton 학교의 1학년 단계 1 읽기 프로그램 교수의 효과성에 관한 세 번째 형태의 증거는 교사의 기록에서 비롯된다. 지난해의 1학년 집단은 평균적으로 CBM-WIF에서의 가파른 기울기를 보여 주어 주당 평균 1.8단어 향상되었다. 이러한 수치는 1학년에서 전형적인 발달을 보이는 학생들의 주간 진전도에 맞먹는다(주당 1.75단어 향상). 더욱이 지난해 동안 1학년 학생 60명 가운데 단지 3명(5%)만이 1분 안에 60개의 단어를 정확하게 읽는 CBM-WIF 학년 말 목표를 달성하는 데에 실패하였다.

단계 2 교수

Carlton 학교의 단계 2 교수는 1학년에서 입증된 튜터링 읽기 프로토콜을 본떠 만들어졌다. 학생들은 1~3명 정도로 구성된 집단 형태로 매주 네 번, 45분 동안의 지도를 받는다. 교수자는 훈련을 받은 보조원으로 교정적 피드백을 제공해 주는 수석 읽기 교사에 의해 주당 한 번 관찰된다. 또한 수석 읽기 교사는 학생의 CBM-WIF 그래프를 검토하기 위하여 그리고 입증된 튜터링 프로토콜에 대한 충실도를 보장하기 위하여 매주 한 번 1시간 동안 모든 교수자를 만난다. 튜터링 회기는 높은 수준의 명시적 교수로 음운 인식, 단어-소리 재인, 해독, 일견단어 재인 그리고 짧은 이야기 읽기에 초점을 둔다. 자기조절적 학습 전략 또한 동기와 목표 지향적 학습을 증진하기 위하여 통합된다.

단계 3 교수

Carlton 학교의 세 번째 교수 단계는 개별화 교수에 해당한다. 학생들은 자격을 지닌 특수교사에게 일대일 지도를 받는다. 단계 2의 입증된 튜터링 프로토콜은 효과적인 읽기 프로그램을 귀납적으로 설계하는 데 있어 출발점이 된다. 즉, 교수적 요소들이 CBM-WIF로 입증된 것처럼 개별 학습자들에 대한 해당 요소들의 효과성으로 인정된 튜터링 프로토콜에 추가되는 것이다. 아동의 요구에 반응하는 더 효과적인 읽기 프로그램을 귀납적으로 설계할 목적에서 교사는 교육과정중심측정 자료수집을 일주일에 두 차례로 늘리며, 그 결과로 나오는 데이터베이스를 두 가지 보완적 방식으로 활용한다.

개별화된 교수에 교육과정중심측정을 활용하는 데 있어 첫 번째 전략은 '목표기반 교육과정중심측정 의사결정'이다. 목표기반 교육과정중심측정 의사결정에 대하여 교사는 바람직한 주간 진전도 수립을 돕기 위해 전형적인 발달 보이는 아동을 위하여 주간 진전도를 구체화한 교육과정중심측정 규준을 활용한다. 교사는 이것을 학생의 교육과정중심측정 그래프상에 표시되는 학년 말 목표를 설정하는 데 활용한다. 이 목표와 교육과정중심측정 기초선 점수(학생이 단계 3으로 들어가는 데 기준이 되는) 사이를 연결하는 선을 '목표선'이라 부른다. 교사는 결과적으로 목표를 달성하기에는 진전이 불충분하기 때문에(즉, 교육과정중심측정 점수가 네 번 연속으로 목표선에 미달하거나 최소 6점을 기준으로 해당 학생의 교육과정중심측정 기울기가 목표선보다 낮음) 교수 프로그램을 수정하거나 혹은 진전이 기대 이상이기 때문에(즉, 교육과정중심측정 점수가 네 번 연속으로 목표선을 초과하거나 최소 6점을 기준으로 해당 학생의 교육과정중심측정 기울기가 목표선보다 높음) 목표를 증가시킬 때를 결정하기 위해 이 목표선율 활용한다.

두 번째 전략은 '교육과정중심측정 상대적 분석'이라 불리며, 교사는 학생의 교육과정중심측정 기울기를 대조적인 교수 조건들에서 비교한다. 교사는 어떤 교수적 특징이 이로운 것으로 입증될지에 대한 가설을 세우기 위해 해당 학생의 이전 수행 형태에 대한 자신의 이해와 자신이 지니고 있는 연구 문헌에 대한 지식 그리고 자신의 임상적 판단 등을 활용한다. 교사는 주 2회 교육과정중심측정 자료를 수집하면서 이러한 교수적 요소를 도입한다. 이러한 교수적 요소를 수행한 지 6~8주 후에 교사는 그래프화된 기준점들을 살피고 새로운 교수적 요소하에서 학생의 향상 정도를 수량화한다. 교사는 새로운 교수적 요소 없이 이 진전도를 학생의 주당 교육과정중심측정 기울기와 비교한다. 만일 요소가 유용한 효과를 산출한다면 해당 요소는 학생의 프로그램에 포함된다. 그렇지 않을 경우 해당 교수적 특성은 버려진다. 어떠한 경우든 교사는 그 후 학생의 읽기 발달에 미치는 해당 교수적 요소의 영향이 경험적으로 사정될 수 있도록 다음에 도입될 교수적 요소를 확인한다.

4명의 Carlton 학교 학생

각기 다른 학생들에게 Carlton 학교의 3단계 읽기 중재를 적용하는 방법을 설명하기 위해 우리는 읽기 중재에 대한 3단계 접근 시나리오를 대표할 수 있는 1학년 학생 4명의 사례를 소개하고자 한다.

첫 번째 학생인 Mariel은 위험군으로 선별되지 않았다. 9월의 CBM-WIF 선별에서 두 가지 대안적 형태 검사의 Mariel 평균 점수는 22.5점이었다. 이 점수는 읽기 실패 위험을 나타내는 준거 점수를 넘어선다. 따라서 Mariel은 위험군으로 간주되지 않으며 단계 2와 단계 3 교수에 배치되거나 지속적인 진전도 점검의 대상으로 포함되지 않았다.

다음 학생인 Terry는 위험군으로 선별되었으나 1단계에 반응하는 것으로 간주되었다. 9월의 CBM-WIF 선별 시 두 대안적 형태 검사에서 Terry의 평균 점수는 10.5점이다. 이 점수는 읽기 실패의 위험을 나타내는 준거 점수 아래다. 결과적으로 Terry는 위험군으로 간주되며, Terry의 수행은 단계 1 일반교육에서 매주 수행된 한 번의 CBM-WIF 사정과 함께 8주 동안 모니터링되었다. 8주가 끝날 무렵 Terry의 CBM-WIF 기울기(주간 진전)는 긍정적 반응을 나타내는 준거인 1.0을 초과하는 1.8이었다.

또 다른 학생 Liam은 위험군으로 선별되었으며 단계 1에서는 반응하지 않았지만 단계 2에서는 반응하는 것으로 간주되었다. 9월의 CBM-WIF 선별에서 Liam의 두 대안적 형태 검사의 평균 점수는 5.5점이었다. 이 점수는 읽기 실패의 위험에 대한 준거점수에 미치지 못한다. 따라서 Liam은 위험군으로 간주되었고, Liam의 수행은 매주 실행된 한 번의 CBM-WIF와 함께 단계 1 교수를 받으면서 8주 동안 점검되었다. 8주가 끝날 무렵 Liam의 CBM-WIF 기울기(주간 향상)는 0.4로 긍정적 반응을 나타내는 준거 1.0에 미달하였다. 이에 따라 Liam은 단계 1 교수에 반응하지 못한 것으로 여겨 단계 2 교수로 들어갔으며, 다시 매주 CBM-WIF 점검을 받게 되었다. 단계 2에서 Liam의 기울기는 1.7로 증가하였고, 이는 긍정적 반응을 나타내는 준거 1.0을 초과한 것이다. 이러한 이유로 Liam은 단계 2 교수에 반응하는 것으로 여겨졌고 교육과정중심측정으로 계속 진전도를 점검하기 위해 단계 1로 돌아갔다.

마지막 학생인 Michael은 위험군으로 선별되었고 단계 1과 단계 2에 반응하지 않는 것으로 간주되었다. 9월의 CBM-WIF 선별 시 Michael이 두 대안적 형태 검사에서 보인 평균 점수는 5.5였고, 이는 읽기 실패의 위험을 정하는 준거 점수에 미달된 것이었다. 따라서 Michael은 위험군으로 간주되었고, Michael의 수행은 매주 실행된 한 번의 CBM-WIF와 함께 단계 1 교수를 받으면서 8주 동안 점검되었다. 8주가 끝날 무렵, Michael의 CBM-WIF 기울기(주간 향상)는 0.2로 긍정적 반응을 나타내는 준거 1.0에 미달하였다. 이에 따라 Michael은 단계 1 교수에 반응하지 못한 것으로 여겨 단계 2 교수로 들어갔으며, 다시 매주 CBM-WIF 점검을 받게 되었다. 단계 2에서 Michael의 기울기는 0.5로, 이는 긍정적 반응을 나타내는 준거 1.0에 훨씬 미치지 못하는 것이었다. 이러한 이유로 Michael은 단계 2 교수에 반응하지 못하는 것으로 여겨졌다. 따라서 Michael은 단계 3으로 들어갔고 단계 3에서는 교육과정중심측정을 활용한 개별화된 교수가 실행되었다.

단계 3 프로그램을 시작하기 위하여 특수교사는 다음의 정보들을 고려하였다. 1) 단계 2의 입증된 튜터링 프로토콜에서 Michael의 교육과정중심측정 기울기는 매우 낮은 0.5였으며, 2) 전형적인 발달을 보이는 학생들은 약 1.75의 CBM-WIF 기울기를 나타냄을 고려해 볼 때, 교사는 CBM-WIF 척도에서 주당 1.0단어의 진전이 Michael의 현실적인 학년 말 목표임을 결정하였다. 교사는 해당 학년도에 29주가 남아 있음을 계산하였다. Michael의 가장 최근 두 차례의 CBM-WIF 점수 평균은 16점이었다. 따라서 교사는 학년 말 목표를 45(29+16)로 계산하였다. 교사는 이를 '유동적인' 목표로 간주하였다. 교사가 Michael의 읽기 궤적을 극적으로 향상시키는 데 성공할 경우 교육과정중심측정 결정 규칙은 교사로 하여금 학년 말 목표를 보다 야심찬 쪽으로 이끌 것이다.

특수교사의 다음번 도전 과제는 단계 3 분석을 위하여 단계 2의 입증된 튜터링 프로토콜에 어떤 교수적 요소가 추가되어야 할 것인지를 결정하는 것이었다. 교사는 자기조절 중재가 제공되었음에도 Michael이 교수에 참여하는 데 심각한 어려움을 겪었다는 단계 2 교수자의 보고를 고려하였다. 교사는 또한 강력한 강화 프로그램으로 자기조절을 강화하기 위해 문헌에서 얻은 지식을 고려하였다. 그래서 교사는 Michael의 CBM-WIF 수행을 주당 2회 사정하면서 단계 3 교수를 시작하였다. 6주 후, Michael의 기울기는 0.83까지 증가하였다. 이는 단계 2 교수보다 나은 향상으로 강화 요소가 Michael의 프로그램에 유지되어야 함을 보여 주는 것이다. 물론 Michael의 주간 진전도 0.83은 교사의 주당 목표 진전도인 1.0보다는 여전히 낮다. 따라서 교사는 Michael의 CBM-WIF 수행에 대한 컴퓨터 연습 프로그램의 효과를 계속해서 모니터링하면서, 고빈도 단어에 대한 단어 재인을 강화하고자 고안된 컴퓨터 프로그램을 통합하기 위하여 학생이 CBM-WIF를 수행하는 동안 수집된 자신의 임상적 판단을 활용하여 Michael의 수행을 검토하였다. 이러한 방식으로 교사는 Michael을 위한 강력한 프로그램을 귀납적 · 경험적으로 확립하기 위하여 Michael의 읽기 발달상에 교수적 요소들의 효과성을 형성적으로 평가하였다.

포괄적 교육과정중심측정 틀

Carlton 학교의 사례 연구는 단계 3 읽기 중재에 있어 사정의 세 가지 기능을 묘사하고 있다. 이 사례 연구는 또한 교육과정중심측정이 어떻게 이 세 가지 기능을 충족하는지를 보여 준다. 물론 CBM-WIF 과제는 비록 1학년 수준에서는 적절하고 유용하나 초등학교 시절 전반에 걸친 발달 기간을 다루지는 않는다. 예를 들어, 유치원 아동에 있어 CBM-WIF 과업은 바닥 효과를 보이며 많은 아동이 0점을 기록한다. 비록 0점에 머물러 있는 CBM-WIF 과제에서의 수행이 성장 부족을 의미한다 하더라도, 이 학생들은 독해자가 되어 가는 방향으로(예를 들어, 문자와 소리 연결하기, 소리 혼합하기) 진전을 보일 것이다.

이러한 이유로 초기 읽기 발달에 민감한 대안적 과제들이 요구된다. 1학년 말에 학생들이 일단 CBM-WIF 수행 준거를 성취하고 나면, CBM-WIF 과제는 단락 읽기나 이해와 같은 영역에서 지속적인 발달을 나타내는 데 실패할 것이다. 이러한 이유로 초등학교 시절 전반에 걸쳐 3단계 읽기 중재를 실행할 수 있도록 추가적인 교육과정중심측정 과제가 요구된다.

포괄적 교육과정중심측정 틀은 이러한 발달 범위를 다룬다. 이 틀은 Minnesota 대학교의 Stan Deno의 지휘하에 1970년대 중반에 시작된 교육과정중심측정에 대한 장기적인 연구 프로그램에서 생긴 것이다. 이 틀은 유치원부터 초등학교 6학년까지의 읽기발달 기간에 걸친 문자-소리 유창성, 단어 판별 유창성, 단락 읽기 유창성 그리고 선택형 빈칸 채우기 유창성의 네 가지 읽기 행동들로 구성된다. 〈표 3-1〉은 이러한 척도들에 대한 전통적인 신뢰도 및 타당도에 관하여 기술적 자료의 견본을 보여 주고 있다. 〈표 3-2〉에는 미래의 읽기 성공과 연계된 기준들이 제시되어 있다. 학년 말 기준은 해당 학년도 말까지 학생들이 성취해야 하는 교육과정중심측정 점수들을 가리킨다. 그리고 기울기 기준은 학생들이 보여야 하는 주별 교육과정중심측정 증가분을 의미한다.

문자-소리 유창성

교육과정중심측정 문자-소리 유창성 과제(Fuchs & Fuchs, 2001; Speece & Case, 2001)는 유치원에서의 초기 읽기 발달을 사정하고자 사용된다. 문자-소리 유창성은 다음의 이유로 내용 타당도를 갖는다. 첫째, 문자-소리는 유치원 교육과정의 표준 특성이다. 둘째, 문자-소리 대응은 음운론적 해독의 중심이기 때문에 문자-소리 대응 유창성은 읽기 학습에 있어 주요 성취를 구성한다. 그러므로 문자-소리 대응은 유치원에서 중요한 교수 목표를 대표하고, 교사들에게 그들의 교수적 노력을 지도하는 데 있어 유용한 정보를 제공한다. 문자-소리 유창성에 대하여 교사는 5×5행렬에 정렬된 (대안적 형태 검사는 문자의 순서가 다양하고 25개의 문자를 보여 준다) 25개의 소문자(각기 다른)를 한 장의 종이에 제시한다. 학생은 이를 소리 내어 읽을 1분의 시간을 부여받는다. 교사는 학생의 교육과정중심측정 그래프에 정확하게 말한 소리의 개수를 기록한다. 〈표 3-1〉에 나타난 바와 같이 문자-소리 유창성은 매우 신뢰할 수 있고 준거타당도가 높다. 또한 교사, 보조자 혹은 자원봉사자들이 쉽게 실시할 수 있다.

표 3-1 포괄적 교육과정중심측정 틀

기술적 특징	척도			
	LSF	WIF	PRF	MF
대안적 검사-단락 안정성(3주)	.92 - .94	.97	.92 - .97	.90
WRMT와의 준거타당도	.58 - .71	.77- .82	.71 - .92	N/A
교육과정중심측정 단락 읽기 유창성과의 준거타당도	.93	.86	N/A	.78 - .86
Gates MacGinitie, Stanford, Metropolitan Reading Test와의 준거타당도	N/A	N/A	N/A	.77 - .89
교육과정중심측정 단락 읽기 유창성과의 예언타당도*	.66 - .68	.63 - .80	.72 - .86	N/A
교육과정중심측정과의 예언타당도(유치원 가을학기에서 초등학교 1학년 봄학기까지)	.54	N/A	N/A	N/A
TerraNova와의 예언타당도*	.53	N/A	.65 - .72	.67 - .74
TerraNova와의 예언타당도(유치원 가을학기에서 초등학교 1학년 봄학기까지)	.43	N/A	N/A	N/A

주) LSF=문자-소리 유창성, WIF=단어 판별 유창성, PRF=단락 읽기 유창성, MF=선택형 빈칸 채우기 유창성, WRMT=Woodcock Reading Mastery Test, TerraNova=McGraw-Hill State Achievement test, N/A=사용할 수 없음, K=유치원, 1=초등학교 1학년

* LSF는 가을에 한 번 그리고 봄에 한 번, WIF는 22주, PRF와 MF는 22~30주

표 3-2 포괄적 교육과정중심측정 틀을 위한 기준

척도	학년	학년 말 기준	기울기 기준
LSF	유치원	분당 40개 문자 소리	주당 문자 소리 1개 증가
WIF	초등학교 1학년	분당 50단어	주당 1.8단어 증가
PRF	초등학교 2학년	분당 75단어	주당 1.5단어 증가
	초등학교 3학년	분당 100단어	주당 1단어 증가
	초등학교 4학년	분당 120단어	주당 0.6단어 증가
MF	초등학교 5학년	2.5분당 25번 교체	주당 0.4단어 증가
	초등학교 6학년	2.5분당 40번 교체	주당 0.4단어 증가

注) LSF=문자-소리 유창성, WIF=단어 판별 유창성, PRF=단락 읽기 유창성, MF=선택형 빈칸 채우기 유창성

문자-소리 유창성은 위험군 학생을 판별하기 위하여 사용될 수 있다. 문자-소리 유창성은 또한 유치원 과정에서 초기 읽기 역량의 발달을 추적하기 위해 진전도 점검의 틀 안에서 사용될 수 있다. 교사는 유치원 과정이 끝날 때 교육과정중심측정 문자-소리 유창성으로 분당 40개의 문자를 정확하게 소리 내어 읽는다는 목표를 향한 진전도를 점검한다. 이 기준은 초등학교 1학년 말까지 성취될 것으로 유력한 읽기 수행과 연계되어 있다. 사실 아동이 유치원에서 이러한 준거를 성취하자마자 교사는 지속적인 읽기 진전을 점검할 목적으로 해당 학생을 교육과정중심측정 단어 판별 유창성으로 전환하여야 한다.

단어 판별 유창성

학생이 분당 40개의 문자 소리 기준을 충족한 후거나 초등학교 1학년 초에(어느 것이 먼저 오든) 교육과정중심측정 과제는 WIF가 된다(Fuchs, Fuchs, & Compton, 2004). 단어 판별 유창성에서 교사는 해당 아동에게 고빈도 단어들이 적힌 종이 한 장을 제시하는데, 이 종이는 17개의 단어가 있는 2개의 열과 16개의 단어가 있는 1개의 열 등,

총 3개의 열로 구성되어 있다. 대안적 형태 검사는 고빈도 단어 목록에서 무선적으로 표집된 단어들을 교체해 가며 만들어진다(예를 들어, Zeno, Ivens, Millard, & Duvvuri, 1995). 학생은 1분 동안 단어들을 읽고 교사는 정확하게 읽은 단어의 개수를 학생의 교육과정중심측정 그래프에 표시한다.

〈표 3-1〉과 〈표 3-2〉에 나타나고 Carlton 학교 사례 연구에 제시된 바와 같이, WIF는 미래의 읽기 역량을 잘 예언하며 1학년 말까지 50개의 단어를 정확하게 읽는다는 기준은 미래의 읽기 성공을 예언하는 데 사용될 수 있다. 이러한 기준을 달성하지 못한 학생은 보다 집중적인 교수의 필요성을 결정하기 위해 더 사정되어야 한다. 그러나 1학년 기준을 달성한 학생들은 2학년 과정에서 읽기에 성공할 가능성이 높다.

단락 읽기 유창성

2학년부터 4학년 말까지 교육과정중심측정 단락 읽기 유창성은 읽기 역량에 대한 전반적 지표로서 잘 기능한다. 단락 읽기 유창성은 해독, 단어 판별, 유창성 그리고 이해에 있어 학생의 진전을 일제히 반영한다. 교사는 교육과정중심측정 단락 읽기 유창성에서 해당 학생의 학년 말에 기대되는 난이도의 단락을 학생에게 제시한다(각각의 검사에서 같은 난이도의 다른 구절이 제시됨). 교사는 표준화된 일련의 지시를 활용하여 정확하고 빠르게 의미를 생각하며 읽도록 학생에게 지시한다. 학생은 이를 읽을 1분의 시간을 갖는다. 만일 학생이 3초 동안 어떤 단어에서 주저하게 되면, 교사는 2개의 단어를 알려 준다. 교사는 지연, 대체, 생략을 오류로 기록하며 정확하게 읽은 단어의 수를 학생의 교육과정중심측정 그래프에 표시한다.

〈표 3-1〉에 나타난 바와 같이(그리고 선행연구에서 광범위하게 다루어 온 바와 같이; 예를 들어, Marston, 1989), 교육과정중심측정 단락 읽기 유창성은 전반적인 기초 읽기 역량에 대한 강력한 척도다. 게다가 다양한 연구가 단락 읽기 유창성 과제가 어떻게 진전도 점검 도구로 활용될 수 있는지 보여 준다(예를 들어, Fuchs et al., 1984; Fuchs et al., 1989b). 교사가 학생의 진전도를 점검할 때, 그들은 학생의 진전에 반응하여 보다 자주 교수 프로그램을 조정하고 학생들은 표준화된 성취도 검사에서 더 나은 성취를

보인다. 지속적이고 적절한 읽기 성공의 예언 기준은 학년에 따라 향상된다(〈표 3-2〉 참조). 5학년을 시작할 때, 교사는 해당 학생을 포괄적 교육과정중심측정 틀 내의 다음 과제, 즉 교육과정중심측정 선택형 빈칸 채우기 유창성으로 전환한다.

선택형 빈칸 채우기 유창성

5학년과 6학년에서 교육과정중심측정 선택형 빈칸 채우기 유창성 과제(Fuchs & Fuchs, 1992)는 지속적인 읽기 이해 기술의 발달을 점검하기 위하여 활용된다. 선택형 빈칸 채우기에서 학생은 매 일곱 번째 단어가 지워지고 3개의 선택지로 대체된 단락 하나를 받게 된다. 단 하나의 선택지만이 빈칸에 의미적으로 정확하게 대체된다. 정답 이외의 선택지들은 정답과 길이는 비슷하지만 음운론적으로 혹은 시각적으로 정답과 혼동되어서는 안 된다(동등한 난이도의 대안적 단락이 각각의 측정에 사용된다; Fuchs & Fuchs, 1992). 교사는 빈칸에 해당하는 단어를 찾는 동안 텍스트를 읽는다(학생이 컴퓨터로 작업하는 동안 자동적으로 자료를 수집할 수 있는 다양한 소프트웨어 프로그램이 있다). 학생은 2.5분 동안 이러한 작업을 수행한다. 교사는 학생의 교육과정중심측정 그래프에 정확한 선택지의 개수를 기록한다.

〈표 3-1〉에 나타난 바와 같이 선택형 빈칸 채우기는 교육과정중심측정 과제로 잘 기능한다. 이는 높은 신뢰도와 타당도를 보인다. 더욱이 연구 결과는 교수 계획을 개선하고 학생의 학습을 증진하기 위해 교육과정중심측정 선택형 빈칸 채우기 과제를 진전도 점검 도구로 활용할 수 있음을 보여 준다. Fuchs, Fuchs, Hamlett 그리고 Ferguson(1992)은 33명의 특수교사와 63명의 학습장애 혹은 행동장애 학생들이 3개의 집단으로 무선 할당된 연구를 수행하였다. 두 집단은 학생의 진전도를 점검하고 교수 프로그램을 개발하기 위하여 교육과정중심측정 빈칸 채우기 유창성을 17주 동안 실시하였다. 그리고 한 집단은 통제집단으로 분류되었다. 교육과정중심측정을 실시한 두 집단 모두 통제집단 보다 유창성과 이해를 사정한 몇 가지 주요 읽기 결과 척도에서 더 나은 성취를 보였다. 단락 읽기 유창성에서처럼 학년에 따라 미래 읽기 성공을 예측하기 위한 기준은 증가하였다(〈표 3-2〉 참조).

요약

3단계 모델에서 사정은 어떤 학생이 신중한 점검의 대상이 될지 판별하기 위해, 점검 대상 학생들의 중재에 대한 반응을 수량화하기 위해 그리고 가장 반응이 없는 아동들에게 개별화된 교수 프로그램을 제공하기 위해 활용된다. 현재 교수에 대한 반응을 사정하는 데 있어 그리고 개별화 프로그램을 제공하기 위한 최신의 실제는 사정의 세 가지 기능 모두에서 생산적으로 활용할 수 있는 교육과정중심측정에 집중하고 있다. 이 장에서 우리는 교육과정중심측정이 이러한 방식에 적용되는 방법을 설명하였고, 초등학교 단계에서의 발달적 범위를 다루기 위해 교육과정중심측정 과제의 틀을 제공하였다.

참고문헌

Biemiller, A. (1977-1978). Relationship between oral reading rates for letters, words, and simple text in the development of reading achievement. *Reading Research Quarterly, 13,* 223-253.

Deno, S. L. (1985). Curriculum-based measurement: The emerging alternative. *Exceptional Children, 52,* 219-232.

Fuchs, L. S., & Deno, S. L. (1991). Paradigmatic distinctions between instructionally relevant measurement models. *Exceptional Children, 57,* 488-501.

Fuchs, L. S., Deno, S. L., & Mirkin, P. K. (1984). Effects of frequent curriculum-based measurement on pedagogy, student achievement, and student awareness of learning. *American Educational Research Journal, 21,* 449-460.

Fuchs, L. S., & Fuchs, D. (1992). Identifying a measure for monitoring student reading progress. *School Psychology Review, 21,* 45-58.

Fuchs, L. S., & Fuchs, D. (2001). *Letter-sound fluency task.* Available from L. Fuchs, 238 Peabody, Vanderbilt University, Nashville, TN 37203.

Fuchs, L. S., Fuchs, D., & Compton, D. L. (2004). Monitoring early reading development in first grade: Word identification fluency versus nonsense word fluency. *Exceptional Children, 71,* 7-21.

Fuchs, L. S., Fuchs, D., & Hamlett, C. L. (1989a). Effects of alternative goal structures within curriculum-based measurement. *Exceptional Children, 55,* 429-438.

Fuchs, L. S., Fuchs, D., & Hamlett, C. L. (1989b). Effects of instrumental use of curriculum-based measurement to enhance instructional programs. *Remedial and Special Education, 10*(2), 43-52.

Fuchs, L. S., Fuchs, D., Hamlett, C. L., & Ferguson, C. (1992). Effects of expert system consultation within curriculum-based measurement using a reading maze task. *Exceptional Children, 58,* 436-450.

Fuchs, L. S., Fuchs, D., Hosp, M., & Jenkins, J. R. (2001). Oral reading fluency as an indicator of reading competence: A theoretical, empirical, and historical analysis. *Scientific Studies of Reading, 5,* 239-256.

Hintze, J. M., & Shapiro, E. S. (1997). Curriculum-based measurement and literature-based reading: Is curriculum-based measurement meeting the needs of changing reading curricula? *Journal of School Psychology, 35,* 351-375.

Hintze, J. M., Shapiro, E. S., & Lutz, G. (1994). The effects of curriculum on the sensitivity of curriculum-based measurement in reading. *The Journal of Special Education, 28,* 188-202.

Marston, D. (1989). A curriculum-based measurement approach to assessing academic performance: What is it and why do it? In M. R. Shinn (Ed.), *Curriculum-based measurement: Assessing special children* (pp. 18-78). New York: The Guilford Press.

Marston, D., Fuchs, L. S., & Deno, S. L. (1986). Measuring pupil progress: A comparison of standardized achievement tests and curriculum-related measures. *Diagnostique, 11,* 71-90.

Speece, D. L., & Case, L. P. (2001). Classification in context: An alternative approach to identifying early reading disability. *Journal of Educational Psychology, 93,* 735-749.

Woodcock, R. W. (1998). *Woodcock Reading Mastery Test-Revised.* Circle Pines, MN: AGS Publishing.

Zeno, S. M., Ivens, S. H., Millard, R. T., & Duvvuri, R. (1995). *The educator's word frequency guide.* New York: Touchstone Applied Science Associates.

제2부

1차 중재

제4장

초등학교 수준에서의 학급 읽기 교수와 교사의 지식

Barbara R. Foorman, Coleen D. Carlson, and Kristi L. Santi

읽기 중재의 3단계 모델에서 단계 1(학급)은 매우 중요하다. 초등학교에서의 형식적 읽기 교수가 처음으로 발생하는 곳은 교사와 학생 사이의 상호작용이 있는 이 곳이다. 학급에서의 읽기 교수를 가능한 한 효과적으로 만드는 논리는 자명하다. 아동들은 처음부터 성공적인 독해자가 될 수 있고, 값비싼 분리 중재를 필요로 하는 소수의 아동에게 그 중재들은 의미 있는 성취 결과를 산출하기에 충분한 강도와 기간으로 소집단에서 제공될 수 있다(Foorman, Breier, & Fletcher, 2003; Torgesen, 2004). 즉, 예방이 가장 좋은 중재인 것이다(Foorman, Francis, Shaywitz, & Fletcher, 1997). 초등학교에서 학급 읽기 교수를 증진시키는 논리에도 불구하고 교수가 어떻게 변화될 수 있는지를 보여 주는 경험적 연구는 거의 없다. 따라서 이 장에서 우리는 첫 번째로 효과적인 학급 읽기에 대한 연구들을 간단하게 살펴볼 것이다. 두 번째로, 주로 아프리카계 미국인 학생과 교사로 구성된 도심 지역 학급의 1~4학년 학생들을 관찰한 결과들을 소개할 것이다. 세 번째로, 텍사스와 남부 캘리포니아의 초등학교 이중언어 학급을 관찰한 결과를 살펴보게 될 것이다. 네 번째로, 초등교사에게 평가중심교수(assessment-driven instruction)를 실행하도록 지도하기 위해 우리가 무선 통제 연구에서 실행했던 교사의 변화를 포착하는 전략을 제시하며 마무리할 것이다.

효과적인 학급 읽기 교수에 대한 연구

효과적인 초등교사가 된다는 것은 무엇을 의미하는가? 교사의 질은 어떻게 측정되는가? 이러한 질문들은 2001년 「낙오아동방지법」(PL 107-110)을 성공적으로 실행하기 위해 답을 필요로 한다. 불행히도 이 질문들에 대한 정확한 답을 주는 연구적 기반은 애처로울 정도로 빈약하다. Shulman(1986)은 효과성과 질에 관한 질문을 다루는데 유용한 내용지식(content knowledge), 교육적 지식(pedagogical knowledge), 교육적 내용지식(pedagogical content knowledge)을 구분한다. 내용지식은 교육과정에 반영되는 교과에 대한 지식이며, 교육적 지식은 교수전략에 대한 교사의 이해를 말한다. 그다음에 교육적 내용지식이란 내용을 학습함에 있어서 개인차를 다루는 방법에 대한 이해는 물론 "어떠한 주제를 다른 이가 이해할 수 있도록 제시하고 표현하는 방법(Shulman, 1986, p. 9)"을 포함한다.

교사의 내용지식, 교육적 지식, 교육적 내용지식

읽기 교수의 주요 요소는 무엇일까? 연구자들은 효과적인 읽기 교수의 중요한 내용은 음소 인식, 음소 해독, 단어 재인과 텍스트 처리에서의 유창성, 의미 구성, 어휘, 철자 그리고 쓰기라고 말한다(Foorman & Torgesen, 2001; Rayner, Foorman, Perfetti, Pesetsky, & Seidenberg, 2001; Snow, Burns, & Griffin, 1998). 연구 결과는 또한 다음과 같은 것들을 보여 준다.

1. 읽기에 어려움이 있는 사람들이나 위험군에 속하는 사람들의 읽기 성취를 향상시키기 위해서는 음소 인식과 음소 해독에 대한 명시적 교수가 중요하다(Ehri et al., 2001; Foorman, Francis, Fletcher, Schatschneider, & Mehta, 1998; Torgesen et

al., 2001).

2. 보충교육을 받는 나이 많은 독해자의 유창성을 향상시키는 것은 집중적인 중재 제공 후에도 어려운 일이다(Torgesen et al., 2001). 또한 잘 읽는 학습자와 그렇지 못한 학습자 간의 어휘 격차는 시간이 흐르면서 기하급수적으로 벌어진다(Anderson, Wilson, & Fielding; 1998; Cunningham & Stanovich, 1998).
3. 4학년의 37%는 유창하지 못한 읽기와 부족한 어휘력으로 인하여 국가학업성취평가(National Assessment of Educational Progress: NAEP; NCES, 2003)에서 '기초 수준 미달의(below basic)' 읽기 이해 점수를 받는다.
4. NAEP 문제의 절반은 학생들에게 자신이 읽은 내용에 대한 반응을 적도록 요구하지만, 현재 읽기 중심에서 쓰기와 철자 교수는 거의 주목을 받지 못하고 있다.

철자와 쓰기에 대한 이러한 무관심에 대응하고 문해력의 타당성을 단일 구인으로 다루기 위하여 우리는 매우 가난한 17개 학교의 1~4학년, 총 127개 학급의 1,342명의 학생 자료를 사용하여 읽기와 언어 결과에 대한 다층 확인적 요인분석을 수행하였다(Mehta, Foorman, Branum-Martin, & Taylor, 2005). 그 결과는 학년에 따라 감소하는 문해력 요인으로서 음운 인식의 역할과 함께 단어 읽기, 이해 그리고 철자에 대한 단일 문해력 요인을 지지한다. 쓰기가 문해력 요인과 가장 관련성이 적지만 교사 효과(teachers effects)에 가장 큰 영향을 받는 것으로 나타났다. 사실 순전히 쓰기를 가르치는 데 사용된 시간은 쓰기 결과를 긍정적으로 예견하였다. 수용 어휘와 언어성 IQ 점수로 측정된 언어 능력은 학생의 수준에 따라 달랐으나, 학급 수준에서의 문해력과 완벽한 상관관계에 있었다. 그러므로 적어도 이 표본에서는 문어 및 구어 기술이 읽기 기술과 매우 밀접하게 관련되어 있어 하나의 단일한 구인을 이루므로 교수적으로 같은 수준의 관심을 받을 만하다.

다양한 종류의 교사 지식 측정하기

읽기에 대한 교사의 내용지식을 다룬 최근의 연구들은 내용만을 평가하던 것(McCutchen et al., 2002; Moats, 1994; Wong-Fillmore & Snow, 2002)에서 교육과 교육적 내용지식에 대한 평가(Foorman & Moats, 2004; Phelps & Schilling, 2004)로 옮겨 갔다. Foorman과 Moats의 연구는 언어적 지식 부분에 학생의 구어 읽기와 쓰기 프로토콜 부분을 추가하였다. Phelps와 Schilling(2004)은 조사 결과에 대한 요인분석을 수행한 후, 세 가지가 아닌 두 가지 종류의 지식(내용에 대한 지식, 교수와 내용에 대한 지식)을 발견하였다. 또한 교수에서 사용된 이해에 대한 지식이 읽기에 대한 보다 일반적인 지식과는 구분된다고 밝혔다.

두 가지 연구는 전문성 개발 연수를 통해 획득한 교사지식이 학생의 성취와 긍정적으로 연관되어 있음을 보여 주었다(Foorman & Moats, 2004; McCutchen et al., 2002). McCutchen과 동료들(2002)의 학급 관찰 결과는 전문성 개발 연수에 참여한 유치원 및 초등학교 1학년 교사가 보다 명시적인 교수전략을 사용하였고, 이는 학생의 더 높은 성취와 관련됨을 확인시켜 주었다. 교사 효과에 대한 종합 척도는 학생 참여와의 (그다지 크지는 않지만) 긍정적인 관계 그리고 비교수적 활동들에서 시간 소모와의 (역시 그다지 크지는 않지만) 부정적인 관계 등을 포함하여, 우리가 수행하는 이중언어 학급 연구에 참여하고 있는 유치원 교사들이 작성한 Foorman과 Moats(2004) 설문의 스페인어판 및 영어판에서 나온 변수들과 관련되어 있다는 것이 밝혀졌다(Cirino, Pollard-Durodola, Foorman, Carlson, & Francis, 출판 중). 게다가 교사 효과와 구어 유창성 그리고 교사 지식은 스페인어(문자 및 단어 판별)와 영어(음운 인식 종합) 모두에서 학생의 학년 말 성과에 많은 영향(초기 수행 수준과 함께)을 미치는 것으로 밝혀졌다.

교사지식에 대한 이러한 경험적 연구들을 통해 알 수 있는 것은 읽기에 대한 교사의 내용지식을 평가하는 데에서 교사의 교육적 내용지식을 평가하는 것으로 옮겨 가는 움직임이 올바른 방향으로 가고 있다는 사실이다. 그러나 교실 관찰에서 가장 일반적으로 포착되는 교사 효과 변인들은 교육적 내용지식과 학생의 학습 및 성취도의 관계에 영향을 준다. 효과적인 교사와 덜 효과적인 교사를 구분하는 교수적 변인의 종류에는 교수 속도와 형식, 적극적인 학생 참여, 계획된 활동의 전달, 동기부여 전략 및 강조 그리고 학생의 학습에 대한 판단 등이 포함된다(Phillips, Fuchs, Fuchs, & Hamlett, 1996).

교실 관찰에 대한 경험적 접근

교실 연구자(classroom researcher)들은 1970년대부터 교수의 세 가지 측정 형태, 1) 직접적 교실 관찰, 2) 교사 보고, 3) 교과서나 학생의 작품과 같은 학습결과물 등의 타당도와 신뢰도에 대해 논쟁을 벌여 왔다. 관찰자 간 신뢰도가 높을 경우 교실에서의 직접 관찰은 타당하다고 간주된다(Shavelson, Webb, & Burstein, 1986). 설문지나 일지에 대한 교사의 보고가 학습 결과물에 의해 확증될 경우, 그들의 반응은 타당한 것으로 간주된다(Burnstein et al., 1995). Camburn과 Barnes(2004)는 타당도를 향상시키기 위해 이러한 교수의 세 가지 측정 형태를 삼각검증(triangulate)할 것을 제안한다. 그러나 그들이 교사일지 자료와 연구자 관찰 자료를 비교한 결과는 "우리가 제시한 증거 중 일부는 학급 교수를 관찰한 사람들이 교사들의 판단과 완전히 교체 가능한 판단을 제공할 수 있는지에 대해 합리적인 의심을 제기한다(Camburn & Barnes, 2004, p. 67)"는 결론에 이르게 했다. 우리는 연구자에 의한 학급 관찰, 교사 보고 그리고 학습 결과물이라는 세 가지 자료의 출처 모두가 잠재적으로 교수 효과에 대한 타당한 정보원이 될 수 있고 학생이 보이는 결과의 예견요인으로 사용될 수 있다는 관점을 취한다. 그러나 자료의 출처가 신뢰할 수 없는 경우에는 타당성에 대한 논쟁을 고려할 가치가 없다. 그래서 우리는 읽기와 철자 성취에서의 성장을 예측하는 데 있어 교사 변인의 조절 효과를 검정할 때 사용해 왔던 학급 읽기/언어 교수를 관찰하기 위한 신뢰할 수 있는 시스템 개발을 진행해 왔다. 우리의 연구에서 우리는 교사들에게 읽기/언어 교수에 대한 그들의 지식을 다룬 설문지를 작성해 줄 것과 그들이 특정 교수 활동에 참여한 빈도를 보고해 줄 것을 요청하였다. 이러한 과정은 다른 문헌(Foorman, Goldenberg, Carlson, Saunders, & Pollard-Durodola, 2004; Foorman & Schatschneider, 2003)에서 자세히 설명해 놓았으나 학급 읽기 교수에 관한 대규모 연구 두 편으로부터 나온 결과의 맥락을 제공하기 위하여 교실 관찰 시스템을 간단히 설명할 것이다.

우리의 교실 관찰 시스템은 매분에 교수 형식(전체 학급, 교사 모니터링이 있는 소그룹과 그렇지 않은 소그룹), 과목 코드(읽기/언어, 영어 발달, 사회, 과학, 수학), 과목 간 전환, 스무 가지의 상위 수준 내용 코드, 교재의 언어, 교수적 보조인력의 존재 유무, 교사와 학생의 언어, 학생의 참여(과제상에서 또는 과제 밖에서) 등의 범주들을 포착하게 된다. 높은 평가자 간 신뢰도를 위해 필요한 정확한 판단을 내릴 목적으로 관찰자는 언제 관찰하고 언제 코드화할지에 대한 지시가 미리 녹음되어 있는 헤드셋을 착용한다. 이중언어 학급에서 관찰자는 홀수 분(odd minutes)마다 다음의 방식으로 코드화한다.

- 처음 15초: 교수 형식, 내용, 과목, 교재, 보조인력 등을 기록한다.
- 다음 5초: 관찰을 기록한다.
- 다음 10초: 교사의 언어를 관찰한다.
- 다음 5초: 교사의 언어를 기록한다.
- 다음 10초: 학생의 참여를 관찰한다.
- 다음 5초: 학생의 참여를 기록한다.
- 다음 5초: 교수 보조인력을 기록한다.
- 다음 5초: 관찰이나 기록을 하지 않은 채 다음 분(minute)을 기다린다.

짝수 분(even minutes) 동안에 관찰자는 교사와 학생 모두의 언어를 기록한다. 매 20분에 관찰자는 2분의 휴식시간을 갖는다. 블록시간이 있을 때에는 영어 발달 블록시간 동안에는 물론 읽기/언어 블록시간 내내 관찰은 계속된다. 각 교사는 여러 번 관찰의 대상이 된다(휴스턴과 워싱턴 연구에서 4~6번, 이중언어 연구에서 3번). 평가자 간 신뢰도는 관찰의 10%에서 계산되며 적절한 것으로 증명되었다(>.80; Foorman et al., 2004; Foorman & Schatschneider, 2003).

내용 코드에 대한 상세한 설명은 Foorman과 동료들(2004), Foorman과 Schatschneider (2003), Foorman, Schatschneider, Eakin, Fletcher, Moats 그리고 Francis(2006)의 부록에 있다. 여기에서는 〈표 4-1〉에 코드의 목록만 간단히 제시한다. 자료의 2% 이하는 코드화가 불가능했다.

표 4-1 읽기와 언어 교수 관찰을 위한 내용 코드

1. 구어/토론(듣기 이해, 영어 전략, 스페인어 전략에 대한 하위코드 있음)
2. 기법(문법, 대문자 사용, 문장부호)
3. 어휘(단어 의미 지식 교수)
4. 음소 인식(언어의 소리 구조 교수)
5. 책과 인쇄물 인식(인쇄물의 관례, 책의 형태)
6. 문자 인지와 따라쓰기
7. 알파벳 교수(철자-소리 관계 교수)
8. 단어 작업(독자적으로 또는 연결된 텍스트 안에서 단어를 인지하거나, 혼합하거나, 해독하거나, 부호화하는 방법 교수)
9. 구조 분석(형태소 교수)
10. 읽기 전에 텍스트 훑어보기
11. 텍스트 읽기(교사가 소리 내서 읽기, 학생의 소리 내서 읽기, 학생의 묵독하기)
12. 읽기 이해(문자적 혹은 추론적 질문 제시, 글로 작성된 반응)
13. 작문(학생 작문, 학생 받아쓰기, 교사주도 교수)
14. 학생이 자신의 글 읽기
15. 형식적 철자 교수
16. 읽기 맥락에서의 철자
17. 피드백(교정적 칭찬, 처벌)
18. 교수를 위한 지시 제공/교수를 위한 준비
19. 비교수적 행동(예를 들면, 교내 방송, 줄서기, 손 씻기, 교사가 교실 밖으로 나감, 훈육, 무질서

휴스턴과 워싱턴에서의 교실 관찰

우리는 1997년부터 2002년까지 텍사스주 휴스턴과 워싱턴 도심 지역의 17개 초등학교에서 유치원부터 4학년까지 약 1,200여 명의 만성적 저성취 학생들(표준화 성취검사에서 백분위 15 이하)을 추적 관찰하고 교사들에게 전문성 개발 연수를 제공하였다. 학교 규모는 학생 125명부터 726명까지였으며(중앙값은 492명), 무료급식 프로그램 참여도는 84~100%로 다양했다(중앙값은 97%). 이 학교들의 학생들 95% 이상 그리고 교사들 90% 이상은 아프리카계 미국인이었다.

전문성 개발

우리는 인접한 학년 수준 집단 학생들이 성공적인 독해자가 되도록 만드는 조건을 검사하기 위해 교차 순서 설계를 사용하였다. 우리 연구진과 학교 수석교사들은 1차 연도에 유치원과 1학년, 2차 연도에 1~2학년, 3차 연도에 2~3학년, 4차 연도에 3~4학년, 5차 연도에 4학년을 맡은 약 107명의 교사와 작업하였다. 이러한 방법을 통해 우리는 2년 넘게 1~4학년 교사들과 작업하는 장점을 얻을 수 있었다. 전문성 개발은 2~4일 동안 진행되는 하계 연수와 해당 연도 내내 이루어진 추후 미팅으로 구성되었다. 워싱턴 지역에 대한 의회의 보충지원으로 인해 워싱턴 프로젝트 감독관인 Louisa Moats 박사는 매년 읽기 교수의 근본적인 개념(음운 인식, 해독과 절차 교수, 쓰기, 어휘, 이해)과 이러한 개념들이 해당 학교에서 사용하고 있는 읽기 프로그램에 적용되는 방법에 초점을 둔 둘 또는 셋의 3학점짜리 과정을 제공할 수 있었다. 17개교에서는 Houghton Mifflin(1996), Open Court(1995), Reading Mastery(Englemann & Bruner, 1995)와 Success for All(Slavin, Madden, Dolan, & Wasik, 1996)의 네 가지 서로 다른 읽기 프로그램이 사용되고 있었다. 이러한 읽기 프로그램에 익숙한 프로그램 자문위원들과 수석 교사들은 교사들이 이 프로그램들을 충실하게, 또 개인 간 차이를 고려한 방식으로 실행할 수 있도록 돕기 위해 교실에서 이들과 함께 작업했다. 학생들의 학습 요구를 파악하기 위하여 조기 읽기 사정 도구인 TPRI(Texas Primary Reading Inventory; Texas Education Agency, 1998-2000)가 사용되었다(더 많은 정보는 Foorman & Moats, 2004; Mats & Foorman, 2003 참조).

학생의 성취

우리가 실시한 전문성 개발의 효과에 대한 증거는 여러 학년 전체에 걸친 읽기 이해 점수의 증가였다. 유치원에서 문자 이름과 문자 소리와 음운 인식에 대해 실험자가 고안한 측정에서의 향상을 볼 수 있었다(Foorman, Chen, Carlson, Moats, Francis, & Fletcher, 2003). WJ-R(Woodcock-Johnson Psycho-Educational Battery-Revised; Woodcork-Johnson, 1989)의 단락 이해 하위검사에서 1~4학년의 수행 결과는 [그림 4-1]에 제시된 상자 그림에서 볼 수 있다.

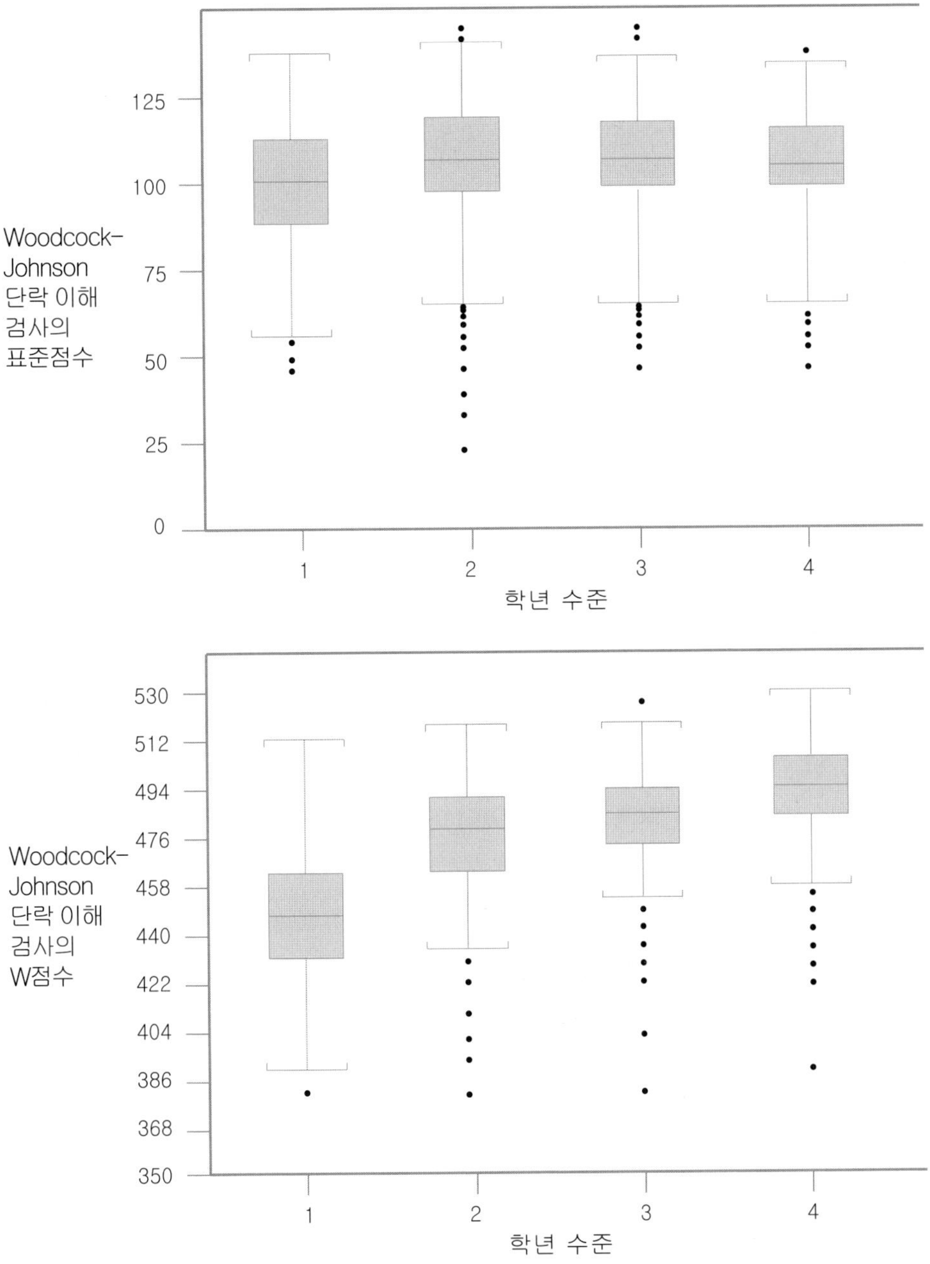

[그림 4-1] 1~4학년 학생들의 Woodcock-Johnson 단락 이해 검사의 표준점수(위)와 W점수(아래)

[그림 4-1]의 위쪽에는 표준점수가 나와 있으며 아래쪽에는 W점수가 제시되어 있다. 표준점수의 평균은 100이며(백분위 50) 표준편차는 15점이다. 이 점수는 연령이나 학년이 비슷한 대표 표본과 비교할 때 유용하다. W점수의 평균은 500인데, 이는 5학년의 전형적인 성취 수준을 보여 주고, Rasch 모델에 기초하고 있으며, 분포의 서로 다른 지점에서의 문항 난이도를 반영한다. 상자 그림은 상자를 가로지르는 선을 통해 평균에 대한 정보를 제공할 뿐 아니라, 상자의 높이는 백분위 25에서부터 75까지의 점수의 범위를 나타낸다. 세로줄은 상자의 위나 아래를 확장하여 백분위 25 혹은 75부터 ±1.5 사분위수 범위까지 속하는 점수들을 보여 준다. 추가적인 점들은 이상점(outlier)을 나타낸다. 그러므로 이 표준점수와 W점수의 상자 그림을 통해 즉각적으로 분명하게 알 수 있는 것은 각 학년별 학생들의 점수가 매우 변동이 심하고, 측정 기준이 문제가 된다는 것이다(Seltzer, Frank, & Bryk, 1994). 표준점수의 평균은 확실히 1~3학년에서 전국 평균에 위치하고 있으나 4학년에서는 떨어지는 추세에 있고, 이는 많은 사람이 '4학년 슬럼프'(Chall, Jacobs, & Baldwin, 1990)라고 말하는 것을 보여 주는 것이다. W점수는 학년들 전반에 걸쳐 계속해서 상승하고 있으나 속도는 줄어들고 있어 안정기에 도달한 것으로 보인다.

4학년의 읽기 이해 점수가 떨어지는 데 원인이 되는 두 가지 주요 요소는 낮은 어휘력과 유창성 부족이다(Rayner et al., 2001; Snow et al., 1998). 유창성은 읽기 이해의 원인이자 결과로 보일 수 있다. 단어에 대한 빠르고 정확한 재인(LaBerge & Samuels, 1974)으로서의 유창성은 인지 자원을 자유롭게 하여 읽고 있는 내용에 주의를 기울이고 그것을 기억할 여유를 제공한다(Stanovich, 1986). 쉽게 읽는 학생들은 더 많이 읽게 되고 그럼으로써 더 많은 단어 지식과 단어 의미를 축적할 수 있다(Cunningham & Stanovich, 1997). 유창성은 사람들이 의미가 이해되었을 때 감정을 담아 읽는다는 의미에서 이해의 결과가 된다(Schwanenflugel, Hamilton, Kuhn, Wisenbaker, & Stahl, 2004). 휴스턴과 워싱턴의 1,000명이 넘는 학생들의 자료에서 CRAB(Comprehensive Reading Assessment Battery; Fuchs, Fuchs, & Hamlett, 1989)의 단락에서 분당 정확한 단어로 측정된 평균 유창성 점수는 2학년 62.40(SD=33.33), 3학년 83.72(SD=36.24), 4학년 101.35(SD=36.67)이었다. 이는 중서부 및 서부 5개 주의 학교에 재학하고 있는 학생들 7,000명 이상의 자료에서 2학년, 3학년, 4학년 각각이 보인 Hasbrouck와 Tindal(1992)의 백분위 50 점수인 94(SD=39), 114(SD=39) 그리고 118(SD=37)과 비교된다.

휴스턴과 워싱턴의 상대적으로 낮은 유창성 점수는 평균 백분위 30인 낮은 표준화 철자 점수에서도 명백히 드러났듯이 자동화된 단어 재인 과정에서 더 일반적인 어려움을 보여 주는 것이다. 철자는 단어의 완전한 정자법(orthographic) 표상을 요구하기 때문에 영어의 철자 관습뿐 아니라 음운론적 그리고 형태론적 처리과정의 통합을 나타낸다. 이러한 하위 어휘 처리 과정들의 통합은 유창성을 발달시키는 데 있어 핵심적인 것이며(Wolf & Katzir-Cohen, 2001), 철자가 읽기 이해에 있어서 유의하게 독특한 변화를 예측하는 이유를 설명하는 것이다(Foorman & Ciancio, 2005).

어휘 역시 이해에 매우 필수적인 요소다(Rand Reading Study Group, 2002). 독해자가 읽고 있는 단어의 의미를 파악하지 못한다면 어떻게 그 문장과 텍스트 전체의 의미를 이해할 수 있겠는가? 우리 연구에서 학생들의 어휘력은 수용 어휘의 표준화 검사(Dunn & Dunn, 1981)인 PPVT-R(Peabody Picture Vocabulary Test-Revised)로 측정되었고, 평균적으로 유치원에서 4학년까지 백분위 7 수준에 머물렀다. 유치원에 오는 학생들의 낮은 어휘력을 고려할 때, 기초 읽기 프로그램에서의 어휘 교수는 충분하지 않다(Foorman, Chen et al., 2003). 우리는 교실 관찰에서 어휘를 가르치는 데에 할당된 교수 시간이 1학년 3.5%에서 4학년 8%까지 증가한 것을 확인하였다([그림 4-2]와 [그림 4-3] 참조). 이 막대그래프들은 당해 연도 동안 총 관찰 시간에 대한 다양한 읽기/언어 활동 시간의 비율을 보여 준다(예를 들면, 교사 일인당 4~6번의 관찰). 우리가 예상했던 대로 1~2학년에 알파벳 교수와 단어 공부에 사용된 시간이 3~4학년에는 책 읽기와 읽기 이해에 더 많은 시간을 소비하는 쪽으로 이동함을 이 막대그래프들을 통해 확인할 수 있다. 휴스턴 지역의 4학년에서 쓰기 교수에 사용된 시간이 증가하였는데 이는 텍사스주가 쓰기를 검사했기 때문이다. 전체 학년에서 지시 내리기/교수 준비하기 등에 그리고 비교수적 활동(예를 들어, 학생 훈육, 전환, 공지, 교사가 교실 밖으로 나감, 무질서 등)에 낭비하는 시간은 주목할 만하였다. 교수 시간이 철자와 어휘에 할당되었으나, 놀랍게도 이 영역들에서의 표준화 성취 점수는 낮았다. 철자가 명시적으로

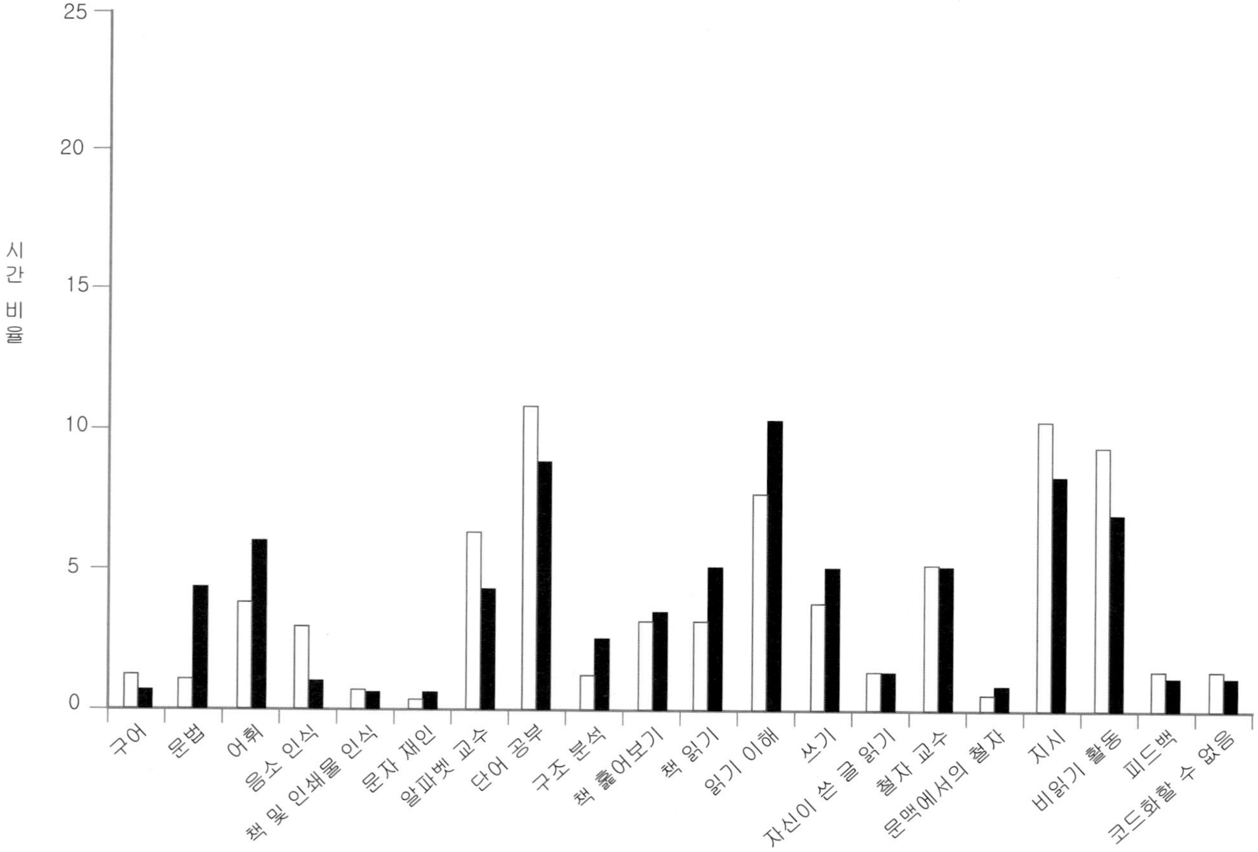

주) □=1학년, ■=2학년

[그림 4-2] 1~2학년 학생들의 읽기 활동과 언어 활동에 사용된 시간 비율

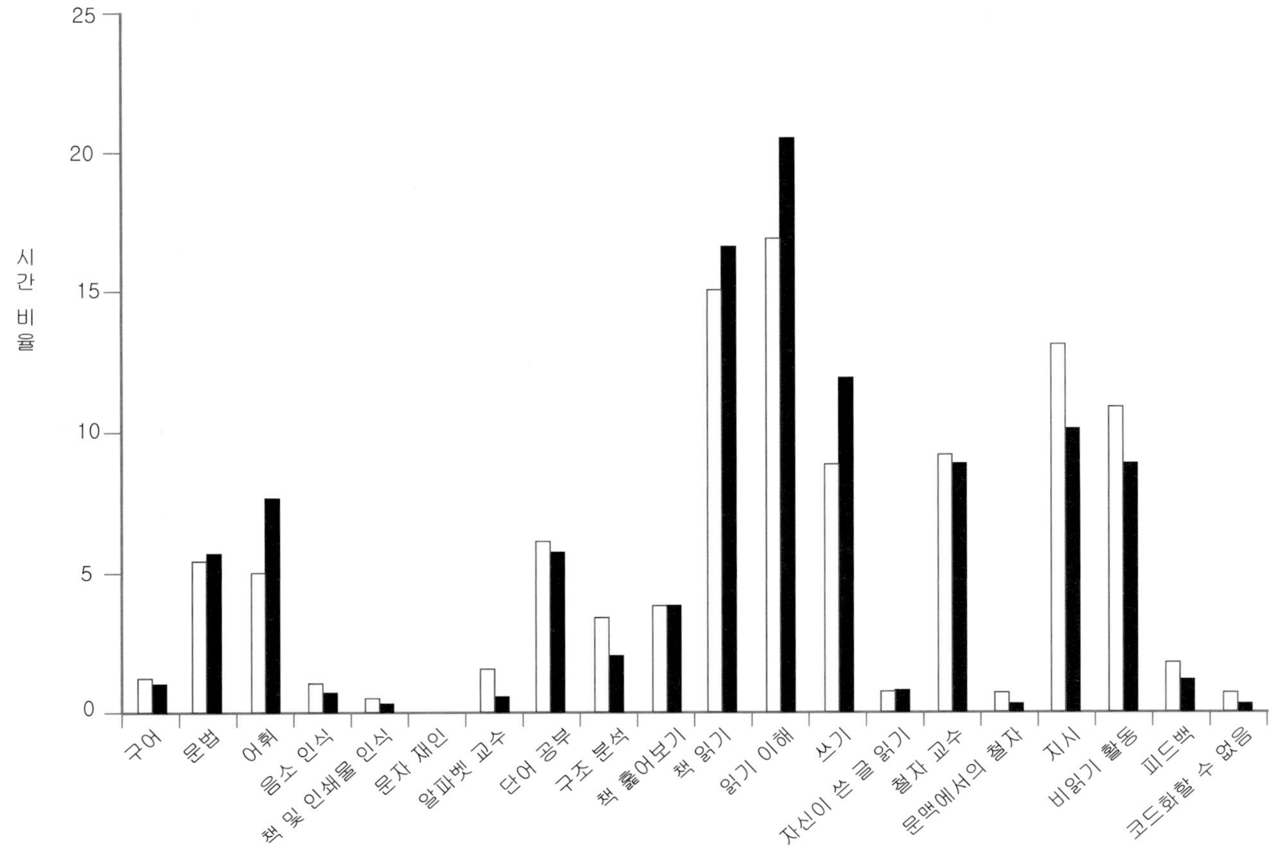

주) □=3학년, ■=4학년

[그림 4-3] 3~4학년 학생들의 읽기 활동과 언어 활동에 사용된 시간 비율

교수되었을 때 관찰 평정은 교수의 질이 형편없었음을 확인시켜 주었다. 교사들은 철자 형태에 대한 교사주도의 수업 없이 개별적인 자습을 위해 철자 학습지를 사용하는 경향이 있었다. 어휘의 경우 읽기 전에 몇몇 단어를 소개하는 교수는 어휘량을 늘리기에 충분하지 않은 것으로 증명되었다.

어휘력 향상 프로젝트

만성적으로 낮은 어휘 점수라는 참혹한 결과를 확인한 후, 우리는 매주 15개 단어 또는 20주에 300개 단어를 목표로 하여 20주에 걸친, 매주 5일의 3학년 어휘력 향상 프로젝트(Vocabulary Enrichment Project: VEP)를 개발하였다(Foorman, Seals, Anthony, & Pollard-Durodola, 2003; Seals, Pollard-Durodola, Foorman, & Bradley, 2007a; Seals, Pollard-Durodola, Foorman, & Bradley, 2007b). 휴스턴과 워싱턴에서 참여한 1,200명의 학생 중 95%가 아프리카계 미국인이었기 때문에 아프리카계 미국인 영웅을 묘사하는 전기나 사실적이거나 혹은 역사적인 소설에 맞춰 프로그램을 설계하였다. 우리는 참여 학생들에게서 아프리카계 미국인들의 방언(African American Vernacular English)의 특징들이 매우 높은 빈도로 나타나는 것을 관찰하였다. 이러한 이유로 우리가 설정한 목표들 중 하나는 이 방언과 표준 미국식 영어 사이의 차이에 대한 학생들의 민감도를 증가시킴으로써 문어에 대한 지식을 쌓게 하는 것이었다. 목표 단어들은 Dale과 O'Rourke(1981)의 『Living Word Vocabulary』에서 발췌한 성인용 구두 어휘들이었는데, 이 어휘들은 초등학교 고학년들을 위한 인쇄물에 높은 빈도로 나오며 선택된 문헌들에서 찾을 수 있는 것들이다(Zeno, Ivens, Millard, & Duvvuri, 1995).

이 연구에 참여한 17개교 중 5개교에서 27명의 3학년 교사를 대상으로 어휘력 향상 프로젝트(VEP)에 대한 평가가 수행되었다. 학교들은 인구통계학적으로 짝지어진 후 중재집단 또는 통제집단에 배치되었다. 통제집단의 교사 12명은 기초적 읽기 프로그램의 어휘를 가르쳤다. 15명의 VEP 교사들은 이틀 동안 교실에서 방과 후 훈련과 추수 지도를 받았다. 실행의 충실도를 점검한 결과, 기대 요소의 비율이 .80 기준을 초과하였다. VEP 학생들과 통제학급 모두 ① 일 년간 가르친 300단어 중 무작위로 50단어를 선택하고 문항반응이론(IRT)에 따라 분석한 어휘력 검사, ② WJ-R의 단어 판별 하위검사(Woodcock & Johnson, 1989)로 사전검사와 사후검사를 받았다. PPVT-R(Dunn & Dunn, 1981), WJ-R(Woodcock & Johnson, 1989)의 단어 공략과 단락 이해 검사, 웩슬러 아동 지능검사(WISC-III; Wechsler, 1991)의 유사성 하위검사, CRAB(Comprehension Reading Assessment Battery; Fuchs et al., 1989)의 읽기 이해 등 다른 언어와 문해력 검사들은 사후검사로만 실시되었다. 문항반응이론을 기반으로 한 척도에서 통제집단에 비해 VEP 학생들에게서 상당한 어휘력의 증가가 관찰되었다(eta-squared=0.14). 그러나 다른 연구 결과들과 같이, 이 연구 결과도 언어적 추론이나 읽기 이해 또는 해독의 향상으로 일반화되지는 않았다. 우리가 읽기 성취로의 전환을 보고 싶다면 어휘량을 증가시키는 노력을 보다 빨리(학령 전이나 유치원에서) 시작할 필요가 있다는 결론을 내렸다.

교사영향 모델링하기

교사는 학생의 성취에 매우 큰 영향을 미치는 것으로 흔히 추정되지만, 이러한 주장의 대부분은 효과적인 교사나 학교가 어떠한 모습을 띠는지를 묘사하는 데에 기초해 있다(최근의 연구동향은 Bohn, Roehrig, & Pressley, 2004; Taylor, Pearson, Clark, & Walpole, 2000 참조). 다층성장모델(종종 부가가치 모델으로 불림)은 2001년의 「낙오아동방지법」에서 요구하는 것과 같은 학생 집단의 성장뿐만 아니라 개별 학생의 성장을 다루는 데 유망한 모델이다. 이러한 모델들은 다른 교사나 학교보다 더 효과적인 것으로 보이는 교사들이나 학교들을 가려낼 수는 있지만, 그 교사들이 자신을 더 효과적으로 만들기 위해 무엇을 하는지 구체적으로 밝히지는 못한다(Raudenbush, 2004). 교사들의 교수 실제에 의해 매우 가난한 지역 학교 학생들의 읽기 성취를 조정하는 법을 모델화하기 위해 두 가지 연구가 시도되었다. 첫 번째 연구는 Taylor, Pearson, Peterson 그리고 Rodriguez(2003)의 연구이며, 두 번째 연구는 우리들의 연구(Foorman et al., 2006)다.

Taylor와 동료들(2003)의 연구는 9개교 88개 학급에서 1~5학년 학급당 무작위로 추출된 9명의 학생을 대상으로 교수 실제와 읽기 결과를 검사하였다. 이들의 교실 관찰 시스템은 일 년에 세 번, 읽기/언어 활동 동안 1시간 길이의 관찰로 이루어졌다. 관찰자들은 5분 동안 현장 기록을 작성하고 1) 수업 관련 활동을 하는 학생의 비율, 2) 가르치는 사람, 3) 집단 형태, 4) 주요 문해 활동, 5) 가장 두드러지는 두세 가지 문해력 관련 사건, 6) 사용된 자료, 7) 관찰된 교사의 상호작용 스타일, 8) 기대되는 학생 반응 등을 기록하였다. 두드러지는 문해력 관련 사건(#5)에 대한 교육과정 코드 내에 교수의 특징이 범주화되어 있다(예를 들면, 이해 기술 대 이해 전략, 고수준 대 저수준 질문, 지도하기 대 말해 주기, 모델링하기, 암송하기, 적극적으로 반응하는 학생 대 소극적으로 반응하는 학생). 평정자 간 코딩은 적절하였고(예를 들어, >.81), 신뢰도 계산을 위해 사용된 자료의 10%에 해당하는 자료에서 불일치가 발생할 경우 전문가 평정으로 대체함으로써 향상되었다. 위계적 선형 모델(HLM; Raudenbush & Bryk, 2002) 분석들이 1학년 대 2~5학년으로 구분하여 그리고 각각의 독립변인(예를 들면, 유창성, 표준화된 읽기검사에서의 이해, 기초 읽기검사에서의 이해, 쓰기)에 의해 수행되었다.

이는 분명히 높은 추론 코딩 시스템이다. 동일한 교실 관찰 시스템을 사용한 보다 최근의 연구에서 Taylor, Pearson, Peterson 그리고 Rodriguez(2005, p. 52)는 이해 기술 교수와 이해 전략 교수에 대해 다음과 같은 정의를 내렸다.

> 이해 기술 교수: 학생들은 (이해 전략 외에) 사고의 저수준에 해당하는 이해 활동에 참여한다(예를 들면, 핵심내용, 인과관계, 사실과 의견 구분하기 등과 같은 전통적 기술 과업).
>
> 이해 전략 교수: 학생들은 다른 읽기로 전환되고 이 전환의 개념이 언급된 이해 전략을 사용하고 있다[예를 들면, 상호 교수, 예측하기. 예측은 이루어졌으나 전환이 언급되지 않은 경우는 'c(이해 기술 교수)'로 코딩된다].

Taylor와 동료들(2003)의 연구 결과는 보다 높은 수준의 질문하기가 1~5학년의 읽기와 쓰기 성장에 기여하였고, 빈번한 파닉스 교수(phonics instruction)는 2~5학년의 유창성 성장과 부적 관계에 있으며, 이해 기술 교수는 2~5학년 학생들의 표준화 읽기 이해의 성장과 부적 관계에 있고, 이해 전략 교수는 1학년 학생의 쓰기 성장과 정적 관계가 있음을 보여 주었다. 또한 교사의 태도 및 학생의 반응 방식과 관련하여 중요한 결과가 도출되었다. 적극적인 반응은 2~5학년의 표준화 읽기 이해 증가와 정적 관계에 있었고, 소극적 반응은 부적 관계에 있었다. 지도하기는 2~5학년의 유창성 성장과 정적 관계까 있었고, 모델링하기는 2~5학년의 쓰기 향상과 관계과 있었다. 그리고 말해 주기는 1학년 학생의 쓰기 성장과 부적 관계가 있었다. Taylor와 동료들(2003)은 질문이나 활동을 통한 고차원적인 사고를 강조한 교사가 학생의 성취도 증가에 더 큰 자극을 주었다고 결론 내렸다. 이 잠재적으로 중요한 결과는 위계적 선형 모델에 대한 정보 부족으로 인해 그 가치가 떨어진다. 예를 들어, 무조건 모델이나 가을의 읽기와 성적의 공변량을 포함한 기초선 조건부 모델에 대한 결과는 제시되지 않았다. 우리는 교수적 예측변인들의 효과가 공변량의 효과를 포함하는 기초선 모델에 비례하여 판단되었다고 가정하지만, 19개의 교수적 예측변인 중 얼마나 많은 변인이 어떤 분석에 투입되었는지, 그 변인들이 어떻게 중심화(centered)되었는지, 잠재적으로 유의한 상호작용의 횟수를 제공하여 1종 오류를 어떻게 조절하였는지 알지 못한다. 1종 오류에 대한 문제는 Taylor와 동료들이 2005년에 실시한 확장 연구에 대한 세 통계학자의 비평에 강조되어 있다(Alvermann & Reinking, 2005).

매우 가난한 지역의 17개교에서 읽기 및 철자 성취도에 대한 1~2학년의 교수 실제의 영향을 다룬 우리(Foorman et al., 2006)의 연구는 Taylor와 동료들(2003)의 연구와는 몇몇 측면에서 구분된다. 첫째, 우리의 표본인 17개교는 Taylor와 동료들의 표본인 9개교(70~95%)에 비해 더 가난한 수준에 해당했다(84~100%, 중앙값은 97%). 둘째, 우리의 학교들은 연구 설계에 공변량으로 투입한 학교개혁 교육과정을 사용하였다. 셋째, 우리의 교실 관찰 접근은 추론이 덜 사용되었고, 5분 내러티브에 대한 사후 코딩 대신 5~10초 간격으로 교사 행동을 코딩하였다. 넷째, 우리의 분석 접근방식은 1종 오류를 줄이기 위해 몇 가지 단계를 통합했다. 1) 우리는 20개의 상위 시간할당 변인들을 요인 분석하여 이 변인들을 7개의 요소로 줄였고, 이와 함께 WJ-R(Woodcock & Johnson, 1989) 중 철자-단어 판별, 단어 공략, 단락 이해 검사 결과와 Kaufman 교육성취 검사 결과에 대한 예측변인으로 학년(1학년 대 2학년), 초기 단어 읽기, 교수 효과에 대한 전반적인 평정 등을 위계적 선형 모델 분석에서 활용하였다. 2) 잠재적으로 의미 있는 상호작용 횟수 때문에 우리는 유의수준을 $p < .01$로 설정하였다.

도심 지역 17개교의 1~2학년 학급 107개에 대해 일 년에 걸친 결과 조사가 실시될 때, 우리(Foorman et al., 2006)는 읽기 및 철자 결과에 대한 교수효과 평정의 영향이 0.1~0.4%로, 31~50%에 이르는 초기 읽기 능력의 영향과 대조를 이루고 있음을 발견하였다. 그러나 이 매우 가난한 학교들 표본에서 1~2학년의 읽기 결과가 전국 평균에 확고하게 자리 잡고 있음을 기억하는 것은 중요한 일이다. 우수한 교수는 학생들의 가을 읽기 점수 이상으로 읽기 이해의 성취를 향상시키는 데 작은 차이를 만들어 낸 것이다. 또한 효과성이 높은 것으로 평정받은 교사들은 교수 시간을 단어-읽기 결과를 최대화하는 방향으로 할당하는 경향이 있었다. 특히 높은 평정을 받은 1학년 교사들의 단어 공략 결과에 대한 긍정적 영향은 학생들 훈육하기, 전환을 오래하면서 교수 중단하기 혹은 교실에서 나와 있기와 같은 비교수적 활동에 비해 음소 인식과 알파벳 활동에 더 많은 시간을 투자하는 것과 관련이 있었다. 게다가 문자-단어 결과에 대한 효과적인 교사들의 긍정적 영향은 문법, 기법, 철자에 대한 교수의 부족과 관련되어 있었다. 읽기와 달리, 철자 결과에 관한 상황은 긍정적이지 않았다. 이 학급의 학생들은 백분위 30의 평균 철자 성취를 보이며 학년을 마무리했다. 매우 효과적인 것으로 평정된 교사들의 학생들이 높은 철자 성취를 보이는 경향이 있기는 했으나, 이러한 결과는 대부분 초기 읽기 능력에 의해 예측되었다. 게다가 덜 효과적인 교사들이 문법, 기법, 철자를 가르치는 데 더 많은 시간을 사용할수록 높은 능력을 가진 학생들의 철자 성취는 더 낮아졌다. 학급의 학생들에게 철자 형태에 대한 교사주도 교수 없이 철자 교수를 학습지 활동으로 진행하는 것은 명백히 불충분한 것이다.

이러한 결과는 새로운 학년이 시작될 때 학생이 교실에 가지고 오는 능력의 순위를 교사가 바꾸는 것이 얼마나 어려운지를 보여 준다. 읽기 발달이 변할 수 없는 것—4학년 읽기 상태의 87~88%가 1학년 읽기 상태에 의해 예언되었다는 Juel(1988)의 발견에 대한 해석—이라고 가정하는 것은 실수일 수 있다. 우리의 경우 1~2학년 읽기 및 철자 성취의 31~50%가 학년이 시작될 때 읽기에 있어 향상되고 있었고, 전국 읽기 평균에 합치되는 수행을 보이고 있었다([그림 4-1] 참조). 그러나 1~6학년 캐나다 아동 187명을 대상으로 한 Phillips, Norris, Osmond 그리고 Maynard(2002)의 연구에서와 같이, 이 표본에서 상태의 변화는 순위의 변화와 연계되지 않았다. 우리의 표본에서 학생들의 학년 초 수준은 학년 말 수준과 중간 정도의 연관이 있었으며 교수 실제는 그 순위를 바꾸는 데 거의 아무런 역할을 하지 못했다. 그러나 우리의 전문성 개발 연수는 차이를 만들어 내는 것으로 나타났다(Foorman, Chen et al., 2003; Foorman & Moats, 2004; Foorman et al., 2006). 아마도 학생 간의 기술 차이에 기초하여 교수를 차별화하는 데 중점을 둔 추가적 전문성 개발이 성취에 대한 초기 읽기 능력의 영향을 줄이고 잠재적으로는 학급 내에서 학생들의 순위를 바꾸기 위하여 필요할 것으로 보인다.

텍사스와 남부 캘리포니아 이중언어 학급에서의 교실 관찰

주로 아프리카계 미국인 학생과 교사로 구성된 도심 지역 학급의 읽기/언어 수업을 관찰하는 것에 덧붙여 우리는 텍사스 도시(휴스턴과 오스틴), 텍사스 외곽(브라운즈빌), 남부 캘리포니아 학교의 초등학교 이중언어 학급도 관찰하였다. 이 프로젝트에 참여한 34개 학교의 선정 준거는 다음과 같다. 40% 이상의 중남미계 등록 학생, 유치원과 1학년에 30% 이상의 영어 학습자, 텍사스에서의 책무성 평정과 이에 상응하는 캘리포니아에서의 API 평정에 기반을 둔 평균 이상의 수행 그리고 저소득 또는 중간 수준의 소득이다. 이 34개교의 유치원 이중언어 학급에서 우리는 교수효과 평정이 학생들이 수업에 집중하는 시간의 비율과는 정적 관계에, 비교수적 활동 시간 비율과는 부적 관계에 있음을 발견하였다(Cirino et al., 출판 중). 이 이중언어 학급들에서 초기 능력을 통제할 경우, 언어 및 문해력 결과에 미치는 교수효과의 영향은 약하게 나타난 것이 분명했다(Cirino et al., 출판 중). 하지만 이 이중언어 학급들은 구두 언어 교수에 더 많이 참여하였고, 스페인어와 관련된 교수를 위해 사용된 영어의 양은 다양했다.

읽기/언어 활동에 대한 시간 할당

휴스턴과 워싱턴 연구(Foorman et al., 2006)에서 보았듯이, 교실에서 교수효과 평정은 이 이중언어 학급들에서의 소집단(읽기 중재의 3단계 모델 중 단계 2) 교수 시간의 비율을 예측하지 못하였다(Cirino et al., 출판 중). 34개 참여 학교의 89개 이중언어 유치원 교수 집단과 124개 이중언어 1학년 교수 집단에서 읽기/언어의 다양한 내용영역에 있어 교수 시간 비율은 [그림 4-3]에 나타나 있다. 우리는 학급교사보다는 교수적 집단 내에서 자료를 분석하였는데, 그 이유는 대략 반 정도의 학생이 읽기/언어와 영어발달 수업의 교사가 같았고 나머지 학생은 이 과목들의 교사가 각기 달랐기 때문이다. 게다가 세분화로 인해 때때로 한 교사가 읽기/언어를 해당 학년의 모든 학생에게 가르치기도 했다. 우리의 학급 관찰은 모든 읽기/언어 블록시간 그리고 만약에 영어발달 블록시간이 있다면 이 시간도 포함했다. [그림 4-4]에 제시된 내용영역들은 해당 학년도 동안 세 번의 자료수집을 통하여 16개의 교수 활동 코드들을 정리함으로써 얻어진 것이다.

- 구어 영역은 구어, 문법, 어휘로 구성된다.
- 단어 공부 영역은 음소 인식, 책과 인쇄물 인식, 문자 재인, 알파벳 교수, 단어 공부, 구조 분석으로 구성된다.
- 읽기 이해 영역은 책 훑어보기와 읽기 이해 활동으로 구성된다.
- 쓰기/철자 영역은 작문, 자신이 쓴 글 읽기, 형식적 철자 교수, 읽기 교수 맥락에서의 철자 활동 등으로 구성된다.

[그림 4-4]와 [그림 4-2]를 비교함으로써 1학년 이중언어 학급 대 비이중언어 학급에서의 시간 할당량의 차이를 보는 것도 흥미로운 일이다. 가장 눈에 띄는 차이는 구어 영역에서 발견된다. 이중언어 학급에서는 교수 시간의 17%가 구어, 문법, 어휘 활동에 쓰인 반면, 비이중언어 학급에서는 약 10%에 불과했다(그리고 이 17%는 유치원 이중언어 학급의 28%에서 감소한 수치였다). 또 다른 주목할 만한 차이는 책 읽기에 할당된 시간이다. 이중언어를 사용하는 1학년 학급에서는 13%였고, 비이중언어 1학년 교실에서는 4%였다. 다른 내용영역과 비내용영역에서의 시간 할당은 매우 비슷했다.

시간 표집 시스템의 일부로, 우리는 교사의 교수가 스페인어, 영어 또는 혼합으로 진행되는지, 혹은 교사의 목소리가 들리지 않거나 관찰자가 코드를 놓쳐서 코딩이 불가능할지를 홀수 분 동안에 정확한 간격으로 코딩했다. 다행히도 들을 수 없거나 놓친 자료의 비율은 매우 적었다(1% 미만). 짝수 분 동안에는 교사와 학생의 언어를 코딩하였다. 관찰자들은 10초 동안의 언어가 스페인어 50%, 영어 50%일 때만 혼합 코드를 사용하도록 훈련받았다. 만약 어느 한 언어가 해당 시간 간격에 우세했다면 그 언어를 코딩하는 것이다. 유치원에서 2학년까지 105개 학급에 대해 우리가 실행한 횡단면적 분석에서 언어 혼합은 남부 캘리포니아보다는 텍사스 지역에서 더 분명히 나타났다(Foorman et al., 2004).

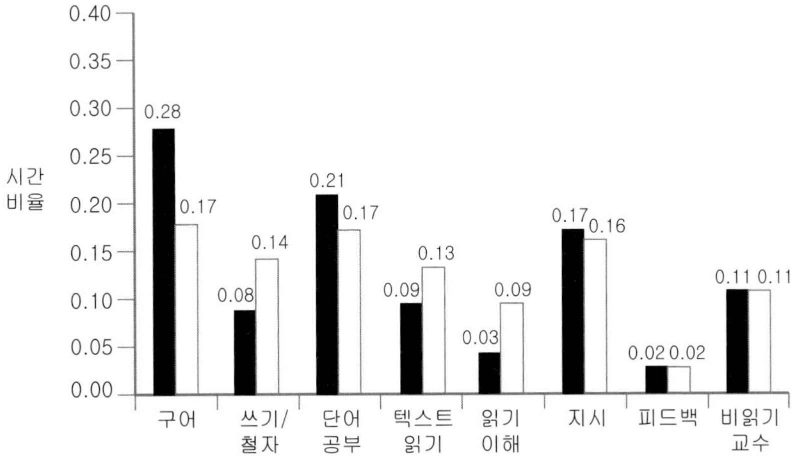

주) □=유치원, ■=1학년

[그림 4-4] 유치원과 1학년에서 특정 내용영역의 교수에 사용된 시간 비율

결과에 대한 예측변인으로서의 교사 언어와 프로그램

흥미로운 주요 질문은 이중언어 프로그램의 유형(전환, 이중언어, 몰입 또는 유지)이나 교사의 언어 사용이 학생의 언어와 문해력 결과를 잘 예견하는 가이다. 우리 연구는 유치원에서 초등학교 2학년까지의 종단적 측면에서 이 질문을 다루었고, 유치원과 초등학교 1학년에서 도출된 자료들을 여기에 보고하고 있다. 우리는 네 지역(텍사스의 세 지역과 남부 캘리포니아의 한 지역) 34개교의 유치원과 1학년 교사들의 언어 사용의 영향을 조사하였다. 이들 학교의 대다수는 교장이 설명한 대로 단 하나의 이중언어 프로그램을 보유하고 있었고, 5개 학교는 두 가지 모델을 가지고 있어 네 가지 유형으

로 총 39개 사례의 이중언어 프로그램을 제공하였다. 1) 1학년이나 2학년 혹은 그 후에 학생들을 영어로 전환시킨 15개의 제1언어 학교들(전환), 2) 두 언어 모두를 유지하는 것을 목적으로, 스페인어 원어민과 영어 원어민의 균형을 위해 노력한 8개의 이중언어 혹은 양방향 몰입 학교들(이중언어), 3) 교수가 영어로 이루어진 14개 학교들(몰입), 4) '영어 학습자의 장기적인 언어, 학업 그리고 인지 발달을 뒷받침하는 것의 중요성'(Ramirez, 1992, pp. 19-20)을 강조하는 '발달적 이중언어 교육' 모델을 대표하는 2개 학교가 그것이다. 우리는 네 번째 모델을 '유지'라고 이름 붙였고, 이중언어와 비슷한 목표를 가지고 있음을 주목한다. 위에서 언급하였듯이 34개교에는 89개의 유치원 교수 집단과 124개의 1학년 집단이 있었다. 학년 초와 말에 언어와 문해력 측정을 실시하기 위해 우리는 이중언어 학급에서 10명의 학생을 무작위로 선발하였다(교사의 말에 따르면 3명은 저성취, 3명의 고성취, 4명은 중간 정도 성취를 보임). 이 분석에서 유치원에서 1학년까지 학생은 총 1,016명이었다.

분석의 첫 번째 단계는 우리가 영어 비율이라고 부르는 변인을 만들어 내는 것이었다. 이 변인은 영어로 진행되는 총 읽기/언어(그리고 영어 발달) 시간의 비율에 '혼합' 언어 범주(당연히 반은 스페인어, 반은 영어)의 절반을 더한 것을 나타낸다. 두 번째 단계에서 우리는 네 가지 프로그램 모델 각각에 대하여 유치원과 1학년에서의 세 차례의 교실 관찰을 통해 학교별 영어 비율을 표시하였다. 우리는 또한 학교 내에서 이 자료를 표시하였고 교수 집단 내에서 큰 가변성을 관찰하였다. 그러나 우리는 여기에서 네 가지 프로그램 모두에 대해 유치원 및 1학년에서 이루어진 세 번의 관찰기간 각각에 대한 학교 수준의 자료만을 [그림 4-5]에 제시한다. [그림 4-5]는 8개의 이중언어 학교, 14개의 몰입 학교, 15개의 전환 학교들에 대해 표시된 자료를 보여 주고 있다. 2개의 유지 학교 자료는 이중언어 학교와 같은 형태를 따르기 때문에 제시하지 않는다. 이 그래프들에서는 두 가지가 즉각적으로 눈에 띈다. 첫째, 프로그램 내에 교사의 교수적 언어 비율 면에서 학교 수준의 가변성이 크다. 둘째, 평균적으로 네 프로그램의 차이는 결국 두 가지, 즉 몰입과 비몰입으로 나뉜다. 셋째, 우리는 이중언어 프로그램이 관찰된 언어 비율을 예측했는지를 검사하였고, 2개 학년에서 모두 그러했음을 확인하였다. 몰입 프로그램이 가장 높은 영어 비율을 보였고, 전환 프로그램이 가장 적었으며 이중언어와 유지 프로그램은 그 사이였다.

유치원생들은 해당 학년 초와 학년 말에 철자 이름과 소리, 단어 읽기, 음소 인식 [Wagner, Torgen 그리고 Rashotte(1990)의 Comprehensive Test of Phonological Processing을 활용] 그리고 구어 합성[Woodcock(1991), Woodcock, Munoz-Sandoval(1995)의 Woodcock Language Proficiency 개정판을 활용]에 대한 임상적 측정을 통해 사정되었다.

구어 합성은 그림 어휘, 듣기 이해, 언어 유추의 평균으로 구성되었다. 단어 읽기 목록이 WJ-R 철자-단어 판별 하위검사(Woodcock & Johnson, 1989)로 대체된 것을 제외하고는 같은 측정도구가 1학년 초와 말에 사용되었다. 모든 측정은 영어와 스페인어로 실행되었다. 유치원과 1학년에서 관찰된 언어와 이중언어 프로그램을 예측변인으로 하여, 유치원 초기 수행을 통제한 후 영어와 스페인어에 있어서 1학년 언어와 문해력 결과가 분석되었다. 이에 대한 자세한 결과는 Carlson과 Foorman(2004)이 소개하고 있으며 여기서는 간단히 요약할 것이다. 먼저 영어 결과를 요약해 보면 다음과 같다.

1. 일반적으로 프로그램 유형은 1학년의 성과 예측에 관찰된 교수 언어 이상으로 특별하게 추가되지 않았다.
2. 문자 이름 및 소리와 음소 인식의 경우, 교수 언어와 기술 간의 관계는 프로그램의 기능에 따라 달랐다. 특히 유치원에서 더 많은 영어 수업을 받은 몰입 프로그램의 학생들은 이 두 영역에서 더 높은 기술을 보였다. 그리고 유치원에서 더 많은 영어 수업을 받은 이중언어 프로그램의 학생들이 문자 이름 및 소리에서 더 높은 기술을 보였다.
3. 유치원이나 1학년 때 영어 중심으로 교수를 받은 학생들은 어느 한 해에 스페인어로 더 많은 수업을 받았던 학생들보다 더 높은 영어 구어와 단어 읽기 기술을 보였다. 관련성은 유치원에서보다 1학년에서 더 강하게 나타났다.

초기 유치원 수행을 통제한 1학년의 스페인어 문해력과 언어 성취에 대한 분석 결과는 다음과 같다.

1. 프로그램 유형은 1학년의 성과 예측에 관찰된 언어 이상으로 특별하게 추가되지 않았다.
2. 유치원과 1학년 때 영어 중심으로 교수를 받은 학생들은 두 해 모두 혹은 한 해 동안 스페인어 중심으로 교수를 받은 학생들보다 스페인어 문자 이름 대기와 소리 식별, 음소 인식과 단어 읽기 기술에서 낮은 수준을 보였다.
3. 유치원에서 영어보다 스페인어 교수를 더 많이 받은 학생은 더 높은 스페인어 구어 기술을 구사했다. 흥미롭게도 1학년 언어만 스페인어 구어 결과에 기여하지 않았다.

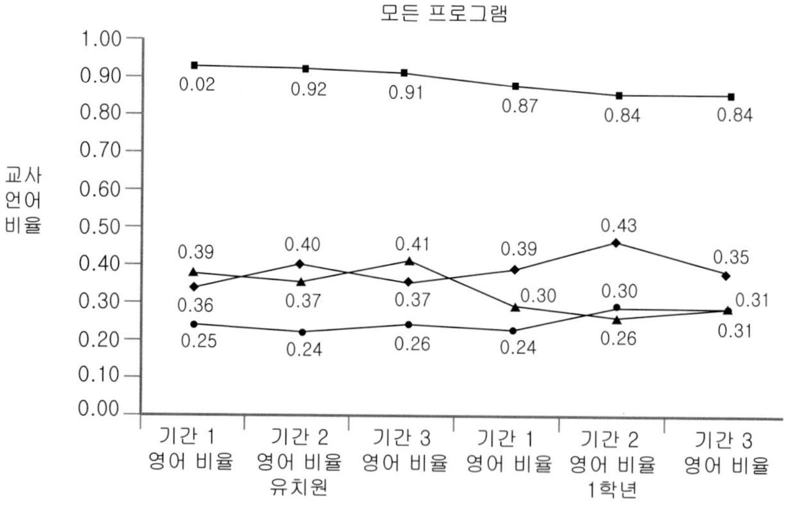

주) ◆=이중언어, ■=몰입, ▲=유지, ●=전환, □=1 표준편차 이하, ◇=1 표준편차 이상

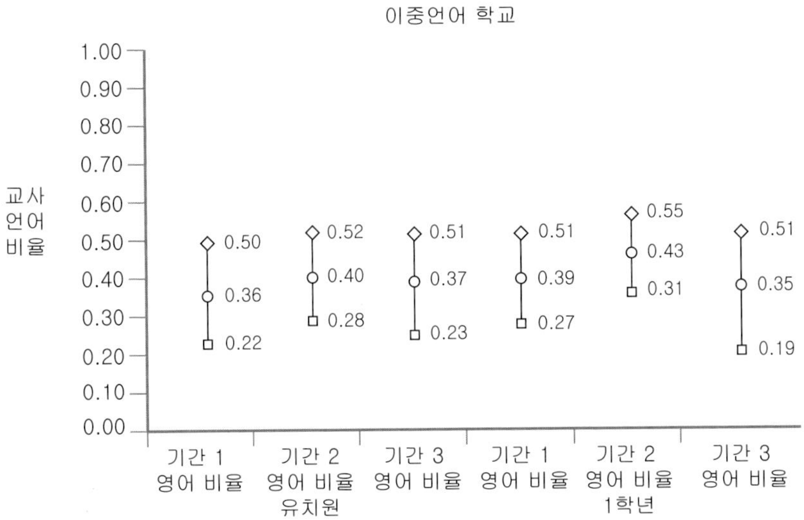

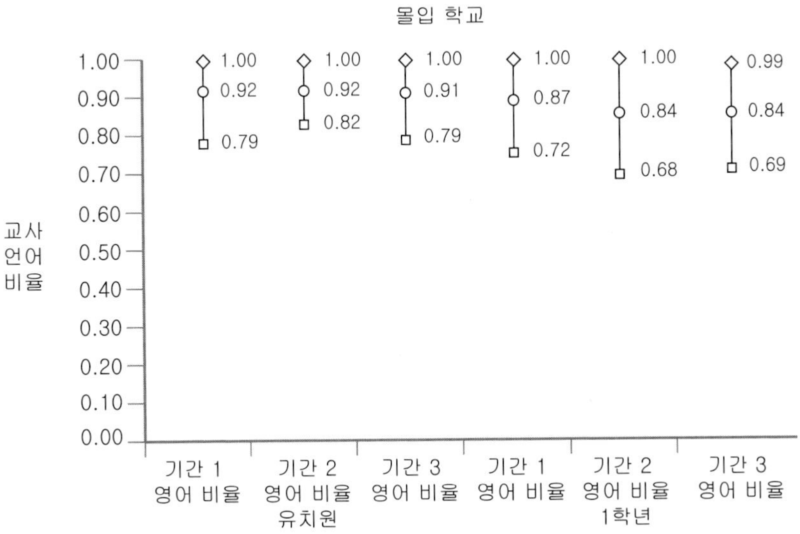

주) ◆=이중언어, ■=몰입, ▲=유지, ●=전환, □=1 표준편차 이하, ◇=1 표준편차 이상

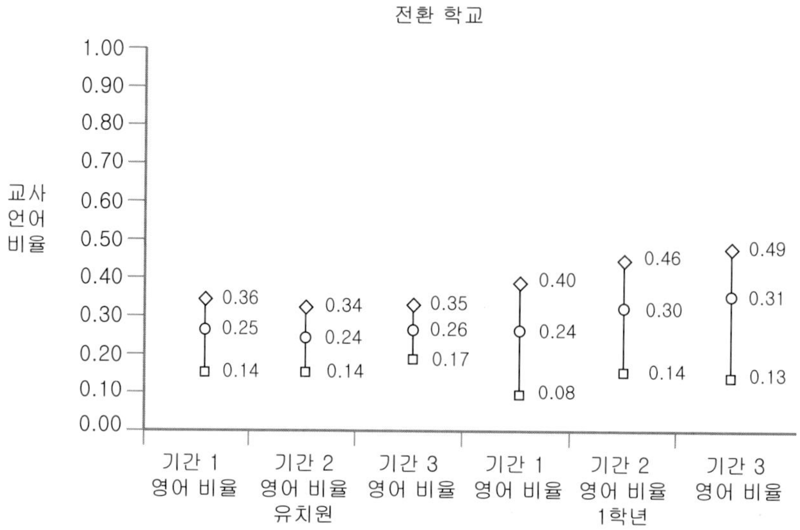

주) ◆=이중언어, ■=몰입, ▲=유지, ●=전환, □=1 표준편차 이하, ◇=1 표준편차 이상

[그림 4-5] 모든 프로그램, 이중언어 학교, 몰입 학교 그리고 전환 학교에 대해 유치원 및 초등학교 1학년에서 세 번의 관찰기간 동안 교사들의 언어에 있어 관찰된 영어 사용 비율

이중언어 교실을 관찰하며 학습한 교훈

유치원과 1학년 이중언어 교실을 관찰하며 얻은 첫 번째 교훈은 학교 내 학급 수준에서와 프로그램 내 학교 수준에서의 교수 언어에 많은 가변성이 있다는 점이다. 이 가변성으로 인해 스페인어에 대한 영어 비율은 개념적으로나 경험적으로 학급 내 교수 언어를 포착하기에 적절한 변인이었는데 이는 영어 비율이 프로그램의 이름 이상으로 언어와 문해력 결과를 예측하는 데 있어 독특한 변화를 잡아 냈기 때문이다. 자료가 다음의 두 가지 영역에 속하는 것 같을 때, 특정 프로그램 꼬리표의 유용성은 의심스러워진다. 1) 사실상 전부 영어(영어 몰입)인 영역과 2) 대략 스페인어 65%와 영어 35%의 혼합인 영역이다. 교수 언어에 관하여 이중언어와 유지 그리고 전환 프로그램들이 대체로 비슷하게 보인다는 사실은 이 접근방식들 중 어떤 것이 스페인어를 사용하는 아동들에게 더 나은지에 대한 열정적인 미사어구를 없애는 데 활용되어야 한다(August & Hakuta, 1997; Ramirez, 1992; Thomas & Collier, 1997). 이 자료에서의 경험

적 결과는 분명하다. 교수 과정에 영어가 많이 사용될수록 영어의 언어와 문해력 결과가 더 높아지고 스페인어가 많이 사용될수록 스페인어 결과가 더 좋아진다. 그러나 학급에서 구어 교수에 쓰인 비교적 큰 비중의 시간(유치원 28%와 1학년 17%)에도 불구하고, 1학년 구어 결과가 스페인어와 영어 모두 낮았다는 것(각각 백분위 13과 백분위 1)은 정신이 번쩍 들게 하는 경고다. 구어의 하위코드에 대한 연구는 대부분의 시간이 일정과 공유시간 동안의 비형식적 토론에 쓰였다는 것을 보여 준다. 언어와 서술 구조(어휘, 영어나 스페인어의 구조 가르치기, 듣기 이해)의 의미론적이고 통사론적 측면들을 목표로 하는 데 적합한 하위 코드들은 아주 적은 자료들만을 갖고 있었다(Saunders, Foorman, & Carlson, 2006).

결론

2001년의 「낙오아동방지법」과 2004년 말 개정된 「장애인교육법(IDEA)」(PL 108-446)에서 나온 연방정부의 계획은 다단계적 접근의 조기중재를 강조한다. 단계 1에서 학급 교수를 가능한 한 효과적으로 만드는 것은 '교육과정의 피해자들(curriculum casualties)'을 최소화하고, 단계 2와 단계 3에서 교수 자원을 압도할 가능성이 있는 위험에 대한 과잉판별을 감소시킨다. 단계 1의 혁신은 여러 연구(예를 들어, Borman, Hewes, Overman, & Brown, 2003; Foorman et al., 1998)에서 그리고 '역경을 이겨 낸 학교들(beat-the-odds schools)'에 예시된 교수 실제(예를 들어, Denton, Foorman, & Mathes, 2003; Taylor et al., 2000)에 의해 입증되었다. 효과적인 학교들의 특성 중 많은 부분은 강력한 리더십과 강한 책무성, 긍정적인 분위기 그리고 부모의 지원 등과 같이 체계적이다. 하지만 많은 특성은 읽기시간의 증가와 자료기반 결정의 활용 등과 같이 교수적이다.

교실 관찰을 수행하기 위한 우리의 시스템은 읽기/언어 교수의 형식과 내용에 할당된 시간을 신뢰할 수 있게 수량화함으로써 단계 1 개혁에 대한 문헌들에 추가되었다. 교수 실제를 기술하기 위해 이러한 시간할당 변인들을 활용하는 것에 덧붙여 우리는 학생의 성과에 대한 예측요인으로서의 초기 능력과 함께 이 변인들을 사용하였고 중요한 몇 가지 결과들을 발견하였다. 첫째, 우리는 교사의 내용지식이 학생 성과에서의 향상과 어느 정도 관련되어 있다는 McCutchen과 동료들(2003)의 연구 결과를 입증하였다(Foorman & Moats, 2004). 그러나 내용지식이 다른 교사 변인(효과성 평정과 구어 숙달도)과 상호작용한다는 이중언어 연구의 결과는 Phelps와 Schilling(2004)이 입증한 교육적 내용지식 구인을 뒷받침하였다. 둘째, 효과적인 교사에게는 더 많이 참여하는 학생들이 있고, 그러한 교사는 교수 시간을 덜 낭비한다는 Taylor와 동료들(2003, 2005)의 연구 결과에 대한 지지 근거를 발견하였다(Cirino et al., 출판 중). 셋째, 소집단 교수에서 시간의 비율이 교수효과 평정이나 학생 성취와 관련되어 있다(Cirino et al., 출판 중)는 결과는 발견하지 못하였다. 넷째, 읽기 교수의 중요 요소에 사용된 시간은 중대한 관련이 있다는 것을 발견하였다. 예를 들어, 쓰기를 가르치는 데 사용한 시간은 쓰기 결과를 예측하였고(Mehta et al., 2005), 추가적인 어휘 중재는 학생들이 통제집단에 비해 더 많은 단어를 학습하게 하였다(Foorman, Seals et al., 2003). 게다가 효과적인 교사는 음소 인식과 알파벳 기술을 가르치고 교수 시간을 낭비하지 않음으로써 학생들의 단어 읽기 기술을 향상시켰다. 그리고 우리는 교수 시간의 질이 매우 중요하다는 것을 알게 되었다. 예를 들어, 철자 교수에 쓰인 시간은 철자 수행 결과를 예측하지 못했는데, 이는 철자 교수가 철자 형태에 대한 교사주도 수업 없이 학습지 활동들로 구성되었기 때문이었다.

우리의 교실 관찰에서 눈에 띄게 놓친 내용영역은 평가 분야였다. 초기 읽기 평가가 텍사스 전역과 워싱턴의 유치원에서 1학년 교실에서 적어도 일 년에 두 번은 시행되고 있었기 때문에 휴스턴, 워싱턴, 오스틴, 브라운즈빌이나 남부 캘리포니아에서 관찰된 학급들에서 평가가 완전히 없었던 것은 아니었다. 명백하지 않았던 것은 학생의 기술 발달을 추적하고 교수적 의사결정을 내리기 위한 지속적인 평가였다. 휴스턴과 워싱턴 지역의 학교 혁신 프로그램 중 2개(Success for All과 Reading Mastery)는 교육과정 안에 8주간의 평가나 숙달도 평가가 포함되어 있었다. 그러나 이러한 검사들의 결과가 학생 개개인이나 학생 집단을 위한 교수의 정보를 제공했는지는 분명치 않다. 간단히 말해서 자료주도 교수의 증거는 없었다. 단계 2나 단계 3을 필요로 하는 학생들의 수를 줄이기 위해서는 단계 1에서 교수를 차별화하는 것이 중요하기 때문에, 우리는 유치원부터 초등학교 2학년까지의 학급들에서 사정주도 교수를 평가하는 데 기술적 지원과 교사 지원을 필요로 하는 200개 이상의 학교에서 무선 연구에 착수하였다. 우리가 알아 가고 있는 것들 중 한 가지는 기술적 지원을 보장할 수 있고 초기 읽기평가의 결과를 교수로 전환하는 데 있어 교사들과 함께할 수 있는 경험 많은 멘토들의 가치다. 우리 프로젝트 웹사이트에서 다루고 제공된 웹 멘토링은 이러한 멘토들이 제공하는 지속적인 전문성 개발을 대체하지는 못하는 것 같다. 멘토들은 사정주도 교수 실제에 대해 주인의식을 갖도록 교사들에게 힘을 실어 줌으로써 일반적인 교육혁신(Elmore, 2004)에 그리고 특히 다단계적 중재의 성공에 기초가 되는 학교교육의 핵심을 서서히 바꿔 나가고 있는 것으로 보인다.

참고문헌

Alvermann, D. E., & Reinking, D. (2005). Revealing an exchange between authors and reviewers about statistical significance. *Reading Research Quarterly, 40*(1), 6-10.

Anderson, R. C., Wilson, P. T., & Fielding, L. G. (1988). Growth in reading and how children spend their time outside of school. *Reading Research Quarterly, 23,* 285-303.

August, D., & Hakuta, K. (1997). *Improving schooling for language-minority children.* Washington, DC: National Academies Press.

Bohn, C. M., Roehrig, A. D., & Pressley, M. (2004). The first days of school in the classrooms of two more effective and four less effective primary-grade teachers. *The Elementary School Journal, 104,* 269-287.

Borman, G. D., Hewes, G. M., Overman, L. T., & Brown, S. (2003). Comprehensive school reform and achievement: A meta-analysis. *Review of Educational Research, 73,* 125-230.

Burnstein, L., McDonnell, L. M., VanWinkle, J., Ormseth, T., Mirocha, J., & Guiton, G. (1995). *Validating national curriculum indicators.* Santa Monica, CA: RAND.

Camburn, E., & Barnes, C. (2004). Assessing the validity of a language arts instruction log through triangulation. *Elementary School Journal, 105,* 49-73.

Carlson, C. D., & Foorman, B. R. (2004, October). *How language of instruction relates to literacy outcomes in kindergarten and grade 1.* Presented at the meeting of the NICHD Bilingual Grants, Washington, DC.

Chall, J. S., Jacobs, V. A., & Baldwin, L. E. (1990). *The reading crisis: Why poor children fall behind.* Cambridge, MA: Harvard University Press.

Cirino, P., Pollard-Durodola, S., Foorman, B. R., Carlson, C. D., & Francis, D. J. (in press). Teacher characteristics, classroom instruction, and student literacy and language outcomes in bilingual kindergarteners. *Elementary School Journal.*

Cunningham, A. E., & Stanovich, K. E. (1997). Early reading acquisition and its relation to reading experience and ability 10 years later. *Developmental Psychology, 33,* 934-945.

Cunningham, A. E., & Stanovich, K. E. (1998, Spring/Summer). What reading does for the mind. *American Educator, 22,* 8-15.

Dale, E., & O'Rourke, J. (1981). *Living word vocabulary.* Chicago: World Book/Childcraft International.

Denton, C., Foorman, B., & Mathes, P. (2003). Schools that 'beat the odds': Implications for reading instruction. *Remedial and Special Education, 24,* 258-261.

Dunn, L. M., & Dunn, L. M. (1981). *Peabody Picture Vocabulary Test-Revised.* Circle Pines, MN: AGS Publishing.

Ehri, L. C., Nunes, S. R., Willows, D. M., Schuster, B. V., Yaghoub-Zadeh, Z., & Shanahan, T. (2001). Phonemic awareness instruction helps children learn to read: Evidence from the National Reading Panel's meta-analysis. *Reading Research Quarterly, 36*(3), 250-287.

Elmore, R. F. (2004). *School reform from the inside out: Policy, practice, and performance.* Cambridge, MA: Harvard Education Press.

Englemann, S., & Bruner, E. (1995). *Reading Mastery I.* Chicago: SRA/McGraw-Hill.

Foorman, B. R., & Breier, J. I., & Fletcher, J. M. (2003). Interventions aimed at improving reading success: An evidence-based approach. *Developmental Neuropsychology, 24*(2&3), 613-639.

Foorman, B. R., Chen, D. T., Carlson, C., Moats, L., Francis, D. J., & Fletcher, J. M. (2003). The necessity of the alphabetic principle to phonemic awareness instruction.

Reading and Writing, 16, 289-324.

Foorman, B. R., & Ciancio, D. (2005). Screening for secondary intervention: Concept and context. *Journal of Learning Disabilities, 38*(6), 494-499.

Foorman, B. R., Francis, D. J., Fletcher, J. M., Schatschneider, C., & Mehta, P. (1998). The role of instruction in learning to read: Preventing reading failure in at-risk children. *Journal of Educational Psychology, 90,* 37-55.

Foorman, B. R., Francis, D. J., Shaywitz, S. E., Shaywitz, B. A., & Fletcher, J. M. (1997). The case for early reading interventions. In B. Blachman (Ed.), *Foundations of reading acquisition and dyslexia: Implications for early intervention* (pp. 243-264). Mahwah, NJ: Lawrence Erlbaum Associates.

Foorman, B. R., Goldenberg, C., Carlson, C. D., Saunders, W. M., & Pollard-Durodola, S. D. (2004). How teachers allocate time during literacy instruction in primary-grade English language learner classrooms. In P. McCardle & V. Chhabra (Eds.), *The voice of evidence in reading research* (pp. 289-328). Baltimore: Paul H. Brookes Publishing Co.

Foorman, B. R., & Moats, L. C. (2004). Conditions for sustaining research-based practices in early reading instruction. *Remedial and Special Education, 25*(1), 51-60.

Foorman, B. R., & Schatschneider, C. (2003). Measurement of teaching practices during reading/language arts instruction and its relationship to student achievement. In S. Vaughn & K. L. Briggs (Eds.), *Reading in the classroom: Systems for the observation of teaching and learning* (pp. 1-30). Baltimore: Paul H. Brookes Publishing Co.

Foorman, B. R., Schatschneider, C., Eakin, M., Fletcher, J. M., Moats, L. C., & Francis, D. J. (2006). The impact of instructional practices in grades 1 and 2 on reading and spelling achievement in high poverty schools. *Contemporary Educational Psychology, 31*(1), 1-29.

Foorman, B., Seals, L., Anthony, J., & Pollard-Durodola, S. (2003). Vocabulary enrichment program for third and fourth grade African American students: Description, implementation, and impact. In B. Foorman (Ed.), *Preventing and remediating reading difficulities: Bringing science to scale* (pp. 419-441). Timonium, Md: York Press.

Foorman, B. R., & Torgesen, J. K. (2001). Critical elements of classroom and small-group instruction promote reading success in all children. *Learning Disabilities Research and Practice, 16*(4), 202-211.

Fuchs, L. S., Fuchs, D., & Hamlett, C. L. (1989). Monitoring reading growth using student recalls: Effects of two teacher feedback systems. *Journal of Educational Research, 83,* 103-110.

Hasbrouck, J., & Tindal, G. (1992). Curriculum-based oral reading fluency norms for students in grades 2-5. *Teaching Exceptional Children, 24,* 41-44.

Houghton Mifflin Co. (1996). *Invitations to literacy.* Boston: Author.

Individuals with Disabilities Education Improvement Act of 2004, PL 108-446, 20 U.S.D. §§ 1400 *et seq.*

Juel, C. (1988). Learning to read and write: A longitudinal study of 54 children from first through fourth grades. *Journal of Educational Psychology, 80,* 437-447.

Kaufman, A. S., & Kaufman, N. L. (1985). *Kaufman Test of Educational Achievement.* Circle Pines, MN: AGS Publishing.

LaBerge, D., & Samuels, S. J. (1974). Toward a theory of automatic information processing in reading. *Cognitive Psychology, 6,* 293-323.

McCutchen, D., Abbott, R. D., Green, L. B., Beretvas, S. N., Cox, S., Quiroga, T., et al. (2002). Beginning literacy: Links among teacher knowledge, teacher practice, and student learning. *Journal of Learning Disabilities, 35,* 69-87.

Mehta, P., Foorman, B. R., Branum-Martin, L., & Taylor, W. P. (2005). Literacy as a unidimensional multilevel construct: Validation, sources of influence, and implications in a longitudinal study in grades 1-4. *Scientific Studies of Reading, 9*(2), 85-116.

Moats, L. C. (1994). The missing foundation in teacher education: Knowledge of the structure of spoken and written language. *Annals of Dyslexia, 44,* 81-102.

Moats, L. C., & Foorman, B. R. (2003). Measuring teachers' content knowledge of language and reading. *Annals of Dyslexia, 53,* 23-45.

National Center for Educational Statistics (2003). *The nation's report card: Reading highlights 2003.* Washington, DC: U.S. Department of Education.

No Child Left Behind Act of 2001, PL 107-110, 115 Stat. 1425, 20 U.S.C. §§ 6301 *et seq.*

Open Court Reading. (1995). *Collections for young scholars.* New York: McGraw-Hill.

Phelps, G., & Schilling, S. (2004). Developing measures of content knowledge for teaching reading. *Elementary School Journal, 105,* 31-48.

Phillips, L. M., Norris, S. P., Osmond, W. C., & Maynard, A. M. (2002). Relative reading achievement: A longitudinal study of 187 children from first through sixth grades.

Journal of Educational Psychology, 94, 3-13.

Phillips, N. B., Fuchs, L. S., Fuchs, D., & Hamlett, C. L. (1996). Instructional variables affecting student achievement: Case studies of two contrasting teachers. *Learning Disabilities Research & Practice, 11,* 24-33.

Ramirez, J. D. (1992). Executive summary. *Bilingual Research Journal, 16,* 1-62.

Rand Reading Study Group. (2002). *Reading for understanding: Toward an R&D program in reading comprehension.* Santa Monica, CA: RAND.

Raudenbush, S. W. (2004). What are value-added models estimating and what does this imply for statistical practice? *Journal of Educational and Behavioral Statistics, 29*(1), 121-129.

Raudenbush, S. W., & Bryk, A. S. (2002). *Hierarchical linear models: Applications and data analysis methods* (2nd ed.). Thousand Oaks, CA: Sage Publications.

Rayner, K., Foorman, B., Perfetti, C. A., Pesetsky, D., & Seidenberg, M. S. (2001). How psychological science informs the teaching of reading. *Psychological Science in the Public Interest, 2,* 31-74.

Saunders, W., Foorman, B. R., & Carlson, C. D. (2006). Do we need a separate block of time for oral English language development in programs for English learners? *Elementary School Journal, 107*(2).

Schwanenflugel, P. J., Hamilton, A. M., Kuhn, M. R., Wisenbaker, J. M., & Stahl, S. A. (2004). Becoming a fluent reader: Reading skill and prosodic features in the oral reading of young readers. *Journal of Educational Psychology, 96,* 119-129.

Seals, L. M., Pollard-Durodola, S. D., Foorman, B. R., & Bradley, A. (2007a). *Vocabulary power: Lessons for students who use African American Vernacular English* (student workbook level 1). Baltimore: Paul H. Brookes Publishing Co.

Seals, L. M., Pollard-Durodola, S. D., Foorman, B. R., & Bradley, A. (2007b). *Vocabulary power: Lessons for students who use African American Vernacular English* (teacher's manual level 1). Baltimore: Paul H. Brookes Publishing Co.

Seltzer, M., Frank, K., & Bryk, A. (1994). The metric matters: The sensitivity of conclusions about growth in student achievement to the choice of metric. *Educational Evaluation and Policy Analysis, 16,* 41-49.

Shavelson, R. J., Webb, N. M., & Burstein, L. (1986). Measurement of teaching. In M. C. Wittrock (Ed.), *Handbook of research on teaching* (3rd ed., pp. 50-91). New York: Macmillan.

Shulman, L. S. (1986). Those who understand: Knowledge growth in teaching. *Educational Researcher, 15*(2), 4-14.

Slavin, R. E., Madden, N. A., Dolan, L. J., & Wasik, B. A. (1996). *Every child, every school: Success for all*. Thousand Oaks, CA: Corwin Press.

Snow, C. E., Burns, M. S., & Griffin, P. (1998). *Preventing reading difficulties in young children*. Washington, DC: National Academies Press.

Stanovich, K. E. (1986). Matthew effects in reading: Some consequences of individual differences in the acquisition of literacy. *Reading Research Quarterly, 21,* 360-407.

Taylor, B. M., Pearson, P. D., Clark, K., & Walpole, S. (2000). Effective schools and accomplished teachers: Lessons about primary-grade reading instruction in low-income schools. *The Elementary School Journal, 101,* 121-165.

Taylor, B. M., Pearson, P. D., Peterson, D., & Rodriguez, M. C. (2003). What matters most in promoting reading growth? Toward a model of reading instruction maximizing cognitive engagement in literacy learning. *The Elementary School Journal, 104*(1), 3-28.

Taylor, B. M., Pearson, P. D., Peterson, D., & Rodriguez, M. C. (2005). The CIERA school change framework: An evidence-based approach to professional development and school reading improvement. *Reading Research Quarterly, 40*(1), 40-69.

Texas Education Agency (1998-2000). *Texas Primary Reading Inventory (TPRI)*. Austin, TX: Author.

Thomas, W. P., & Collier, V. (1997). *School effectiveness for language minority students*. Washington, DC: National Clearinghouse for Bilingual Education.

Torgesen, J. K. (2004). Avoiding the devastating downward spiral: The evidence that early intervention prevents reading failure. *American Educator, 28*(3), 6-19.

Torgesen, J. K., Alexander, A. W., Wagner, R. K., Rashotte, C. A., Voeller, K., Conway, T., et al. (2001. Intensive remedial instruction for children with severe reading disabilities: Immediate and long-term outcomes from two instructional approaches. *Journal of Learning Disabilities, 34,* 33-58.

Wagner, R. K., Torgesen, J. K., & Rashotte, C. A. (1999). *Comprehensive Test of Phonological Processing*. Austin, TX: PRO-ED.

Wechsler, D. (1991). *The Wechsler Intelligence Scale for Children* (3rd ed.). San Antonio, TX: Psychological Corporation.

Wolf, M., & Katzir-Cohen, T. (2001). Reading fluency and its intervention. *Scientific*

Studies of Reading, 5, 211-238.

Wong-Fillmore, L., & Snow, C. E. (2002). What teachers need to know about language. In C. T. Adger, C. E. Snow, & D. Christian (Eds.), *What teachers need to know about language* (pp. 7-54). McHenry, IL: Delta Systems Co.

Woodcock, R. W. (1991). *Woodcock Language Proficiency Battery-Revised* (English Form). Chicago: The Riverside Publishing Co.

Woodcock, R. W., & Johnson, M. B. (1989). *Woodcock-Johnson Psycho-Educational Battery-Revised.* Allen, TX: DLM Teaching Resources.

Woodcock, R. W., & Munoz-Sandoval, A. F. (1995). *Woodcock Language Proficiency Battery-Revised* (Spanish Form). Chicago: The Riverside Publishing Co.

Zeno, S. M., Ivens, S. H., Millard, R. T., & Duvvuri, R. (1995). *The educator's word frequency guide.* New York: Touchstone Applied Science Associates.

제5장

1차 중재: 특수교육을 예방하는 방법

Charles R. Greenwood, Debra Kamps, Barbara J. Terry
and Deborah L. Linebarger

읽기를 배우지 못하는 것은 능력의 손상이다. 아동들의 명확한 읽기장애 출현율은 17~20%(5명 중 1명)이며 읽기에 어려움을 보이는 학생은 33%(3명 중 1명)다. 통계를 보면 12학년 학생들 중 25%는 읽기 기초수준 이하의 점수를 보이며 1992년 이후로 4학년 읽기 진전도에서 의미 있는 변화를 보이지 않았다(National Assessment of Educational Progress: NAEP, 2003; 추가 정보는 NAEP, 2002 참조). 3학년 중 열악한 읽기 학습자의 74%는 9학년에도 여전히 열악한 읽기 학습자로 추정된다(Fletcher & Lyon, 1998). Allington(2001)은 보상적 읽기(remedial reading)는 학생들이 더 많은 문해력을 갖게 만드는 데 그다지 효과적이지 않다는 것을 확인하게 되었다. 읽기에 어려움을 보이는 학생들은 학교에서 자퇴하기 쉬우며 범죄 행위나 약물남용에 빠질 수 있기에(Whitehurst & Lonigan, 2001) 읽기 어려움의 예방은 생존의 문제다.

읽기 학습의 어려움은 낮은 사회경제적 지위와 소수집단/소수인종 학생의 대부분이 교육받는 곳인 도심의 학교에서 가장 자주 나타난다(NAEP, 2003; Snow, Burns, & Griffin, 1998). 도심의 학교에서 교육받는 학생 중 4학년은 도시 변두리나 교외, 혹은 시골 학교에 다니는 학생보다 더 낮은 수행을 보였다. 무료급식 대상자(낮은 사회 경제적 지위를 의미하는) 학생은 비대상자 학생(사회경제적 지위가 평균이거나 평균 이상을 의미하는)보다 더 낮은 수행을 보인다. 아프리카계나 라틴계 미국 학생은 백인이나 아시아계 학생보다 읽기 성취에서 보다 낮은 수행을 보였다(NAEP, 2003). 이들은 주로 읽기성취와 행동에서의 문제로 인해 특수교육에 과잉표집되어 있고 영재학생을 위한 프로그램에는 과소표집되어 있다(Ferguson, Kozleski, & Smith, 2003). 도시학교 교사들은 종종 최소한의 자격만 갖추고 있어 필요한 자격들이 부족하고(하거나) 자신의 전문영역이 아닌 교과를 가르치는 데 배정되곤 한다(Cohen, 2003). 특수교육의 필요성 때문에, 도시지역에서 아동들을 교육하는 데 드는 비용은 원래 소요되어야 하는 비용보다 더 크다. 노동인구의 지적 역량에 대한 이러한 제약으로 인해 국가경제의 손실은 엄청나다(Brooks-Gunn, Currie, & Besharov, 2000; Karoly et al., 1998).

읽기에 어려움을 겪는 학생, 읽기에 실패하는 학생의 출현율은 더 강력한 교수의 제공으로 줄어들 수 있을까? 읽기장애로 인한 특수교육의 필요가 교육적 중재로 예방되거나 줄어들 수 있을까? 이러한 매혹적인 질문들은 점점 더 긍정적인 답을 얻고 있다.

이 장에서 우리는 장애로 판별된 학생들이 통합된 일반학급 상황과 통합되지 않은 일반학급 상황에서 학교 단위 1차 중재의 활용을 논하고자 한다. 읽기 중재의 3단계 모델인 이 예방 접근방식은 1차(단계 1), 2차(단계 2), 그리고 3차(단계 3; Walker & Shinn, 2002) 등 위험의 세 수준에 관하여 학생 개개인의 진전 성과를 모니터링하는 것을 고려하고 있다. 단계 1에서는 지체나 장애의 시작을 예방하여 읽기문제(초등학교 4학년과 5학년 시기에 읽기에 어려움을 겪거나 읽기에 실패)가 나타나는 것을 막기 위해 모든 아동을 대상으로 사전 대책을 강구하는 증거기반 실제들이 실행된다. 읽기에 어려움을 보이는 아동들은 보통 소집단으로 제공되는 추가적 도움인 단계 2 중재를 받게 된다. 단계 2 중재에 반응하지 않는 학생은 특수교육(단계 3) 서비스를 받는다. 단계 3에서는 중재가 실제 장애를 다루는 데 초점을 맞춘다. 비록 1차 및 2차 중재가 단계 3 중재를 받게 된 학생들에게 도움이 되지 않는다 하더라도, 2차 수준에서의 조기 발견 및 중재는 해당 학생의 생애 동안 장애의 전반적인 영향을 최소화할 수 있을 것이다.

예방 접근은 위험, 장애 조건, 조기 판별, 선행기술, 선별, 진전도 점검 그리고 효과적인 중재의 적용 등에 대한 지식을 전제로 한다. 예방 모델은 점점 더 흔한 것[예를 들어, 학교 단위 긍정적 행동지원(Marquis et al., 2001)]이 되어 가고 있으며, 학령 전 아동들을 위한 조기중재 프로그램이 되어 가고 있다(Fox & Little, 2001). 예방은 모든 아동이 현 상태와 중재에 대한 반응을 평가하기에 충분하도록 일찍 그리고 자주 선별될 것을 요구하고 있다. 예방 모델에서의 의사결정은 이 책의 다른 장 저자들이 언급한 것처럼 아동들의 개별적인 중재반응을 반영한 자료를 기반으로 어떤 아동을 단계 1에서 단계 2 혹은 단계 3 수준의 중재로 이동시킬지 알아보고자 한다. 이 장에서 단계 1 교수의 효과를 향상시키는 쟁점들로 논의를 제한할 것이다.

읽기 문제가 감소될 수 있는 증거

학급단위 또래교수(Class Wide Peer Tutoring: CWPT), 또래지원 학습전략(Peer-Assisted Leaning Strategy: PALS)은 초등학교의 교사실행 읽기 중재의 훌륭한 예로 이에 대한 12년간의 무선 실험 연구에서 도출된 엄정한 증거들이 존재한다. 중학교와 고등학교에서 추수 연구가 있었다(Greenwood, Maheady, & Delquadri, 2002). 추수 연구의 설계는 한 교육구 Title 1(낮은 사회경제적 지위) 초등학교들에서 ① 교사주도 교수를 ② 교사주도 교수와 결합된 CWPT와 비교하는 것이었다. Title 1 학교들은 회기당 30분씩 매일 읽기와 철자 그리고 수학교수(매주 4일, 매일 90분)에서 CWPT를 활용하기 위해 무선으로 할당되었다. 또한 이 설계에서 통제된 것은 학교의 사회경제적 지위였다. 동일 학교구의 비 Title 1(평균에서 평균 이상의 사회경제적 지위) 학교들로 구성된 두 번째 비교 집단은 동일한 교육과정과 전통적인 교사주도 교수를 활용하였다. 연구들은 '처리의향(intent-to treat: ITT)' 다변량 반복 측정에 의해 통계적으로 통제되었고, 모든 학생의 4학년 학기 말 검사 점수는 지능과 성취(읽기, 언어, 수학) 간의 초기 차이를 알아보기 위해 1학년 가을학기 점수와 비교되었다.

그 결과는 1학년에서 4학년까지 점진적으로 사용되었던 CWPT는 낮은 사회경제적 지위 학생들의 교수 중 수업 참여를 상당 수준 개선시켰고 사회적으로 부적절한 행동들을 감소시켰으며, 낮은 사회경제적 지위 및 평균에서 평균 이상의 사회경제적 지위 통제집단 모두와 비교된 표준화 성취 검사에서의 읽기, 언어 그리고 수학 수행을 가속화시켰다(Greenwood, 1991a, 1991b; Greenwood, Delquadri, & Hall, 1989). Greenwood는 또한 낮은 사회경제적 지위의 CWPT 4학년 학생들은 초기 능력과 성취를 조정한 경우 평균에서 평균 이상의 사회경제적 지위 비교 집단 학생들과 큰 차이가 없었다고 보고하였다. CWPT 집단은 1학년에서 집단 간에 존재하고 있던 성취 간극을 좁힌 것으로 보였다.

초등학교에서 평균에서 평균 이상의 사회경제적 지위 통제집단 학생들에 비해 낮은 사회경제적 지위 CWPT 집단 학생들이 보인 이 가속화된 효과는 ① 읽기와 언어, 수학과 사회, 과학에서 보다 높은 성취 결과, ② 중학교에서 특별한 서비스의 보다 낮은 활용 등과 관련되어 있었다(Greenwood, Terry, Utley, Montagna, & Walker, 1993). 고등학교에서 낮은 사회경제적 지위 CWPT 집단은 낮은 사회경제적 지위 통제집단에 비해 학교를 중퇴할 가능성이 훨씬 낮았다(Greenwood, 1996; Greenwood & Delquadri, 1995).

낮은 사회경제적 지위 CWPT 집단과 낮은 사회경제적 지위 통제집단 사이의 효과크기는 평균 .72였다. 원래 초등학교 연구에서의 범위는 .37(수학)에서 .57(읽기) 그리고 −.83(부적절한 행동 감소)에서 1.41(학업 참여)이었다. 효과크기는 표준편차 단위에 대해 실험집단과 통제집단 사이의 중재효과의 크기를 나타내는 지표다. Cohen(1988)에 따르면 .20은 작은 효과크기, .50은 중간 효과크기 그리고 .80은 큰 효과크기를 나타낸다고 한다. 이는 이러한 결과에 있어 평균적으로 CWPT 집단 학생들의 72%는 통제집단 학생들보다 더 높은 수행을 보였음을 의미한다. 중학교 추수 연구에서 평균 효과크기는 .44로, 범위는 성취검사 측정에 대해 .35(언어)에서 .39(읽기) 그리고 .57(수학)이었다. 특수교육 서비스 감소에 대한 집단 간 효과크기는 .54였고, 통제집단 대비 덜 제한적인 서비스를 받는 학생들의 비율은 .73이었다. 고등학교 중퇴 학생 수의 감소에 대한 효과크기는 .66이었다.

초등학교 자료의 추가 분석은 세 가지 대안적 이론 모델을 성취 자료에 적합화하는 데 집중하고 있다. 그 결과는 학생들이 학업적 반응(예를 들어, 소리 내어 읽기, 묵독)에 참여하는 것이 학급의 교수 생태계(과제를 위한 자료와 교사의 행동)와 성취 사이의 관계에 영향을 주는 모델은 참여가 성취에 직접적인 영향만을 주는 두 모델과 비교하였을 때 가장 적합함을 보여 주고 있다(Greenwood, Terry, Marquis, & Walker, 1994). 이러한 분석들은 CWPT가 최소한 한 가지 주요 경로, 즉 학업적 반응에의 참여를 증가시키는 것을 통해 성취에서의 개선에 따라 초등 수준 교수의 강도에 영향을 미쳤다는 개념을 뒷받침하고 있다. 다음에 제시된 짤막한 글은 이에 대한 한 가지 예를 보여 주고 있다.

고등학교를 졸업한 후 이제 대학 1학년인 Marquis Roby는 자신이 첼시 초등학교 3학년 때 읽기 및 쓰기 CWPT를 활용하면서 파트너와 함께 하기를 그리고 점수를 얻기 위해 경쟁하기를 기대했다는 것을 기억하고 있다. "그때 우리는 그것이 학습을 위해서라기보다는 즐기기 위해서라고 생각했어요."라고 캔자스 주립대학교에서 캔자스 대학교로 전학할 예정인 Roby는 말했다. "하지만 당신은 그것을 통해 많은 것을 배웠죠." 그는 말했다. "당신은 거기에 앉아서 여러 단어의 철자를 쓰고 어떤 철자가 틀렸는지 봤기 때문에 더 빨리 배웠어요. 당신은 올바르게 이해하려고 결심했어요." Roby는 이제 저널리스트를 꿈꿀 만큼 충분히 철자를 정확하게 쓰고 잘 읽는 법을 배웠다(Horsley, 1995. 12. 24.).

Greenwood와 동료들(1989)은 일반교사들이 CWPT 전략을 비교적 효과적으로 사용하고 있다고 보고하였다. 그러나 매일 CWPT를 활용할 수 있는 모든 가능한 기회를 고려해 볼 때 교사 개개인마다 각기 달랐고, 하나의 집단으로서 그들은 부분적인 실행을 했을 뿐이었다. 이에 따라 보고된 결과는 완전하게 실행된 CWPT로 달성할 수 있는 효과의 최대치를 과소추정한 것으로 보인다. 과학과 사회과 성취를 유지하고 일반화하는 학업성취 측면들과 CWPT 학생들이 상대적으로 특수교육 서비스를 덜 이용하게 된다는 측면들에서 4학년과 이후 중학교에서 중요한 이익이 관찰되었다. 이 종단 실험 연구는 추후 어려움을 예방하기 위해 효과적인 예방 · 중재 전략들을 체계적으로 그리고 조기에 활용함으로써 읽기 문제를 미리 차단하는 것이 가능하다는 강력한 증거를 제공하였다. Greenwood와 동료들의 연구는 이후 삶에서의 PALS 중재의 성과를 보고하고 있는 우리가 알고 있는 유일한 연구다.

지금까지 PALS 중재는 서로 다른 초등학교 학급에서 다양한 학생을 대상으로 읽기를 포함한 여러 교과 전반에 걸쳐 평가되어 왔다. 최근의 연구들을 종합(대상자가 90명인 초등학교에서의 비교 연구들)한 것에서 Rohrbeck, Ginsburg-Block, Fantuzzo 그리고 Miller(2003)는 다음과 같은 내용을 보고하였다.

- PALS의 평균 효과크기는 .59(즉, PALS 집단 학생들의 59%가 비 PALS 집단 학생들의 성취를 능가)로 전반적으로 중간 수준의 효과크기였다.
- 도시 지역, 저소득층 그리고 소수집단 배경을 지닌 학생들은 교외, 중산층에서 고소득층 배경을 지닌 학생들보다 더 큰 이득을 경험하였다.
- 더 나이가 어린 학생들은 더 나이가 든 학생들보다 성취에 있어 더 큰 이득을 경험하였다.
- 학생들이 목표 설정, 튜터링 역할 안내, 진전도 점검, 수행 평가, 보상 선택 그리고 보상 실행 등을 포함한 PALS 절차를 더 많이 통제하는 프로그램에서 더 큰 학업적 효과가 산출되었다.
- 집단평가 절차보다는 개인을 포함했던 PALS 프로그램이 더 나은 성과와 연계되었다.
- 개인별 혹은 집단별 우발적 보상보다는 상호 의존적 우발적 보상들이 있는 PALS 프로그램들이 더 큰 성취를 만들어 냈다.

이러한 이유로 읽기문제로 인해 특수교육 서비스를 받는 아동들의 수를 줄일 수 있고, 학생들에게 교사와 학습자의 역할 모두를 하도록 가르치고, 진전도를 빈번하게 점검하며, 수행에 대한 우발적 강화가 활용되는 도시 학교 학생들에게 이러한 결과가 사실일 수 있는 증거가 존재한다.

과학기반 읽기 중재의 질

CWPT와 PALS 등과 같은 과학기반 읽기 중재들은 과학적으로 입증된 실제들을 활용하여 과학적으로 입증된 기술들(예를 들어, 선수 기술, 준비도, 읽기, 이해 등)을 가르치는 중재들이다. 미래 기술들을 배울 준비가 되도록 학교교육을 받는 동안 언제까지 어떤 기술들이 학습되어야 하는지 그리고 이러한 기술들을 가르치는 데 있어 어떤 전략들이 분명하게 더 나은지 등에 대해 점점 더 많은 것이 알려지고 있기 때문에 (National Reading Panel, 2000) 올바른 기술들과 올바른 실제들의 조합은 매우 중요한 것이다([그림 5-1] 참조).

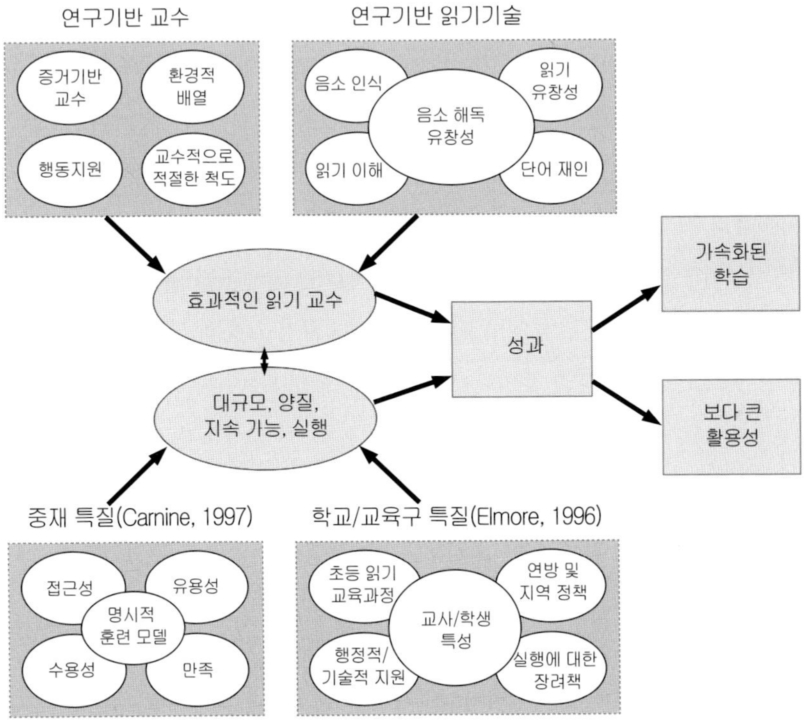

[그림 5-1] 가속화된 학습과 증가된 활용성이라는 성과를 얻기 위해 효과적 읽기 교수와 대규모, 양질, 지속 가능, 실행을 연결 짓는 효과적 실제 개념적 틀의 확장성

읽기에 필요한 기술

적절한 조기 읽기 교수에는 아동들이 두 가지 상호 의존적인 정보영역에 대한 지식을 습득할 기회가 포함된다. 첫째, 아동들은 활자의 의미 이해[아웃사이드 인(outside-in) 처리과정: 어휘 지식, 개념 지식, 이야기 도식, 이해]를 직접적으로 뒷받침하게 될 정보원이 필요하다. 둘째, 아동들은 활자를 소리로, 소리를 활자로 번역할 수 있어야 한다[인사이드 아웃(inside-out) 처리과정: 음소 인식, 문자-소리 대응]. 이 지식을 얻기 위해서는 아동들이 부모 및 교사들과의 초기 경험 안에서 이 중요한 기술들을 배워야만 한다는 것이 점차 분명해지고 있다(Whitehurst & Lonigan, 2001).

3학년 이전 과학기반 읽기 프로그램의 핵심 요소들은 음소 인식, 음소 해독기술, 한 번 봄으로써 식별할 수 있는 단어들(유창성)의 증가하는 어휘목록(어휘) 그리고 이해를 포함한다([그림 5-1] 참조). 이러한 기술들을 지니고 3학년이 된 학생들은 3학년 텍스트를 다양한 이해 수준으로 정확하고 유창하게 읽을 수 있을 것이다(Moats, 1999; National Reading Panel, 2000). 3학년 이후 읽기 성취를 구분 짓는 읽기기술 요소들에는 어휘목록의 지속적인 증가, 주로 단락에 나타나는 복잡한 어휘 습득, 서로 다른 유형의 텍스트(예를 들어, 서술, 설명)를 처리하는 전략 습득, 개념 및 배경지식의 증가 그리고 추론/추정 기술의 성장 등이 포함된다. 초등 읽기 교수의 가장 중요한 성과는 글로 작성된 자료들을 이해하는 것이다(Block, Gambrell, & Presley, 2002; Torgesen, 1998, 2002).

과학기반 교수전략

과학기반 교수전략은 무선 실험 설계(Embry, 2004)를 포함한 엄정한 실험연구를 통해 입증된 실제들이다. 효과적인 교수전략들의 인정된 요소들에는 교수 실제(학생과 교재 상호작용 전략), 환경적 배치, 행동지원 그리고 진전도 점검에 대한 교수적으로 적합한 척도 등이 포함된다. PALS 중재는 읽기 교육과정에서 교사주도 활동들과 함께 이루어질 때 매우 효과적이고 비교적 반복하기 쉬운 실제들 중 한 가지다(Rohrbeck et al., 2003의 리뷰 참조). 이런 부류에 포함된 전형적인 중재들은 협동학습, 또래지도 그리고 또래교수다.

PALS 전략 중 하나인 CWPT에서 학생들은 그들이 서로의 학습을 지원하는 또래지원, 협동적 교수활동들(교수 실제)에 참여한다(Greenwood et al., 1989). 학습 자료에 덧붙여 학생들은 주간 읽기 교수의 일정 기간 동안 한 쌍으로 배치된다(환경적 배치). 과제 제시, 교정, 점수 부여 그리고 정확한 반응에 대한 칭찬 등으로 구성되는 또래 지도 상호작용을 포함한(Greenwood, Delquadri, & Carta, 1997) 적절한 사회적 행동들과 교수 행동들을 가르치고 안내하기 위한 규칙들이 활용된다(행동지원). 교육과정중심 측정 전략들(교수적으로 적합한 측정)은 연구기반 읽기 기술들(음소 인식, 해독 그리고 특히 이해)로 구성된 교육과정에서의 개인 및 학급의 진전도를 점검하는 데 활용된다(Greenwood, Reynolds, Abbott, & Tapia, 2004).

CWPT는 일반교사들로 하여금 집중적이고 명시적인 교수가 있을 때 가장 이득을 볼 위험군 학생들을 포함하여 매우 다양한 학생의 교수적 요구를 충족할 수 있게 하고 있다. 초등 교육과정의 일부로 CWPT는 학생들을 도와 교수 자료에 매우 몰두하게 하고, 보통의 교사주도 교수에 비해 반응하고 연습할 여러 번의 기회를 경험하게 한다(Greenwood, 1996).

명시적 읽기 교육과정들이 CWPT[BR-CWPT(Beginning Reading CWPT)처럼]나 유치원의 또래지원 학습전략(K-PALS)과 결합될 때, 교수는 집중적이고도 명시적인(모든 단계가 직접적으로 교수된다) 것이 된다(Mathes, Torgesen, Allen, & Howard Allor, 2002). 암묵적인 교수로는 많은 학생이 필요한 기술들을 교사들이 가르치지 않기 때문에 이러한 기술들을 배우지 못할 뿐이다.

교사주도 교수와 비교할 때, CWPT는 교수의 명시성과 강도를 향상시키는 것에 관하여 합리적인 노력과 비용으로 독특한 이점을 제공하고 있다. 이 이점들은 다음과 같다. 1) 학생 집단들은 서로 다른 수준의 교육과정에서 배울 수 있고 학생들이나 교사들을 질리게 만들지 않으면서 학생들의 개인적 요구를 충족시키는 서로 다른 절차들을 활용할 수 있다. 2) 학생들은 교정적 피드백과 함께 일대일로 조언을 받는다. 3) 읽기의 양이 극적으로 증가되고 있다. 4) 새로운 자료에 대한 숙달과 유창성이 신속하게 확립되고 있다. 5) 학업적 · 사회적 그리고 행동 기술들이 동시에 학습된다. 6) 장애 학생들은 협동학습 집단(Atwater, Carta, Schwartz, & McConnell, 1993; Dugan, Leonard, Watkins, Rheinberger, & Stackhaus, 1995; Kamps, Leonard, Potucek, & Garrison-Harrell, 1995)과 CWPT(Kamps, Barbetta, Leonard, & Delquadri, 1994)를 통해 일반교육 읽기 교육과정에 접근할 수 있다. 7) 교사들과 학생들은 CWPT가 매우 만족스러운 실제임을 알게 된다. 8) 전통적인 교사주도 교수에 비해 비용과 자원이 상당히 적게 든다. PALS 전략들과 같은 과학기반 읽기 실제들의 존재만으로는 읽기문제의 출현율을 감소시킬 수 없다. 그러한 실제들은 바람직한 결과를 산출하기 위해 일정 기간 동안 체계적으로 사용되어야 한다.

과학기반 전략들이 사용되고 있는가

효과적인 실제의 광범위한 활용(확장성)에 관한 연구로부터 밝혀진 것들은 [그림 5-1]에서 확인할 수 있다(Carnine, 1997; Elmore, 1996; National Reading Panel, 2000). 이 틀은 과학기반 읽기 교수의 실행이 중재 자체의 특질들(예를 들어, 교재, 매체, 기술, 수용성)과 대규모로, 양질의, 지속 가능한 실행에 차별적인 영향을 주도록 상호작용하는 학교 주체들(예를 들어, 교육구, 학교, 교사들, 학생들) 간의 함수임을 받아들이고 있다.

효과적인 읽기 교수와 실행의 질이 상호작용하여 바람직한 읽기 성과 및 교사들과 학교들 그리고 교육구들 전반에 걸친 광범위한 활용 형태들을 산출한다고 알려져 있다. 효과적인 교수의 활용은 증가된 학생들의 학습 및 그 특정 방법을 계속해서 사용하는 데 그리고 다른 사람들이 그 방법의 사용을 옹호하는 데 자극받은 행정가들과 교사들을 이끈다. 중재 특질들과 학교교육이라는 맥락은 지속적으로 사용하는 데 도움이 되는 가속화된 학습 성과에 의해 더욱 진보되는 활용법을 다양하게 촉진하도록 상호작용한다.

비록 전국의 교사들이 PALS 방법을 접했다는 보고(Henke, Chen, & Goldman, 1999)가 있기는 하지만, 그들은 보통 성취 결과와 연계되었던 PALS의 과학기반 요소들을 사용하지는 않는다(Rohrbeck et al., 2003). 이 요소들에는 집단별 우발적 보상의 활용, 학습활동에 대한 자기관리, 실행의 충실성 그리고 교육과정에서의 진전에 대한 개별화된 평가 등이 포함된다. 전국적으로 2~3백만의 미국 공립학교 교사들과 3,200~3,500만 정도의 1학년부터 8학년까지의 학생들이 있는 것으로 추정된다. 이 교사들 중 몇 명이나 실제로 PALS를 사용하고 있는가? 실제로 아는 사람은 없다.

PALS 중재의 활용 정도를 신뢰할 만하게 추론할 수 있는, 교사들이 사용하는 교수 실제들에 대한 전국적인 조사는 이루어지지 않았다. 게다가 많은 과학기반 실제가 아직 실행자로서의 학급교사들(연구자가 아닌)이 있는 실제 학교에서 사용되도록 전환되지 않았다. 대다수가 학교 교직원들이 그 방법들을 실제로 끌어들이는 데 요구되는 편안한 수준의 특징(예를 들어, 수용성, 만족)과 도구(예를 들어, 접근성, 활용성, 훈련모델) 등이 부족하다(Carnine, 1997). 더욱이 가장 효과적인 실제들은 범위 면에서 각기 다르고 대다수의 학교가 찾기 바라는 발군의 포괄적 읽기 교육과정에 대한 완전한 해결책의 전조가 되는 것이 거의 없다는 사실은 실제로 전환하는 것을 어렵게 만든다. 예를 들어, PALS 절차들은 아직 초등학교 읽기 교육과정들이나 전문성 개발 활동들에 크게 포함되지 않고 있다(Rohrbeck et al., 2003). 대신 대다수의 연구기반 실제들은 교육과정 요소들과(이거나) 교사들에 의해 기존 교육과정들 내에 포함될 때 읽기를 가르치는 데 있어 더 포괄적인 해결책들을 만드는 데 도움이 되는 CWPT와 같은 전략들이다. 미국 초등학교를 정의하는 매우 다양한 실제 학교 환경 및 학습자들 전반에 걸쳐 실제들이 동등하게 효과적으로 작용한다는 설득력 있는 증거를 지닌 완전한 해결책은 소수의 연구기반 실제들이다(American Federation of Teachers, 1998; Moats, 1999).

과학기반 읽기 교육과정의 활용을 지시한 2001년의「낙오아동방지법」(PL 107-110)의 정책들에 비추어 봤을 때조차, 완전한 실행과 일정 기간 동안 그리고 인력 전환을 통한 지속적 활용을 확립하기 위해 필요한 지원과 장려책을 제공하는 학교는 소수에 지나지 않는다(Elmore, 1996). 예를 들어, 효과적 실제를 대규모로, 양질의, 지속 가능한 실행을 하게 하는 결정인자들에는 ① 지역적으로 규정된 읽기 교육과정 및 전략들, ② 교사(예를 들어, 읽기 지식)와 학생의 특성(예를 들어, 학교 준비도), ③ 행정적・기술적 정보통신 기술 지원 그리고 ④ 실행에 대한 장려책의 활용 혹은 고려가 포함되어 있다.

과학기반 실제는 1차 중재를 위해 추천되고 있는가

또래지원 학습전략

CWPT와 읽기 입문 CWPT(BR-CWPT)는 Rohrbeck과 동료들(2003)이 보고한 더 큰 효과와 연계된 요소들을 포함하고 있다.

학급단위 또래교수

CWPT 교수 짝들은 협동학습의 사회심리학적 원리들과 상호 의존적 강화의 행동분석 원리들에 입각해서 만들어진 주요 동기전략으로, 교사의 재량에 따라 경쟁하는 팀이나 협동하는 팀에 속할 수 있다(Greenwood & Hops, 1981; Stevenson & Newman, 1986).

CWPT는 교사주도 교수에서 진전을 보이는 데 실패한 학생들조차 학교 외부의 매우 능력 있는 교수자(tutor)가 일대일로 가르칠 때 빠르고 지속적인 진전을 보일 수 있었다(Delquadri, 1978)는 관찰을 근거로 하고 있다. CWPT의 개발은 그와 같은 교수를 1차 교수의 일부로 모든 학생에게 제공하기 위한 효과적이고 지속 가능한, 수용할 수 있는 접근방식을 찾는 것이 되었다(Greenwood, Maheady, & Delquadri, 2002). 따라서 1) 일반학급에서 모든 학생을 대상으로 한 CWPT의 적용, 2) 영어를 배우는 학생들과 장애학생들을 포함하기 위한 명시적 전략들, 3) 학급교사들이 수용성을, 따라서 확장성을 촉진하도록 지역 교육과정에의 적용성 극대화 그리고 4) 진전도 점검과 교사의 실행을 뒷받침하기 위한 컴퓨터 소프트웨어의 활용 등 주요 원리들이 이 설계를 안내하였다.

핵심적인 읽기 과정은 매일 35~45분 정도의 회기들이 포함되는데 이 회기에는 교실에 있는 학생들 중 절반이 개인지도를 하고 나머지 절반이 읽기를 감독한다. 15분의 교습이 끝난 후, 교사는 교수자와 학습자(tutee) 쌍들(만일 학생들의 수가 홀수일 경우 3인 1조 한 집단)에게 멈추고 역할을 바꾸라는 신호를 준다. 다음 15분 동안 동일한 자료에 대한 두 번째 튜터링에서 교수자는 학습자가 되고 학습자는 교수자가 된다. CWPT의 주요 목적이 강도를 가속화하는 것(해당 자료에서 모든 학생의 참여와 반응의 양)에 있기 때문에, 읽기에 대한 CWPT의 즉각적인 효과는 해당 자료에 대한 정확성과 유창성 그리고 이해와 관련된다.

읽기 CWPT(R-CWPT)에서 일일 회기들은 보통 교사주도 교수와 함께 일주일에 세 번 이상 발생한다. 이러한 회기들 동안 진전에 대한 형식적 평가와 더불어 배경지식이 활성화되고 새로운 자료가 도입되며, 채택된 교육과정에 의해 결정된 대로 학생들은 교사에게 읽어 준다. 핵심적 과정을 만드는 교사의 계획 및 설계 결정은 또래 짝짓기의 융통성 있는 방법과 교육과정의 선택 그리고 또래 지도 전략 등을 포함한다.

R-CWPT에서 교수자와 학습자 짝들은 지루함 및 항상 학습자가 되고 교수자는 한 번도 되지 못하는 오명 등의 부정적 영향을 피하기 위해 주별로 혹은 자료의 새로운 단원이 될 때마다 바뀐다. 파트너들은 교사에 의해 배정되고 보통 동일한 혹은 인접한 읽기 집단들의 구성원들 중에서 짝지어진다. 가장 낮은 수준의 수행을 보이는 학생들을 포함시키기 위해 교사들은 더 높은 수준의 학생들을 더 낮은 수준으로 기능하는 학생들과 짝짓는다. 몇 가지 추가적인 전략들에는 더 높은 수준으로 기능하는 학생이 더 낮은 수준으로 기능하는 학생을 위한 본보기로 먼저 읽게 하는 것이 포함된다. 이러한 결정과 다른 결정들은 모두 교사가 자신의 주간 계획의 일부로 개인적으로 내리게 된다.

학급단위 또래교수의 교육과정 통합 쟁점

CWPT는 지역 교육과정들과의 통합에 관해 조정이 가능하여 쉽게 확장할 수 있다. 초등학교 수준에서 CWPT는 과학기반 초기 읽기 기술과 유창성 그리고 이해에 초점을 맞춘, 1학년에서 5학년까지의 학생들을 위한 포괄적 읽기 프로그램을 만들기 위해 통합된다. 교사주도 교수와 결합되고 또래 지도 자료들에 맞춰 조정된 CWPT는 3학년 전후로 음소 활동들, 어휘들, 철자, 단락 읽기 정확성/유창성 그리고 다시 말하기 읽기이해 등의 비계설정을 위해 적절하게 사용될 수 있다. CWPT는 또한 또래 교수자들이 교사가 만든 공부 지침에 의해 안내되는 문헌기반 활동들을 위해서도 사용된다(Greenwood & Hou, 2001; Greenwood et al., 2004).

예를 들어, 음소들이나 문자 이름들에 적용될 때 CWPT 학습자들은 교수자가 제시한 플래시카드의 항목들과 연계된 소리들이나 문자 이름들을 말한다. 교수자는 이를 수정하고 점수를 이용하여 학습자의 반응들을 기록한다. 나중에 교사는 형식적인 척도들과 CWPT-LMS 소프트웨어를 활용하여 문자 이름 대기 및 음소 분절의 유창성을 평가한다.

단어 및 단락 읽기에 적용될 때 학습자들은 교육과정에서 추출한 짧은 단락을 교수자에게 읽어 준다. 교수자는 정확하게 읽은 문장들 및 오류 교정 등에 점수를 제공한다. 교사들은 구두 읽기 평정척도를 활용하여 학생들의 읽기 유창성을 평가한다. 이해에 적용될 때 학습자는 교수자가 질문하는 단락에 관해 누가, 무엇을, 언제, 어디서 그리고 왜의 질문들(그리고/혹은 기타 이해 촉진 과제들)에 반응한다. 이들은 또한 예측 및 기타 질문들에도 반응하게 될 것이다. 교수자는 반응들을 교정하고 자료 및 그들 자신의 지식을 활용하여 피드백을 제공한다. 상급 교과(예를 들어, 문학, 과학)에 적용될 때 또래 지도는 공부 지침에 의해 안내된다. 이러한 절차들은 CWPT-LMS 소프트웨어의 일부로 제공되는 교사용 CWPT 지침서에 철저하게 기술되어 있다.

내용, 과제 및 자료 그리고 교수 과정에 번역자로서 혹은 도움을 받기 위한 보조인력들의 행동지원 통합에서의 변화를 포함한, 교육과정의 개작이 장애학생들과 영어를 배우는 학생들을 포함하기 위해 이루어질 수 있다. 예를 들어, 통합학급의 CWPT 프로그램에서 자폐 및 행동장애 학생들 또한 도움 제공이나 정보 공유 등과 같은 적절한 사회적 상호작용에 대해 점수를 받았다(Kamps et al., 1995). 예를 들어, 한 청각장애 아동과 이 아동의 보조인력이 비장애 또래 교수자와 함께 CWPT에 참여하고 있으며 거기에서 보조인력은 수화통역을 제공한다. 다소 유사한 번역 전략이 영어를 배우는 학생들에게 효과를 보인다.

예를 들어, 영어를 배우는 학생들의 교사는 항목들을 글로 그리고(혹은) 그림과 결합된 상태로 제시되도록 하는 데 덧붙여, 학급 전체에게 제2외국어로 철자나 어휘를 소개하는 것을 돕기 위해 학급에 있는 다른 학생을 활용할 수 있을 것이다. 단락 읽기에 있어 영어를 못하거나 영어를 제한적으로 사용하는 학생들은 텍스트의 발음과 이해를 돕기 위해 더 유창한 이중언어 학생과 짝이 될 수 있다(Arreaga-Mayer, 1998).

읽기 입문 학급단위 또래교수

CWPT가 기존 교육과정에 맞게 수정하도록 설계되어 있지만 BR-CWPT(교육과정 및 교사 지원 소프트웨어)는 학령 전 아동들, 유치원생들 그리고 바람직한 경우 초등학교 저학년 학생들을 위해 과학기반 초기 읽기기술들을 수정된 CWPT 활동들과 직접적으로 연계시키고 있다(Terry & Greenwood, 2004). BR-CWPT 교육과정은 교사들이 초기 교수를 위해 선택하고 융통성 있게 사용할 수 있는 그리고 검토 및 재교육 회기에 다시 사용할 수 있는 16개의 과학기반 기술 모듈로 구성되어 있다. 모듈들 각각은 또래교수 회기들에서 사용하기 위한 각 모듈 특유의 CWPT 과제 자료들(시각적/그림 플래시카드)을 만드는 데 컴퓨터 소프트웨어(다음 목록 참조)의 지원을 받는다.

다음은 BR-CWPT 교육과정 모듈의 목록으로 모듈명 다음에 오는 괄호 안에는 각 모듈 내에서 가르치는 기술이 적혀 있다.

1. 단어 식별(문장 듣기, 시작 단어와 중간 단어 그리고 끝 단어 가려내기, 그리고 나서 일련의 단어를 듣고 그 단어들을 반복하여 문장 만들기)
2. 문자-소리 연계(소리 듣기, 반복하기, 그 소리의 문자 이름 대기, 소리 듣기, 그 문자 쓰기)
3. 문자-상징 식별(문자 보기, 그 문자의 이름 말하기, 문자 듣기, 그 문자 쓰기)
4. 시작소리(단어 듣기, 시작소리 말하기)
5. 끝소리(단어 듣기, 끝소리 말하기)
6. 두 문자 소리 조합(단어 듣기, 두 문자의 소리를 조합하여 말하기)
7. 소리 식별(단어 듣기, 단어의 모든 소리 말하기)
8. 소리 조합(연속적인 소리 듣기, 해당 단어 말하기)
9. 소리 맞추기(한 단어와 한 가지 소리 듣기, 그 소리가 단어 안에 있으면 말하기)
10. 공통 소리(두 단어 듣기, 두 단어 모두에서 공통으로 들리는 소리 말하기)
11. 소리 빼기(단어 듣기, 어떤 소리 빼내기, 남은 단어/소리 말하기)

12. 소리 바꾸기(단어 듣기, 하나의 소리를 다른 소리와 바꾸기, 그 새로운 단어 말하기)
13. 음절로 활동하기(일련의 음절 소리 듣기, 그 소리들을 빨리 말해서 단어 말하기, 어떤 단어를 듣고 음절 소리들 말하기)
14. 일견단어(sight word) 어휘(Dolch 일견단어들을 활용하여 어떤 단어를 보고 말하기, 그 단어를 듣고 쓰기)
15. CWPT 구두 읽기(학년 수준의 문장 · 문단 · 단락 보기, 85% 정확도로 구두로 읽기)
16. CWPT 이해(학년 수준 자료 읽기, 어휘, 사실적, 회상적, 순차적 그리고 추론적 정보 등을 포함한 관련된 이해 문제에 구두로 그리고 글로 답하기)

16개의 개별적 모듈 각각은 교사와 PALS 활동들 모두를 포함하는 하나의 완전한 교수 단위로 설계된다. 모듈 각각은 교사에게 목표와 필요한 선행 기술들, 학생의 숙달 준거, 교육과정 자료, 또래 지도 과제들(각각의 모듈에 대한 플래시카드) 그리고 모듈의 특정 기술 각각에 관련된 고려사항들을 제공한다. 교수/수업 형식에 덧붙여 각각의 모듈은 새롭게 습득된 지식을 실질적인 방식으로 적용하기 위해 제안된 활동들을 포함하고 있고, 내용을 차례로 배열하는 방법에 대한 아이디어들을 제공하며, 자료를 숙달한 그리고 아직 숙달하지 못한 학생들 모두를 다루기 위한 선택사항들을 제안한다.

학생들이 규칙들을 배우고 교수자와 학습자의 역할을 수행할 수 있을 때, BR-CWPT 회기들은 공식적으로 시작된다. 다시 실행하는 모듈 활동들은 사전평가(7~10분), 짧은 수업(10~20분), CWPT(6~10분), 제안된 활동들(8~10분) 그리고 숙달도 사후평가(7~10분) 등이다. 사전평가는 어떤 교수나 지도 전에 수행된다. 이러한 평가들은 Assessment Generator 소프트웨어를 활용하여 만들어지고, 해당 주에 교수된 그리고 사후검사에서 숙달 여부가 재평가될 내용을 바탕으로 한다.

교수 전과 후 평가 각각은 주단위로 수행되고 평가당 대략 6~10분 정도 소요된다. 교수 전이라는 점을 고려할 때, 사전검사에는 해당 주에 교수될 내용을 반영하는 항목들이 포함된다. 사후검사는 동일한 교수자료의 교수 이후에 주어진다. 단어 식별 기술들에 대한 사전평가 회기의 한 가지 예는 다음과 같다.

일단 평가양식과 쓰기 도구들이 배포되면 교사는 다음과 같이 말한다. “여러분, 첫 번째 줄에 있는 3개의 그림을 보세요. 내가 그림 각각의 이름을 말할 거예요. 여러분은 나를 따라 그 이름을 반복하면 돼요. 우리가 그림의 이름을 말할 때 나는 그 줄의 시작 부분, 중간 그리고 끝에 어떤 그림이 있는지 생각해 보라고 말할 거예요. 여러분들은 조용히 혼자 말하면 돼요. 그러고 나서 여러분들은 내가 말하는 위치, 처음, 중간 혹은 끝에 있는 그림에 동그라미를 치라고 말할 거예요. 자, 첫 번째 줄부터 시작해 봅시다. 첫 번째 그림은 종이에요. 모두 따라 해요. [종]. 이제 그 그림이 줄 어디에 있는지 생각해 봐요. 처음, 중간 혹은 끝. 두 번째 그림은 집이에요. 모두 '집'이라고 따라 하고 그 그림이 줄 어디에 있는지 생각해 봐요. 처음, 중간 혹은 끝. 세 번째 그림은 축구공이에요. 모두 '축구공'이라고 따라 하고 그 그림이 줄 어디에 있는지 생각해 봐요. 처음, 중간 혹은 끝. 이제 연필(혹은 크레용)을 들고 첫 번째 줄 중간에 있는 그림에 동그라미를 쳐 봐요. 같은 방식으로 두 번째 줄을 해 봅시다."

교사는 학생들 개개인이 모든 평가를 마칠 때까지 각각의 남아 있는 줄에 동일한 절차와 지시를 계속한다. 사후평가에서도 사전평가와 동일한 양식이 사용되지만 답이나 대상이 되는 항목들이 바뀐다. 일단 이 평가가 완료되면 교사는 답안지를 모두 거둬 채점을 하고 주별 검사점수 차트에 점수를 기록한다. 완료된 검사들을 채점하는 데 있어 해결 기준이 사용된다. 사전검사에서 70% 이하의 득점을 한 학생들은 해당 내용을 학습하기 위한 범위 내에 있는 것으로 간주되고, 사후검사에서 85% 이상 득점을 한 학생들은 해당 내용을 숙달한 것으로 간주된다.

CWPT와 유사한 BR-CWPT는 게임 형식에 기반을 두고 있는데 학급 전체가 동등한 능력을 지닌 두 집단으로 나뉘어 겨루고 교수 과정에서 가장 많은 점수를 획득한 팀이 이긴다. 그러나 BR-CWPT는 몇 가지 측면에서 CWPT와 다르다. CWPT 활동들에 있어 학생들은 학업 과제들(예를 들어, 어떤 단어를 듣고 두 문자의 소리를 조합하기)을 학습하기 위해 함께 하는 동년배 또래들로 짝지어진다. 교수자는 학습자에게 반응을 위한 플래시카드를 제시한다. 학습자는 구두로 그리고 (적절한 경우) 글로 반응한다. 그러면 교수자는 반응 각각의 정확성을 평가한다.

BR-CWPT에서는 학생들이 정답과 오답이 적힌 내용 플래시카드를 분리시켜 놓기 위해 카드 깔개를 정리 케이스로 사용한다([그림 5-2] 참조). 교사는 커다란 깔개 모델

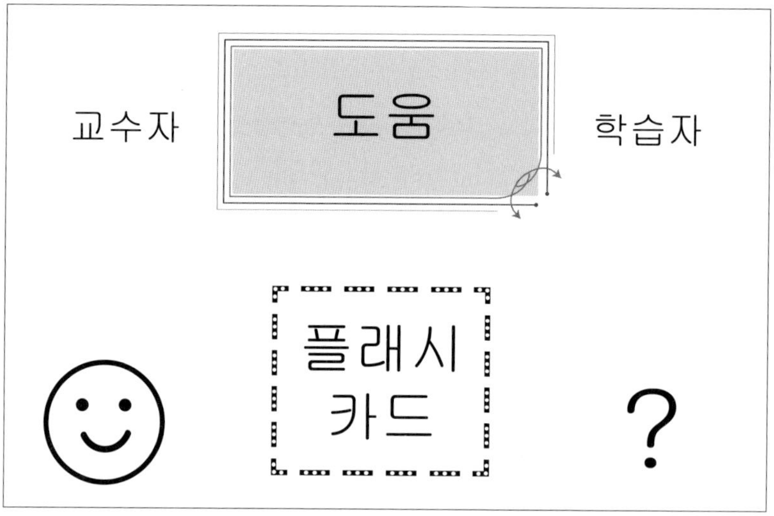

[그림 5-2] 읽기 입문 학급단위 또래교수의 교수용 깔개

을 사용하여 학생들에게 카드가 어디에 놓이고, 도움 카드는 어디에 있으며, 학습자가 정확하게(혹은 틀리게) 반응한 플래시카드들을 쌓아 놓기 위해 교수자가 그것을 어떻게 사용하는지 보여 준다. 오답 플래시카드들은 물음표가 있는 곳에 놓고 정답 플래시카드들은 스마일 표시가 있는 곳에 놓는다. 교수용 깔개에는 도움 표시도 놓는다. 교사의 깔개 차트 아랫부분에는 학생들의 점수 기록지에서 수집된 예시 줄이 있어 교사는 교수자들이 어떻게 각각의 정답에 점수를 부여하게 되는지 보여 줄 수 있다.

구두로 반응하는 교수 회기들이 진행되는 동안 학생들은 교수용 깔개를 사이에 두고 서로 마주 보며 앉는다. 공통 소리 모듈에서 각 조의 교수자들은 2개의 그림이 있는 첫 번째 플래시카드를 들어 학습자에게 보여 주고 "이건 상자[box]와 버스[bus] 그림이야. 상자[box]와 버스[bus]에서 공통 소리를 말해 봐."라고 말한다. 학습자는 두 단어의 공통된 소리로 반응한다. 반응이 맞으면 교수자는 "맞았어."라고 말하며 카드를 뒤집어 공통 소리를 보여 주고, 그 카드를 깔개의 스마일 표시에 놓는다. 그리고 교수자는 학습자에게 점수 기록지에 1점을 주라고 말한다. 만일 틀린 반응이라면 교수자는 "잘했어. 상자[box]의 소리는 [b] [o] [x]이고 버스[bus]의 소리는 [b] [u] [s]니까 상자[box]와 버스[bus]의 공통 소리는 [b]야."라고 말한다. "한 번 더, 상자[box]와 버스[bus]에서 공통 소리는 뭐지?" 학습자는 반응을 하고 교수자는 긍정적 피드백을 제공하면서 카드를 깔개의 물음표 표시 위에 놓는다. 교수자는 다음 카드를 집어 들고 모든 카드가 스마일 표시나 물음표 표시에 나누어질 때까지 절차를 계속한다. 일단 모든 카드가 제시되면 교수자는 물음표 표시에 있는 카드들을 가지고 이 카드들이 스마일 표시로 옮겨질 때까지 다시 하면서 교수 실제를 지속한다. 시간이 남으면 스마일 표시에 있는 카드들로 과정이 시작되고 첫 라운드가 끝남을 알리는 종소리가 들릴 때까지 계속된다. 타이머가 첫 라운드가 끝남을 알릴 때, 교사는 '우수한 교수'에 대해 학생들을 칭찬하고 교수자-학습자 역할을 바꾸라고 한다. 준비가 되면 교사는 두 번째 라운드도 동일한 시간으로 타이머를 재설정하고 "시작"이라고 말한다. 학생들은 타이머가 울려 두 번째 라운드가 끝날 때까지 동일한 교수 절차를 수행한다.

글로 제시하는 반응이 요구되는 교수 회기 동안에는 글로 작성되는 연습장이 사용된다. 각각의 연습장은 4개의 세로줄로 나뉜다. 가장 왼쪽에 있는 세로줄은 학습자가 교수자의 플래시카드 촉구에 반응하여 자신의 첫 번째 반응을 글로 적기 위해 사용된다. 여기 철자 교수 과제를 이용한, 구두 반응과 글 반응 모두를 필요로 하는 예가 있다. 교수자는 "고양이[cat]의 철자를 말해 봐."라고 말한다. 학습자는 (연습장 첫 줄의 가장 왼쪽 세로줄에 쓰면서) 큰 소리로 "cat, c-a-t."라고 말한다. 교수자는 "맞았어. 네 교수 점수 기록지에 1점을 줘. 이제 will의 철자를 말해 봐."라고 말한다. 학습자는 말하면서 연습장 두 번째 줄의 가장 왼쪽 세로줄에 쓴다. "will, w-e." 교수자는 즉시 말한다. "그만. will의 정확한 철자는 w-i-l-l이야. 세 번 연습해."

학습자는 연습장 두 번째 줄의 두 번째 세로줄로 옮겨서 철자를 말하고 쓴다. w-i-l-l (세 번째 세로줄로 옮겨서) w-i-l-l, (두 번째 줄의 마지막 세로줄로 옮겨서) w-i-l-l. 교수자는 "아주 잘했어."라고 말하며 학습자가 그 단어에서 오류를 범했기 때문에 그 플래시카드를 물음표 표시가 있는 쪽에 놓는다. 도움을 받은 모든 답에는 점수가 부여되지 않고 학습자는 놓친 단어들을 구두로 그리고 글로 세 번 정확하게 연습한다.

타이머가 학생들을 위한 교수 회기의 끝을 알릴 때까지 가능한 한 많은 플래시카드로 교수 교환이 계속된다. 그러고 나서 교사는 동일한 시간으로 타이머를 재설정하고, 각 조의 교수자였던 학생은 이제 학습자가 되며 학습자였던 학생은 교수자가 되어 두 번째 학생이 내용을 연습하고 팀을 위해 점수를 얻을 기회를 갖게 된다. 교수의 두 번째 라운드 끝에 두 팀의 모든 구성원이 얻은 점수들이 기록되어 그날의 우승팀이 결정된다. 또래교수 회기가 끝날 때마다 점수가 기록되고 우승팀이 선언된다. 한 주가 끝날 때 가장 많은 점수를 얻은 팀이 그 주 전체의 우승자가 된다. 각각의 팀은 해당 교수 주간에 몇 차례 이겨야만 한다. 학생들 개개인의 향상을 평가하고 다음 모듈에 포함된 자료로 진행하기 전에 교수가 더 필요한지를 결정하기 위해 각 모듈이 끝날 때 교수된 자료가 다뤄지는 사후검사 평가가 주어진다. 일단 아주 어린 학생들이 텍스트를 읽기 시작하면, 교사들은 『Together We Can!: ClassWide Peer Tutoring for Basic Academic Skills』에 개략적으로 서술된 것과 같은 CWPT 회기들을 수행할 수 있다.

어떤 사람들과 맥락들에서 학급단위 또래교수 실제가 입증되었는가

CWPT 중재 연구는 1980년대 주로 캔자스주 북동부 캔자스시티의 도심 초등학교에서 있었다. 이 지역사회는 전통적으로 낮은 사회경제적 지위의 고위험 지역이었고, 첫 번째 Clinton 행정부 기간 동안 미주리와 캔자스 두 주의 기업유치지구가 되었다. 효과에 대한 첫 보고는 『Education and Treatment of Children』 『Journal of Applied Behavior Analysis』 『Exceptional Children』 그리고 『Journal of Educational Psychology』에 실렸다. 주류화, 최소제한 환경 원칙 그리고 통합의 출현과 함께 학습장애, 행동장애, 정신지체 그리고 자폐 학생들이 일반학급에서의 교수라는 맥락에 포함되었다. 이러한 CWPT의 초기 적용은 아프리카계 미국 학생들이 대다수인 지역 도심의 저소득층 학생들의 성취를 향상시키기 위한 특별 기금을 제공받는 학교들(Title 1/Chapter 1 학교들)에서 주로 읽기, 철자, 어휘 그리고 수학을 가르치는 데 초점을 맞췄다. 독립적인 반복연구가 전국의 다른 도심 학교들에서 실행되었다(Greenwood et al., 2002). CWPT에 대한 최근 연구는 초등학교(Arreaga-Mayer, 1998; Greenwood, Arreaga-Mayer, Utley, Gavin, & Terry, 2001), 중학교와 고등학교(Kamps, Arreaga-Mayer, Veerkamp, Utley, & Greenwood, 2004; Veerkamp, 2001)에서 긍정적인 결과를 보고했던 원 연구들과 동일한 학교구의 장애학생들 및 영어 학습 학생들을 통합한 도심 학교 및 학급들에서 수행되었다.

유치원 또래지원 학습전략, 1학년 또래지원 학습전략 그리고 2~6학년 학생들을 위한 또래지원 학습전략

1990년대 초 개발된(Mathes, Fuchs, Fuchs, Henley, & Sanders, 1994; Simmons, Fuchs, Fuchs, Hodges, & Mathes, 1994) CWPT와 유사한 PALS는 교사들에게 학습장애 학생들이 교수에 의미 있게 통합될 수 있었던 학급 전체를 대상으로 한 효과적이고 실현 가능하며, 수용할 만한 중재를 제공하려는 노력의 일환이었다. CWPT의 핵심 과정들을 기반으로 만들어진 PALS에는 읽기 교육과정들과 연계된, 많은 또래 지도 전략이 포함되어 있다. 더욱이 PALS는 교육과정중심측정을 활용한 전산화된 형성평가 체제와 연계될 수 있어 교사들로 하여금 특정 학생들의 요구는 물론 집단에 교수를 맞출 수 있게 하고 있다.

K-PALS는 발현적 읽기기술(emergent reading skill; 예를 들어, 음소 기술, 발음, 알파벳 지식 등)에 초점을 맞추고 있다. PALS 1학년 회기들은 1) 음소분절 기술, 2) 연결된 텍스트를 파트너와 함께 읽기, 3) 파트너와 함께 읽은 후 이야기 다시 말하기, 4) 단락 요약, 5) 예측 릴레이 등을 포함한 학급 단위 활동들로 나뉜다. PALS 2~6학년 파트너와 함께 읽기, 단락 요약 그리고 예측 활동을 포함한다.

학급 구성원들을 등급 순으로 배열하고 명단을 중간값에서 나누어 상위 첫 번째 학생을 하위 첫 번째 학생과 짝을 짓는 등의 방법으로 더 높은 수행을 보이는 학생들은 더 낮은 수행을 보이는 학생들과 짝이 된다. 이 단계는 교사 혹은 자료에 딸려 있는 컴퓨터 프로그램이 할 수 있을 것이다. 교재 자원들이 활용되고 교사들은 읽기 수행이 떨어지는 학생의 요구를 분명하게 강조하면서 각 조에 대해 읽기자료의 난이도를 맞출 수 있다. CWPT와 비슷하게 코치(교수자)와 선수(학습자)는 모두 배정된 자료를 읽는다.

파트너와 함께 읽기/이야기 다시 말하기 활동을 하는 동안, 더 높은 수준의 수행을 보이는 학생이 본보기로 먼저 읽고, 뒤이어 낮은 수준의 수행을 보이는 학생이 바로 그 자료를 읽는다. 그러고 나서 낮은 수준의 수행을 보이는 학생은 읽은 자료에서 주요 사건들을 차례로 배열한다. 단락 요약 활동을 하는 동안, 높은 수준의 수행을 보이는 학생은 새로운 교재를 읽기 시작하고 각각의 단락에서 멈추어 자료를 요약한다. 그러면 낮은 수준의 수행을 보이는 학생은 새 자료로 읽기를 계속하고 단락 각각을 요약한다. 예측 릴레이 활동을 하는 동안, 학생들은 새로운 교재 자료를 계속해서 읽고 높은 수준의 수행을 보이는 학생이 큰 소리로 읽고 각 쪽을 다 읽고 나면 멈추어 정보를 요약하고 다음 쪽에서 일어날 것 같은 일을 예측한다. 그리고 낮은 수준의 수행을 보이는 학생은 동일한 절차를 반복한다. CWPT에서처럼 코치들(교수자들)은 각각의 문장을 정확하게 읽고 요약한, 합리적으로 예측한 그리고 협력하여 활동한 선수들(학습자들)에게 점수를 부여한다. PALS는 추가적인 활동을 통해 읽기 및 교과 교수에서 중학교와 고등학교로 그 적용이 확장되었다(Fuchs et al., 2001).

CWPT와 유사하게 읽기를 가르치는 데 있어 전통적인 일반교육 읽기 교수에 비해 PALS가 더 우수하다는 것을 뒷받침하는 설득력 있는 증거가 있다(예를 들어, Mathes et al., 2003). 연구 결과는 PALS를 사용함으로써 학습장애와 비학습장애 학생들 모두 동일한 시간 동안 치러진 검사 점수에서 주목할 만한 진전을 보였음을 알려 주고 있다. 교사들과 학생들 모두 PALS 교수에 높은 수준의 만족도를 보고하였다(Mathes et al., 1994). 게다가 그 연구자들은 학습장애 학생들이 전통적인 교사주도 교수에서보다 K-PALS와 PALS 1단계 교수가 진행되는 동안 더 환영을 받았고 친구를 사귀었으며 또래들에게 더 잘 알려졌음을 보고하였다. CWPT와 비슷하게 이러한 결과들은 또한 행동장애 학생들에게도 확장되었다(Locke & Fuchs, 1995). PALS 읽기와 수학은 National Diffusion Network의 Program Effectiveness Panel의 승인을 받았고 미국 교육부의 What Works Clearinghouse에서 검토되고 있다.

어떤 사람 및 맥락에서 또래지원 학습전략 실제가 입증되었는가

원본 PALS 연구는 1990년대 초에 실시되었고 효과에 관한 첫 보고는 『Learning Disabilities Research and Practice』와 『Journal of Learning Disabilities』에 실렸다. 그

연구의 중요한 부분은 테네시주의 대도시 내슈빌의 저소득층 학생들의 성취를 향상시키기 위한 특별 기금을 제공받는 학교들(낮은 사회경제적 지위)의 일반학급에서 실행되었다. PALS의 주요 목적은 같은 학급, 같은 학교에 있는 저성취 및 보통의 성취를 보이는 학생들이 이룬 진전에 비해 학습장애 학생들의 읽기성취를 향상시킬 수 있는 읽기 교수 중재의 개발이었다(Al Otaiba & Fuchs, 2002; Fuchs, Fuchs, & Burish, 2000; Fuchs, Fuchs, Mathes, & Simmons, 1997; Fuchs et al., 2001). 무선 실험 연구에서 이 집단들에 대한 개별 PALS 결과는 중재에 대한 학생의 반응을 조사하는 데 있어 점점 더 중요해지는 설계로 드러났다(Fuchs et al., 2001). PALS가 효과적인 것으로 보였던 다른 일반교육 맥락들에는 초등학교에서의 수학 교수(Fuchs, Fuchs, Philips, Hamlett, & Karns, 1995), 행동장애 학생들을 대상으로 한 교수 그리고 중학교에서의 교과 교수(Fuchs et al., 2001) 등이 포함된다.

매체보조 교수전략들: Between the Lions

학령 전 아동들에게 TV를 통해 학교 준비도를 가르치는 데 성공한 것[세서미 스트리트(Sesame Street)]을 바탕으로 PBS의 프로듀서들은 읽기 전문가와 협력하여 어린 아동들을 위한 새로운 TV 프로그램을 개발하였다. 그 프로그램인 'Between the Lions'는 과학기반의 조기 문해 기술들을 방송에 통합한 것이다(Strickland & Rath, 2000. 8). 프로듀서들의 목표는 이 프로그램으로 사회의 모든 부분, 특히 인쇄물 자원에 거의 혹은 전혀 접근하지 못하고 그들의 집에 비형식적 문해 기회가 거의 없는 아동들에게 영향을 미치는 데 있었다. 미국 가정의 99%가 TV를 갖고 있기 때문에 TV는 '교육 기회의 중복성이 낮은' 아동들의 문해 요구에 도움이 되는 강력한 방식을 제공한다(Mielke, 1994; Statistical Abstracts, 2000, p. 126; http://www.pbs.org/readytolearn/research/btlkansassum.pdf).

이 프로그램은 어린 아동들에게 중요한 발현적 문해 기술를 가르치려는 의도로 만들어졌다(Whitehurst & Lonigan, 1998). Between the Lions는 아동들에게 발현적 문해력을 조성하기 위해 설계된 환경과 경험들을 제시한다. 이러한 경험들은 인쇄된 활자의 개념, 알파벳의 원리, 음소 인식 그리고 문자-소리 대응 등을 가르치기 위해 특별히 설계된 시각적 · 청각적 자극들(예를 들어, 첫/마지막 자음들이 바뀌는 스크린의 활자)로 구성된 직접교수는 물론 총체적 과정들(예를 들어, 서로 다른 읽기/쓰기 맥락들의 이해, 사전 지식, 동기) 모두에 초점을 맞추고 있다.

무선 실험 연구를 통해 Between the Lions의 효과를 검정하기 위해 이 프로그램 첫 시즌의 30분짜리 에피소드 17편이 사용되었다(Linebarger, 2000; Linebarger, Kosanic, Greenwood, & Doku, 2003). 유치원생 및 초등학교 1학년 학생들로 무선 할당된 시청 집단은 매일 Between the Lions 한 편을 보았다. 시청 집단은 봄방학 및 학교구 지정 공휴일들을 제외하고 2월 말부터 4월 초까지 오후의 컴퓨터 자유 시간에 교실에서 이 프로그램을 보았다. 통제집단 아동들은 이 시청단계 동안 평상적인 교수와 일정을 지속하였다.

분석은 사전검사에서의 초기 차이, 가족의 사회경제적 지위 그리고 가정에서의 문해 경험의 영향을 통제하였다. 가장 눈에 띄는 결과는 Between the Lions를 본 유치원생들의 발현적 문해 기술 향상이었다. 이러한 향상은 아동의 읽기 위험상태에 따라 조정되었다. Between the Lions를 본 아동들은 그렇지 않은 아동들과 비교하여 훨씬 더 높은 단어 재인과 Test of Early Reading Ability 점수를 달성했다(Cohen의 효과크기는 .46~.91, 평균 .70; Hresko, Hammill, & Reid, 2001). 게다가 음소 인식 그리고 문자-소리 대응 등의 과제에서 Between the Lions를 본 아동들의 평균이 더 높고 기울기가 가파른 것으로 나타났다(각 절편의 분산 중 58%와 47%, 기울기의 분산에서 36%와 0%를 설명함). 읽기 실패의 위험에 처한 대다수의 아동들은 인쇄된 활자의 개념 과제(초등학교 1학년 학생들)와 단어 재인 과제(유치원생들 및 초등학교 1학년 학생들 모두)에서 향상을 보였다. TV가 모든 아동에게 미칠 수 있는 보편적으로 이용 가능한 기술을 대표한다는 점을 고려할 때, 아동들에게 Between the Lions와 같은 프로그램을 보게 하는 것은 초기 문해 교수를 확장하고 가정과 학급에서 아동들을 강화하고 이들에게 동기를 부여함으로써 상당수의 학생들에게 도움이 될 것임에 틀림없다.

아동들의 초기 문해 기술 습득을 뒷받침하는 이 프로그램 자체의 능력에 확신을 갖고 이 프로그램의 제작자들은 이 프로그램의 교육과정에 수반되는 교수자료들을 개발하고 학습과정에 교육자들을 포함시키기로 결정했다. 시범 프로젝트인 미시시피 문해 계획은 기금을 받아 이 교수자료가 프로그램 시청과 함께 아동들의 문해 기술 발달을 더욱더 뒷받침할 수 있는지 평가할 수 있게 되었다. 미시시피 문해 계획이 만들어진 후 촉토(Choctaw) 인디언 보호구역과 미시시피의 델타 지역 등 2개의 서로 다른 환경의 학령 전 교육기관, 유치원 그리고 초등학교 1학년 학급에 전달되었다. 교사들은 학생들에게 매주 2개의 30분짜리 Between the Lions 에피소드들을 보여 주었고 읽기를 가르치는 데 도움이 되는 이 프로그램들과 함께 일련의 관련된 아동용 책들과 자원들을 사용하는 방법에 대한 훈련을 받았다. 학년도 내내 이루어진 평가에서 연구자들은 두 집단 모두에서 기초 초기 문해 기술들이 향상되었음을 발견하였다(Prince, Grace, Linebarger, Atkinson, & Huffman, 2002).

Between the Lions의 효과에 대한 보고는 최근 들어서야 『Journal of Educational Psychology』에 실렸다. 이 첫 번째 무선 실험 설계의 연구대상들은 164명의 유치원생 및 초등학교 1학년 학생들이었다. 이 아동들은 캔자스시티 대도시 지역의 초등학교 세 군데에서 모집되었다. 아동들의 81%는 유럽계 미국인이었고, 7%는 중남미계, 6%는 아프리카계 미국인 그리고 6%는 다른 인종이었다. 가족들의 36%가 소득이 30,000불 이하였으며, 28%는 30,000불에서 45,000불 사이 그리고 36%는 45,000불 이상이었다. 아동들 중 8%는 장애가 있는 것으로 판별되었다. 추가적인 Between the Lions 시행이 진행 중에 있고(Annenberg School for Communication of the University of Pennsylvania, 2001), 가장 주목받고 있는 시행은 미국 인디언 헤드스타트 계획을 포함하는 것으로 이 시행에는 가정과 헤드스타트 구성요소 모두를 지닌 미국 남서부의 12개 서로 다른 집단이 참여하고 있다.

실행과 정책 그리고 연구를 위한 권고

분명히 학교들은 학생들의 엄청나게 다양한 요구를 충족시키기 위해 예방적 읽기 접근방식을 실행하여야 한다. 3단계 모델은 학생들 개개인이 요구하는 것과 같은 교수의 강도를 증가시키기 위해 조기 선별 및 융통성을 제공하는 데 도움이 된다. 3단계 모델에서 1차 수준의 교수는 읽기를 학습하는 데 있어 학생들의 성공에 영향을 미치고, 결국 읽기문제를 경험하며 따라서 2차, 3차 수준의 교수를 필요로 하게 될 수많은 학생들에게 기초 수준에 영향을 미친다. 정책과 실제의 원칙으로서 학교들은 과학기반 교육과정을 채택해야 한다. 단계 1 교수의 강도와 효과를 높이기 위해 학교들 및 학급 교사들은 PALS 읽기 활동들의 부가가치적 유익을 포함하여야 한다. 이와 관련된 권고사항에는 PALS를 포함하는 예비교사 준비와 PALS를 통합한 체계적인 현직교사 연수가 포함된다. 1차 수준 교수의 명시성과 강도 그리고 효과를 증가시키기 위해 학교들 및 학급 교사들은 초기 학년에 Between the Lions와 같은 과학기반 매체의 부가가치적 유익을 포함시켜야 한다.

비록 이러한 권고사항들이 연구 결과의 검토로부터 논리적으로 추출되기는 했지만, 효과가 있다고 알려진 것과 그것이 나중에 연구 상황 외의 학급으로 전파되는 것 사이의 간격은 잘 알려져 있다(예를 들어, Carnine, 1997; Elmore, 1996; Greenwood & Abbott, 2001; Klinger, Ahwee, Pilonieta, & Menendez, 2003). 2002년부터 NCLB는 학교들이 그들의 읽기 교수에 과학기반 교육과정을 사용하도록 지시함으로써 이러한 문제를 다루려고 시도하였다. 미국 교육부의 What Works Clearinghouse는 과학기반 중재 실제들과 관련된 정보원을 만들고 있다. 하지만 진전의 문제는 아직 다뤄져야 할 것으로 남아 있다. 미국의 초등학교 및 중학교 교사들(2~3백만 명이 1학년부터 8학년까지 3,200~3,500만 명의 학생을 가르치고 있는 것으로 추산됨) 중 몇 퍼센트가 지금 직접교수나 PALS 혹은 Between the Lions와 같은 과학기반 읽기 실제를 활용하고 있는지는 분명치 않다. 교사들의 NCLB를 고려한 과학기반 읽기실제 사용에 있어 연간 활용률 혹은 이러한 실제들의 사용을 가속화하기 위해 설계된 다른 정책들이나 실제들의 효과 또한 알려져 있지 않다.

그러나 교육 분야 외에서 새로운 실제의 확장성(혹은 보급)은 어느 정도 소양적 주제다. 예를 들어, 'S자 형태'의 보급 곡선은 대다수의 혁신이 확대되는 방식(채택의 초기 비율은 느리고 뒤이어 채택률이 가속화되며 비율이 감속되는 것으로 끝나는)을 기술하는 것으로 알려져 있다(Rogers, 2003). 초기 연구들 중 한 가지는 두 아이오와 지역사회에서 잡종 종자 옥수수의 사용에 대한 농부 259명의 보고를 조사하였다(Ryan & Gross,

1943). 농부의 10%는 13년간의 연구 중 첫 5년 동안 잡종 종자 옥수수를 심었고 뒤이어 그다음 3년 동안에는 40%나 증가하였으며, 그러고 나서 농부들 중 단지 2명만이 새로운 옥수수를 사용한다고 보고할 때인 그다음 5년 동안에는 수평을 이루었다. 유사한 S자 곡선 활용 사례들이 유치원과 현대 수학 그리고 운전자 교육 강좌와 같은 교육적 혁신에서 보고되었다. 진전 및 진전에 긍정적인 영향을 미치는 요인들을 이해하기 위해서는 과학기반 읽기실제의 채택 및 실행의 연간 진전에 대한 유사한 자료가 필요하다([그림 5-1] 참조).

최소한 다섯 가지의 확장성 요인이 문헌에서 가설로 제기되었다. 1) 지각된 상대적 이득, 2) 기존 요구와의 양립가능성, 3) 지각된 사용의 용이성(복잡성), 4) 시도 가능성 그리고 5) 관찰 가능성이 그것이다. NCLB와 같은 정책들은 상대적 이득과 기존 요구의 양립가능성 모두에 근거한 읽기 중재들이 읽기를 가르치는 다른 방법들보다 우월하기 때문에 이 중재들을 평가하기 위해 어떤 맥락을 만드는 경향이 있다. 이 과학기반 중재들의 특성들(예를 들어, 활용 가능성, 접근 가능성; [그림 5-1] 참조)은 교사들의 지각된 사용의 용이성을 뒷받침한다.

CWPT 개발자들로부터 멀리 떨어진 5개 주의 9개 학교에 CWPT를 확대시키려는 초기 노력은 채택과 실행 그리고 지속가능성에 영향을 준 요인들 세 가지를 규명해 냈다. 1) 학교 행정가들이 CWPT를 강력하게 지원했던, 2) 실행과정에서 교사들과 행정가들이 일찍 그리고 빈번하게(서로서로 그리고 연구자들과 최소한 10번) 연구자들과 의사소통했던 그리고 3) 초기 실행이 해당 학년도 후반보다는 더 일찍 시작되었던 학교들에서 완전한 실행이 가장 빨리 일어났다.

비록 많은 교사가 PALS를 경험했다고 보고한다 하더라도, PALS는 대다수의 읽기 교육과정의 일부가 아니며, 그래야 한다는 것을 보여 주는 경험적 연구 결과들에도 불구하고 PALS는 예비교사 프로그램이나 현직교사 연수에서 종종 역할을 하지 못한다(Rohrbeck et al., 2003). 왜 이 방법은 이 나라의 모든 도심 지역 학교들에서 사용되지 않는가? 왜 연구지향 교수 실제들을 학급에 적용시키는 게 그렇게 어려운가? 간단히 말해 이러한 방법들을 알고 있는 교사들이 많지 않고 이 중재들이 성취 간격을 메울 수 있다고 진정으로 믿는 교사들이 너무 적기 때문이다(Greenwood & Maheady, 2001).

하지만 좋은 소식은 과학기반 실제들을 위한 국내 시장이 점점 더 활성화되고 있는 것으로 보인다는 점이다. 지역정책들은 전문성 개발과 실행에 대한 지원을 주도하고 있다. 그리고 점점 더 많은 수의 과학기반 중재들이 지역학교 교사들이 실행할 수 있도록 변형되고 있다.

교사의 실행을 위한 과학기반 실제의 변형

연구에서 실제로의 전환 이면에 있는 정신은 초등학교 교사인 Mayberry가 CWPT-LMS를 사용해 본 자신의 경험에 대하여 한 다음의 말에서 찾아볼 수 있다.

> "나를 훈련시켜 주고 내가 할 수 있다는 것을 보장해 주었으며 모든 자료를 제공해 준 대학 팀이 있었던 것은 제 교직 경력(26년)에서 처음 있는 일이었죠." 그녀는 말했다. "제 교직 경력에 있어 많은 연구를 읽었고 '그래, 좋은 말이야. 하지만 넌 그걸 어떻게 하지?'라고 생각했어요. 그것으로 전 기뻤죠."(Horsley, 1995. 12. 24.)

전환에 있어 필요한 단계는 과학기반 실제를 배우고 실행할 교사 친화적 모델의 개발이다. 이는 물론 실행을 안내할 방법 매뉴얼을 일컫는 말이고 또한 필요한 예들과 학습된 수업들을 확장시키고 설명하고 보여 주는 자료들과 매체들을 일컫는 말이기도 하다. 다른 예들에는 Between the Lions와 같은 매체를 지상파 방송에서 직접 볼 수 있거나 DVD 혹은 비디오를 통해 학교에서 더 체계적으로 볼 수 있어 교사들이 쉽게 접근하고 사용할 수 있게 만든다는 사실이 포함된다. 두 가지 추가적인 예에는 활용 가능성 및 실행의 용이성을 증가시켜 주는 PALS 소프트웨어 도구들이 포함된다. 그리고 CWPT-LMS와 BR-CWPT 교사지원 소프트웨어가 있다.

학급단위 또래교수-학습관리시스템

학습관리시스템(Learning Management System: LMS)은 CWPT와 같은 복잡한 학습 과정을 계획하고 실행하며, 평가하는 소프트웨어 혹은 웹 어플리케이션이다. CWPT-

LMS는 교사에게 PALS 활동들을 활용하여 내용을 만들고 전달하며, 개인과 집단의 참여를 모니터하고, 학생의 수행을 평가하며 그리고 수행을 향상시키기 위해 적합화(adaptation)를 실행하는 방식을 제공한다(Greenwood et al., 2004).

CWPT-LMS 소프트웨어를 활용하여 R-CWPT 프로그램을 시작하는 것은 학생 명단을 입력하고 가르칠 교과(예를 들어, 읽기, 철자)를 정하는 것에서 시작된다. 이러한 정보가 주어지면 학생 개개인이 획득한 점수들을 반영하는 일간 자료 입력과 주간 정확성/유창성 진전 정보(또래교수 전과 후)를 예상하는 데이터베이스가 만들어진다. 전문가 시스템은 이러한 자료들을 활용하여 개인 및 집단의 문제를 진단하고 다음 주 교수에서 시도할 만한 해결책을 권고한다. 새로운 교수 주간을 계획하는 것에는 파트너 배정(2인 1조와 학생 수가 홀수일 때는 3인 1조)과 팀에 파트너들을 배정하는 것이 포함된다. 이 소프트웨어는 교사로 하여금 경쟁이나 협동 팀 형식을 선택할 수 있게 하고 교수 조를 1) CWPT-LMS에서 사용 가능한 자료를 이용한 능력별 짝짓기나, 2) 교사 지정 혹은 3) 무작위를 포함한 몇 가지 방식들로 지정할 수 있게 한다. 이 프로그램은 또한 자료를 제거하거나 백업하거나 혹은 연구자들에게 온라인으로 전송하기 위한 그리고 이전에 삭제된 자료를 복원하기 위한 도구들을 제공하기도 한다. 예를 들어, 전년도 자료나 다른 교사용 프로그램들은 자료가 저장되거나 백업되어 있는 디스켓에서 복원되어 다시 분석될 수 있다.

이 소프트웨어의 차트 만들기 도구는 교사가 교육과정에서 학생 개개인과 학급이 보인 진전도를 점검할 수 있게 해 준다. 차트들은 학급 평균에, 학생 개개인의 진전에 그리고 매주 모든 학생의 CWPT 전과 후의 진전에 나타난 추세를 보여 주기 위해 자동적으로 만들어진다. 네 번째 차트는 학생이 보인 결과와 실행상 나타난 관심사항에 관하여 진단을 내린다. 전문가 시스템은 이용 가능한 학생 자료를 근거로 그렇게 한 이유를 설명하는 것은 물론 다음 주 프로그램 변경을 위한 구체적인 제안을 하는 등 그 이상의 지원을 제공한다. 읽기 쉬운 텍스트를 제공받은 교사들은 학급 및 개인의 진전을 향상시키기 위해 다음 주에 필요한 전략을 심사숙고할 수 있다. CWPT-LMS 조언 프로그램에는 특정 결과 형태에 언급된 150개 이상의 서로 다른 메시지들이 들어 있다(Greenwood, Finney et al., 1993; Greenwood, Terry, Arrega-Mayer, & Finney, 1992).

CWPT-LMS Resource CD에는 쌍방향 동영상, 사진, 온라인 매뉴얼, 쌍방향 수업 방법 그리고 교사들에게 구체적인 R-CWPT 예들을 제공하는 기타 CWPT 자료들이 들어 있다.

읽기 입문 또래교수 교사지원 소프트웨어

이 소프트웨어는 Flashcard Generator, Assessment Generator, Tutoring Templates Catalog Generator 그리고 Cut-and-Paste Tool([그림 5-3] [그림 5-4] [그림 5-5] 참조)의 4개의 프로그램을 통하여 교사의 계획과 실행을 돕는다. Flashcard Generator는 교사로 하여금 그림이나 단어 플래시카드 그리고(혹은) 그림과 단어 혼합 플래시카드 모두를 만들 수 있게 해 준다. 이 프로그램은 세 가지 독특한 형태의 플래시카드들을 만든다.

1. 각각의 개별적인 읽기기술 모듈에 대해 앞면에는 그림이 있고 뒷면에는 정답이 있는 모듈기반 플래시카드
2. 숫자 단어/숫자/수 세기용 점, 색깔 단어/색깔, (기하학의)모양/모양 단어, 문장부호/단어, 방향지시 화살표/단어, 교수적 단어, 요일, Dolch 일견단어, 알파벳 문자(대문자/소문자/대문자와 소문자 조합) 등을 포함한 표준 기본학습 플래시카드
3. 가장 일반적인 유치원생용 그림/단어 목록을 위한 그림들과 단어들

Flashcard Generator는 또한 다양한 모듈의 플래시카드 조합 그리고 교사들이 가르치고 싶은 내용/기술에 맞는 자작 플래시카드를 제작함으로써 그들로 하여금 원하는 대로 만들 수 있게 한다.

Assessment Generator는 두 가지 독특한 기능을 갖추고 있다. 첫 번째 기능은 학생의 습득과 숙달 진전도를 기록할 수 있도록 해당 학년도 초기 · 중기(선택사항) · 말기에 학생 개개인의 평가에 사용하기 위해 출력만 할 수 있는 2개의 평가양식을 제공하는 것이다. 두 평가 중 하나는 Student Global Assessment로 기초학습 플래시카드 모듈에 있는 모든 항목의 측정을 제공한다. 두 번째 검사는 Dolch 일견단어 목록에서의

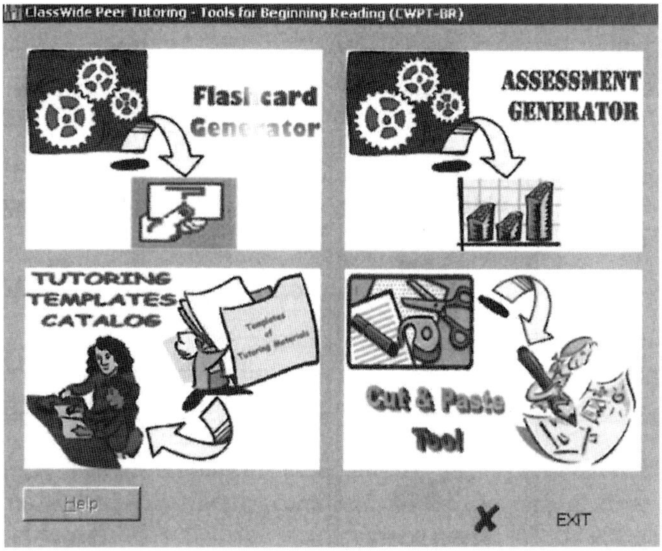

[그림 5-3] Flashcard Generator, Assessment Generator, Tutoring Templates Catalog Generator 그리고 Cut-and-Paste Tool의 네 가지 도구세트를 보여 주는 읽기 입문 학급단위 또래교수 교사지원 소프트웨어 사용자 인터페이스

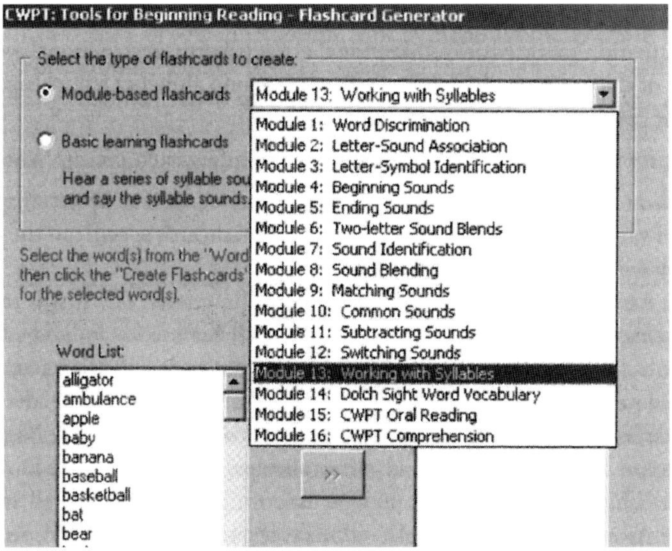

[그림 5-4] 모듈기반 플래시카드를 선택하기 위한 읽기 입문 학급단위 또래교수 Flashcard Generator

[그림 5-5] '모듈 11: 음절로 활동하기'를 위한, 읽기 입문 학급단위 또래교수 Flashcard Generator의 인쇄 가능한 또래교수 플래시카드 자료

수행을 조사한다. 이 두 평가는 모든 학생을 대상으로 여러 번 사용될 수 있다.

Assessment Generator는 또한 교사로 하여금 교수된 내용에 맞는 교육과정중심측정 평가를 만들 수 있게 해 준다. 이 평가는 Flashcard Generator의 기본 그림들과 시각자료들 중 어떤 것에 그리고 모두에 다시 연결되어 교사들이 다른 특정 내용을 만들고 활용할 수 있게 해 준다.

Tutoring Templates Catalog Generator는 교사들이 교수용 깔개, 도움 카드, 이해촉구 카드, 스마일 표시 점수용지, 점수용지, 교수 연습장, 검사점수 차트 그리고 구두 읽기/이해 평가양식 등을 포함한 BR-CWPT 실행에 필요한 양식들과 자료들 모두에 접근할 수 있게 해 준다. 이러한 양식들은 출력해서만 사용할 수 있고 수정될 수 없다. Cut-and-Paste Tool은 사용자로 하여금 다른 컴퓨터 자료원으로부터 나온 단어들 및 단어 목록들을 불러와 이 프로그램에서 사용할 수 있게 해 준다.

연구

읽기를 성공적으로 가르치는 방법에 관한 현재의 지식상태는 세 가지 독특한 연구 초점에 의해 지금까지 알려져 왔다. 1) 읽기 및 읽기 학습의 기술과 전조, 2) 학급교사들이 사용할 때 어느 정도 우수한 교수 중재들을 규명하는 실험연구들 그리고 3) 지역학교 교사들의 효과적인 교수 중재 활용에 관한 실행 연구이다. 분명히 이 영역들 각각에서의 지속적 연구는 필요하고, 효과적인 실제에 대해 향상되어 가는 우리의 지식을 설명하는 데에 따라 지역학교에서의 교수 실제들은 새로운 연구 결과에 기반을 두고 변화되어야 한다. 특히 기술들과 기술들의 측정 그리고 효과적인 중재의 요소 등을 포함한 읽기 이해에 관한 연구가 필요하다.

하지만 우리의 관점에서는 실행 연구가 가장 많이 필요한데 이는 읽기 PALS와 같은 효과적인 중재 실제가 지역적 혁신에 의해, 실행 충실도의 차이에 의해 그리고 학교교육 맥락 간의 자연스러운 차이에 의해 긍정적이든 부정적이든 영향을 받는 정도에 대해 알려진 것이 거의 없기 때문이다. 예를 들어, 만일 지역 학교들이 PALS를 실행하기로 결정했다면 어떤 요인들(예를 들어, 훈련, 행정적 지원, 교사의 개인차)이 해당 학년도에 PALS가 완전히 실행되는 시기에 영향을 줄 것인가? 어떤 요인들이 단 한 학년도보다 더 긴 기간에 완전한 실행을 유지하는 데 영향을 주는가? 우리는 이러한 실행과 관련된 질문들을 피상적으로 다루고 있을 뿐이다.

결론

이 장에서 우리는 1차 수준 교수와 읽기 중재의 3단계 모델이라는 맥락에서 첫째, 읽기에 어려움을 겪거나 읽기에 실패하는 아동들의 출현율을 줄일 수 있을 것인가? 둘째, 이 문제에 영향을 주기 위해 어떤 교수전략들이 모든 학생을 대상으로 성공적으로 사용될 수 있는가? 그리고 마지막으로 이 교수전략들을 대규모로 그리고 체계적으로

표 5-1 학급단위 또래교수의 효과성을 뒷받침하는 방법론적으로 엄격한 증거(무선 실험 연구)

인용	설명	지표	효과크기
Greenwood, Delquadri, & Hall(1989)	계획적 · 종단적 무선 표집 시행, 9개 학교, 1학년부터 4학년 (n**=146)	읽기성취 언어성취 산수성취 학업참여	0.57 0.60 0.37 1.41
Greenwood(1991a) (각 학급에 있는 학생들의 무작위로 선택된 하위표본에 근거함)	수년에 걸친 행동 궤적, 1학년부터 3학년 (n**=115)	학업참여 과제 관리자 부적절한 행동	0.63 0.61 0.83
Greenwood, Terry, Utley et al.(1993)	7학년에 추수 연구 (n**=303)	읽기성취 언어성취 산수성취 사회성취 과학성취 특수교육 서비스 감소 덜 제한적인 서비스	0.39 0.35 0.57 0.39 0.48 0.54* 0.73*
Greenwood & Delquadri(1995)	12학년에 추수 연구 (n**=231)	학교중퇴 감소	0.66*

주) 이 네 가지 출판물들은 학급단위 또래교수 시행의 종단적 성취, 행동 그리고 생활양식 변화를 보고하고 있다. 모든 효과크기는 Cohen의 효과크기다.

* 효과크기는 카이자승으로 계산

** n=학생 수

사용하기 위해 어떤 요인들이 성공적으로 활용될 수 있는가?의 세 가지 질문을 고려하였다. 점점 많아지는 연구들은 예방적 읽기 교수들(명시적이고 집중적인)이 모든 학교에서 실행되는 것을 보장함으로써 읽기에 어려움을 겪거나 읽기에 실패하는 아동들이 줄어들 수 있다는 강력한 증거를 제공하고 있다. 하나의 PALS 전략인 CWPT의 경우, 어느 정도 우수한 예방 효과가 초등학교의 첫 4년에서 중학교, 고등학교까지 확장되었다(〈표 5-1〉 참조). 따라서 예방은 가능하며 여러 증거는 1차 수준 읽기 교수 설계에 예방적 읽기 접근방식을 활용하면 2차 · 3차 수준의 교수를 필요로 하는 읽기 문제를 지닌 학생들의 출현율이 감소될 것이라는 점을 보여 준다.

이 장에서는 강도를 위한 PALS 활동들과 함께 명시성을 위한 과학기반 읽기 교육과정 그리고 명시성과 강도 모두를 위한 Between the Lions와 같은 교육매체의 활용을 포함하는 예방적 읽기전략의 자격을 갖춘 1차 수준 전략들이 검토되었다. 게다가 PALS와 Between the Lions 모두 읽기 학습 위험군 아동들을 위한 사회 · 정서적 지원의 원천을 증가시키고 있다. PALS는 촉구, 피드백, 교정 그리고 정적 강화 등을 포함하는 긍정적인 또래 상호작용의 풍부한 원천을 제공하고 있다. 자료가 제대로 비계설정된 Between the Lions와 같은 프로그램은 흥미롭고 주의를 끄는 듣기 및 보기 경험들을 제공하고 이러한 프로그램들은 다음 기술들을 학습하기 위한 일반화와 함께 기술들이 작은 단계들로 구성되어 있다. 이러한 프로그램들은 읽기 문제들을 예방하는 데 활용될 수 있는 효과적인 전략들이다.

효과적인 읽기 교수를 보고하고 있는 연구들은 읽기에 어려움을 겪거나 읽기에 실패하는 아동들의 문제에 핵심적이지만 불충분한 해결책이다. 효과적인 전략들은 학급교사가 활용할 수 있도록 학급에서의 실행으로 이어지는 모델, 자료, 매체 그리고 소프트웨어 등의 형태로 전환되어야 한다(Greenwood, Delquadri, & Bulgren, 1993). Carnine(1997)과 Elmore(1996)의 아이디어에 근거하여 우리는 활용을 촉진하거나 활용을 손상시키는 경향이 있는 중재 및 학교조직의 특질들을 검토하였다([그림 5-1] 참조). 이러한 특질들에는 초등 읽기 교육과정, 읽기 프로그램을 만드는 정책들, 교사 및 학생의 전체적인 특성들, 유인책 그리고 행정적 지원 및 정보통신 기술 지원이 포함된다. 이러한 특징들은 실행을 뒷받침하기 위해 정확히 구성될 때 대규모로 양질의 지속가능한 실행을 지지하는 강력한 맥락을 제공하게 된다. 이러한 요인들은 효과적인 실제의 연간 활용률은 물론 채택과 활용에 영향을 주는 것으로 여겨진다. 그러나 확장성에 대한 이 요소들의 영향을 보여 주는 양질의 연구가 여전히 필요하다. 하지만 지역학교 교사들이 여러 형태의 예방적 읽기 교수와 이러한 교수들의 광범위한 실행을 점점 더 성취할 수 있기 때문에 이는 매우 좋은 소식이다. 그리고 학생들이 단계 1 교수에 반응적이지 않은 경우, 이 책의 다른 장에서 언급된 것처럼 추가적인 절차들이 단계 2 및 단계 3 중재의 형태로 이용 가능하다.

참고문헌

Al Otaiba, S., & Fuchs, D. (2002). Characteristics of children who are unresponsive to early literacy instruction. *Remedial and Special Education, 23,* 300-316.

Allington, R. L. (2001). *What really matters for struggling readers: Designing research-based programs.* New York: Addison-Wesley.

American Federation of Teachers. (1998). *Building on the best, learning from what works: Seven promising reading and language arts programs.* Washington, DC: Author.

Annenberg School for Communication of the University of Pennsylvania. (2001). *NEWS: Deborah Linebarger to assess effectiveness of American Indian Literacy Initiative in New Mexico.* Retrieved August 8, 2006, from http://www.asc.upenn.edu/news/newsDetail.asp?id=111&newstype=main

Arreaga-Mayer, C. (1998). Language sensitive peer-mediated instruction for culturally and linguistically diverse learners in the intermediate elementary grades. In R. M. Gersten & R. T. Jimenez (Eds.), *Promoting learning for culturally and linguistically diverse students* (pp. 73-90). Belmont, CA: Wadsworth Publishing.

Atwater, J. B., Carta, J. J., Schwartz, I. S., & McConnell, S. R. (1993). Blending developmentally appropriate practice and early childhood special education: Redefining best practice to meet the needs of all children. In B. L. Mallory & R. S. New (Eds.), *Diversity and developmentally appropriate practices: Challenges for early childhood education* (pp. 185-201). New York: Teachers College Press.

Block, C. C., Gambrell, L. B., & Presley, M. (2002). *Improving comprehension instruction: Rethinking research, theory, and classroom practice.* San Francisco: Jossey-Bass.

Brooks-Gunn, J., Currie, J., & Besharov, D. J. (2000). *Early childhood intervention programs: What are the costs and benefits?* (Congressional Research Briefing Summary). Washington, DC: Department of Health and Human Services.

Carnine, D. (1997). Bridging the research-to-practice gap. *Exceptional Children, 63*(4), 513-521.

Cohen, J. (1988). *Statistical power analysis for the behavioral sciences* (2nd ed.). Mahwah, NJ: Lawrence Erlbaum Associates.

Cohen, J. S. (2003, December 20, 2003). *Poor kids get least qualified teachers: Illinois' standards too lax, critics say.* Chicago Tribune, pp. 1, 22.

Delquadri, J. C. (1978). *An analysis of the generalization effects of four tutoring procedures on oral reading responses of eight learning disability children.* Unpublished doctoral dissertation, University of Kansas, Lawrence.

Dugan, E. D. K., Leonard, B., Watkins, N., Rheinberger, A., & Stackhaus, J. (1995). Effects of cooperative learning groups during social studies for students with autism and fourth-grade peers. *Journal of Applied Behavior Analysis, 28,* 175-188.

Elmore, R. F. (1996). Getting to scale with good educational practice. *Harvard Educational Review, 66*(1), 1-26.

Embry, D. D. (2004). Community-based prevention using simple, low-cost, evidence-based kernals and behavioral vaccines. *Journal of Community Psychology, 32*(5), 575-592.

Ferguson, D., Kozleski, E., & Smith, A. (2003). Transforming general and special education in urban schools. In F. E. Obiakor, C. A., Utley, & A. F. Rotatori (Eds.), *Effective education for learners with exceptionalities* (Vol. 15, pp. 43-74). New York: JAI Press.

Fletcher, J. M., & Lyon, G. R. (1998). Reading: A research-based approach. In W. M. Evers (Ed.), *What's gone wrong in America's classrooms.* (pp. 49-90). Palo Alto, CA: Board of Trustees of the Leland Stanford Junior University, Hoover Institution Press.

Fox, L., & Little, N. (2001). Starting early: School-wide behavior support in a community preschool. *Journal of Positive Behavioral Support, 3,* 251-254.

Fuchs, D., Fuchs, L., & Burish, P. (2000). Peer-assisted learning strategies: An evidence-based practice to promote reading achievement. *Learning Disabilities Research & Practice, 15*(2), 85-91.

Fuchs, D., Fuchs, L. S., Mathes, P. G., & Simmons, D. C. (1997). Peer-assisted learning strategies: Making classrooms more responsive to diversity. *American Education Research Journal, 34,* 174-206.

Fuchs, D., Fuchs, L. S., Thompson, A., Svenson, E., Yen, L., Al Otaiba, S., et al. (2001). Peer-assisted learning strategies: Extensions downward into kindergarten/first grade and upward into high school. *Remedial and Special Education, 22*(1), 15-21.

Fuchs, L. S., Fuchs, D., Phillips, N. B., Hamlett, C. L., & Karns, K. (1995). Acquisition and transfer effects of classwide peer-assisted learning strategies in mathematics for students with varying learning histories. *School Psychology Review, 24*(4), 604-620.

Greenwood, C. R. (1991a). Longitudinal analysis of time engagement and academic achievement in at-risk and non-risk students. *Exceptional Children, 57,* 521-535.

Greenwood, C. R. (1991b). ClassWide Peer Tutoring: Longitudinal effects on the reading language and mathematics achievement of at-risk students. *Journal of Reading, Writing, and Learning Disabilities International, 7,* 105-124.

Greenwood, C. R. (1996). Research on the practices and behavior of effective teachers at the Juniper Gardens Children's Project: Implications for the education of diverse learners. In D. Speece & B. K. Keogh (Eds.), *Research on classroom ecologies: Implications for inclusion of children with learning disabilities* (pp. 39-67). Mahwah, NJ: Lawrence Erlbaum Associates.

Greenwood, C. R., & Abbott, M. (2001). The research to practice gap in special education. *Teacher Education and Special Education, 24*(4), 276-289.

Greenwood, C. R., Arreaga-Mayer, C., Utley, C. A., Gavin, K., & Terry, B. J. (2001). ClassWide Peer Tutoring Learning Management System: Applications with elementary-level English language learners. *Remedial and Special Education, 22*(1), 34-47.

Greenwood, C. R., & Delquadri, J. (1995). ClassWide Peer Tutoring and the prevention of school failure. *Preventing School Failure, 39*(4), 21-25.

Greenwood, C. R., Delquadri, J., & Bulgren, J. (1993). Current challenges to behavioral technology in the reform of schooling: Large-scale high-quality implementation and sustained use of effective educational practices. *Education and Treatment of Children, 16,* 401-440.

Greenwood, C. R., Delquadri, J., & Carta, J. J. (1997). *Together we can!: ClassWide Peer Tutoring for basic academic skills.* Longmont, CO: Sopris West.

Greenwood, C. R., Delquadri, J., & Hall, R. V. (1989). Longitudinal effects of ClassWide Peer Tutoring. *Journal of Educational Psychology, 81,* 371-383.

Greenwood, C. R., Finney, R., Terry, B. Arreaga-Mayer, C., Carta, J. J., Delquadri, J., et al. (1993). Monitoring, improving, and maintaining quality implementation of the ClassWide Peer Tutoring program using behavioral and computer technology. *Education and Treatment of Children, 16,* 19-47.

Greenwood, C. R., & Hops, H. (1981). Group contingencies and peer behavior change. In P. Strain (Ed.), *The utilization of classroom peers as behavior change agents* (pp. 189-259). New York: Plenum.

Greenwood, C. R., & Hou, S. (2001). *The ClassWide Peer Tutoring Learning Management System (CWPT-LMS): Manual for Teachers*. Kansas City: Juniper Gardens Children's Project, University of Kansas.

Greenwood, C. R., Reynolds, S., Abbott, M., & Tapia, Y. (2004). *Together we can: ClassWide Peer Tutoring Learning Management System (CWPT-LMS)*. Kansas City, KS: Juniper Gardens Children's Project, University of Kansas.

Greenwood, C. R., & Maheady, L. (2001). Are future teachers' aware of the gap between research and practice and what should they know? *Teacher Education and Special Education, 24*(4), 333-347.

Greenwood, C. R., Maheady, L., & Delquadri, J. (2002). ClassWide Peer Tutoring. In M. R. Shinn, H. M. Walker, & G. Stoner (Eds.), *Interventions for achievement and behavior problems* (2nd ed., pp. 611-649). Washington, DC: National Association for School Psychologists (NASP).

Greenwood, C. R., Terry, B., Arreaga-Mayer, C., & Finney, R. (1992). The ClassWide Peer Tutoring Program: Implementation factors moderating students' achievement. *Journal of Applied Behavior Analysis, 25,* 101-116.

Greenwood, C. R., Terry, B., Marquis, J., & Walker, D. (1994). Confirming a performance-based instructional model. *School Psychology Review, 23,* 625-668.

Greenwood, C. R., Terry, B., Utley, C. A., Montagna, D., & Walker, D. (1993). Achievement placement and services: Middle school benefits of ClassWide Peer Tutoring used at the elementary school. *School Psychology Review, 22*(3), 497-516.

Henke, R. R., Chen, X., & Goldman, G. (1999). What happens in classrooms? Instructional practices in elementary and secondary schools: 1994-95. *Education Statistics Quarterly, 1*(2), Retrieved August 8, 2006, from http://nces.ed.gov/programs/quarterly/vol_1/1_2/2-esq12-a.asp

Horsley, L. (1995, December 24). Two heads are better than one. *Kansas City Star,* pp. B1, B3.

Hresko, W. P., Hammill, D. P., Reid, D. K. (2001). *Test of Early Reading Ability-TERA3* (3rd ed.). Upper Saddle River, NJ: Pearson Education.

Kamps, D., Arreaga-Mayer, C., Veerkamp, M. B., Utley, C. A., & Greenwood, C. R. (2004).

Multi-content ClassWide Peer Tutoring and self-management interventions: Research improving teaching practice and literacy outcomes for middle school students with disabilities in urban poverty and suburban schools. (Final Report to OSEP, H324D00052). Kansas City, KS: Juniper Gardens Children's Project, University of Kansas.

Kamps, D., Leonard, B., Potucek, J., & Garrison-Harrell, L. (1995). Cooperative learning groups in reading: An integration strategy for students with autism and general classroom peers. *Behaviour Disorders, 21*(1), 89-109.

Kamps, D. M., Barbetta, P. M., Leonard, B. R., & Delquadri, J. (1994). Classwide peer tutoring: An integration strategy to improve and promote peer interactions among students with autism and general education peers. *Journal of Applied Behavior Analysis, 27*(1), 49-61.

Karoly, L. A., Greenwood, P. W., Everingham, S. S., Hoube, J., Kilburn, M. R., Peters, S., et al. (1998). *Investing in our children: What we know and don't know about costs and benefits of early childhood interventions.* Santa Monica, CA: RAND.

Klingner, J. K., Ahwee, S., Pilonieta, P., & Menendez, R. (2003). Barriers and facilitators in scaling up research-based practice. *Exceptional Children, 69*(4), 411-429.

Linebarger, D. (2000, June). *Summative evaluation of Between the Lions.* Kansas City: University of Kansas: Unpublished report prepared for the WGBH Educational Foundation.

Linebarger, D., Kosanic, A. Z., Greenwood, C. R., & Doku, N. S. (2003). Effects of viewing the television program "Between the Lions" on the emergent literacy skills of young children. *Journal of Educational Psychology, 96*(2), 297-308.

Locke, W. R., & Fuchs, L. S. (1995). Effects of peer-mediated reading instruction on the on-task and social interaction of children with behavior disorders. *Journal of Emotional and Behavioral Disorders, 3,* 92-99.

Marquis, J. G., Horner, R. H., Carr, E. G., Trunbull, A. P., Thompson, M., Beherns, G. A., et al. (2000). A meta-analysis of positive behavior support. In R. Gersten, E. Schiller, & S. Vaughn (Eds.), *Contemporary special education research: Syntheses of the knowledge base on critical instructional issues* (pp. 137-178). Mahwah, NJ: Lawrence Erlbaum Associates.

Mathes, P., Fuchs, D., Fuchs, L. S., Henley, A. M., & Sanders, A. (1994). Increasing strategic reading practice with Peabody ClassWide Peer Tutoring. *Learning Disabilities*

Research and Practice, 8(4), 233–243.

Mathes, P. G., Torgesen, J. K., Allen, S. H., & Howard Allor, J. K. (2002). *First grade PALS (Peer-Assisted Literacy Strategies)*. Longmont, CO: Sopris West.

Mathes, P. G., Torgesen, J. K., Menchetti, J. C., Santi, K., Nicholas, K., & Robinson, C. A. (2003). Comparison of teacher-directed versus peer-assisted instruction to struggling first-grade readers. *Elementary School Journal, 103,* 459–479.

Mielke, K. (1994). Sesame Street and children in poverty. *Media Studies Journal, 8,* 125–134.

Moats, L. (1999). *Teaching reading is rocket science: What expert teachers of reading should know and be able to do*. Washington, DC: American Federation of Teachers.

National Assessment of Educational Progress. (2002). *12th grade report card: Math and reading, 2003*. Retrieved August 1, 2006, from www.nces.ed.gov/nationsreportcard/reading/results

National Reading Panel. (2000). *Teaching children to read: An evidence-based assessment of the scientific research literature on reading and its implications for reading instruction*. Washington, DC: National Institute of Child Health and Human Development.

No Child Left Behind Act of 2001, PL 107–110, 115 Stat. 1425, 20 U.S.C. §§ 6301 *et seq.*

Prince, D. L., Grace, C., Linebarger, D. L., Atkinson, R., & Huffman, J. D. (2002). *Between the Lions Mississippi literary initiative: A final report to Mississippi Educational Television*. Report prepared for Mississippi Educational Television and WGBH Educational Foundation. Starkville, MS: The Early Childhood Institute, Mississippi State University.

Rogers, E. (2003). *Diffusion of innovations* (5th ed.). New York: The Free Press.

Rohrbeck, C. A., Ginsberg-Block, M. D., Fantuzzo, J. W., & Miller, T. R. (2003). Peer-assisted learning interventions with elementary school students: A meta-analytic review. *Journal of Educational Psychology, 95*(2), 240–257.

Ryan, B., & Gross, N. (1943). The diffusion of hybrid seed corn in two Iowa communities. *Rural Sociology, 8,* 15–24.

Simmons, D. C., Fuchs, D., Fuchs, L. S., Hodge, J. P., & Mathes, P. G. (1994). Importance of instructional complexity and role reciprocity to ClassWide Peer Tutoring. *Learning Disabilities Research and Practice, 4,* 203–212.

Snow, C. E., Burns, M. S., & Griffin, P. (1998). *Preventing reading difficulties in young children*. Washington, DC: National Academies Press.

Statistical Abstracts. (2000). Washington, DC: Government Publishing Office.

Stevenson, H. W., & Newman, R. S. (1986). Long-term prediction of achievement and attitudes in mathematics and reading. *Child Development, 57,* 646-659.

Strickland, D. S., & Rath, L. K. (2000, August). *Between the Lions: Public television promotes early literacy. Reading Online, 4.* Retrieved August 1, 2006, from http://www.readingonline.org/articles/art_index.asp?HREF=/articles/strickland/index.html

Terry, B., & Greenwood, C. R. (2004). *ClassWide Peer Tutoring infused into the beginning reading curriculum of young children*. Kansas City: Juniper Gardens Children's Project, University of Kansas.

Torgesen, J. (1998). Catch them before they fall: Identification and assessment to prevent reading failure in young children. *American Educator, 22,* 32-39.

Torgesen, J. K. (2002). The prevention of reading difficulties. *Journal of School Psychology, 40,* 7-26.

Veerkamp, M. B. (2001). *The effects of ClassWide Peer Tutoring on the reading achievement of urban middle school students*. Unpublished doctoral dissertation, University of Kansas, Lawrence.

Walker, H. M., & Shinn, M. R. (2002). Structuring school-based interventions to achieve intregrated primary, secondary, and tertiary prevention goals for safe and effective schools. In S. R. Shinn, H. M. Walker, & G. Stoner (Eds.), *Academic and behavioral interventions II: Preventive and remedial approaches*. Washington, DC: National Association of School Psychologists.

Whitehurst, G. J., & Lonigan, C. J. (1998). Child development and emergent literacy. *Child Development, 69,* 848-872.

Whitehurst, G. J., & Lonigan, C. J. (2001). Emergent literacy: Development from prereaders to readers. In S. B. Neuman & D. K. Dickinson (Eds.), *Handbook of early literacy research* (pp. 11-29). New York: The Guilford Press.

제3부

2차 중재

제6장

단계별 중재 모델의 실행: 읽기 성과와 신경의 상관관계

Carolyn A. Denton, Jack M. Fletcher, Panagiotis G. Simos, Andrew C. Papanicolaou, and Jason L. Anthony

이 장은 이전 2개의 연구보고서에 서술된 읽기 중재에 대한 3단계 접근방식의 한 가지 실행을 보여 주고 있다. Mathes와 동료들(2005)은 6개 학교의 읽기에 어려움을 보이는 1학년 학생들에게 제공된 단계 1과 단계 2 중재에 대한 연구를 수행하였다. 다음 학년도 동안 Denton, Fletcher, Anthony 그리고 Francis(2006)는 Mathes와 동료들의 연구에서 단계 1과 단계 2에 제공된 교수 및 중재에 적절히 반응을 보이지 못한 학생들 중 일부에 대해 단계 3 중재의 효과를 연구하였다. 이 연구 프로그램에는 교수의 3단계에 참여한 학생들의 읽기 진전에 있어 신경과의 상관관계에 대한 조사가 포함되어 있다(Simos, Fletcher, Foorman et al., 2002; Simos, Fletcher, Sarkani, Billingsley, Francis et al., 출판 중; Simos, Fletcher, Sarkani, Billingsley, Denton et al., 출판 중).

우리는 우선 각각의 중재 연구들을 기술할 것이다. 그 후에 이 연구에서 제공된 집중적인 중재에 적절하게 반응한 학생등과 부적절하게 반응한 학생들의 비교를 포함하여 단계 3 중재 연구에 참여했던 학생들에 대해 상세히 서술할 것이다. 마지막으로 적절하게 읽게 된 연구대상들과 각각의 단계에서 교수에 제대로 반응하지 못한 연구대상들에게 있어 뇌 기능의 변화를 보여 줄 것이다.

중재 연구 설명

단계 1과 단계 2

단계 1과 단계 2 교수에 대한 연구는 대도시 중심부의 6개 학교에서 있었다(Mathes et al., 2005). 학교구는 대부분 경제적으로 어려운 소수집단 아동들에게 교육을 제공하고 있지만, 이 학교들은 저소득층 학생들의 성취를 향상시키기 위한 특별 기금을 제공받는 학교(Title 1) 기준에는 맞지 않았다. 이 학교들은 강력한 핵심 읽기 프로그램의 증거 때문에 선택되었다. 연구자들은 유치원 말이나 초등학교 1학년 초에 참여 학교에 재학 중인 모든 학생을 선별하여 읽기 습득의 용이성을 보여 주는 강력한 예측요인인 음운 인식, 문자-소리 대응 그리고 단어 읽기(Scarborough, 1998 참조)에서의 심한 어려움으로 인해 읽기에 어려움을 겪게 될 위험이 있는 학생들을 가려내었다. 위험군으로 규명된 학생들은 1) 단계 1 학급교수만 받는 조건(학생 수=92), 2) 단계 1과 함께 직접교수 모델에 기초한 매우 지시적인 읽기프로그램인 Proactive Beginning Reading Instruction(Mathes, Torgesen, Menchetti, Wahl, & Grek, 1999)으로 구성된 단계 2 중재를 받는 조건(학생 수=83), 혹은 3) 단계 1과 함께 교사들이 지속적인 평가에서 나타난 학생의 요구에 반응하여 수업을 계획하는 안내된 읽기 모델을 개작한 모델인 Responsive Reading Instruction(Denton & Hocker, 2006)으로 구성된 단계 2 중재를 받는 조건(학생 수=80) 중 하나에 무작위로 배정되었다. 이 세 가지 조건 모두 참여한 6개 학교 각각에 제시되었다. 연구는 2개 학년도 동안 1학년 학생들 집단(이하 집단 1, 집단 2)을 대상으로 수행되었다.

단계 1 중재

연구가 진행되는 2년 동안 참여 학교의 1학년 교사 30명은 단계 1 읽기 교수를 제공하였다. 이 교사들 중 16명은 두 해 모두 참여하였다. 모든 교사는 초등학교 읽기 교수의 핵심적인 요소들을 강조한 학교구 및 주 읽기계획을 통해 지속적인 읽기 전문성 개발 연수를 받았다. 학급 읽기 교수의 질을 더욱더 뒷받침하기 위해 연구자들은 참여 교사들에게 학생평가 자료(모든 참여 학생의 종합적인 선별 자료와 구두 읽기 유창성에서의 지속적인 진전도 점검 그래프 모두)를 제공하였다. 게다가 연구자들은 프로젝트가 진행되는 동안 매년 읽기에 어려움을 겪는 학생들을 위한 교수를 차별화하기 위한 평가 자료의 활용 및 또래교수 전략들의 활용에 초점을 맞춘 하루짜리 전문성 개발 연수를 제공하였다(Mathes, Torgesen, Allen, & Allor, 2001).

참여 학교들 중 네 군데는 동일한 기초 읽기 프로그램을 채택하였고, 나머지 두 군데는 다른 기초 프로그램을 선택하였다. 그러나 두 프로그램을 교사들이 실행하는 수준에 있어서는 상당한 차이가 있었다. 어떤 교사들은 기초 프로그램들을 엄격하게 따랐고 어떤 교사들은 기초 읽기 시리즈를 전혀 사용하지 않았으며 많은 교사는 다른 자료와 함께 채택된 프로그램의 일부를 활용하였다. 채택된 프로그램들 모두에는 음운 인식, 파닉스, 유창성, 어휘 그리고 이해 등 중요한 영역들에서의 교수가 포함되어 있다. 학급 읽기 교수가 진행되는 동안 수행된 관찰 결과 교사들은 1) 학생들이 자신의 아이디어를 음성언어로 표현하도록 격려하고, 2) 단어 의미 교수를 제공하며, 3) 소리 내어 읽음으로써 단어들을 가려내는 전략을 가르칠 가능성이 매우 높았다. 압도적으로 많은 수의 교사가 문자-소리 대응 교수를 제공하였다. 기초 읽기 프로그램을 채택한 학교 교사들은 다른 기초 프로그램을 사용한 교사들에 비해 소리-상징 형태나 단어 구조 혹은 철자 규칙을 직접교수로 제공하고 이해 전략들을 직접 가르칠 가능성이 약간 더 많은 것 같았다.

단계 1 학급교수만 받는 조건에 배정된 위험군 학생들은 또한 학교가 읽기에 어려움을 겪는 학생들에게 보통 제공하는 서비스들은 어떤 것이라도 받았다. 그러나 6개 학교들 중 두 군데만 위험군으로 판별된 1학년 학생들에게 보충 소집단 중재를 제공했을 뿐이다. 이 학교가 제공한 중재는 상대적으로 강도가 낮은 것이었고(4~8명으로 구성된 집단들에게 주어진) 보통 명시적이고 체계적인 교수가 포함되어 있지 않았다.

단계 2 중재

단계 2 중재 조건에 배정된 위험군 학생들은 1학년 때 30주가량 매일 40분의 소집단 중재에 덧붙여 위에 서술된 단계 1 교수를 받았다. 단계 2 조건 모두에서 연구자들에게 훈련과 감독을 받고 자격을 갖춘 교사들이 교사 1인이 배정되고 3명의 학생으로 구성된 집단에 교수를 제공하였다. 3명의 교사가 Proactive Beginning Reading Instruction을 그리고 다른 3명의 교사는 Responsive Reading Instruction을 제공하였다. 동일한 6명의 교사는 연구가 진행된 두 학년도 모두에 참여하였다. 연구에서 중재가 제공되기 전, 중재 교사들은 각각의 프로그램 개발자들이 제공한 약 42시간의 전문성 개발 연수에 참여하였다. 연구의 두 번째 학년도 초에 추가적인 12시간의 전문성 개발 연수가 제공되었다. 두 학년도 전반에 걸쳐 중재 교사들은 매월 반나절의 현직교사 모임에도 참석하였고 중재 개발자들에게 현장 지도를 자주 받았다.

Proactive Beginning Reading Instruction은 완전하게 해독이 가능한 텍스트에 파닉스 기술을 적용하는 학생들을 대상으로, 상세한 범위와 계열 바탕의 매우 높은 수준으로 구조화된 직접교수 접근방식을 통합하고 있다. 연구의 Proactive Beginning Reading Instruction 조건에서 교사들은 대본화된 수업계획에 따라 음운 인식, 파닉스, 유창성 그리고 이해의 영역에서 명시적 교수를 제공하였다. 수업 제공 형식은 교사의 시범, 그다음에 학생들이 함께 반응한 안내된 연습 그리고 마지막으로 학생들이 기술 각각을 개인적으로 돌아가며 수행하는 독립된 연습으로 구성되어 있다.

Responsive Reading Instruction에서는 교사들이 권장된 음성 요소 도입의 순서와 학생 평가로 입증된 이 요소들에 대한 교수 요구 등을 바탕으로 음운 인식, 파닉스 그리고 단어 읽기에서 명시적 교수를 제공하였다. 이 조건에서 학생들은 난이도가 조정되지만 음성적으로 해독 가능한 교재를 읽는다. Responsive Reading Instruction 집단 학생들은 Proactive Beginning Reading Instruction 집단 학생들에 비해 기술들을 따로 연습하는 데 상대적으로 적은 시간을 들이고 교재와 관련된 읽기 및 쓰기에 더 많은 시간을 들인다. Responsive Reading 교사들은 1) 유창성 쌓기, 2) 평가, 3) 명시적 음운 인식과 파닉스 교수, 4) 교수-수준 교재의 지원적 읽기, 5) 연관된 교재의 지원적 쓰기로 구성된 수업 주기를 따른다. 교사들은 수업의 각 부분에 대하여 관찰된 학생들의 요구를 기반으로 하여 여러 선택사항이 적힌 '메뉴'에서 활동들을 선택했다. 비록 Responsive Reading 집단 학생들이 해독 가능한 교재를 읽기보다는 Fountas와 Pinnell(1999) 체계에 따라 난이도가 조정된 교재를 읽는다 하더라도, 그들은 모르는 단어들을 읽고 철자를 대기 위해 소리-상징 대응과 '소리 내어 읽기' 전략을 활용하도록 명시적으로 배웠다. 단어 식별을 위해 문맥과 그림의 활용은 못하게 하지만 오류들을 자기감독하고 자기교정하기 위한 문맥의 활용은 명시적으로 교수되었다. 중재 교사들은 어려운 단어들을 미리 가르치고 학생들에게 교재 내용을 예측하는 데 참여케 하며 학생들이 책의 주제를 사전지식과 연계하도록 격려함으로써 읽기 전 이해에 초점을 맞췄다. 학생들이 읽을 때 교사들은 피드백과 비계설정 그리고 시범 보이기를 제공하여 학생들이 그들이 배운 기술들을 적용하도록 도왔다. 읽는 동안 그리고 읽은 후 교사들은 학생들에게 교재의 의미를 토론하는 데 참여하게 하였고 텍스트의 일부를 다시 말하거나 요약하도록 요청하였다. 유창성을 촉진하기 위해 학생들은 교사가 제공하는 시범 보이기 및 피드백과 함께 교수-수준 교재의 파트너와 함께 읽기 그리고 반복 읽기에 참여하였다.

중재 교사들은 각 중재 프로그램 실행의 충실도 및 전반적인 교수의 질을 확인하기 위해 매 8주차에 관찰되었다. 관찰자들은 3점 평정척도를 활용하여 적절한 속도, 규정된 절차의 실행, 적절한 비계설정으로 오류 교정 그리고 학생의 참여 및 주의를 위한 각 활동 혹은 수업의 요소를 평가하였다. 교사들은 또한 교수자료의 준비, 적절한 학생 자리 배치 그리고 교수자의 따뜻함과 열정 등의 전반적인 평가 또한 받았다. 평균적으로 양 중재집단 교사들 모두 높은 수준의 충실성으로 그들 각자의 중재들을 수행하였다.

단계 1과 단계 2 중재의 결과

1학년 말에 Proactive Beginning Reading Instruction 집단 학생들과 Responsive Reading Instruction 집단 학생들은 단계 1 중재만 받은 학생들에 비해 음운 인식과 단

어 읽기 그리고 구두 읽기 유창성(집단 2)에서 훨씬 나은 수행을 보였다(Mathes et al., 2005). 두 소집단 중재의 결과는 단 한 가지 결과, 즉 Woodcock-Johnson III 읽기 성취 검사(WJ III; Woodcock, McGrew, & Mather, 2001)의 단어 공략 하위검사에서만 통계적으로 유의한 차이를 보였다. Proactive Beginning Reading Instruction 집단이 Responsive Reading Instruction 집단보다 이 유사 비단어 측정에서 훨씬 더 나은 수행을 보였다.

Mathes와 동료들(2005)은 부적절한 반응을 표시하기 위해 수행의 기준점을 WJ III 기초 읽기 기술군에서 백분위 30 이하(학년기반 규준 활용)의 수행으로 정하고 이를 활용하여 단계 1과 단계 2 중재에 대한 학생 반응률을 보고하였다. 이 준거를 활용하면 단계 1 교수만 받은 92명의 학생 중 단 15명(16%)만이, 단계 1에 덧붙여 Responsive Reading Instruction 집단에서 단계 2 중재를 받은 학생 83명 중 6명(7%)만이 그리고 단계 1에 덧붙여 Proactive Beginning Reading Instruction 집단에서 단계 2 중재를 받은 학생 80명 중 1명(1% 미만)만이 중재기간 말에 평균 범위 이하의 읽기수행을 보였다. 교수에 대한 반응에 있어 널리 활용되는 또 다른 기준은 1학년 말에 분당 최소 40개의 정확한 단어라는 구두 읽기 유창성 비율이다. 이 준거를 활용하면 단계 1교수만 받은 학생들의 43%, Proactive Beginning Reading Instruction 단계 2 중재를 받은 학생들의 33%, Responsive Reading Instruction 단계 2 집단 학생들의 25%가 적절한 반응 기준을 충족하지 못했다.

단계 3

Mathes와 동료들(2005)의 연구에서 단계 1이나 단계 1+단계 2 중재에 부적절한 반응을 보였던 학생들 14명은 Denton과 동료들(2006)이 기술한 연구에서 단계 3 중재를 받았다. 단계 3 연구에 참여한 학생들은 교사 1명에 2명의 학생으로 구성된 소집단에서 매일 제공된 16주짜리 중재를 받았다. 첫 8주 동안 학생들은 Phono-Graphix 프로그램(McGuiness, McGuiness, & McGuiness, 1996)에 근거하여 음운 인식과 음소 해독을 목표로 하는 2시간짜리 중재를 받았다. 뒤이어 Read Naturally 프로그램(Ihnot,

Mastoff, Gavin, & Hendrickson, 2001)에 기반을 두고 읽기 유창성을 목표로 한 1시간짜리 중재를 나머지 8주 동안 받았다.

중재들은 6명의 훈련받은 교사가 제공하였고, 이들 중 4명은 Mathes와 동료들(2005)의 연구에서 Responsive Reading Instruction과 Proactive Beginning Reading Instruction 중재를 제공했던 교사들이었다. 6명 중 5명은 자격을 갖춘 교사들이었고, 여섯 번째 교사는 임상 상황에서 중재를 제공한 경험을 많이 한 높은 수준의 자격을 갖춘 읽기 강사였다. 모든 교사가 연구팀에 소속된 자격을 갖춘 트레이너로부터 일주일 내내 Phono-Graphix 프로그램에 대한 임상 훈련을 받았고 이 장의 첫 번째 연구자로부터 이틀에 걸쳐 Read Naturally 프로그램을 훈련받았는데, 이 연구자는 Read Naturally 프로그램을 중재 상황에서 실행하고 중재에 참여한 교사들을 훈련시킨 경험이 있었다.

Mathes와 동료들(2005)의 사후검정에서 WJ III 기초 읽기 기술군에서 백분위 30 이하를 기록했던 학생들 중 8명만이 단계 3 연구에 참여할 수 있었다. Denton과 동료들(2006)은 이 표본에 낮은 수준의 구두 읽기 유창성을 바탕으로 단계 1과 단계 2에 참여하였던 학생들 중 6명을 추가하였다. 이 학생들 모두 단계 3 기초선에서 기초 읽기 기술군의 백분위 30 이하라는 수준을 보이고 있었다. Mathes와 동료들(2005)의 연구에서 단계 1과 단계 2 중재를 받지 않았던 심한 읽기 곤란을 겪고 있는 13명의 학생 또한 프로그램의 효과를 찾아내려는 목적으로 표본 크기와 검정력을 증가시키기 위해 표본에 포함되었다.

단계 3 중재

단계 3의 첫 8주 동안 학생들은 매일 약 2시간가량, 주 5일 Phono-Graphix 프로그램(McGuiness et al., 1996)을 활용하여 중재를 받았다. 이 프로그램에서 학생들은 영어 음운체계의 소리를 대표하는 140개의 문자 및 문자 조합을 읽고 철자에 맞게 쓰도록 배웠다. 프로그램 초기에 교사들은 알파벳 원칙, 기초 철자-소리 대응 그리고 음운인식에 초점을 맞췄고, 더 상급 단계에서 학생들은 다음절 단어들을 읽고 철자에 맞게 쓰도록 배웠다. 이 프로그램에는 철자 및 단어 카드들을 활용하여 연습하고 해독 가능한 텍스트에 기술을 적용할 많은 기회가 포함되어 있다.

8주짜리 Phono-Graphix 중재 다음으로는 8주짜리 Read Naturally 프로그램(Ihnot et al., 2001)이 실행되었는데, 여기에서 학생들은 일주일 내내 1시간짜리 중재를 받았다. 1학년에서 8학년까지 학생들의 읽기를 위한 구두 읽기 유창성을 촉진하기 위해 설계된 Read Naturally는 학생들이 시범 보이기와 피드백으로 교수-수준의 설명문 문단을 반복해서 읽고, 그들 자신의 유창성 진전을 추적하는 연속적인 활동들을 기반으로 한다. 학생들은 확립된 준거를 충족할 때까지 각각의 단락으로 연속적인 절차를 따르게 된다. 이러한 절차들에는 1) 시간을 재는 읽기, 2) 유창성 비율 그래프로 만들기, 3) 교사나 오디오 테이프 혹은 CD나 컴퓨터 어플리케이션 소프트웨어의 시범이 있거나 시범이 없는 연습, 4) 짧은 이해 활동들이 포함된다. 어떤 단락을 '통과'하기 위해서 학생은 최종 구두 읽기가 진행되는 동안 그 자신의 개별 유창성 목표율을 반드시 충족시켜야 하고, 오류가 3개 이상이면 안 되며, 적절한 표현으로 읽어야 하는 것의 세 가지 준거를 충족해야 한다. 단계 3 연구에서 교사들은 표준 Read Naturally 절차들을 따랐으나, 또한 학생들이 어려운 단어들을 읽기 위해 Phono-Graphix에서 배운 해독 전략들을 적용하도록 직접적으로 가르쳤다. 이 교수는 학생들이 Phono-Graphix에서 해독 가능한 텍스트에 적용했던 해독 기술들을 그들의 교수적 읽기 수준에 있는 해독 가능하지 않은 텍스트와 일반학급에서 맞닥뜨리게 되는 텍스트에 일반화하도록 격려하기 위해 Read Naturally에 포함되었다.

두 가지 단계 3 중재에서 교사들의 실행에 대한 중재 충실도 관찰 결과는 프로그램들에 대한 한결같이 높은 수준의 충실도와 높은 실행의 질을 보여 주고 있다. 관찰 결과 교사들은 프로그램을 엄격하게 따랐고 자료를 잘 조직했으며, 학생들의 좌석을 적절하게 배치했고 따뜻함과 열정을 보여 줬다. 또한 관찰 결과는 교사들이 학생의 수행을 점검했고 적절한 피드백을 제공하였으며, 과제 외 행동을 수정하였고 학생들에게 기대를 분명하고 명시적으로 전달했음을 보여 주었다.

단계 3 중재의 결과

무선 실험 설계의 실행 가능하지 않음에 따라 단계 3 연구는 집단 간 그리고 중재

간 중다기초선 설계를 채택하였다. 연구의 첫 번째 학생집단(집단 1; 학생 수=16)은 10월부터 12월까지 8주 동안 Phono-Graphix 단계에 참여하였고, 1월부터 3월까지는 Read Naturally 단계에 참여하였다. 두 번째 학생 집단(집단 2; 학생 수=11)은 1월에 Phono-Graphix를 시작하였고(10월부터 1월까지 무처치 기초선 단계와 함께), 3월부터 5월까지는 Read Naturally 중재를 받았다. 기간 1 평가(집단 1에 대한 Phono-Graphix 사전검사와 집단 2에 대한 기초선)에서의 해독, 유창성, 이해 그리고 철자 결과 모두에 대한 원점수는 집단 간 유의한 차이가 없었고, 집단 1과 집단 2는 중재 전 평가와 많은 차이가 없었다(집단 1에 대한 평가 기간 1과 집단 2에 대한 평가 기간 2). 이러한 이유로 중재의 Phono-Graphix 단계와 Read Naturally 단계의 효과를 사정하기 위해 두 집단이 보인 결과들이 합쳐졌다.

참여자들은 중재의 Phono-Graphix 단계가 진행되는 8주 동안 해독과 유창성 그리고 읽기이해에서 상당한 성장을 보여 주었다. 비록 연구 설계가 성숙 효과를 통제하지는 못했다 하더라도 향상이 집단 2의 학생들이 어떤 척도에 대해 무처치 기초선 단계에서 해독에 있어 무시할 만한 그리고 유창성 기술에 있어서는 중간 수준의 비교적 적은 변화를 보인 중재의 결과라는 증거가 있다. 효과크기는 Phono-Graphix 중재가 해독 기술에서는 큰 효과를 보이고 읽기 이해에서는 중간 수준의 효과를 보였음을 나타내고 있다. 유창성 및 철자에 있어 Phono-Graphix 중재의 효과는 기초선 효과와 거의 동일하였다.

이 집중적인 8주 중재의 뒤를 이은 8주간의 Read Naturally 프로그램을 활용한 읽기 유창성 중재는 목록에 있는 단어들 및 관련된 텍스트를 유창하고 정확하게 읽는 참가자들의 능력에 대해 중간 수준에서 높은 수준까지의 큰 효과를 보이며 의미 있는 효과를 가져왔다. Read Naturally 단계와 연계된 해독 및 읽기 이해에 대한 효과크기는 적은 것에서 중간 수준에 이르고 있었고, 이는 집단 2 학생들의 기초선 단계 동안의 변화와 일치하였다. Phono-Graphix와 Read Naturally 중재의 결합은 모든 읽기 및 철자 측정 전반에 걸쳐 16주 전체 중재 기간 동안 중간 수준에서 높은 수준까지의 효과 형태와 연계되어 있었으며, 집단 2의 무처치 기초선 단계에서의 변화를 일관성 있게 넘어섰다.

이 연구에서 단계 3 중재에 대한 개별 학생들의 반응은 표준점수 -6에서 26에 이르는, 16주 중재 전반에 걸친 WJ III 기초 읽기 기술군 점수에서의 변화와 함께 매우 변동이 심했다. Denton과 동료들은 1) 1학년 때 단계 1 중재를 받았으나 읽기에서의 문제가 계속된 학생들(학생 수=9), 2) 1학년 때 단계 1과 단계 2 중재를 모두 받았고 읽기 문제가 지속된 학생들(학생 수=5), 3) Mathes와 동료들(2005)의 연구에 참여하지 않았으나 현재 담당 교사들이 읽기에 있어 심각한 어려움을 보인다고 지명한 학생들(학생 수=13) 등 3개의 하위집단 학생들 개개인의 반응을 조사하였다. 이 대상자들의 상당수가 보인 매우 낮은 사전점수 때문에 단계 3에 대한 적절한 반응은 백분위 30의 기준을 맞추기보다는 16주 중재 기간 동안 WJ III 기초 읽기 기술군 점수에 있어 최소한 .5의 표준편차를 얻은 것으로 정의되었다. 연구대상 학생들은 만일 그들이 1) 단계 1 중재만 받는 대신 단계 1과 단계 2 중재 모두를 받았다면, 2) 3학년보다는 1학년이었거나 2학년이었다면, 3) 현재 특수교육 서비스를 받고 있지 않다면 단계 3 중재에 반응을 더 잘 할 가능성이 높았다.

여타 단계의 중재에 대한 개인적인 반응

앞에서 서술한 것처럼 14명의 학생은 단계 1과 단계 2 중재에 대한 Mathes와 동료들(2005)의 연구와 단계 3 중재에 대한 Denton과 동료들(2006)의 연구 모두에 참여하였다. 여기에서는 이 학생들에 대한 더 상세한 기술을 제공하고, 단계 3 중재에 적절하게 반응한 학생들과 덜 적절하게 반응한 학생들을 비교할 것이다.

연구대상

〈표 6-1〉은 연구대상에 대한 인구통계학적 정보를 그들이 받은 중재 단계들과 그들의 특수교육 상태와 함께 제시하고 있다. 우리는 연구대상들의 익명성을 보호하기 위해 이들의 인종적 배경을 이 표에 포함시키지는 않았다. 14명의 학생으로 이루어진

표 6-1 적용된 중재 단계 및 단계 3 사전검사에서의 학생 특성

학생	단계	나이	성별	WASI* Full-Scale IQ 점수	특수교육
1	1, 3	9	남	86	○
2	1, 2, 3	8	남	80	×
3	1, 3	9	여	68	×
4	1, 3	9	여	97	×
5	1, 3	9	남	98	×
6	1, 3	8	여	78	×
7	1, 2, 3	8	여	76	×
8	1, 3	10	남	86	○
9	1,3	10	남	88	○
10	1, 2, 3	8	남	102	×
11	1, 2, 3	10	여	95	○
12	1, 2, 3	10	남	64	○
13	1, 3	9	남	99	×
14	1, 3	9	여	87	○

* WASI: Wechsler Abbreviated Scales of Intelligence

표본은 단계 3 연구가 시작될 때 평균 연령이 9세였고 백인과 아프리카계 미국인이 각각 36%씩, 중남미계 미국인이 21%, 아시아계가 7%였다. 8명이 남자였고 6명이 여자였다. 이들 중 열세 번째 아동의 부모는 연구대상들의 어머니 중 교육수준이 가장 높았다. 나머지 13명의 어머니 중 2명은 고등학교에 다녔으나 졸업은 하지 못했고 4명은 고등학교를 졸업했으나 대학교육은 받지 못했으며 7명은 고등학교 졸업 후 대학이나 기술학교에서 적어도 한 강좌 이상은 수강하였다.

전체 IQ 점수

〈표 6-1〉은 웩슬러 약식 지능 검사(Wechsler Abbreviated Scales of Intelligence: WASI; Wechsler, 1999)의 어휘 행렬 추론 하위검사에서 도출된 전체 IQ 점수도 포함되어 있다. WASI는 전체 IQ 점수가 2개나 4개의 하위검사로부터 도출될 수 있도록 설계되어 있다. 두 형식 모두 WISC-III/WAIS-III 규준표본과 연계되어 있다. 이 연구 프로그램에서 표본을 기술하기 위해 전체 IQ 점수만 산출하는 하위영역 2개 형식이 사용되었다. 하위영역 2개 형식의 신뢰도는 본 연구의 연령 범위에서 .92를 초과하였고, WISC-III의 종합 IQ 점수와 하위영역 2개 형식의 종합 IQ 점수의 상관관계는 .81이다. 〈표 6-1〉은 단계 3 연구 참여자의 전체 IQ 점수가 64~102, 평균 85(표준편차 11.4)임을 보여 주고 있다.

1학년 초 음소 인식 및 빠르게 명명하기 점수

1학년 초에 Mathes와 동료들(2005)의 연구에 참여한 학생들에게 음소 인식의 다중 측정들이 실행되었고 그 결과는 합쳐져 단일 종합점수로 산입되었으며 문항반응 모델에서 도출된 척도, 즉 Theta 점수(Schatschneider, Francis, Foorman, Fletcher, & Mehta, 1999)로 보고되었다. 음소 인식 측정에는 음소 생략은 물론 음소 및 음소보다 더 큰 단어의 일부를 분절하고 결합하는 과제들이 포함되었다. 연구대상들은 또한 철자들의 빠른 자동 명명화(Rapid Automatized Naming: RAN) 평가도 마쳤는데, 이 과제에서 이 정보에 접근할 수 있는 속도를 평가하기 위해 학생들은 이미 알고 있는 철자들의 짧고 반복되는 배열을 신속하게 가려내라는 요청을 받았다. 〈표 6-2〉에도 나와 있는 것처럼, 결국 단계 3 중재를 받은 학생들에 대한 1학년 초 음소 인식 Theta 점수는 -2.169부터 0.221까지였다. Mathes와 동료들(2005)의 연구에서 전형적인 발달을 보이는 1학년 학생들의 평균 음소 인식 Theta 점수는 .017(표준편차 .567)이었고 범위는 -2.48에서 1.4까지였다. 단계 3 연구에 참여한 학생들의 1학년 초 RAN 점수(분당 정확하게 가려낸 문자의 수로 보고)는 13에서 66.67까지였다. Mathes와 동료들(2005)의 연구에서 전형적인 발달을 보이는 독해자들은 1분에 평균 68개의 문자를 가려냈다(표준편차 15; 범위 41~120).

표 6-2 단계 1 혹은 단계 1+단계 2 사전검사에서의 음소 인식 Theta 점수와 철자의 빠른 자동 명명화 원점수

학생	PA Theta	분당 RAN
1	-0.845	49.00
2	-2.169	64.22
3	-1.327	50.36
4	-1.649	44.00
5	-0.162	66.67
6	-0.188	45.00
7	-1.856	38.00
8	-0.928	40.00
9	-0.783	31.00
10	-1.750	13.00
11	-1.237	55.56
12	-2.499	44.00
13	0.221	62.50
14	-1.299	40.91

주) PA=음소 인식, RAN=빠른 자동 명명화

측정

Mathes와 동료들(2005)의 연구에서 단계 1 중재 그리고(혹은) 단계 2 중재를 받은 학생들과 Denton과 동료들(출판 중)의 연구에서 단계 3 중재를 받은 학생들은 읽기 및 읽기 관련 기술에 대한 여러 번의 평가를 받았다. 〈표 6-3〉과 〈표 6-4〉에서 우리는 WJ III 기초 읽기 기술군과 단락 이해 하위검사에 대한 단계 1 및 단계 2 중재 말 그

표 6-3 단계 1 혹은 단계 1+단계 2 사후검사, 1년 유지(집단 1), 그리고 단계 3 세 번의 기준점에서의 WJ III 표준점수

학생	기초 읽기 기술					단락 이해				
	단계 1		단계 3			단계 1+단계 2		단계 3		
	검사 후	유지	검사 전	검사 후 PG	검사 후 RN	검사 후	유지	검사 전	검사 후 PG	검사 후 RN
1	90	84	82	86	85	87	82	76	82	78
2	93[C]	a	89	99	98	87	a	79	91	92
3	95[C]	88	83	88	87	81	83	82	78	85
4	b	84	80	87	88	b	82	79	77	84
5	98	92	84	93	90	94	89	88	84	90
6	89	a	88	100	99	84	a	83	91	99
7	88	a	82	94	96	86	a	80	85	87
8	69	78	73	83	85	71	76	77	84	79
9	66	69	68	73	74	60	61	62	68	65
10	95[C]	a	90	104	100	85	a	89	88	87
11	76	81	78	88	86	84	86	86	87	90
12	72	73	75	76	69	74	76	63	76	77
13	95[C]	91	93	98	94	92	92	91	95	97
14	87	82	85	87	87	86	88	88	83	83

주) PG=Phono-Graphicx 문구, RN=Read Naturally 문구

a=해당 학생이 1학년을 다시 다니거나 2학년 초여서 이용 가능한 1년 유지 자료 없음

b=해당 학생에 대한 이용 가능한 단계 1 WJ III 사후검사 자료 없음

c=구두 읽기 유창성 및 1년 유지 평가를 활용하여 반응의 수준이 결정됨

표 6-4 단계 1 혹은 단계 1+단계 2 사후검사 그리고 단계 3 세 번의 기준점에서의 구두 읽기 유창성(oral reading fluency: ORF) 및 단어 읽기 효율성 점수

학생	ORF	TOWRE 일견단어 효율성				GORT-4 유창성		
	단계 1 혹은 단계 1+ 단계 2	단계 1 혹은 단계 1+ 단계 2	단계 3			단계 3		
	검사 후	검사 후	검사 전	검사 후 PG	검사 후 RN	검사 전	검사 후 PG	검사 후 RN
1	11	86	73	71	79	65	65	70
2	13	86	89	79	93	80	85	90
3	26	88	85	87	96	8	85	90
4	10	86	81	85	79	75	80	75
5	16	87	88	92	89	75	80	*
6	8	80	80	89	86	70	75	85
7	11	85	81	91	85	75	80	80
8	9	64	79	86	67	70	75	80
9	7	61	61	64	81	55	60	60
10	18	86	82	85	83	70	75	85
11	26	77	85	86	95	65	70	80
12	12	70	79	86	89	65	70	70
13	47	88	87	97	97	75	75	70
14	15	84	90	92	86	85	90	80

주) ORF=구두 읽기 유창성(분당 정확히 읽은 단어들로 보고됨)
TOWRE=Test of Word Reading Efficiency
GORT-4=Gray Oral Reading Test
PG=Phono-Graphix 문구, RN=Read Naturally 문구
* 해당 학생에 대한 GORT-4 유창성 자료는 사후검사에서 이용할 수 없음

리고 1년 유지 검사(집단 1만) 결과는 물론, 1학년 말의 구두 읽기 유창성 점수와 Test of Word Reading Efficiency(TOWRE; Torgesen, Wagner, & Rashotte, 1999)의 일견단어 효율성 하위검사에 대한 표준점수를 보고하고 있다. 단계 3 연구에 대하여 우리는 위와 동일한 WJ III 및 TOWRE 하위검사들 그리고 Gray Oral Reading Test(GORT-4; Wiederholt & Bryant, 2001)의 읽기 속도 점수 결과를 보고하고 있다.

WJ III 단어 공략 하위검사에서 학생들은 비단어(nonword)를 읽었고, 철자-단어 판별에서는 철자의 이름을 대고 목록에 있는 실제 단어들을 읽었다. 단락 이해는 학생들이 특정 단어들이 생략되어 있는 문장이나 짧은 단락을 읽고 생략된 단어들이나 이를 대체할 만한 단어들을 산출해 내도록 요청받는 빈 칸 채우기(cloze procedure)를 통해 측정되었다. TOWRE 일견단어 효율성 하위검사는 목록에 제시된 단어들을 읽는 유창성에 대한 평가이고 GORT-4는 비형식적 읽기 표와 비슷한 것으로 학생들의 구두 읽기 정확성, 유창성, 이해 등이 다양한 수준의 난이도에서 단락들을 읽는 것으로 측정된다.

게다가 단계 3 중재를 실행한 교사들은 자신이 담당한 학생들 개개인에 대해 Swanson, Nolan, Pelham(SNAP-IV; Swanson et al., 2004 참조) 평정척도를 작성하였다. SNAP-IV 척도는 주의력결핍 과잉행동장애(ADHD) 및 기타 행동장애, 특히 종종 ADHD 학생들에게 나타나는 반항성장애(oppositional defiant disorder) 사정을 돕도록 설계되었다. ADHD 판별 준거를 충족하기 위해서는 『DSM-IV』에 제시된 과잉행동-충동성이나 부주의 중 하나 혹은 둘 모두를 포함하는 아홉 가지 확증된 증상 중 최소한 여섯 가지가 입증되어야 한다. 비록 교사들의 평정이 ADHD의 임상적 진단을 위해 그 자체로 충분한 것이 아니기 때문에 결과는 신중하게 해석되어야 하더라도, 이 결과들은 교수 상황에서 주의집중 및 행동에서의 어려움이 있음을 보여 주는 지표를 제공한다. 이 측정의 결과는 중재에 적절하게 그리고 부적절하게 반응한 학생들에 대한 후속 설명에서 제공될 것이다.

단계 1 혹은 단계 1+단계 2에 대한 반응

〈표 6-1〉에서 볼 수 있듯이 학생 2, 7, 10, 11, 12는 Mathes와 동료들(2005)의 연구에서 단계 1과 단계 2 모두를 받은 반면, 다른 9명의 학생은 단계 1 학급 중재만을 받았다. 유치원 말이나 초등학교 1학년 초에 이 학생들 개개인은 음운 인식, 철자-소리 대응, 단어 읽기 그리고 텍스트 읽기 검사에서의 낮은 수행을 기반으로 상당한 수준의 읽기 어려움을 지닌 것으로 판별되었다.

단계 2 중재

단계 2 학생들 5명 모두 앞에서 기술된 Responsive Reading Instruction(Denton & Hocker, 2006) 프로그램을 활용한 보충 중재를 매일 받았다. 학생 11과 12는 2년간의 단계 1+단계 2 연구에서 첫 번째 집단 참여자들 중 일부인 반면, 학생 2, 7, 10은 두 번째 집단이었다. 3명의 중재교사는 Mathes와 동료들(2005)의 연구에서 Responsive Reading Instruction을 제공하였다. 집단 2 학생들 3명 모두 동일한 교사에게 중재를 받은 반면, 학생 11과 12는 다른 2명의 Responsive Reading Instruction 참여 교사들 중 1명에게서 각각 교수를 받았다.

읽기 결과

〈표 6-3〉에는 단계 1+단계 2 중재 학년 말의 WJ III 기초 기술 군과 단락 이해 하위검사들에 대한 연령기반 표준점수가 포함되어 있다. 집단 1 학생들에 대해 우리는 효과의 유지수준을 설명하기 위해 1년 후에 WJ III를 실행한 결과 점수 또한 포함시켰다. 〈표 6-3〉에는 단계 3 연구의 세 기준점에서의 이 측정들에 대한 결과도 들어 있는데 이는 이 장의 뒷부분에서 논의될 것이다. 우리는 일정 기간 동안 학생들 개개인이 보인 진전에 대한 연구를 촉진하기 위해 표 하나에 WJ III 결과 모두를 담기로 했다. 이와 유사하게 〈표 6-4〉는 단계 1 그리고(혹은) 단계 2 중재를 받은 학년 말의 TOWRE 일견단어 효율성 점수를 단계 3 연구에 대한 사전검사, 중간 지점 그리고 사후검사의 동일한 TOWRE 하위검사 및 GORT-4 유창성 점수들과 함께 제공하였다.

Mathes와 동료들(2005)의 연구에서 중재 학년도 말에 적절한 반응을 보이지 못한 이 집단의 WJ III 기초 기술군 집단 평균은 86점(표준편차 11)이었다. 중재 학년도 말에 단계 1+단계 2 연구의 집단 1에 속한 학생들은 기초 기술의 표준점수 평균이 83점(표준편차 12)이었으며, 1년 후에는 82점(표준편차 7)이었다. 이는 이 집단의 학생들이 전형적인 수행을 보이는 또래들과의 차이를 좁히는 데 있어 아무런 진전을 보이지 못했음을 보여 주는 것이다. 이와 유사하게 WJ III 단락 이해에서 학생 14명 모두의 평균 점수는 낮았고, 집단 1 학생들에 대한 1년간의 유지 검사에서 변화가 없었다. 하나 혹은 두 단계 중재를 받은 학생들은 1학년 말에 분당 정확히 읽은 단어 수가 평균 16개(표준편차 11)로 매우 낮은 구두 읽기 유창성을 보였다. 이 집단 중 단 1명의 학생만이 1학년 말에 분당 26개 이상의 단어를 정확하게 읽을 수 있었다. 이 유창성 부족은 또한 TOWRE 일견단어 효율성 측정에도 반영되었는데, 평균은 81점(표준편차 9), 범위는 61~88점이었다.

Mathes와 동료들(2005)은 학년 기준 표준점수를 활용하여 백분위 30 혹은 그 이상의 기초기술 수행을 중재에 대한 적절한 반응의 준거로 사용하였다. 우리는 연령 기준 표준점수로 보고하였는데, 이는 적절한 반응을 보이지 못한 학생들 중 몇 명이 다음 중재 학년도에 1학년으로 유급되어 만일 학년 기준 규준이 활용되었다면 1년간의 유지점수가 부풀려질 상황이었기 때문이다. 5명의 학생이 중재 학년도 말에 WJ III 기초 기술군 연령 기준 표준점수가 백분위 30 혹은 그 이상을 기록하였고, 반응에 대한 하나의 공통 준거를 활용하여 중재에 대한 '반응자'로 분류되었다. 그러나 이 학생들은 당해 학년 말에 낮은 유창성을 보였다. 이 5명의 학생들 중 3명은 Mathes와 동료들(2005)의 연구에서 집단 1에 속해 있었다. WJ III 기초 기술군에서 이 학생들의 1년간 유지점수는 상당히 떨어졌고, 5명의 학생 중 아무도 단계 3 연구의 기초선에서 백분위 30 이상의 수행을 보이지 못했다.

단계 3에서 적절한 그리고 부적절한 반응을 보인 학생의 특성

앞서 서술한 것처럼 Denton과 동료들(2006)은 단계 3 중재에 대한 적절한 반응 기준을 WJ III 기초 기술군의 연령을 조정한 점수의 향상 정도(최소한 표준편차 .5 혹은 표준점수 8)로 수립했다. 이 준거를 활용하면 여기서 기술된 학생들 중 7명은 적절한 반응을 보였고, 나머지 7명은 그렇지 못했다. 우리는 각 집단에 속한 학생들의 점수와 특성을 비교할 것이다. 그 후에 우리는 기초 읽기 기술에서 가장 높은 수준에 있는 두 학생과 결과에 있어 최소한의 향상을 보인 두 학생에 대한 자세한 정보를 제공할 것이다.

인구통계학적 특성

단계 3 중재에서 4명의 여학생과 3명의 남학생이 적절한 반응을 보였다. 이 학생들 중 3명은 1학년에 유급되었고 2명은 2학년이었으며 3명은 3학년이었다. 1명을 제외한 모든 학생의 부모들은 영어가 집에서 사용하는 제1언어라고 보고하였다. 단계 3 중재에서 부적절한 반응을 보인 7명의 학생들 중 2명은 여학생이었고 5명은 남학생이었다. 2명은 2학년, 5명은 3학년이었다. 모두 집에서 주로 사용하는 언어는 영어였다.

전체 IQ 점수

단계 3에서 적절한 반응을 보인 학생들(85; 표준편차 10)과 그렇지 못한 학생들(84; 표준편차 14)의 WASI 전체 IQ 점수에는 별다른 차이가 없었다. 하지만 부적절한 반응을 보인 집단 학생들의 점수 범위는 64~99점이었고, 이 집단에는 WASI IQ 점수가 70점 이하인 학생이 2명 포함되어 있었다. 이에 비해 적절한 반응을 보인 집단 학생들의 점수 범위는 76~102점이었다.

행동 특성

SNAP-IV 자료는 단계 3에서 적절한 반응을 보인 학생들 중 2명이 반항성장애를 포함한 많은 행동문제와 함께 주의력결핍과 과잉행동이 결합된 유형의 심한 ADHD와 관련된 특성들을 지니고 있음을 보여 주었다. 이 집단의 다른 한 학생은 경도 ADHD(주의력결핍 유형)의 징후를 보이고 있었다. 다른 4명의 학생에게는 주의력이나 행동에 있어 문제가 있어 보이지 않았다. 이에 비해 단계 3 중재에 부적절한 반응을 보인 학생들은 단 1명을 제외한 모두가 주의력이나 행동장애의 징후를 보였다. 이 집단의 학생들 중 2명은 주의력결핍과 과잉행동이 결합된 유형의 ADHD와 관련된 특성들을 지니고 있었으며, 이들 중 1명은 반항장애 징후도 보였다. 다른 4명의 학생들은 주의력결핍 유형의 ADHD 징후를 보이고 있었다.

1학년 초의 음소 인식 및 빠른 명명화

단계 3 중재에서 나중에는 반응을 잘 했지만 덜 적절하게 반응한 학생들의 1학년 초 음소 인식 및 빠른 명명화 평균 점수는 크게 다르지 않았다. 흥미롭게도 이 두 변수 모두에 대한 집단 평균은 부적절한 반응을 보인 학생들보다는 적절한 반응을 보인 학생들에게서 약간 더 큰 결함을 보여 주고 있다. 적절한 반응을 보인 학생들 집단의 1학년 음소 인식 평균 Theta 점수는 −1.40(표준편차 .67; 범위 −2.17~−0.19)인 반면 부적절한 반응을 보인 학생들 집단의 평균 점수는 −0.96(표준편차 .88; 범위 −2.50~.221)이었다. 1학년 초에 단계 3 중재에 적절한 반응을 보인 학생들 집단은 분당 평균 42.40개(표준편차 15.42; 범위 13~55.56)의 철자들을 명명할 수 있었던 반면, 부적절한 반응을 보인 학생들 집단의 평균은 49.20(표준편차 12.32; 범위 31.0~66.67)이었다. 이에 비해 위에서 언급되었던 것처럼 같은 연구에서 전형적인 발달을 보이는 1학년 학생들의 음소 인식 평균 Theta 점수는 .017이었고, 1분에 평균 68개의 철자를 명명할 수 있었다.

중재 프로그램에서의 진전

〈표 6-5〉에는 Phono-Graphix 프로그램과 연계된 주요 사정에서 단계 3 중재에서 적절한 반응을 보인 학생들과 그렇지 못한 학생들에 대한 사전 및 사후 검사에서의 평균과 표준편차가 제시되어 있다. 이 도구는 알파벳 부호에 대한 지식과 함께 세 가지 음소 인식 기술들을 측정한다. 사정 과제는 1) 음소 혼합(교사가 어떤 단어를 음소별로 불러 주면 학생은 전체 단어를 만들어야 한다; 최대 점수는 15점), 2) 음소 분절(교사가 전체 단어 혹은 비단어를 불러 주면 학생은 그 단어나 비단어를 각각의 음소로 말해야 한다; 최대 점수는 63점), 3) 청각적 처리(학생들이 특정 음소가 생략된 단어들과 비단어들을 발음해야 하는 발음 생략 과제로, 예를 들면 "/s/ 없이 nest를 발음해 봐."; 최대 점수는 10점),

표 6-5 단계 3 중재의 Phono-Graphix 단계에 대한 사전 및 사후 검사에서의 Read America 진단 검사

학생	혼합		음소 분절		청각적 처리		부호 지식	
	사전검사	사후검사	사전검사	사후검사	사전검사	사후검사	사전검사	사후검사
1	13	15	49	63	3	10	66%	94%
2	9	15	46	62	3	10	62%	94%
3	8	15	49	63	1	10	54%	90%
4	12	15	49	63	2	8	56%	90%
5	10	15	62	63	7	10	64%	92%
6	14	15	51	63	5	10	56%	90%
7	9	15	49	62	4	9	54%	90%
8	13	15	41	61	3	10	52%	82%
9	8	14	44	62	5	7	50%	80%
10	12	15	58	63	3	10	64%	88%
11	13	15	53	63	5	10	58%	98%
12	8	15	46	63	2	9	64%	94%
13	12	15	45	63	6	10	60%	100%
14	10	15	50	63	5	10	46%	88%

주) 혼합의 최대 점수는 15점, 음소 분절은 63점, 청각적 처리는 10점, 부호 지식은 100%다.

4) 부호 지식(철자들 및 철자 조합들과 연계된 소리의 규명; 최대 점수는 100%) 등이다. 비록 적절한 반응을 보이지 못한 집단의 표준편차가 더 커서 점수의 변화가 더 많았음을 의미하기는 하더라도 이 과제들 각각에 대한 적절한 반응을 보인 학생들과 그렇지 못한 학생들의 평균 점수는 비슷하였다. 8주간의 Phono-Graphix 중재 후 각 집단의 학생들 대다수는 음소 인식 과제에서 최대 점수에 도달했고, 부호 지식 과제의 숙달

정도는 반응 집단과 상관없이 거의 모든 학생이 90% 이상을 기록하였다. 적절한 반응을 보인 학생들 집단에서 이 측정의 점수 범위는 82~98%였음에 반해 부적절한 반응을 보인 학생들 집단은 80~100%의 숙달도를 보였다.

8주간의 Read Naturally 단계가 진행되는 동안 교사들은 매주 학생들이 이 프로그램에서 읽었던 텍스트 수준의, 연습하지 않은 Read Naturally 단락에 대한 학생들 개개인의 구두 읽기 유창성 자료를 수집하였다. 평균적으로 적절한 반응을 보인 학생들 집단과 그렇지 못한 학생들 집단 모두 읽기 학년 2.0 단락들을 분당 정확히 읽은 단어 수 53개의 속도로(표준편차는 각각 8, 15) 이 프로그램을 시작하였다. 프로그램을 마칠 때쯤 두 집단 모두의 평균 텍스트 수준은 3.0학년이었고, 비록 적절한 반응을 보인 학생들 집단이 더 균일하기는 했지만(분당 정확히 읽은 단어 수의 범위는 적절한 반응을 보이지 못한 집단 33~85개, 적절한 반응을 보인 집단 49~66개), 적절한 반응을 보이지 못한 학생들 집단(분당 정확히 읽은 단어 수 61개, 표준편차 22)이 적절한 반응을 보인 학생들 집단(분당 정확히 읽은 단어 수 57개, 표준편차 6)보다 이 단락들을 조금 더 유창하게 읽었다.

결과 측정

단계 3에서 적절한 반응을 보인 학생 집단과 그렇지 못한 학생 집단은 이 집단들이 규명된 준거인 WJ III 기초 기술(〈표 6-3〉 참조)과 GORT-4 유창성에 대한 결과(〈표 6-4〉 참조) 대부분에서 차이를 보였다. 단계 3 연구의 사전검사에서 WJ III 기초 기술에 대해 적절한 반응을 보인 학생 집단의 평균 표준점수는 83(표준편차 6)이었고 사후검사에서는 93(표준편차 7)이었던 반면, 적절하지 못한 반응을 보인 학생들 집단의 사전검사 평균은 81(표준편차 8) 그리고 사후검사 평균은 84(표준편차 10)였다. GORT-4 유창성 측정에서 적절한 반응을 보인 학생들 집단의 평균 표준점수는 72(표준편차 4)이었고 사후검사에서는 82(표준편차 4)이었던 반면, 적절하지 못한 반응을 보인 학생들 집단의 사전검사 평균은 71(표준편차 10) 그리고 사후검사 평균은 73(표준편차 10)이었다. 하나의 집단으로 사전검사에서 부적절한 반응을 보인 학생들의 TOWRE 일견단어 효율성 하위검사의 표준점수(평균 80, 표준편차 10)는 적절한 반응을 보인 학생들의 점수(평균 82, 표준편차 3)보다 약간 낮았지만, 사후검사에서는 TOWRE 일견단어 효율성 하위검사(적절한 반응을 보인 학생들 집단과 그렇지 못한 학생들 모두 평균 86, 표준편차는 각각 5, 10)나 WJ III 단락 이해에서 집단 간 차이는 거의 없었다. 적절한 반응을 보인 학생들의 사전검사에서의 단락 이해 평균은 82(표준편차 4)이었음에 반해, 사후검사에서는 평균 88(표준편차 6)이었다. 이 척도에서 부적절한 반응을 보인 학생들의 사전검사 평균은 79(표준편차 12)이었고 평균 사후검사 점수는 82(표준편차 10)이었다.

단계 3에서 강한 반응을 보인 학생

본 연구의 집중적인 단계 3 중재에서 가장 강력한 반응을 보였던 두 학생은 WJ III 기초 기술에서 표준점수가 14점 향상된 Anita와 중재 기간 동안 표준점수가 10점 향상된 Joshua였다.

Anita의 사례

Anita는 16주의 중재 기간 동안 표준점수가 14점 향상되어 이 장에서 서술된 어떤 학생들보다 많은 점수를 얻었다. Anita는 1학년에 유급되었고 특수교육 서비스는 받지 않았으며 집에서 사용하는 언어는 영어였다. SNAP-IV 자료 및 일화기록은 Anita에게 심한 ADHD(주의력결핍과 과잉행동 혼합 유형)와 의미 있는 수준의 반항성장애가 있음을 보여 주었다. WASI의 두 하위영역은 Anita의 전체 IQ 점수가 76임을 보여 주었다. 1학년 초 Anita의 Theta 점수는 -1.856이었고 1분에 알고 있는 문자 38개의 이름을 댈 줄 알았으며, 이는 Anita의 수행이 본 연구에 참여한 단계 3 학생들의 평균보다 낮음을 의미한다.

Anita는 단계 3 연구 전해에 단계 1과 단계 2 중재 모두를 받았고, 그해 말에 WJ III 기초 기술 표준점수는 88, 단락 이해 표준점수는 86이었으며 구두 읽기 유창성 점수(1.7학년 자료에 대한)는 분당 정확하게 읽은 단어의 개수가 11개였다. 일화기록은 Anita가 단계 1+단계 2 중재를 받은 해에 종종 일반학급을 벗어났으며, Anita의 까다로운 행동들로 인해 단계 2 중재에 참여하기 어려웠음을 보여 주었다.

단계 3 중재 초에 Anita는 15개 단어 중 9개에서 음소들을 정확하게 혼합할 줄 알았고, 단어들 내에서 63개의 음소 중 49개를 분절할 수 있었으며, 10개의 청각적 처리(생략) 과제 중 4개를 정확하게 할 수 있었고, Phono-Graphix의 부호 지식 과제에 있어 항목들 중 54%를 정확하게 가려내었다. 동시에 Anita의 WJ III 기초 기술 표준점수는 82, 단락 이해 표준점수는 80이었으며 GORT-4 유창성 표준점수는 70이었다.

8주간의 Phono-Graphix 중재 후 Anita는 Phono-Graphix 혼합 및 분절 과제들에 숙달하게 되었고, 청각적 처리에서 90%의 정확도를 보였다. 부호 지식 평가에서 보인 Anita의 사후검사 점수 또한 90%였다. 그러므로 Anita는 Phono-Graphix 평가에서 높은 수준의 숙달도를 보였던 것이다. Anita가 이 시점의 중재 순서에서 보인 표준점수는 WJ III 기초 기술 94, WJ III 단락 이해 85, GORT-4 유창성 80으로, 이는 이해 및 유창성에서 8주 동안 표준점수 5라는 낮은 수준(그러나 교육적으로는 의미 있는)의 향상과 함께 단어들 및 비단어들을 해독하는 능력에 있어 상당한 향상을 반영하는 것이다. Read Naturally 중재단계가 진행되는 동안 Anita는 1.0학년 수준의 단락에서 98%의 정확도로 분당 52개의 단어들을 읽는 것에서 2.0 학년 수준의 단락에서 90%의 정확도로 분당 49개의 단어를 읽는 진전을 보였다. 16주 전체 중재 기간 동안 WJ III 기초 기술에서 표준점수 14점의 향상 외에 Anita는 WJ III 단락 이해에서 총 7점 그리고 GORT-4 유창성에서 5점의 향상을 보였다.

Joshua의 사례

Joshua는 WJ III 기초 기술 표준점수에서 두 번째로 높은 향상을 보였다. Joshua는 3학년이었고 학습장애로 판별되었기 때문에 특수교육 서비스를 받고 있었다. 집에서 사용하는 언어는 영어였고, 행동이나 주의집중에서 많은 어려움을 보이지는 않았다. Joshua의 WASI 두 하위영역 IQ 점수는 86이었다. 1학년 초 Joshua의 음소 인식 Theta 점수는 -0.928이었고, 이는 이 장에 서술된 다른 대다수의 단계 3 학생보다 약간 더 가벼운 장애가 있음을 반영하는 것이다. Joshua는 1분에 알고 있는 문자 40개의 이름을 댈 줄 알았다. 단계 3 중재가 진행되는 해에 Joshua는 학습 도움실에서 읽기 수업을 받았는데, Joshua가 참여한 16주 동안 중재가 그 수업을 대체하였다.

Joshua는 단계 1과 단계 2 중재 모두를 받았지만, 1학년 때 단계 2 보충 중재에는 참여하지 않았다. 1학년 말 Joshua의 WJ III 기초 기술 표준점수는 69였지만 2학년 말에는(1년간의 유지 검사) 78이었다. Joshua는 1학년 말 표준점수가 71로 단락 이해에서의 수행이 약간 더 좋았지만 2학년 말 Joshua의 이해 점수는 76으로 이 시점의 기초 기술에서 얻었던 점수보다 다소 낮았다. Joshua는 1학년 말 매우 낮은 수준의 구두 읽기 유창성을 보여 1.7학년 수준의 단락에서 분당 9개 단어를 정확하게 읽을 수 있었다.

3학년 1월(단계 3 중재 전)에 Joshua의 기초 읽기 기술 점수는 73까지 떨어졌고 이해 점수는 본질적으로 변함이 없었다. Joshua의 GORT-4 유창성 표준점수 70은 Joshua가 아직 유창한 읽기에 심한 어려움을 겪고 있음을 의미한다. Joshua의 Phono-Graphix 사전검사는 음소 분절(정확도 65%)과 청각적 처리(정확도 30%)에서의 심한 어려움은 물론 제한된 부호 지식(정확도 52%)을 지니고 있지만 음소 혼합(정확도 87%)에서는 상대적인 강점이 있음을 반영하고 있었다.

Phono-Graphix 프로그램이 적용되고 8주 후 Joshua는 모든 음소 인식 과제에서 완벽한 혹은 거의 완벽한 점수를 보였고 부호 지식 측정에서는 82%의 점수를 보였다. Joshua는 WJ III 기초 기술에서 표준점수 10, 단락 이해에서는 7 그리고 GORT-4 유창성에서는 5의 향상을 보였다. Read Naturally 중재 단계가 진행되는 8주 동안 Joshua가 3.0학년 수준의 단락들에서 분당 정확하게 읽은 단어 수는 43개에서 63개로 향상되었다. 이 시기 동안 Joshua는 WJ III 기초 기술에서 추가로 표준점수 2점이 향상되었고 단락 이해에서는 5점이 떨어졌으며 GORT-4 유창성에서는 추가로 5점을 더 얻었다.

단계 3에서 약한 반응을 보인 학생

본 연구의 집중적인 단계 3 중재에서 가장 빈약한 반응을 보였던 두 학생들은 WJ III 기초 기술에서 표준점수가 6점 하락한 Shandrell과 중재 기간 동안 표준점수가 2점 밖에 향상되지 않은 Marilee였다.

Shandrell의 사례

Shandrell은 3학년이었다. Shandrell은 기타 건강장애로 특수교육 서비스를 받고 있었다. Shandrell이 집에서 사용하는 언어는 영어였다. SNAP 자료는 Shandrell에게 ADHD(주의력결핍 유형) 특성이 있음을 그리고 WASI의 두 하위영역 측정에서 Shandrell의 전체 IQ 점수가 64임을 보여 주었다. 1학년 초 Shandrell의 음소 인식 Theta 점수는 -2.499였고, 이는 중도장애를 의미하는 것으로 이 장에 서술된 다른 어떤 단계 3 학생들보다 낮은 수준이었다. Shandrell의 빠른 자동 명명화 점수는 분당 문자 44개로 단계 3 집단 학생들의 평균에 가까웠다. Shandrell은 1학년 때 단계 1과 단계 2 중재 모두를 받았다. 1년 동안 중재를 받은 후, Shandrell은 1.7학년 수준의 단락들에서 분당 단 12개의 단어만을 정확하게 읽을 수 있었고 WJ III 기초 기술 표준점수는 72, 단락 이해 점수는 74였다. 이 점수들은 2학년 말까지 기본적으로 변함이 없었다.

3학년 때 단계 3 중재 초반 Shandrell의 기초 읽기 점수는 75점이었고 8주간의 Phono-Graphix 중재 후에도 거의 같은 수준이었다. Shandrell은 Phono-Graphix 단계가 진행되는 동안 단락 이해에서 표준점수의 향상을 보여 63점에서 76점이 되었고 GORT-4 유창성에서는 표준점수가 5 정도 향상되었다. Phono-Graphix 평가에서 Shandrell이 보인 진전은 좋은 편으로, 음소 혼합에서의 숙달도는 53%에서 80%로, 음소 분절에서의 숙달도는 73%에서 100%로, 생략 과제에서의 숙달도는 20%에서 90%로, 부호 지식에서의 숙달도는 64%에서 94%로 향상되었다.

Read Naturally 프로그램에서 Shandrell은 1학년 텍스트에서 2학년 텍스트로 진전을 보였고 프로그램이 끝날 무렵 2.0학년 수준의 텍스트에서 분당 78개의 단어를 정확히 읽는 속도로 읽을 수 있게 되었다(정확도는 90%). 이 기간 동안 Shandrell의 이해 및 유창성 점수는 안정적이었지만 WJ 기초 기술 점수는 7점 하락하여 69점이 되었다. 기초 읽기 기술군은 철자-단어 판별과 단어 공략이 종합된 것이다. 더욱 더 면밀하게 조사한 결과 Shandrell은 단어 읽기 과제의 표준점수는 77점이었지만 비단어 과제에서는 단 61점이었음이 드러났다. 이러한 형태는 동일한 기간 동안 수집된 TOWRE 점수에 의해서 뒷받침되어, 일견단어 읽기 효율성 점수는 86점인 데 반해 음소 해독 효율성(비단어 읽기) 점수는 단 73점일 뿐이었다.

Marilee의 사례

Marilee는 3학년이었고 집에서 사용하는 언어는 영어였다. 자료에 따르면 WASI 전체 IQ 점수는 87이었고 ADHD(혼합 유형) 특성을 지니고 있었다. Marilee는 학습장애로 판별되었기 때문에 특수교육 서비스를 받고 있었다. Marilee는 1학년 때 단계 1 중재만 받았다. 1학년 초 Marilee의 음소 인식 Theta 점수(-1.299)와 빠른 자동 명명화 점수(40.91) 모두 본 연구에 참여한 단계 3 학생들의 집단 평균에 가까웠지만 전형적인 발달을 보이는 1학년 학생들의 평균보다는 훨씬 낮았다. 1학년 말 Marilee의 WJ III 기초 기술 표준점수는 87점이었고, 1년 후 82점까지 떨어졌다. 1학년 말 Marilee의 단락 이해 표준점수는 86점이었고 해당 학년 수준의 단락에서 Marilee의 구두 읽기 유창성은 분당 15개의 단어를 정확하게 읽는 수준이었다. 2학년 말 Marilee의 이해 점수는 88점으로 비교적 안정적이었다.

3학년 때 단계 3 사전검사(9월에 실시)에서 Marilee의 기초 읽기 점수는 1학년 말의 점수와 거의 동일하였고, 이 점수는 비록 Marilee가 모든 중재 평가의 음소 인식 과제에서 100%의 숙달도를 달성하고 부호 지식 과제에서는 88%의 숙달도를 달성했다 하더라도 8주간의 Phono-Graphix 중재 후 약간 올랐을 뿐이었다. 8주간의 Read Naturally 프로그램 후 Marilee의 기초 기술 점수는 변함이 없었다. Marilee의 단락 이해 점수는 나빠져서 첫 8주간의 중재 동안 88점에서 83점이 되었고 그다음 8주간의 중재가 끝난 후에도 변함이 없었다. 비록 Marilee가 중재 자료에서 2.5학년 수준의 단락에서 분당 58개 단어를 정확하게 읽는 것에서 3.5학년 수준의 단락에서 분당 62개 단어를 정확하게 읽는 것으로 향상을 보였더라도, Marilee의 GORT-4 유창성 점수는 Phono-Graphix 단계가 진행되는 동안 5점 향상되었지만 Read Naturally 단계가 진행되는 동안 10점 떨어졌다.

읽기 중재의 신경과의 상관관계

지난 몇 년 동안 읽기의 신경과의 상관관계를 평가하기 위해 여러 연구가 기능적 신경영상법을 활용하였다. 절차에 대한 기술을 포함한 이러한 연구들의 요약은 여러 출처에서 찾아볼 수 있다(Fletcher, Simos, Papanicolaou, & Denton, 2004; Shaywitz & Shaywitz, 2004 참조). [그림 6-1]은 단어 인식에 관련된 뇌의 주요 부위의 윤곽을 보여 주고 있다. 간단히 말해서 유창하게 읽는 사람들에게 단어를 읽는 것은 처음에는 시각피질(visual cortex; 시각을 포함하는 모든 활동과 같이)을, 그 후에는 [그림 6-1]에 후두엽-측두엽으로 대략 정의된 뒤쪽 측두엽과 후두엽을 활성화시킨다. 뇌의 이 영역은 단어의 시각적 특징 분석을 매개한다. 그러면 좌(언어)반구에서 훨씬 더 우세한 Wernicke 영역을 대표하는 영역과 함께 뇌의 후두엽-측두엽 부분의 앞쪽 및 뒤쪽의 서로 다른 영역이 거의 동시에 활성화된다. [그림 6-1]의 Broca 영역에 상응하는 앞 영역은 만일 반응이 해당 단어를 소리 내어 말할 것을 요구한다면 특히 더 활성화되는 반면, [그림 6-1]에서 중간 및 위쪽 측두 뇌회(gyrus)를 대표하는 영역들은 음운론

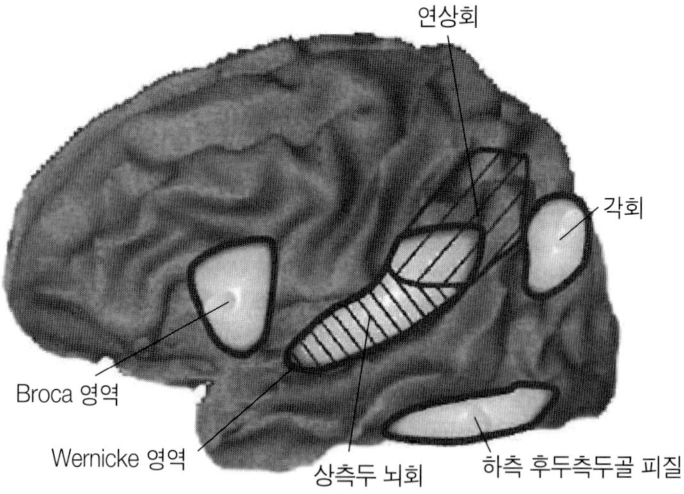

[그림 6-1] 네 가지 주요 참여 영역을 보여 주는 읽기에 대한 신경망 모델

주) Broca 영역은 단어의 발음에서처럼 조음 계획하기(articulation mapping)를 포함한 음운 처리과정을 담당한다. 상측두 및 연상회들의 일부분을 포함하는 Wernicke 영역은 철자-소리 대응을 포함하는 음운 처리과정을 담당한다. 각회는 양태들 전반에 걸쳐 정보를 연결하는 중계국이다. 후두-측두 영역의 시각 관련 피질은 문자소 분석을 담당한다.

출처: Fletcher, J. M., Simos, P. G., Papanicolaou, A. C., & Denton, C.(2004). Neuroimaging in reading research. In N. Duke & M. Mallette(Eds.), *Literacy research methodologies*. (p. 265). New York: The Guilford Press.

적 그리고 의미론적 처리과정과 더 많이 관련되어 있다. 이러한 결과는 후천적 병변을 지닌 사람들에 대한 연구에서는 물론 서로 다른 영상 양태 전반에 걸쳐 분명한 것이다 (Fletcher et al., 2004 참조).

자기원시영상

읽기에 어려움이 있거나 없는 어린 아동들의 신경 처리과정과 계층화된 조기 읽기 중재에 대한 반응 수준과 연계된 뇌 기능에서의 변화를 연구하기 위해 Mathes와 동료들(2005) 그리고 Denton과 동료들(2006)의 중재별 서로 다른 단계에서 기능적 신경영상법 자료가 수집되었다(Simos, Fletcher, Foorman et al., 2002). 신경영상법은 자기원시영상(Magnetic Source Imaging: MSI)이라고도 알려져 있는 자기뇌파검사(Magnetoencephalography: MEG)를 활용하여 수행되었다. 신진대사(혈류)의 평가를 통해 뇌 활성화의 위치를 알아내는 기능적 자기공명영상(functional Magnetic Resonance Imaging: fMRI)과 같은 더 잘 알려진 기능적 영상법에 비해 MSI는 뉴런이 전기방전을 발생시키고 생산할 때 만들어지는 생체 자기 에너지의 변화를 발견함으로써 뇌 기능의 위치를 찾아내는 신경생리학적 방법이다(Papanicolaou, 1998). 뇌의 전기적 활동은 수년 동안 뇌파전위기록술(Electroencephalography: EEG)과 같은 방법들을 통해 측정되어 왔고 종종 인지적 과제에 반응하는 전위들을 일깨웠다. 그러나 그와 같은 방법들은 두피 및 두개골로부터의 표면 방해로 인해 뇌 활성화의 특정 영역들의 위치를 찾아내는 데 있어 정확성이 부족하다. MSI에서는 뇌의 전기적 활동이 직접적으로 평가되는 대신, 신호들이 뉴런들 사이를 이동할 때 뇌 안에 그리고 뇌로부터 방출되는 자기장이 발견되고 자기 에너지의 원천을 규명하기 위해 사용된다. fMRI와 같은 신진대사 방법들과는 달리 MSI는 사람이 서로 다른 과제들을 수행함에 따라 뇌의 어떤 영역들이 활동적인지에 대해서뿐 아니라 이러한 활동이 언제 그리고 어떻게 일어나는지에 대해서도 정보를 제공한다. 또한 MSI는 fMRI보다 더 조용하고 머리를 통 안에 넣지 않으며 어른이 이 절차가 실행되는 동안 내내 아이 옆에 서 있을 수 있기 때문에 어린 아동들에게 더 쉽게 사용할 수 있다.

우리 연구 집단은 다양한 수준의 읽기 유창성을 지닌 아동들 및 성인들에게 MSI를 널리 사용해 왔다(Papanicolaou et al., 2003). 서로 다른 읽기 과정의 믿을 수 있는 신경 상관관계가 계획되었고, 이는 우리들로 하여금 신경영상법을 중재에 연계시킬 수 있게 해 줬다. Mathes와 동료들(2005) 그리고 Denton과 동료들(2006)과 결부된 3개의 MSI 연구에서 학생들은 그들의 뇌 활동이 모니터되는 동안 문자 소리 제공하기, 유사 비단어 읽기, 가능한 한 빨리 일견단어 읽기와 같은 과제들을 수행하였다. 이 중재 표본이 구두 반응을 필요로 하지 않는 진짜 단어 및 유사 비단어에 대한 영상 과제를 활용하여, 읽기장애로 판별된 학생들을 대상으로 한 우리의 중재 연구 표본(Simos, Fletcher, Bergman et al., 2002)에 비해 더 어리고 더 다양하며, 위험 특성들에 의해 정의되고 있음에 주목하라. 이러한 이유로 이 장에 보고된 어린 학생들을 대상으로 한 영상 연구의 결과는 Simos, Fletcher, Bergman과 동료들(2002)의 연구의 반복으로 검토되어서는 안 된다.

유치원 말의 읽기 위험군 학생과 비위험군 학생의 신경영상

Simos, Fletcher, Foorman과 동료들(2002)의 연구에서는 Mathes와 동료들(2005)의 연구에 참여한 첫 번째 집단의 학생들 45명(위험군 30명, 비위험군 15명)에 초점이 맞춰졌다. 이 학생들은 약 6.5세였고 막 유치원 과정을 마쳤다. 학생들은 이 장의 초반에 기술된 선별 절차를 통해 읽기 어려움의 위험군 및 비위험군에 지정되었다. 이 연령대 아동들의 대다수가 일견단어 몇 개는 읽을 수 있지만 유사 비단어는 사실상 읽지 못하기 때문에 철자 소리 명명하기 과제가 분석되었다. 읽기에 어려움을 갖게 될 위험에 처한 학생들은 비위험군 학생들과는 많이 다른 뇌 활성화 프로파일을 보였다. 특히 인쇄된 것을 소리로 변환시키는 것과 연계된 좌반구 상부 측두 영역의 참여가 부족했다([그림 6-1] 참조). 또한 우반구 동일 영역의 더 많은 참여가 있었는데, 이는 읽기문제가 있는 것으로 판별된 아동들에 대한 연구들에서도 발견되었다. 활성화의 시간적 흐름(시기 및 순서)은 이 결과들에 부합하였다. 이러한 결과들은 해독에 있어 심한 어려움을 보이는 더 나이 든 아동들 및 성인들을 대상으로 한 우리의 연구(Papanicolaou et al., 2003) 결과와 매우 유사하였고, 심한 읽기장애를 지닌 사람들은 보통 음운 처리과정과 연계된 뇌 영역에서의 활성화가 감소되었음을 보여 주는 다른 영상 연구들

(Shaywitz & Shaywitz, 2004)과도 일치한다.

1학년 단계 1+단계 2 교수 이후의 신경 영상

Simos와 동료들(출판 중)의 연구에서 Simos, Fletcher, Foorman과 동료들(2002)의 연구에 참여한 45명 중 33명(위험군 17명, 비위험군 16명)과 Mathes와 동료들(2005) 연구의 두 번째 집단 학생들로부터 자료를 제공했던 몇몇 추가된 참여자와 함께 1학년 말에 추수 MSI 회기에 참여하였다. 연구의 목적은 단계 1+단계 2 중재와 연계된 뇌 활성화에서의 변화를 조사하고 중재를 받은 위험군 학생들의 처리 형태를 전형적인 발달을 보이는 1학년 학생들의 처리 패턴과 비교하는 데 있었다. 이 표본은 두 번째 집단보다 더 컸으나 심각한 홍수로 인해 MSI 연구실이 2002년 여름과 가을 몇 달 동안 폐쇄되었다. 위험군에는 단계 1 혹은 단계 1+단계 2 중재에 적절한 반응을 보인 14명의 학생과 부적절한 반응을 보인 3명의 학생이 포함되었다. Simos와 동료들(출판 중)은 1년간의 중재 후 단계 1+단계 2 교수에 적절한 반응을 보인 위험군 1학년 학생들의 활성화 프로파일은 두 과제 모두에서 전형적인 발달을 보인 학생들의 프로파일과 더 유사한데(하지만 동일하지는 않았다), 특히 활성화의 시간적 흐름에서 그렇다는 것을 발견했다.

단계 3 중재에 적절한 반응을 보인 학생과 그렇지 못한 학생의 신경 영상

마지막 연구(Simos et al., 출판 중)에는 Denton과 동료들(2006)의 연구에 참여했던 15명의 학생이 포함되었다. 이 학생들은 중재가 시작되기 전과 각 8주간의 중재 이후에 영상이 촬영되었다. 중재와 연계된 전반적인 변화는 1) 보통 어휘-의미 처리과정에 관여하는 측두엽의 어떤 영역에서 증가된 활성화 그리고 2) 측두 및 전두 피질의 국지적 활동의 상대적 시기에 있어 장애가 없는 독자들에게서 관찰된 것과 같은 양상으로의 변화 등을 포함하여, 유창한 독자들에게서 보인 양상 쪽으로의 이동이 나타났다. 이러한 변화의 대부분은 첫 8주간의 중재, 즉 Phono-Graphix 단계 후 분명해졌다. 특히 일견단어들을 가능한 한 빨리 명명할 것을 요구하는 유창성 과제가 진행되는 동안 모든 연구대상의 활동을 분석해 본 결과, 증가된 활동의 정도와 감소된 시작 대기에 관여하는 중간 측두 뇌회의 뒷부분과 감소된 활성화 시작 대기에 관여하는 측면 후두-측두 영역 그리고 증가된 시작 대기에 관여하는 하부 전두 뇌회에서 중재 후 뇌 활동의 변화가 드러났다.

연구 결과의 대표적인 예들은 [그림 6-2]에서 볼 수 있는데, 이 그림에는 Denton과 동료들(2006)의 연구에서 중재 중 Phono-Graphix 단계에 대한 반응자의 예가 제시되어 있다. 비위험군 학생들보다는 위험군 학생들과 더 관련되어 있는 우반구의 경향이

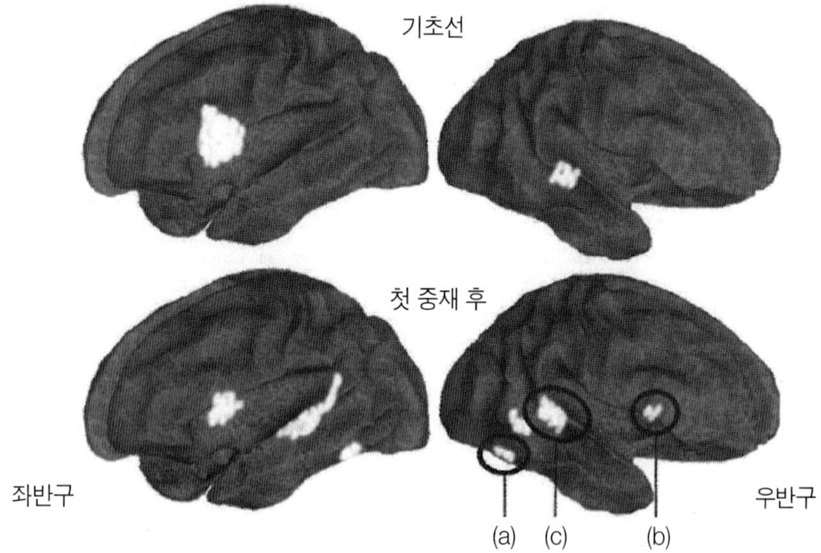

[그림 6-2] 성공적인 단계 3 교정의 첫 8주(Phono-Graphix 단계) 후 자음-모음-자음(예를 들어, 'kak') 그리고 모음-자음-모음(예를 들어, 'ama')에 반응하는 신경자기 활동에서의 변화

주) 기초선(그림의 상단)에서 뇌 활동은 우반구 상부-측두 영역(c)과 좌반구 하부 전두 영역(b)에 국한되어 있다. 8주 후 다시 검사했을 때 활동의 정도에 있어 좌반구[상부 측두엽-우반구의 (c)로 표시되어 있지만 좌반구에는 표시되지 않은]에서 극적인 증가가 주목되었다. 또한 시각적 연계 영역(a)에서 적은 활성화 증가와 전두 영역에서 활성화의 감소도 관찰되었다. 중재 후 활성화 프로파일에서의 주목할 만한 변화는 (a)에서의 초기 활성화 및 뒤이은 (c)에서의 활성화로 특징지어지고 이는 다시 (b)에서의 활성화로 이어진다. 영역 활성화의 이러한 시간적 형태는 읽기 학습에 전혀 어려움을 겪지 않은 아동들 및 성인들의 특성이다.

출처: Simos, P. G., Gletcher, H. M., Sarkari, S., Bilingsley, R. K., Francis, D. J., Castillo, E. M., et al.(2005). Early development of neurophysiological processes involved in normal reading and reading disability. *Neuropsychology, 19*, 794.

두 그림 모두에서 분명하게 드러나 있다. 하지만 두 그림 중 어느 것도 읽기에 어려움을 겪는 것으로 판별된 더 나이 든 학생들(Papanicolaou et al., 2003) 및 Mathes와 동료들(2005) 연구에서의 부적절한 반응을 보인 학생들을 특징짓는 좌반구의 중간 그리고 상부 측두 영역에서의 두드러진 정상 이하의 활성화를 보여 주지는 못하고 있다.

논의

이 장은 3단계 읽기 중재 모델에 내재된 가능성과 도전을 보여 주고 있다. 단계 1+단계 2 연구 및 단계 3 연구 모두에 참여한 학생들이 적기 때문에 이 장의 결론은 잠정적인 것으로 간주되어야 한다. 다음의 관찰들 각각에 대하여 많은 추가적인 의문점이 나타나고 있다. 분명히 단계화된 읽기 중재에 대한 반응은 연구할 기회가 무르익은 영역이다.

중재의 세 단계들에 대한 반응 수준

첫 번째 다소 분명한 관찰은 중재에 적절한 반응을 보인 학생들의 비율은 적절한 반응을 나타내기 위해 수립된 준거 및 기준에 의존한다는 것이다. 이 장에 기술된 Mathes와 동료들(2005)의 단계 1과 단계 2 연구에서 반응은 분당 정확하게 읽은 단어 수가 40개이거나 그 이상인 준거보다는 WJ III 기초 기술군의 표준점수가 백분위 30이거나 그 이상인 준거에서 훨씬 더 높았다. 읽기 중재 연구들은 중재에 대한 반응을 결정하는 다양한 방법을 채택해 왔다(예를 들어, O'Connor, 2000; Speece & Case, 2001; Torgesen, 2000; Vellutino et al., 1996 참조). 양질의 교수 및 중재에 대한 반응 활용을 학습장애 판별을 위한 하나의 준거로 지지하는 「장애인교육법(IDEA)」의 2004년 개정판(PL 108-446)을 고려하면, 단계 2 중재에 대한 적절한 반응을 결정하는 문제는 매우 중요하다.

단계 3 중재에 대한 적절한 반응을 구성하는 것에 대해서는 알려진 것이 훨씬 더 적다. Denton과 동료들(2006)은 16주간의 중재가 진행되는 동안 WJ III 기초 기술군에서 .5 표준편차 상승을 준거로 정했다. 연구의 한정된 기간 및 몇몇 연구대상이 보인 매우 낮은 사전검사 표준점수로 인해 이 목표가 선택된 것이다. 거의 틀림없이 Denton과 동료들(2006)이 단계 3에 대한 부적절한 반응자로 판별한 몇몇 학생이 반응의 징후를 보였지만 더 긴 중재가 필요했다고 말할 수 있다. 예를 들어, 한 학생 Patrick은 16주간의 중재가 진행되는 동안 WJ III 기초 기술군에서 표준점수 6점의 향상을 보여 68점에서 74점이 되었다. 비록 Patrick의 해독 기술이 여전히 심각한 수준이라 하더라도, Patrick의 연령 조정 표준점수는 Patrick이 단계 3 중재를 시작한 1학년 말부터 3학년 초까지 비교적 변함없이 유지되고 있었지만 특수교육 서비스를 받고 있었음에도 불구하고 16주간의 집중적이고 체계적이며, 명시적인 소집단 중재를 받은 후 6점이 향상되었음은 주목할 만한 일이다. Patrick의 이해 및 유창성 점수는 한결같이 낮은 수준을 유지하고 있어 더 확대된 중재의 필요성을 의미하고 있었다.

궁극적으로 목표는 해독, 유창성, 이해를 포함하는 주요 읽기기술에 대해 평균 범위에서 수행하는 것이어야 한다. 부분적으로 단계 3은 긴 중재기간으로 정의된다(Denton & Mathes, 2003 참조). 그럼에도 불구하고 학생들이 집중적인 단계 3 중재를 더 이상 필요로 하지 않을 때를 나타내기 위한 기준을 적용하기 위해 연구가 실제에 정보를 제공하는 것은 중요한 일이다. 현재 서비스 모델에서 읽기장애 학생들에게 집중적인 중재가 더 이상 필요하지 않다는 것을 보여 주는 성취인, 이들 자신의 연령과 학년에 맞는 평균적 수행이라는 목표를 향해 실질적인 진전을 보이는 일은 드물다(Hanushek, Kain, & Rivkin, 1998 참조). 만일 3단계 중재 모델의 목표가 모든 학생이 역량을 갖춘 독자가 되는 것이라면, 학생이 추가적인 집중 중재 없이 성공할 좋은 기회를 갖게 되는 수행 수준에 대한 결정이 반드시 제공되어야 한다.

단계 3 중재에 적절한 반응을 보인 학생과 그렇지 못한 학생의 특성

이 장은 집중적인 단계 3 중재에 적절한 반응을 보인 학생들과 그렇지 못한 학생들에 대한 상세한 설명을 제공하였다. 이러한 설명에 근거하여 다른 무엇보다도 중요한 세 가지 관찰이 이루어질 수 있다.

첫째, 이 장에 기술된 단계 3 중재는 16주 동안 제공되었는데, 첫 번째 8주는 매일 2시간 동안의 명시적이고 체계적인 부호중심 교수로 구성되었고 두 번째 8주는 해독

할 수 없는 텍스트에서의 유창성 및 해독 기술의 적용 등을 목표로 했다. 모든 교수는 높은 수준의 자격을 갖춘 교사들이 교사 1명에 학생 2명으로 구성된 집단에서 제공되었다. 우리의 현 교육체제 내에서 이 수준의 교수 강도는 특수교육 환경에서조차 거의 제공되지 않고 있다. 이 집중적인 중재에 대해서조차 반응의 수준에 수많은 변화가 있다는 사실은 모든 학생을 읽을 수 있게 가르치는 것에 내재된 도전을 보여 주는 것이다.

이 장의 단계 3 중재에 대한 반응의 설명을 기반으로 하는 두 번째 주요 관찰은 단계 3에 높은 수준의 반응을 보인 학생들과 낮은 수준의 반응을 보인 학생들의 특성 및 사전검사 점수가 대다수의 영역에서 놀라우리만치 유사하다는 것이다. 예외는 이 표본에서 단계 3에 반응을 잘 보이지 못한 학생들이 남학생이고 3학년이며, 특수교육 서비스를 받고 있을 가능성이 높다는 정도다. 게다가 단계 3 이전에 단계 1 중재만 받은 학생들은 세 단계 모두 중재를 받은 학생들에 비해 단계 3에 적절한 반응을 보일 가능성이 떨어졌다. 부적절한 반응을 보인 학생들 집단에는 또한 ADHD 징후를 보이고 반항성장애와 같은 까다로운 행동을 지닌 학생들의 비율이 높지만 중재에 가장 높은 수준의 반응을 보인 학생은 이 두 조건들 모두에 강력한 징후를 지니고 있다. 비록 단계 3에 가장 약한 반응으로 보인 학생이 가장 낮은 음소 인식 Theta 점수로 1학년을 시작했다 하더라도 단계 3에 높은 수준의 반응을 보인 학생들과 낮은 수준의 반응을 보인 학생들의 1학년 초 음소 인식 혹은 빠른 자동 명명화 평균점수에서는 차이가 거의 없었다. 단계 3 교수에 대한 적절한 반응과 부적절한 반응을 예측할 수 있는 학생의 특성을 규명하기 위해 후속 연구가 필요하다.

마지막으로 적절한 반응과 부적절한 반응을 보인 학생들에 대한 이 장의 기술은 1학년 때 읽기에 심각한 문제를 보이는 학생들에게 단계 2 중재를 제공하고 2학년 때 단계 3 중재를 시작하는 것을 지지하고 있다. 1학년에 단계 1과 단계 2 모두를 받은 학생들은 단계 3에 반응을 더 잘하는 경향이 있었고, 1학년을 다시 다니거나 2학년을 시작하는 학생들은 3학년 학생들보다는 단계 3에 더 쉽게 반응을 보였다. 더욱이 단계 2 중재를 요구하는 학생들을 판별하기 위한 개선된 방법이 필요하다. Mathes와 동료들(2005)의 연구에서 읽기에 어려움을 갖게 될 위험에 처해 있다고 판단된 학생들 중 상당수가 단계 1 학급 교수만 받은 후 1학년 말에 적절한 반응의 기준을 달성했다. 단계 2에 적합한 학생들을 판별하고, 단계 2에 대한 필요성 결정을 개선하기 위한 한 가지 방법으로 학년도가 시작될 때보다는 1학년 1월에 단계 2 보충 중재를 시작하는 것의 효과를 체계적으로 연구해야 한다.

뇌 영상 연구의 통찰

신경영상법 연구는 유창성 수준이 서로 다른 학생들의 신경 처리과정과 읽기 점수의 향상 사이에 중요한 관계가 있음을 보여 준다. 읽기에 어려움을 갖게 될 위험에 처해 있는 학생들과 교수에 적절하게 반응하지 못하는 학생들 그리고 읽기에 어려움이 있는 것으로 판별된 더 나이 든 학생들은 뇌 활동 프로파일에서의 유사성이 두드러진다. 중재 후 연령 및 중재 강도에 따라 다른 것으로 보이고 정상화되는 과정 및 보충 과정 모두를 대표하는 것 같은 다양한 결과들이 분명해진다. 이 많은 연구로부터 나온 가장 중요한 결론은 교수는 뇌가 기능하는 방식을 바꾼다는 엄청난 가능성을 제공한다는 것이다. 심한 읽기장애는 학생에게 일생 동안의 문맹이라는 선고를 내리는 한정된 조건이 아니다. 비록 읽거나 읽기와 관련된 활동을 시도할 때 읽기장애를 지닌 그리고 지니지 않은 사람들의 뇌가 기능하는 방식에 두드러진 차이가 있다 하더라도 이러한 형태는 교수를 통해 바뀔 수 있는 것이다. 이 장에 기술된 연구는 심각한 읽기에 있어서의 어려움을 겪을 위험에 처한 어린 학생들과 지속적으로 읽기에 어려움을 보이는 더 나이가 든 학생들에게는 이것이 참이라는 것을 보여 주고 있다. 뇌 기능에 있어 이러한 변화가 일정 기간 동안 보이는 안정도를 조사하는 종단 연구뿐 아니라, 중재에 대한 적절하고 부적절한 반응과 관련된 그리고 유창한 읽기의 발달과 관련된 신경 표시를 더 정의하기 위해 후속 연구가 요구된다.

실제를 위한 함의

단계 3 중재가 특수교육 혹은 일반교육에서 제공되어야 할지에 대해서는 교육자들과 연구자들 그리고 정책 입안자들 사이에 의견충돌이 존재한다. 어떤 사람들은 고강도 중재를 일반교육에서 제공하는 것이 설득력이 떨어진다고 말하며 3단계 모델 내에서 전달되는 중재 목적이 학업에서의 어려움을 교정하는 데 있는지 아니면 일반교육에서 정상적으로 제공되는 것 이상의 교수에 대한 필요성을 근거로 읽기장애의 존재를 보여 주고자 하는 것인지 의문을 제기한다(Fuchs, 2003; Fuchs, Mock, Morgan, & Young, 2003). 이에 못지않은 의문은 어떤 학생이 일반교육만으로 결실을 볼 수 없음을 근거로 장애를 지녔다고 결정될 수 있는지 아니면 소집단에 제공되는 신중하게 설계된 교수에 대한 부적절한 반응이 학습장애에 대한 더 나은 지표인지에 관한 것이다. 더욱이 심하고 지속적인 음운 처리장애가 소집단 형태로 제공된 교수를 통해 교정될 수 있다는 증거가 있고(Denton et al., 2006; Torgesen et al., 2001), 이는 학생들로 하여금 장기간의 집중 지원 없이 읽기에서 적절한 진전을 계속 보이게 할 수 있다. 단계 3이 일반교육에서 제공되는 것으로 생각되든 특수교육에서 제공되는 것으로 생각되든, 연구자들이 3단계 모델에서 매우 집중적인 중재에 학생이 보이는 반응을 체계적으로 연구하는 것은 중요한 일이다.

단계 3에서의 개별화 요구

단계 3에 대한 반응에서의 매우 큰 변화와 함께 이 장에 기술된 단계 3 학생들의 다양한 특성은 단계 3 교수가 특히 학생의 강점 및 요구에 반응하여 설계될 필요가 있음을 의미하는 것이다. 이러한 교수는 내용과 교수 전달, 강도의 수준 그리고 교수 기간에 관해 높은 수준의 개별화를 필요로 할 수 있다. 개별화교육계획에 대한 특수교육의 전통적인 강조는 양질의 단계 2 보충 중재에 부적절하게 반응하는 학생들이 요구하는 교수의 종류에 특히 잘 들어맞는다.

서비스에서의 근본적인 변화

이 장에 기술된 단계 3 중재의 강도 수준은 대다수 특수교육 프로그램에서 가능하지 않고, 일반교육에서는 더욱더 어렵다는 것이 분명하다. Denton과 동료들(2006)의 연구에서 단계 3 중재를 받은 학생들 중 일부가 경쟁력을 갖춘 독자가 되기 위해 훨씬 더 긴 혹은 다른 중재가 필요했다는 것 또한 분명한 일이다. 이것이 교육자들에게 엄청난 도전을 제시한다. 3단계 읽기 중재 모델에 내재된 가능성들에는 특수교육이 필요한 학습장애를 지닌 것으로 잘못 판별된 학생들의 수를 줄이는 것이 포함된다. 많은 학습도움실이 정말로 개별화되고 집중적인 교수의 제공을 가능하게 만들기에는 너무 많은 학생에게 서비스를 제공하고 있다. 만일 학교가 양질의 단계 1과 단계 2 중재를 필요로 하는 학교에 있는 모든 학생에게 그것을 제공한다면 특수교육이 제공하는 단계 3은 가장 심한 장애를 지니고 있는 학생들에게만 서비스가 제공될 가능성이 있다. 이는 특수교사들로 하여금 읽기에 심한 어려움을 지닌 학생들이 훨씬 더 뒤처지는 대신 전형적인 기능을 보이는 또래들의 성과 아래에 상대적 위치를 유지 하는 것으로 이루어진 가장 긍정적인 성과를 지니고 진급하게 하기보다는 읽기장애 학생들과 그들보다 더 잘 읽는 또래들 사이의 격차를 좁힐 수 있도록 설계된 교수를 제공할 수 있게 해준다.

어떤 사람이 읽으려고 할 때 뇌가 기능하는 방식을 근본적으로 재구조화할 가능성을 보여 주는 연구에 비추어 보면, 현재의 전형적 실제보다 훨씬 더 많은 것이 가능하다는 증거가 있다. 교육 공동체는 반드시 읽기에 심한 어려움을 지닌 학생들조차 또래들과의 격차를 줄이면서 적절하게 읽도록 가르칠 수 있다고 기대하는 것이 중요하고 합리적인지 질문해야 한다. 만일 이러한 목적이 추구할 가치가 있는 것이라면 3단계 읽기 모델은 가능성이 있는 구조를 제공할 것으로 보인다.

참고문헌

Denton, C. A., Fletcher, J. M., Anthony, J. L., & Francis, D. J. (2006). An evaluation of intensive intervention for students with persistent reading difficulties. *Journal of Learning Disabilities, 39,* 447-466.

Denton, C. A., & Hocker, J. K. (2006). *Responsive reading instruction: Flexible intervention for struggling readers in the early grades.* Longmont, CO: Sopris West.

Denton, C. A., & Mathes, P. G. (2003). Intervention for struggling readers: Possibilities and challenges. In B. R. Foorman (Ed.), *Preventing and remediating reading difficulties: Bringing science to scale* (pp. 229-251). Timonium, MD: York Press.

Fletcher, J. M., Simos, P. G., Papanicolaou, A. C., & Denton, C. (2004). Neuroimaging in reading research. In N. Duke & M. Mallette (Eds.), *Literacy research methodologies* (pp. 252-286). New York: The Guilford Press.

Fountas, I. C., & Pinnell, G. S. (1999). *Matching books to readers*. Portsmouth, NH: Heinemann.

Fuchs, D., Mock, D., Morgan, P. L., & Young, C. L. (2003). Responsiveness-to-intervention: Definitions, evidence, and implications for the learning disabilities construct. *Learning Disabilities Research & Practice, 18,* 157-171.

Fuchs, L. S. (2003). Assessing intervention responsiveness: Conceptual and technical issues. *Learning Disabilities Research & Practice, 18*(3), 172-186.

Hanushek, E. A., Kain, J. F., & Rivkin, S. G. (1998). *Does special education raise academic achievement for students with disabilities?* National Bureau of Economic Research, Working Paper No. 6690, Cambridge, MA. Accessed on September 6, 2002, from http://www.nber.org/papers/w6690

Ihnot, C., Mastoff, J., Gavin, J., & Hendrickson, L. (2001). *Read naturally.* St. Paul, MN: Read Naturally.

Individuals with Disabilities Education Improvement Act of 2004, PL 108-446, 20 U.S.C. §§ 1400 *et seq.*

Mathes, P. G., Denton, C. A., Fletcher, J. M., Anthony, J. L., Francis, D. J., & Schatschneider, C. (2005). The effects of theoretically different instruction and student characteristics on the skills of struggling readers. *Reading Research Quarterly, 40,* 148-182.

Mathes, P., Torgesen, J. K., Allen, S. H., & Allor, J. H. (2001). *First grade PALS (Peer-Assisted Literacy Strategies).* Longmont, CO: Sopris West.

Mathes, P. G., Torgesen, J. K., Menchetti, J. C., Wahl, M., & Grek, M. K. (1999). *Proactive beginning reading*. Available from P. G. Mathes, Institute for Reading Research, Southern Methodist University, Post Office Box 750381, Dallas, TX 75275.

McGuiness, C., McGuiness, D., & McGuiness, G. (1996). Phono-Graphix: A new method for remediating reading difficulties. *Annals of Dyslexia, 46,* 73-96.

O'Connor, R. (2000). Increasing the intensity of intervention in kindergarten and first grade. *Learning Disabilities Research & Practice, 15,* 43-54.

Papanicolaou, A. C. (1998). Fundamentals of functional brain imaging. Lisse, The Netherlands: Swets & Zetilinger.

Papanicolaou, A. C., Simos, P. G., Breier, J. I., Fletcher, J. M., Foorman, B. R., Francis, D. J., et al. (2003). Brain mechanisms for reading in children with and without dyslexia: A review of studies of normal development and plasticity. *Developmental Neuropsychology, 24,* 593-612.

Scarborough, H. S. (1998). Early identification of children at risk for reading disabilities: Phonological awareness and some other promising predictors. In P. Accardo, A. Capute, & B. Shapiro (Eds.), *Specific reading disability: A view of the spectrum.* Timonium, MD: York Press.

Schatschneider, C., Francis, D. J., Foorman, B. R., Flethcer, J. M., & Mehta, P. (1999). The dimensionality of phonological awareness: An application of item response theory. *Journal of Educational Psychology, 91,* 439-449.

Shaywitz, S. E., & Shaywitz, B. A. (2004). Neurobiologic basis for reading and reading disability. In P. McCardle & V. Chhabra (Eds.), *The voice of evidence in reading research* (pp. 417-442). Baltimore: Paul H. Brookes Publishing Co.

Simos, P. G., Fletcher, J. M., Bergman, E., Breier, J. I., Foorman, B. R., Castillo, E. M., et al. (2002). Dyslexia-specific brain activation profile becomes normal following successful remedial training. *Neurology, 58,* 1203-13.

Simos, P. G., Fletcher, J. M., Foorman, B. R., Francis, D. J., Castillo, E. M., Davis, R. N., et al. (2002). Brain activation profiles during the early stages of reading acquisition. *Journal of Child Neurology, 17,* 159-163.

Simos, P. G., Fletcher, J. M., Sarkari, S., Billingsley, R. L., Francis, D. J., Castillo, E. M., et al. (2005). Early development of neurophysiological processes involved in normal reading and reading disability. *Neuropsychology, 19,* 787-798.

Simos, P. G., Fletcher, J. M., Sarkari, S., Billingsley, R. L., Denton, C. A., & Papanicolaou, A. C. (in press). Intensive instruction affects brain magnetic activity associated with reading fluency in children with persistent reading disabilities. *Journal of Learning Disabilities.*

Speece, D. L., & Case, L. (2001). Classification in context: An alterative to identifying early reading disability. *Journal of Educational Psychology, 93,* 735-749.

Swanson, J., Schuck, S., Mann, M., Carlson, C., Hartman, K., Sergeant, J., et al. (2004). *Categorical and dimensional definitions and evaluations of symptoms of ADHD: The SNAP and the SWAN ratings scales.* Retrieved December 20, 2004, from http://www.adhd.net

Torgesen, J. K. (2000). Individual differences in response to early interventions in reading: The lingering problem of treatment resisters. *Learning Disabilities Research & Practice, 15,* 55-64.

Torgesen, J. K., Alexander, A. W., Wagner, R. K., Rashotte, C. A., Voeller, K., Conway, T. et al. (2001). Intensive remedial instruction for students with severe reading disabilities: Immediate and long-term outcomes from two instructional approaches. *Journal of Learning Disabilities, 34,* 33-58.

Torgesen, J. K., Wagner, R., & Rashotte, C. A. (1999). *Test of Word Reading Efficiency.* Austin, TX: PRO-ED.

Vellutino, F. R., Scanlon, D. M., Sipay, E. R., Small, S. G., Pratt, A., Chen, R., et al. (1996). Cognitive profiles of difficult-to-remediate and readily remediated poor readers: Early intervention as a vehicle for distinguishing between cognitive and experiential deficits as basic causes of specific reading disability. *Journal of Educational Psychology, 88,* 601-638.

Wechsler, D. (1999). *Wechsler Abbreviated Scales of Intelligence.* New York: The Psychological Corporation.

Wiederholt, J. L., & Bryant, B. R. (2001). Gray Oral Reading Tests (GORT-4) (4th ed.). Austin, TX: PRO-ED.

Woodcock, R. W., McGrew, K. S., & Mather, N. (2001). *Woodcock-Johnson III Tests of Achievement.* Itasca, IL: The Riverside Publishing Co.

제7장

읽기 성과에 영향을 미치는 중재의 계층

Rollanda E. O'Connor

아이들은 여러 가지 이유로 읽기 곤란을 경험할 수 있다. 그러나 가장 좌절감을 주고 고통스럽지만 예방할 수 있는 것 중에 하나는 초등학교에 다니는 동안의 미흡한 교수법이다. 아동의 읽기 어려움을 경감하기 위한 소위 읽기 중재의 3단계 모델이라고 불리는 단계적 접근법은 모든 학생이 읽기 학습의 적절한 기회를 가진다는 믿음을 의미하는 일반교육에서의 개선된 교수적 일과와 더불어 시작된다. 읽기장애의 조기 판별에 초점을 둔 1980년대의 여러 연구(Juel, 1988; Share, Jorm, MacLean, & Matthews, 1984)와 1990년대의 유치원생들과 1학년 학생을 대상으로 한 중재 연구들(Ball & Blachman, 1991; Cunningham, 1990; O'Connor, Jenkins, & Slocum, 1995; Torgesen, Wagner, & Rashotte, 1997; Vellutino et al., 1996)에서 연구자들은 이 책의 제4장에 기술한 교수 패키지의 요소들을 규명하기 시작하였다. 효과적인 조기중재에 관한 연구들에서 중요하다고 여겨지는 요소들은 초등 학년에서 학생들을 위한 일반 학급 읽기 교수에 대한 현재 권고들에 반영되고, 이러한 접근법은 알파벳 부호와 음소 인식에서의 체계적인 교수에서 시작하여 어휘력, 유창성, 이해의 발달까지 확장된다.

읽기에서의 계층화된 중재

실험연구들을 통해 읽기 습득에 필요한 중요한 요소들이 연구자들에 의해 규명되었다 하더라도 이 지식이 가장 필요한 사람들은 교사들이다. 교사들은 전문성 개발에 반응하여 그들의 교수를 변화시킬 수 있고 실제로 변화한다(Darling-Hammond, 2000; Garet, Porter, Desimone, Birman, & Yoon, 2001; McCutchen et al., 2002). 그래서 연구자들은 실험 중재에서 사용된 활동들을 일상적인 교수로 통합할 수 있는가를 질문하기 시작했다.

교사들이 읽기를 가르치는 일에 착수했을 때 그들이 이뤄 낸 변화가 그랬던 것처럼, 1계층의 첫 시도로 교사들에게 제공된 전문성 개발은 실질적인 것이었다(Blachman, Ball, Black, & Tangel, 1994; Greenwood, Tapia, Abbott, & Walton, 2003; O'Connor, 2000; Simmons, Kame'enui, Stoolmiller, Coyne, & Harn, 2003; Vaughn, 2003).

교사들의 실제를 변화시키는 연구들로부터 얻은 결론은 전문성 개발만으로(교사의 교수적 실제에서의 향상과 더불어) 애초에 읽기에 어려움이 있는 학생으로 판별된 많은 학생을 위한 읽기 성과를 향상시킬 수 있다는 것이다(Greenwood et al., 2003; O'Connor, 2000; O'Connor, Fulmer, Harty, & Bell, 2005; Simmons et al., 2003; Vaughn, 2003).

1차 혹은 단계 1 중재라고도 불리는 중재의 첫 계층은 부적절한 교수를 받은 학생들이 읽기장애로 잘못 진단되고 나서 특정 중재로 이 장애가 치료된 것처럼 보이게 하는, 연구 보고서의 거짓 긍정(false positives)을 줄이는 데 도움이 되었다. 1차 중재는 또한 연구자들을 도와 진짜 위험에 대한 더 정확한 추정을 가능케 만들었고, 읽기장애로 잘못 진단된 학생들이 더 적어졌기 때문에 2차 혹은 단계 2 중재를 비용 면에서 더욱 효율적인 것으로 만들었다.

읽기 중재의 3단계 모델은 일반교육 교수에서의 변화로 시작된다. 많은 증거가 음소 인식, 철자-소리 관계, 알파벳 원리에서의 학습교수가 다양한 특성을 가진 많은 학생에게 효율적이라고 제안한다(Blachman, Ball, Black, & Tangel, 1994, 2000; Foorman,

Francis, Fletcher, Schatschneider, & Metha, 1998; O'Connor, 2000; O'Connor, Notari-Syverson, & VAdasy, 1996). 그럼에도 불구하고 효과적인 교수 실제와 활동에 초점을 두었을 때조차 모든 학생이 교실 전체나 대집단 교수에 반응하지는 않는다. 단계 2 중재가 수립되는 것은 이 학생들을 위해서다. 2006년 현재 단계 1과 단계 2 중재 혼합의 많은 예가 전국적으로 실행되었다.

단계 2 중재에 대한 연구들은 실험에 참여한 학생들에게 일반학급 교수에서 제시된 것과는 매우 다른 기술들을 가르쳤던, 1990년대 전반에 걸쳐 일반적이었던 중재 연구들에서 벗어나고 있다. 오히려 단계 2 중재는 일반학급에서의 읽기 교수를 기반으로 하고 있으며, 이는 연구로부터 도출되어 전문성 개발을 통해 교사들에게 전달된 개선사항들의 결과로서 잘 설계되었고, 수업을 받는 대다수의 학생에게 효과적인 것으로 추정된다. 그러므로 이러한 수업들에서는 또래들에 비해 뒤처진 학생들이 빈약한 교수적 환경의 결과로 뒤떨어질 가능성은 낮아진다.

단계 2는 여러 가지 가능성이 초등 학년에서 좋은 교수를 통해 학생들에게 얼마나 혜택을 줄 수 있는지에 영향을 미칠 수 있다는 개념에 토대를 두고 있다. 그러므로 단계 2에서의 추가적인 교수는 이러한 가능성들 중 하나 또는 그 이상을 다루도록 고안되었다. 예를 들어, 학생들은 단계 1 교수의 시작 시점에 아마도 준비되지 않았을 것이다(단계 2 교수가 선수 문해 기술을 뒷받침함으로써 시작되는 경우). 또래들이 배우는 것을 배우기 위해 더 많은 교수 시간을 필요로 할 것이다(단계 2가 단계 1과 동일한 중재를 더 많이 제공하지만 추가 반복과 검토를 제공하는 경우). 학생들은 일반학급 교수에서 제공되는 것보다 더 많은 명시적 교수를 필요로 할 것이다(단계 2 교사들이 단계들을 더 투명하게 하거나 소리, 인쇄물 그리고 단어 사이의 연계를 더 분명하게 하기 위해 일반교사들이 가르치는 개념들을 과제 분석하는 경우). 혹은 학생들 모두가 읽기 교수에 대한 또 다른 접근방식을 필요로 할 수 있다(교수가 내용 그리고/혹은 방법에 있어 단계 1 교수와 명백하게 다른 교수 방법들을 포함하고 있을 경우). 이 마지막 가능성은 2차 중재보다 연구 공동체에서 덜 주목받았다. 그러나 연구자들과 교사들의 통합된 노력에도 불구하고 지속적으로 읽기 습득에 어려움을 보이는 학생들에게로 초점이 이동해 감에 따라, 단계 3 중재는 읽기 교수에 좀 더 다르고 집중적인 접근에 초점을 둘 것으로 예상할 수 있다. 이 장은 2차 중재에 초점을 두는데, 이것은 단계 1 교수에서 특정 학습자들에 대한 진전도 자료가 불충분한 성장을 보일 때 읽기 중재의 3단계 모델에서 그다음 수단이 된다.

단계 2에서의 실험

음소 인식과 철자 지식에 대한 단계 1 교수에서 주어졌던 일반학급 교사의 초기 시도 중의 하나는 Blachman과 그의 동료들(1994)이 실시한 것이었다. 교사들과 그들의 교수 지원 인력들은 4~5명의 학생들로 이루어진 소집단에서 학생들과의 활동을 실행할 것을 배웠다(후에 이것은 Blachman과 동료들이 『Road to the Code』로 출판하였다). 이 접근법은 2차 중재의 소그룹 특성과 1차 중재의 전문성 개발 측면을 혼합한 것이다. 교사의 소집단 교수는 청각적 분절과 '말하고 옮기기(Say-It-and-Move-it)' 활동(각각의 소리에 대하여 학생들은 디스크를 지정된 장소로 옮기도록 배운다), 철자 이름과 소리를 포함하고 있다. 11주의 중재 시행에 따라, 학생들은 비교 집단의 학생들보다 좀 더 음성학적으로 규칙적인 단어와 비단어들을 훨씬 더 많이 읽을 수 있었다.

Blachman과 동료들(1994)의 연구에서처럼, 일반학급 교수가 알파벳 부호와 소집단에 중점을 둘 때 두 번째 중재가 더해져야 할 필요가 있는가에 대한 의문이 생길 것이다. 유치원생을 포함한 소집단 단계 2 연구에서(O'Connor & Jenkins, 1995) 참가자들은 발달지체로 진단받았고 교사에게 일주일에 4일씩 소집단 읽기 교수를 30분간 받았다. 교사는 부호기반(code-based) 읽기 입문 프로그램인 RMI(Reading Mastery I; Engelman & Bruner, 1995)을 높은 충실도로 적용하였다. 연구가 시작되었을 때, 이 학생들은 60시간의 RMI 교수를 받았고 이 프로그램에서 60~120개 사이의 수업을 완료했다. 단계 2 중재의 추가적인 효과를 검증하기 위하여 학생들은 읽기 집단 내에서 성별, 읽기 능력 그리고 수업 범위에 따라 짝지어져 1) 단어에서 소리를 표현하는 철자 패를 조작하는 데 초점을 둠으로써 소리 철자 부호화의 명시성을 증가시키는 2차 중재 집단이나, 2) 동일한 횟수로 같은 단어를 읽는 통제집단에 무작위로 배정되었다.

2차 중재에서 교수자들은 10분 동안 자석 철자로 RMI에 있는 단어들을 만들도록 격려하기 위해 '철자로 나누기(Segment-to-Spell)'(O'Connor, Notari-Syverson, & Vadasy, 2005)를 사용하였다. 학생은 각각의 단어를 분절하였고 문자로 소리 분절 각각을 표상하였으며, 그 후 철자로 쓰인 단어를 다시 읽었다. 이 활동은 각 단어 안에 있는 모든 소리가 철자(디스크나 마커 대신)로 표현되었으며 아동들이 해당 단어를 철자로 쓴 후 읽었다는 것을 제외하고는, Blachman과 동료들(1994)의 '말하고 옮기기'와 비슷하다. 어떤 학생이 단어의 철자를 잘못 쓰면 교수자는 연구에 참여한 모든 학생을 위한 RMI의 일부인 구두 분절을 촉진으로 사용하였다. 두 집단 모두 부호기반 교수(단계 1)를 받았고 동일한 단어의 핵심에 같은 횟수로 노출되었음에도 불구하고, 2차 중재(즉, 각 단어를 분절하고 문자와 함께 각 음소를 표상한)를 받은 학생들이 진짜 단어 및 비단어 읽기 그리고 철자 쓰기에서 통제집단보다 더 향상되었다. 비록 알파벳 원리를 설명하는 데 집중적으로 중점을 둔 교수가 일반학급 수업에서 부호기반 교수를 받는 장애 학생들에게 유용하다는 것을 보여 준다 할지라도 단계 1과 단계 2 중재의 상대적 효과를 분리하고자 시도하지 않았다. 게다가 유치원생 이상을 대상으로 하여 좀 더 정교화된 읽기 교수를 포함하는 실험이 필요하였다.

Blachmanm Tangel, Ball, Black 그리고 McGraw(1999)의 작업은 1학년생이 된 그들의 유치원 참가자들을 추적함으로써 조기 읽기 중재의 3단계 모델과 좀 더 같아졌다. 읽기 습득의 원리를 배웠던 1학년 교사들이 제공한 읽기 교수(단계 1 중재)와 더불어, 부적절한 진전을 보인 학생들은 12주 동안 추가 30분의 교수를 받았다(단계 2 중재).

이 교수는 유치원에서 배운 기술들을 기반으로 하였고, 몇 분간의 쓰기 연습과 함께 문자로 해독하기 및 혼합하기[앞서 기술된 철자로 나누기(O'Connor, Notari-Syverson, & Vadasy, 2005)와 유사한] 그리고 해독 가능한 단어들로 구성된 이야기 읽기 등이 더 추가되었다. 학생들은 단계 1 중재도 단계 2 중재도 받지 않은 비교 학급의 학생들보다 훨씬 더 높은 점수를 기록하였고 또한 1학년에 유급되거나 읽기 보충수업에 의뢰될 가능성도 낮았다.

이전 연구들이 1차 및 2차 중재 모두의 측면을 결합하였기 때문에, 우리 연구팀은 일정 기간 동안 중재 각 단계의 효과를 검증하기 위해 1997년에서 1999년까지 중재에

3단계 모델을 시험 사용하였다(O'Connor, 2000). 우리는 학생의 70% 이상이 무상 또는 경감된 가격의 점심을 제공받는 매우 빈곤한 세 학교에서 연구하였다. 189명의 유치원생 중 67%가 아프리카계 미국인이었고 10% 미만의 학생이 영어를 제2언어로 사용하였다. 개인의 교육 이력에서 학생들의 거의 절반이 3학년까지 교정교육 또는 특수교육을 받았다. 이 학교들에서 전문성 개발만(단계 1)이 유치원 위험군 학생들의 비율을 40%에서 30%로 줄였다. 직접적인 소집단 교수를 추가(단계 2)함으로써 1학년 10월까지 위험군의 비율을 18%까지 더 줄일 수 있었다. 위험군 학생들의 비율을 더 줄이기 위해 1학년 동안 지속적인 중재가 연속 14주 동안 제공되었다. 열악한 독자들의 비율은 서서히 감소하였다. 그러나 거의 2년 동안의 중재에도 불구하고 7%는 미약한 진전을 보였고, 후에 특수교육에 의뢰된 실험집단 학생들의 비율은 변하지 않았다. 이 연구는 유치원과 1학년에서의 더 집중적인 중재가 읽기 어려움을 지속적으로 경험하는 학생들의 수를 감소시킬 수 있을 것인가에 대해 연구하지는 않았다. 게다가 적격한 학생들의 부모들 중 대략 20%가 단계 2 참여를 거부하였고 따라서 위험 감소의 비편파적인 추정치를 얻는 것은 가능하지 않았다.

Coyne, Kame'enui, Simmons 그리고 Harn(2004)은 유사한 3단계 중재 모델을 기술하였는데, 유치원에서 2단계 중재에 잘 반응하는 학생들에게 특별히 초점을 두었다. 이들은 적절한 반응을 보이는 유치원생들을 1학년의 잘 수행된, 부호기반 일반학급 읽기 교수(단계 1)나 부호기반 일반학급 읽기 교수에 덧붙여 지속된 단계 2 중재에 무작위로 배정하였다. 그들은 유치원에서 잘 반응한 학생들에게 1학년에서의 지속적인 중재에 대한 이익이 없음을 발견했고, 유치원에서의 조기 촉진은 미래의 읽기 문제에 대한 예방접종으로 작용한다고 제안했다. Woodcock Reading Mastery Test의 하위영역으로 측정된 학생들의 강력한 단어읽기 기술수준은 이러한 제안을 지지했다. 하지만 처음에는 위험군이었던 학생들의 2월에 측정된 읽기 유창성은 이 지역의 평균 독자들만큼 강하지 않았고(평균 독자들이 34개 단어를 읽는 것과 비교하여 분당 26개 단어를 읽음) 속도가 읽기 능력의 예측요인으로서의 정확성을 넘기 시작할 때 더 많은 지원이 필요할 수도 있을 것이라는 가능성을 열어 두었다(Jenkins, Fuchs, van den Broek, Espin, & Deno, 2003). 게다가 표본의 모든 유치원생이 단계 1 중재에 강한 반응을 보이는 것은 아니었다. 유치원에서의 단계 2 조건 전반에 걸쳐, 학생의 9~18%는 위험군 범주에 남아 있고 따라서 읽기 문제에 예방접종을 받지 못했다. 저자들은 예방과 중재를 학교 전체의 폭넓은 노력으로 구상하는 것이 중요하다고 결론을 지었다.

Vaughn(2003)은 이러한 접근을 취하고 중재의 연속적 계층의 '투약'에 대한 중요한 정보를 추가하였다. 과학적 기반 읽기 교수에 반응하지 않는 것으로 간주된 학생들을 위해, 단계 2 중재는 3~5명의 학생 집단에 10~12주의 보충교수로 구성했다. 이 교수는 일반학급 교수 내용을 따른다. 그러나 진도는 이 집단에서의 학습에 맞춰졌고 학생들은 학급 전체 집단에서 받을 수 있는 것보다 훨씬 더 많은 반응기회와 교정적 피드백을 받았다. 단계 2 중재의 첫 번째 라운드가 진행된 후 우수한 진전을 보인 학생들은 일반학급 교수만 받는 것으로 돌아갔고 진전을 보이지 못한 학생들은 더 작은 집단과 더 많은 교수 시간 그리고 학생의 진전에 대한 지속적인 측정 결과를 기반으로 한 빈번한 교수 조정을 갖춘 훨씬 더 집중적인 조건의 단계 2의 또 다른 라운드에 배정되었다(진전도 점검의 예에 대해서는 제3장 참조).

Greenwood와 동료들(2003) 그리고 O'Connor(1999, 2000)의 연구에서처럼 Vaughn 또한 필요한 단계 2를 받은 위험군 학생들의 많은 향상과 함께 교사들의 전문성 개발의 긍정적인 효과를 발견하였다. 이 연구는 아직 결론짓지 못하였지만, 참가자들은 3학년 때까지 필요한 중재를 계속 받을 것이다. 어떤 학생들은 3차(단계 3) 중재에 참여하게 될 것이다. 하지만 이 부분과 결과들은 아직 이용할 수 없다. 그러는 동안 Vaughn는 위험군 학생들에게 단계 2 중재를 얼마나 오래 지속할지 결정하는 연구를 2학년 학생들에게 실시하였다. Vaughn의 연구 표본 중 단계 2 중재를 받은 학생들의 31%가 10주간의 보충교수를 통해서 평균적 읽기 수행을 따라잡았으며, 20주짜리에서는 50%, 30주짜리에서는 76%의 학생이 평균적인 읽기 수행을 따라잡았다. 그러나 1년간의 중재에도 불구하고 24%의 학생은 여전히 읽기에 어려움을 보였다. 이러한 결과들은 학교 관계자들이 단계 3 중재 또는 특수교육과 같은 좀 더 집중적인 서비스를 결정하기 전에 어느 정도의 중재를 제공할 것인지를 고려하는 데 도움이 될 수 있었다. 단계 2를 빠져나온 모든 학생이 추가적인 지원이 제거되었을 때, 강력한 읽기 수행을 유지하지 못한다는 것을 인식하는 것이 중요하며, 이는 Conye와 동료들(2004)의 연구에서 발견된 예방접종 효과는 도중에 '촉진 주사'를 필요로 할 수 있음을 암시하는 것이다.

단계 2 중재 설계의 결정

읽기 중재의 3단계 모델을 추구하는 연구자와 학교 관계자들은 많은 결정을 내린다. 아직까지 어떻게 진행하는 것이 최상인가에 관한 확고한 제안을 만들어 내는 연구는 거의 없다. 대다수의 진전은 1차 중재를 형성하는 부호기반 교수의 내용을 정의하는 방향으로 이루어지며, 이것은 보통 지속적인 전문성 개발을 통해 교사들과 함께 공유된다. 학교가 1차 및 2차 중재의 혼합중재로 나아감에 따라 어떤 학생들이 2차 중재를 받아야만 하는가와 이 교수의 빈도와 기간, 중재의 내용과 형식, 집단 구성과 일정 배정 그리고 훨씬 더 명시적이고 특정한 부분 혹은 전체가 다른 교수로의 전환 시기를 결정하는 준거를 설정하는 것은 중요하다.

단계 2 참여자 선택의 준거

3단계 모델의 실행에서 첫 번째 중요한 결정의 하나는 추가적 중재를 위한 학생들을 어떻게 선정할 것인가를 결정하는 것이다. 읽기장애의 준거(예를 들어, 1 표준편차 이상의 능력과 성취 간 불일치 또는 표준화검사에서 정상 범위에서의 벗어난 기준점)를 사용하는 것은 너무 많은 학생을 놓칠 수 있다(Stuebing et al., 2002; Torgesen, 2000). 이 문제는 일반적으로 이용할 수 있는 규준화된 측정도구로 악화되고 있는데, 이 도구는 '전형적인 독자들'이 유치원 및 초등학교 1학년 때 매우 잘 읽을 것으로 기대되지 않기 때문에 유치원 및 초등학교 1학년 수준의 표준점수를 부풀리는 경향이 있어 어려움을 겪는 학습자들을 찾아내기 훨씬 더 어렵게 만든다. 읽기 선수기술(예를 들어, 분절하기 및 부호 지식에 대한 수행중심 측정)을 활용하여 위험군 학생들을 찾아내는 최근의 종단적 예측 연구들은 유치원 및 초등학교 1학년 초에 학생들을 다소 위험에 처하게 하는 기술 수준에 대한 경향성을 보여 준다(Good, Simmons, & Kame'enui, 2001; O'Connor & Jenkins, 1999). Simmons와 동료들(2003), Vaughn(2003), O'Connor, Fulmer와 동료들(2005)의 연구는 두 학생 집단을 설정하기 위하여 음소 분절과 철자 지식 측정을 활용하였다. 한 집단은 오직 단계 1 교수만 지속하였고 다른 한 집단은 최소한의 단계 2 교수를 받는다. 이러한 측정에서 위험을 제시하는 절대적인 수준이 연구와 연구팀에 따라 달라진다 하더라도, 개인차는 각 연구에서 유치원 11월에 이미 발견되었다. 연구에서 우리는 과잉선택 측면에서 실수를 범했다고 판단하였고, 집단 구성과 집단 재구성 결정을 인도하기 위해 읽기 진전도 점검(제3장 참조)을 사용하였다.

학생들이 2차 중재를 받게 되면 얼마나 오래 받아야 할까? 2차 중재는 기간(예를 들어, 10주 혹은 15주 중재)에 의해, 혹은 중재에서 학생들이 성취하는 진전에 의해 관리될 수 있다. 만일 이후 중재가 진전도 점검과 함께 선택된다면 적절한 진전을 따라 나아가고 있다고 간주될 만큼 좋은 것은 얼마나 좋은 것일까? 만일 중재가 예방접종의 역할을 한다면 Coyne과 동료들(2004)이 제안한 것처럼 미래의 읽기 실패를 예방할 수 있는 특정 시점들에서의 절대적인 수행 수준으로 연구들이 집중되었을 것이다. 불행하게도 지금까지 출판된 3단계 중재 연구들의 대부분이 연구기간이 1년 혹은 2년 정도였을 뿐이기 때문에 그리고 읽기를 구성하는 일군의 기술이 시간이 지나면서 더 복잡해졌기 때문에 어느 한쪽 선택권을 강력하게 권고한 자료가 부족하다.

2년간의 연구들(O'Connor, 2000; Simmons et al., 2003; Vaughn, 2003) 내에서조차 단어 공략 또는 단어 판별과 같은 목표 기술에서 '충분히 좋은 것'처럼 보이는 학생들 중 일부는 텍스트를 유창하게 읽고 이해하는 좀 더 복잡한 행동에서 다시 한 번 어려움을 보이는 것을 발견하였다(Coyne et al., 2004; O'Connor, Fulmer et al., 2005). 후속 연구들은 미래의 읽기 실패를 오랫동안 막는 기술 수준을 발견하는 것이 유용할 것이다.

단계 2 중재의 내용

단계 2 중재는 종합적인 읽기 교수(예를 들어, 음소 인식, 파닉스, 어휘, 유창성 연습, 이해를 포함)를 제공하거나 향상이 가장 필요한 읽기 기술들(예를 들어, 음소 분절이나 단어 판별 또는 유창하게 읽기)에 초점을 두어야만 하는가? 이 결정의 비교 효과에 대한 증거가 2006년 현재는 거의 없다. 일반교육 교수가 종합적인 교수 패키지를 제공한다면, 교사들은 급우들과 가장 차이가 나는 학생의 기술이나 기술군들에 초점을 둠으로써 학생들이 좀 더 빠르게 성취하는 것을 도울 수 있을 것이다. 대안적으로 학생 개인이나 학생 집단들을 위한 단계 2 내용을 차별화하는 것은 각 아동의 특정한 약점 영역을 결정하는 측정 체계를 지나치게 강조할 수 있다. 게다가 학생들은 각기 다른 속도로 기술들을 습득하므로 빈번하게 집단을 재구성할 필요가 있고, 이것은 중재 제공자들의 일과 유지와 일정에도 어려움이 된다. Blachman과 동료들(1999), Simmons와 동료들(2003), Vaughn(2003)은 종합적인 교수 패키지 접근을 택하였고 O'Connor, Fulmer와 동료들(2005)은 필요한 영역에 교수를 짝 짓는 것을 시도하였다.

학년 전반에 걸친 2계층 교수의 예시

우리는 두 학교에서 초등학교 4학년까지 단계 1과 단계 2 중재가 실행된 중재 연구(O'Connor, Harty, & Fulmer, 2005)를 결론지었다. 단계 2 중재를 위해 선정된 학생 개개인에 대해 우리는 1) 해당 학년의 읽기와 관련된 기술들 전반에 걸쳐 어떤 기술들이 또래들의 기술들과 가장 차이가 많이 나는지, 2) 그 기술 영역에서 해당 학생이 현재 할 수 있는 것이 무엇인지(예를 들어, 어떤 문자 소리를 알고 있는가, 어떤 음소의 위치를 가려낼 수 있는가, 해당 아동이 현재 얼마나 빨리 읽는가 등)를 결정하기 위해 노력했다. 우리는 이 정보를 활용하여 2~4명의 학생을 집단에 편성했고 지속적인 진전도 측정을 이용하여 어떤 학생이 특정 교수 집단에 얼마나 오래 머무를 것인지 그리고 그 학생이 언제 단계 1 교수만 받는 것으로 돌아갈지 혹은 언제 다른 단계 2(혹은 단계 3) 집단으로 이동할지 등을 결정하였다. 우리는 이러한 유형의 단계 2 중재가 다른 연구들에서 실시된 단계 2 중재보다 더 낫다는(혹은 그만큼 좋다는) 것을 주장하는 것은 아니지만, 이 작업을 활용하여 학교에서 내용과 실행 계획이 어떻게 일정 기간 동안 운용될 수 있는지를 보여 줄 것이다.

유치원

몇몇 연구자가 초등 학년에서 학생들이 읽기 진전을 보이는 데 가장 중요한 것은 알파벳 원리의 개념을 이해하는 것이라고 결론지었다(National Reading Panel, 2000; Share & Stanovich, 1995; Vellutino et al., 1996). 이 이해를 획득하기 위해, 학생들은 단어의 말소리들을 듣고 이들 말소리들 중 일부를 알파벳 철자와 연계할 필요가 있고, 이는 읽기와 쓰기가 어떻게 작용하는지 파악할 수 있게 해 준다.

우리는 이 개념을 측정 가능한 요소들로 분해할 수 있는데, 여기에는 말로 표현된 단어를 말소리로 분절하고 알파벳 철자들에 소리를 제공하며 예를 들어, 아동들이 어떤 단어의 철자를 만들어 낼 때 하는 것처럼 단어에서 듣는 소리를 적절한 철자와 짝짓는 학생들의 능력이 포함된다. 여러 연구가 발달 순서(Vandervelden & Siegel, 1997)와 유치원에서의 다양한 시점에 있어 이 기술들의 평균 수행(예를 들어, Good et al., 2001; O'Connor & Jenkins, 1999 참조)을 만들어 냈고, 이러한 권고사항들은 학생들이 초등학교 1학년이나 2학년 때 적절하게 읽을 가능성이 높은 종류의 진전을 만들어 내는 데 유용하다.

이 연구를 위해 우리는 미국 북동부 대도시에서 각기 다른 인구통계학적 정보와 요구 정도를 대표하는 두 학교를 선정하였다. 한 학교는 공업 지역에 위치해 있었고 부모들의 10% 미만이 대학 교육을 받은 것으로 보고되었다. 다른 학교는 대학부속 실험학교로 학생들의 12%가 학비 보조를 받고 있지만 대부분의 부모가 수업료를 지불하였다. 두 학교에 걸쳐 학습장애로 진단받은 3학년 학생들의 15%가 특수교육에 적법하였다. 영어는 참여자의 92%에게 제1언어였다. 10월에 학생들을 선별하였으나, 10월 점수는 학생들을 2차 중재에 배치하기 위한 근거보다는 향상을 측정하기 위한 기초선으로 활용하였다. 어떤 학생들이 단계 2 중재에 맞는지 결정하기 위해 우리는 1월에 학생들을 다시 사정하였고 10개의 단어 중 문자 15개 미만이나 음소 10개 미만의 이름을 대는 학생들을 중재대상으로 선정하였다. 우리는 학생들이 40개 이상의 문자 이름을 대고 음성언어로 표현된 10개의 단어에서 20개 이상의 분절음을 가려낼 때 이들을 단계 2 중재에서 빼주었는데, 이러한 기준은 유치원 말까지 보통의 학생들이 보이는 수행에 가까운 것이다.

대부분의 유치원 수업이 반나절이고 학생들의 집중 시간이 짧기 때문에 교수 회기는 짧게 유지되었고(10~12분), 교사의 문해력 교수를 보완하는 것이었다. 교수의 첫 번째 초점은 확장된 분절하기와 철자 및 소리의 반복 도입에 맞춰졌다. 우리는 'a'와 'm' 그리고 's'와 't'의 소리를 처음에는 철자 카드로 연습시켰고 철자의 소리들을 말하고 짝짓는 게임을 활용함으로써 가르치고 연습하게 했다. 이러한 짧은 회기에서 우리는 또한 단어들을 길게 늘이는 형식으로 말함으로써(예를 들어, "'sat'이라는 단어를 얼마나 천천히 말할 수 있는지 알아 봐요." 교사는 "SSSaaat"이라고 시범 보인다. "나와 함께 말해 봐요. SSSaaat. 자, 이제 여러분이 천천히 말해 봐요." 학생들은 'sat'을 각각의 소리에서 1초 정도 멈추면서 천천히 말한다.) 이 소리들과 다른 소리들이 포함된 단어들을 분절하는 데 2분 정도를 사용하기도 했다. 학생들이 교사의 시범 없이 단어들을 천천히 말할 수 있게 되었을 때, 교사는 Elkonin 상자(Elkonin, 1973)를 도입하였는데, 학생들은 단어의 음소들을 길게 늘일 때 3개의 연결된 상자 각각을 차례로 만지게 된다.

몇 주내에 이 소집단들의 교사들은 학생들에게 그들이 만지고 있는 상자에 잠깐 멈추어 소리를 따로 판별하도록 하였다. 소리들이 판별되면 학생들은 그들이 들은 소리를 대표할 수 있는 철자를 선택하였다. 앞선 연구가 이러한 기준에 도달한 학생들이 여전히 단어를 읽기 위해 알파벳 원리의 여러 측면을 적용하는 데 어려움을 보일 수 있다는 것을 제안하였기 때문에(O'Connor & Jenkins. 1995), 우리의 교수는 학생들에게 그들이 수업과 단계 2 중재에서 배운 철자 소리들에 대해 단어에 있는 모든 혹은 대부분의 소리를 대표할 기회를 제공하는 철자 조작 활동을 포함하였다. 이러한 활동을 하는 동안 중재 교사는 학생들이 이미 배운 일련의 철자와 소리 내에서 단어를 신중하게 선택하였다.

학년 말까지 유치원의 2차 중재는 주로 철자 소리와 철자로 분절하기(O'Connor, Notari-Syverson et al., 2005) 그리고 단어 소리 내어 읽기(그들이 철자로 쓴 단어를 소리 내어 해독하기)의 복습으로 구성되었다. 초기 표본의 학생 100명 중에서 3명 외에 모든 학생이 유치원 말까지 30개 이상의 철자에 대한 소리를 말할 수 있었고 3개의 음소로 이루어진 단음절 단어들을 분절할 수 있었다. 이 결과는 우리가 단계 1 중재라는 배경

없이 중재하였을 때 성취했던 것보다 훨씬 더 우수하였다. 비록 이러한 읽기 이전 기술의 수준들이 우리 표본을 최근의 예측 연구들(Good et al., 2001; O'Connor & Jenkins, 1999)에서 규명된 읽기장애 기준 이상에 위치하게 하였고, 대다수의 학생을 Coyne과 동료들(2004)이 기술한 예방접종 받은 집단에 맞게 만들었다 하더라도 이 중재로 도움을 받은 것으로 보이는 학생들 모두가 초등학교 1학년 때 평균 수준의 범위 내에 남아 있었던 것은 아니다. 또한 곤란한 것은 단계 2 중재가 진행되는 동안 분절하기 및 문자 지식에서 전형적인 수준을 습득하지 못한 세 학생이었는데, 이는 이 2차 중재가 제공했던 소집단 교수보다 더 긴 기간이나 더 높은 강도가 이 학생들에게 필요함을 암시하는 것이다.

1학년

분절하기와 철자에 초점을 둔 10분간의 보충수업을 통해 대부분의 유치원 학생들은 또래들을 따라잡을 수 있게 되었다. 그러나 초등학교 1학년에서 읽기 어려움을 겪고 있는 학생들을 도와 또래들을 따라잡거나 또래들과 보조를 맞출 수 있게 하기 위해서는 훨씬 더 많은 교수가 필요하다. 1학년에서의 2차 중재 내용은 학생들이 1) 유치원에서는 반응을 잘 보였으나 1학년 교수의 요구를 따라가기 위해서는 추가적인 연습 기회들이 필요하거나, 2) 유치원에서 학년 수준의 기대에 도달하지 못해서 급우들이 배우는 기술들에 덧붙여 분절하기, 문자에 대응하는 소리, 결합하기에 대해 계속 공부할 필요가 있거나 혹은 3) 알파벳 원리를 배울 기회가 제한된 다른 곳에서의 수업에서 이 학교로 옮겼는지에 따라 다양한 형태를 취할 수 있다. 이 세 번째 집단은 새로운 학교에 들어온 그 어떤 시점에 2차 중재를 필요로 할 수 있고, 교수가 적절할 때 반응을 잘하거나 2차 혹은 3차 수준의 더 연장된 중재를 필요로 할 수도 있다. 비록 새로 온 학생들이 학교전체 중재 체제에서 다뤄져야 할 중요한 교수 문제를 제시한다 하더라도 여기에서의 초점은 교수, 측정 그리고 중재의 3단계 모델을 활용하는 학교에 계속 다녔던 학생들을 위한 2차 중재에 맞춰져 있다.

1학년 교실에서 단계 1 교수는 유치원에서보다 더 많은 읽기 요소와 요소들 간의 더 많은 조정을 포함하고 있고, 이는 읽기 교수의 내용이 더 다양해짐에 따라 진전도를 매달 또는 좀 더 자주 점검할 필요를 제안한다. 모음-자음과 자음-모음-자음 형태로 9월에 시작된 단어 공부는 11월까지 ch, -ing, -igh, ai와 같은 자음과 모음 형태의 단어로 확장되었고, 빈번하게 나오는 일견단어의 빠른 인식은 학생들이 문장과 짧은 단락과 같은 연계된 텍스트를 읽기 시작함에 따라 중요하게 되었다.

단계 2 중재는 학생들의 요구와 교사의 일정에 따라 2~4명의 학습자가 집단으로 일주일에 3~4일 30분 동안 시행되었다. 1학년은 철자 소리, 철자 형태, 단어 해독에 대한 계속적인 공부와 문장 및 더 긴 단락들 읽기 및 다시 읽기, 이전 회기 자료 다시 읽기, 철자 쓰기 혹은 쓴 것을 다시 쓰거나 읽기, 어휘 교수, 이야기 문법, 이해를 위한 다시 말하기 등이 포함된, 단계 2 중재를 위한 수많은 교수 목표를 제공받았다.

우리는 어떤 기술이 충분히 획득되었는가와 어떤 기술이 각 아동의 측정과 교수에 적절한가를 결정하는데 검증을 받은 절차를 사용하였다. 예를 들어, 우리는 학생들이 10개의 음절 단어 목록에서 각 음소를 90%까지 정확하게 조음할 수 있을 때까지 청각적 분절에서의 학생의 진전도를 점검하였다. 시간에 따른 학생의 기술들을 측정하는 앞선 연구(O'connor, 2000)는 학생들의 읽기 기술이 향상되어 감에 따라 그들이 어떻게 단일 음소를 조음하는 것에서 소리들을 덩어리 짓는 것으로 이동하는지를 보여주었고, 따라서 학생들이 좀 더 복잡한 기술로 이동한 후에 오랫동안 한 기술을 지속적으로 측정하는 것은 생산적이지 않은 것이다. 우리는 1분에 50개 이상의 대·소문자가 혼합된 글자들을 말할 수 있을 때까지 철자 이름 대기를 점검하였다. 그 후 우리는 학생들의 철자 소리 지식과 철자 혼합 지식을 점검하였다. 낮은 수준의 처리과정이 완전히 습득되었을 때, 우리는『The Reading Teacher's Book of Lists』(Fry, Kress, & Fountoukidis, 2000)에서 25, 50, 75, 100개의 가장 일반적인 단어들에 근거하여 고비율 단어의 간헐 기초선을 구성하였다. 학생들이 연계된 교재를 일상적으로 읽기 시작했을 때 우리는 그들의 진전도 점검을 위해 단어 목록으로부터 구어 읽기 유창성 간헐 기초선으로 이동하였다. 우리는 단계 2 중재 집단을 구성하기 위해 이 측정들에서의 점수를 사용하였고 학생들의 집단을 주기적으로 재구성하는 데 있어 계속해서 이 점수를 사용하였다. 12월까지 우리는 특별한 요구에 초점을 맞추고, 얼마간의 시간을 집단에 속한 학생들의 요구에 따라 특정한 교수 특질에 사용하기 위해 1학년 학생들의 집단을 재구성하였다.

몇몇 집단에서 우리는 학생들이 단어를 추측하는 습관을 깨기 위해 열심히 작업하였다. 이러한 학생들에게 우리는 자석 칠판으로 철자 소리를 강화하였고, 학생들이 철자로 쓴 단어를 다시 읽게 하는 것과 함께 몇 분간의 단어 형성을 포함하였다. 우리는 『Bob Books』(Maslen & Masleen, 1987)를 이용하여 연계된 텍스트 읽기로 학생들을 이동시켰고, 이것은 매우 통제된 어휘와 일견단어로 시작되었다. 매일 학생들은 이전 수업 및 현재 수업의 단어카드 읽기를 연습하였다. 11월이 되자 1학년 교사는 복도에서 우리들을 만나 어떤 아동의 어머니께서 아이가 집에서 단어들을 소리 내어 읽었다고 말해 주기 위해 전화를 했다고 하였다.

1월이 되어서는 비록 몇몇 학생이 철자에 어려움을 보이기는 하더라도 소수의 학생만이 특정 단어나 문자 형태의 혼동으로 인해 뒤처졌다. 단계 2 참여자들에게 가장 큰 한 가지 장애물은 읽기 유창성으로, 이는 거의 틀림없이 1학년에서의 가장 복잡한 성과를 나타내는 것이다. 텍스트의 이해가 1학년과 2학년에서의 단어 읽기 속도와 매우 연관되어 있기 때문에(예를 들어, Deno, 1985; O'Connor & Jenkins, 1999에서 .9이상의 상관관계) 우리는 1학년 중간쯤 단계 2 중재의 더 많은 부분을 텍스트 읽기 및 다시 읽기에 투입하기 시작했다.

1학년에 표면화되기 시작한 일정상 어려움을 덜기 위해 우리는 2차 중재에서 학교에 일찍 오거나 아침을 빨리 먹거나 이 학교들의 방과 후 프로그램에 참여하는 학생들을 이용했다. 이러한 기회들은 우리에게 학교생활에 방해 없이 중재를 제공하도록 해 주었다. 어른들(예를 들어, 교사, 전문가, 중재자)의 걱정에도 불구하고 학생들은 2차 중재를 위해 수업에서 나가는 것을 거의 신경 쓰지 않았다. 사실, 어떤 경우 이들은 남아 있는 학생들의 실망한 표정('나를 데려가는 게 어때?')이 느껴지는 가운데 수업에서 나갔다.

어떤 학생들은 모든 초기 읽기 기술 영역들에서 꾸준한 진전을 보였고, 다른 학생들은 충동적인 추측(특히 계속되는 텍스트에서), 새로운 문자-소리 형태의 유지, 해독하는 동안 소리 검색, 유창하게 읽기 등에서 특정한 어려움을 보였다. 분절하기와 철자 소리를 습득하지 못한 3명의 유치원생은 3학년 말까지 읽기에서 어려움을 계속 보였다. 하지만 유치원과 초등학교 1학년에서 단계 2 중재를 받은 4명의 다른 유치원생들은 또래들을 따라잡았고 3학년까지 강점을 유지하였다. 그리고 몇몇 다른 학생은 읽기의 한 가지 혹은 여러 측면에서 어려움을 보였으며 또래들을 따라잡기 전에 1년 이상의 단계 2 중재를 필요로 하였다.

2학년

1학년에서 2학년까지 단계 2 중재에서 더 많은 변화가 발생하였다. 유치원과 1학년에서 잘 반응하지 못한 학생들은 3차 혹은 단계 3 중재에서 집중적인 중재를 매일 받았고, 이것은 이 책의 다른 장에서 기술되고 설명될 것이다.

우리는 읽기 성취가 평균 이하이고 읽기 수준을 향상시키고(시키거나) 읽기 수준을 또래들에 가깝게 유지시키기 위해 추가적인 지원과 연습을 필요로 하는 2학년 학생들에게 계속해서 단계 2 중재를 제공하였다. 비록 각 집단이 특히 자료의 읽기 수준에서 서로 다르긴 하더라도, 두 가지 형태의 단계 2 회기들이 지배적이었다. 학생들의 약 2/3가 그들의 읽기 수준(학년 수준의 .5 혹은 1년 이하)에서 연계된 텍스트 읽기와 함께 단어 공부(예를 들어, 접두사, 접미사, 일반적인 단어 및 음절 형태 인식, 단어들을 해독하기 위해 이러한 특징들 활용하기)가 포함된 중재를 받았다. 이러한 회기들은 일주일에 3~4번, 30분간 지속되었고, 단어와 음절 수준 활동에 8~12분, 텍스트 읽기와 다시 읽기에 10~15분, 어휘와 이해에 몇 분을 사용하였다.

읽기 교재의 단어와 아이디어가 학생들의 학년 수준에 다소 미치지 못하였기 때문에, 대부분의 학생은 이따금 나오는 일상적이지 않은 단어와 구 혹은 개념에만 어휘 도움을 필요로 했다. 그러나 단계 2에서 한 집단의 학생들은 수용언어와 표현언어 검사에서의 낮은 점수와 다소 낮은 인지 능력의 결과로 어휘와 구어에 매일 8분을 할애하였다. 이러한 학생들 중 1명은 경도 정신지체였고, 다른 2명은 평균 수준의 인지 점수를 가졌어도 구어와 문어의 이해는 중재 집단의 다른 학생들보다 더 어려워하였는데, 이것은 가을에 쉽게 드러났다. 이 학생들 중 누구도 영어가 제2언어가 아니었다.

우리는 정의와 사용법의 여러 예시 그리고 해당 주 및 이전 주들의 단어들과 문장들에 대한 빈번한 복습 내용 등을 개발하기 위해 그들의 읽기 교재에서 단어들과 개념들을 선택하였고, Carnine, Silbert, Kame'enui(1997)와 Beck, McKeown, Kucan(2002)이 제시한 지침을 따랐다.

나머지 1/3은 학년에 적절한 단어 인식 기술들을 성취하였으나[예를 들어, 단어 공략 Reading Mastery Tests 개정판(WRMT-R)의 하위검사 단어 판별과 단어 공략에서 95점 이상] 느린 독해자들이었다. 교사들은 우리에게 이 학생들은 다른 학생들이 교수 시간에 완수하는 교재를 마치지 못할 뿐이라고 말했다. 교사들이 읽기의 핵심적인 요소들에 대해 계속해서 전문성 개발을 하고 있으며 이들이 이미 2학년 내내 주당 몇 차례씩 파트너와 함께 읽기 및 단어 공부를 통해 유창성 연습을 포함하고 있다는 것을 상기하는 것은 중요하다. 유창성 연습만을 필요로 하는 학생들을 위한 단계 2 회기들은 주당 3일씩 15분간 실행되었고 많은 학생이 동기를 부여받고 강화를 받는 것으로 나타난 단락 함께 읽기, 면밀히 점검되는 파트너와의 연습 그리고 텍스트의 첫 읽기에 대해 매주 도표화되는 진전도 등이 포함되었다.

어떤 학생들은 특정 검사 시점에서 평균 수준까지 성장한 것으로 보였고 그 후에 다시 뒤떨어지기도 했다. 예를 들어, 1학년과 2학년에 2차 중재를 받은 8명의 학생은 2학년의 1월 검사 주기 동안 평균 점수를 받았다. 우리는 이 학생들을 단계 2 중재에서 뺐으나 2학년 말에는 그들 중 3명이 2차 중재가 제공하는 추가 연습 없이 평균 수준의 진전을 유지할 수 없었기 때문에 다시 그들을 선택하였다. 단계 2 중재가 유창성만을 지향했던 2학년 중에서는 누구도 3학년에서 도움을 지속적으로 필요로 하지 않았다.

3학년

3학년까지 유치원, 1학년 그리고(혹은) 2학년에 2차 중재를 받은 학생들의 71%가 기술과 유창성에서 평균 수준(평균 수행의 1 표준편차 이내)으로 읽었다. 나머지 학생은 모두 단어에 있어 추가적인 교수와 연습을 계속 필요로 했다. 우리는 Lenz와 Hughs(1990)의 DISSECT(D: 문맥을 발견, I: 단어의 접두사 분리, S: 단어의 접미사 분리,

S: 어간 말하기, E: 어간 확인하기, C: 정답인지 다른 사람과 함께 체크하기, T: 사전에서 단어 찾아보기) 모델을 다음 절의 단어 읽기에 전략을 제공하기 위해 도입하였다. 우리가 소위 BEST라고 부른(O'connor & Bell, 2004) 이 모델에서 우리는 학생들에게 B(단어를 당신이 인지한 조각으로 나누고) E(어근을 확인하고) S(부분들을 순서대로 말하고) T(전체를 말하도록)를 가르쳤다. 학생들은 네 번의 연속적 교수 회기 동안 이 전략을 배웠고 우리는 남은 기간에 계속 이 전략을 연습하고 언급하였다. 파트너와 함께 읽기를 하는 동안 우리는 학생들이 어려운 단어에 'BEST'를 적용하기 위해 서로 도전하는 것을 볼 수 있었다. 단계 2 중재를 계속 받는 학생들의 대다수는 학년 수준보다 약 1년 낮은 읽기를 하였고, 이는 그들이 비록 지속적으로 진전을 보이기는 하였지만 평균보다는 느린 진전이었다.

2~3학년에서 단계 2 중재 일정을 잡는 것은 음악, 도서관 방문, 체육 그리고 장기간의 사회 및 과학 프로젝트와 같은 '특수한' 요구 때문에 점점 어려워졌다. 일정을 잡는 것과 더불어, 적절한 교재를 발견하는 것은 또 다른 심각한 문제가 되었다. 단계 1을 구성하는 일반학급에서의 교수와 연습 기회는 어떤 학생들에게는 더 이상 적절치 않았다. 학생이 3학년이 됨에 따라 단계 2 중재는 더 이상 일반학급에서 제공된 교수를 반영하지 않았고, 이는 단어 수준의 교수나 유창성 발달을 위해 소리 내어 읽을 기회가 거의 포함되지 않음을 말한다. 3학년쯤, 단계 3 중재를 필요로 하는 일부 학생(원 표본의 4.8%)은 읽기가 학년 수준보다 지나치게 낮아서 학급에서 사용하는 교재가 비록 그 내용이 매력적이고 중요하다 하더라도 그들의 읽기 기술을 향상시키는 데 부적절하였다(O'Connor et al., 2002). 학생이 읽을 수 있는 것과 이해할 수 있는 것 간의 부조화는 시간에 따라 점점 증가하였다. 이상적으로는, 3단계 체계에서 학생들은 그들이 단계 1이 없는 체계에 있을 때만큼 뒤떨어지지는 않을 것이다. 그리고 정말로 단계 2의 학생들은 읽기 중재의 3단계 모델 밖에서 실행된 우리의 초기 연구들에서 중재를 받도록 선택된 학생들만큼 지체되지 않았다(O'Connor et al., 2002). 그럼에도 불구하고 가장 좋은 중재를 사용하여도 어떤 학생들은 다른 학생들보다 더 천천히 성장하였고, 특화된 읽기 교수를 지속적으로 필요로 한 9명의 학생 중 7명이 12월까지 2차 중재에서 3차 중재로 이동하였다. 이 7명의 학생 중 1명은 1학년 때 정신지체로 진단받았고,

1명은 2학년 때 행동장애로, 다른 5명은 2학년이나 3학년 또는 4학년 때 학습장애로 진단받았다.

2차 중재의 성과

단계별 중재의 성과를 보는 방법 중 하나는 일정 기간 동안 어려움을 겪는 독자들이 감소하는 비율과 학생들의 성취 능력 수준을 고려하는 것이다. 1학년 5월까지 학생들의 17%(해당 학년 초의 21%보다 떨어진)가 단계 2 또는 단계 3에 지속적으로 참여하였고, 그들의 분절 점수는 분당 24~26음소였다. 단어 인식 또한 급격한 상승을 보여 1학년 초에서 말까지 표준점수가 5~25점 상승했다(평균 14점 혹은 거의 1 표준편차). 단계 2 학생들의 1/3이 단어 판별 및 단어 공략 하위검사에서 100 이상의 표준점수로 1학년을 마쳤지만, 1학년 말의 평균 읽기 속도는 분당 단 32개의 단어였으며, 학생들 중 27%만이 연계된 텍스트에서 분당 40개 이상의 단어를 읽었고, 나머지 학생들은 확실히 위험 범위에 남아 있었다. 읽기 중재의 3단계 모델에 대한 대부분의 연구가 1학년 말의 유창성을 보고하지 않았기 때문에 이 결과가 대표성이 있는지 알기는 어렵다. 더욱이 계속 단계 2나 단계 3 중재를 받은 학생들이 1학년 때 중재에서 '벗어난' 학생들보다 더 낮은 점수를 받았다 하더라도, 우리는 추가 단계에 있는 어떤 학생들이 나중에 특수교육에 적합하게 될지 판별하는 분명한 차이를 발견하지 못했다.

보통의 독자인 학생들의 연구는 그들의 읽기 프로그램이 이미 체계적인 파닉스 교수를 포함하고 있을 때 알파벳 원리와 분절에서의 추가적인 교수는 특별한 이익이 없다는 것을 발견하였다(Foorman, Francis, Novy, Liberman, 1001; Perfetti, Beck, Bell, & Haughes, 1987). 중재의 3단계 모델에 대한 연구들 전반에 걸쳐 발견된 향상은 일반 학급 수업에서의 교수가 명시적인 파닉스 교수와 해독 연습을 포함할 때조차 낮은 수준의 기술을 보이는 학생들은 2차 중재가 제공하는 특이성, 숙달에 대한 주의집중 그리고 연습 기회로부터 이익을 얻는다는 것을 시사하고 있다.

학습된 수업

이 장에서 기술된 중재들이 알파벳 부호의 명시적 교수, 즉 단어들 내의 소리를 어떻게 듣는지, 그 소리들을 알파벳 문자와 철자의 조합으로 어떻게 대표하는지, 일련의 철자들을 어떻게 검토하고 단어들을 산출하기 위해 혼합된 소리들을 어떻게 만들어 내는지 그리고 단어 내 소리들을 어떻게 조작해서 새로운 단어들을 만드는지에서 시작했음을 주목하는 것은 중요한 일이다. 앞선 연구들에서, 알파벳 부호에서의 교수를 읽기에 어려움을 보일 위험이 있는 어린 학생들을 위해 이해에 할당된 시간의 절반 이상을 쓰는 교수와 비교했을 때, 부호에 집중된 교수가 상당한 이익을 보였다(Juel & Minden-Cupp, 2000; Simmons et al., 2003). 우리가 1학년 또는 그 이상의 학생들을 위해서 유창성, 어휘, 이해에 교수 시간을 추가한다 할지라도 1학년 이후 단계 2에 지속적으로 참여한 3명의 학생만이 개별 단어 수준에서 더 많은 교수를 필요로 하지 않았다. 〈표 7-1〉은 우리가 각 학년 수준에서 사용한 활동들과 각 활동에 참여한 학생의 수를 보여 주고 있다.

이 책의 다른 장들과 마찬가지로, 단기간의 초점을 맞춘 중재의 제공은 지속적이고 심각한 읽기 어려움을 지닌 학생들과 시작하기에 어려움을 보이거나 문해학습을 위한 준비 기술들이 또래들보다 덜 발달된 채 학교에 들어온 학생들을 구분하는 데 도움이 된다. 지난 수십 년간의 특수교육 연구 결과에 맞게 가장 심각한 어려움을 보이는 학생들 모두의 요구를 다루는 하나의 활동 '종합선물세트'는 없었다. 최근의 우리 연구(O'Connor, Harty et al., 2005)에서 성공적으로 보이는 1학년 중재는 읽기 요구가 증가함에 따라 다시 어려움을 겪는 것으로부터 모든 2학년 학생을 구해 내지 못했다. 많은 연구가 제시하였듯이, 유창성은 다른 기술들이 교정된 후에도 계속해서 읽기를 힘든 것으로 만들 수 있다.

우리의 자료는 교수의 근원을 계속 부호에 두게 하면서 교수 강도를 증가시키는 것이 모든 학생에게 치료가 아닌 향상을 초래했음을 보여 주었다. 4년 동안 연속적인 중재단계를 거쳐 온 학생들 중 일부는 읽기에 여전히 어려움을 보인다. 그러나 학생들

표 7-1 유치원에서 3학년까지 단계 2 중재에서의 교수적 활동

학년	각 활동에 참여한 학생 수	활동
유치원 단계 2의 학생 31명	31	반복적인 철자-소리 교수
	31	확장된 혼합
	31	확장된 분절
	31	분절하는 동안 철자 조작
1학년 단계 1의 학생 21명*	14	반복적인 철자-소리 교수
	14	말소리 혼합과 분절
	14	해독
	14	문자 형태
	14	자석칠판에 철자 쓰기
	14	고빈도 단어 빨리 읽기 연습
	14	텍스트 소리 내서 읽기와 다시 읽기
	7	다른 모든 1학년 활동에 추가하여 어휘, 이야기 구조, 다시 말하기
2학년 단계 2의 학생 18명*	6	오직 텍스트 소리 내서 읽기와 다시 읽기만
	9	단어 공부(해독)
	9	텍스트 소리 내서 읽기와 다시 읽기
	3	위 활동들 모두에 추가하여 어휘와 이해
3학년 단계 2의 학생 9명*	2	오직 텍스트 소리 내서 읽기와 다시 읽기만
	7	다음절 단어 BEST 분석
	7	텍스트 소리 내서 읽기와 다시 읽기

주) BEST=단어를 당신이 인지한 조각으로 나누고(B), 어근을 확인하고(E), 부분들을 순서대로 말하고(S), 전체를 시도한다(T).

* 이 학생들 중 일부는 해당 학년도의 일정 기간 동안만 단계 2 중재를 받는다.

중 누구도 3학년 말에 학년 수준 텍스트에서 분당 25개 단어보다 더 적게 읽지는 않았다. 아마 이 학생들은 우리가 제공한 중재들과는 매우 다른 중재에서 보다 진전을 나타낼 것이다. 2~3학년을 대상으로 한 다른 연구들(읽기 중재의 3단계 모델 이외의)로부터의 증거들은 심하게 지체된 독자들이 여전히 전체 단어 접근보다 부호 중심 교수에서 더 많은 이익을 얻는다고 주장한다(Foorman et al., 1998; Shankweiler & Liberman, 1989). 하지만 가장 더딘 성장을 보이는 학생들이 그들의 성장 궤도를 향상시킬 수 있는 교수에 더할 추가 요소들이 있을 수 있다. 계층화 설계가 이제 시작되고 있기 때문에 읽기장애를 최소화할 교수의 유형과 강도에 대해 배워야 할 것이 많다.

참고문헌

Ball, E., & Blachman, B. (1991). Does phoneme awareness training in kindergarten make a difference in early word recognition and developmental spelling? *Reading Research Quarterly, 26,* 49-66.

Beck, I., McKeown, M., & Kucan, L. (2002). *Bringing words to life: Robust vocabulary instruction.* New York: The Guilford Press.

Blachman, B., Ball, E., Black, S., & Tangel, D. (1994). Kindergarten teachers develop phoneme awareness in low-income, inner-city classrooms: Does it make a difference? *Reading and Writing: An Interdisciplinary Journal, 6,* 1-17.

Blachman, B. A., Ball, E. W., Black, R., & Tangel, D. M. (2000). *Road to the code: A phonological awareness program for young children.* Baltimore: Paul H. Brookes Publishing Co.

Blachman, B. A., Tangel, D. M., Ball, E. W., Black, R. S., & McGrew, C. K. (1999). Developing phonological awareness and word recognition skills: A two-year intervention with low-income, inner-city children. *Reading and Writing: An Interdisciplinary Journal, 11,* 239-273.

Carnine, D., Silbert, J., & Kame'enui, E. (1997). *Direct instruction reading* (3rd ed.). New York: Merrill.

Coyne, M., Kame'enui, E., Simmons, D., & Harn, B. (2004). Beginning reading intervention as inoculation or insulin: First-grade reading performance of strong responders to kindergarten intervention. *Journal of Learning Disabilities, 37,* 90-106.

Cunningham, A. (1990). Explicit vs. implicit instruction in phonemic awareness. *Journal of Experimental Child Psychology, 50,* 429-444.

Darling-Hammond, L. (2000). Teacher quality and student achievement: A review of state policy evidence [Electronic version]. *Education and Policy Analysis Archives 8*(1).

Deno, S. (1985). Curriculum-based measurement: The emerging alternative. *Exceptional Children, 52,* 219-232.

Elkonin, D. B. (1973). U.S.S.R. In J. Downing (Ed.), *Comparative reading.* (pp. 551-579). New York: Macmillan.

Engelmann, S., & Bruner, E. (1995). *Reading mastery I* (Rainbow ed.). New York: McGraw-Hill.

Foorman, B. R., Francis, D. J., Fletcher, J. M., Schatschneider, C., & Mehta, P. (1998). The role of instruction in learning to read: Preventing reading failure in at-risk children. *Journal of Educational Psychology, 90,* 37-55.

Foorman, B. R., Francis, D. J., Novy, D., & Liberman, D. (1991). How letter-sound instruction mediates progress in first-grade reading and spelling. *Journal of Educational Psychology, 83,* 456-469.

Fry, E. B., Kress, J. E., & Fountoukidis, D. L. (2000). *The reading teacher's book of lists.* Upper Saddle River, NJ: Prentice Hall.

Garet, M. S., Porter, A. C., Desimone, L., Birman, B. F., & Yoon, K. S. (2001). What makes professional development effective? Results from a national sample of teachers. *American Educational Research Journal, 38*(4), 915-945.

Good, R. H., Simmons, D. C., & Kame'enui, E. J. (2001). The importance and decision-making utility of a continuum of fluency-based indicators of foundational reading skills for third-grade high-stakes outcomes. *Scientific Studies of Reading, 5,* 257-288.

Greenwood, C. R., Tapia, Y., Abbott, M., & Walton, C. (2003). A building-based case study of evidence-based literacy practices: Implementation, reading behavior, and growth in reading fluency, K-4. *Journal of Special Education, 37,* 95-110.

Jenkins, J., Fuchs, L., van den Broek, P., Espin, C., & Deno, S. (2003). Accuracy and fluency in list and context reading of skilled and RD groups: Absolute and relative performance levels. *Learning Disabilities Research and Practice, 18,* 237-245.

Juel, C. (1988). Learning to read and write: A longitudinal study of 54 children from first through fourth grades. *Journal of Educational Psychology, 80,* 437–447.

Juel, C., & Minden-Cupp, C. (2000). Learning to read words: Linguistic units and instructional strategies. *Reading Research Quarterly, 35,* 458–492.

Lenz, B. K., & Hughes, C. A. (1990). A word identification strategy for adolescents with learning disabilities. *Journal of Learning Disabilities, 23,* 149–163.

Maslen, B. L., & Maslen, J. R. (1987). *The Bob books.* West Linn, OR: Bob Books Publications.

McCutchen, D., Abbott, R. D., Green, L. B., Beretvas, S. N., Cox, S., Potter, N. S., et al. (2002). Beginning literacy: Links among teacher knowledge, teacher practice, and student learning. *Journal of Learning Disabilities, 35,* 69–86.

National Reading Panel. (2000). *Teaching children to read.* Rockville, MD: NICHD Information Resource Center.

O'Connor, R. E. (1999). Teachers learning Ladders to Literacy. *Learning Disabilities Research and Practice, 14,* 203–214.

O'Connor, R. E. (2000). Increasing the intensity of intervention in kindergarten and first grade. *Learning Disabilities Research and Practice, 15,* 43–54.

O'Connor, R. E., & Bell, K. M. (2004). Teaching students with reading disability to read words. In A. Stone, E. Silliman, B. Ehren, & K. Apel (Eds.), *Handbook of language and literacy: Development and disorders* (pp. 479–496). New York: The Guilford Press.

O'Connor, R. E., Bell, K. M., Harty, K. R., Larkin, L. K., Sackor, S., & Zigmond, N. (2002). Teaching reading to poor readers in the intermediate grades: A comparison of text difficulty. *Journal of Educational Psychology, 94,* 474–485.

O'Connor, R. E., Fulmer, D., Harty, K. R., & Bell, K. M. (2005). Layers of reading intervention in kindergarten through third grade: Changes in teaching and child outcomes. *Journal of Learning Disabilities, 38,* 440–455.

O'Connor, R. E., Harty, K. R., & Fulmer, D. (2005). Tiers of intervention through third grade. *Journal of Learning Disabilities, 38,* 532–538.

O'Connor, R. E., & Jenkins, J. R. (1995). Improving the generalization of sound/symbol knowledge: Teaching spelling to kindergarten children with disabilities. *Journal of Special Education, 29,* 255–275.

O'Connor, R. E., & Jenkins, J. R. (1999). The prediction of reading disabilities in kindergarten and first grade. *Scientific Studies of Reading, 3,* 159–197.

O'Connor, R. E., Jenkins, J. R., & Slocum, T. A. (1995). Transfer among phonological tasks in kindergarten: Essential instructional content. *Journal of Educational Psychology, 2,* 202-217.

O'Connor, R. E., Notari-Syverson, A., & Vadasy, P. F. (1996). Ladders to literacy: The effects of teacher-led phonological activities for kindergarten children with and without disabilities. *Exceptional Children, 63,* 117-130.

O'Connor, R. E., Notari-Syverson, A., & Vadasy, P. F. (2005). *Ladders to literacy: A kindergarten activity book* (2nd ed.). Baltimore: Paul H. Brookes Publishing Co.

Perfetti, C., Beck, I., Bell, L., & Hughes, C. (1987). Phonemic knowledge and learning to read are reciprocal: A longitudinal study of first-grade children. *Merrill-Palmer Quarterly, 33,* 283-319.

Shankweiler, D., & Liberman, I. (1989). *Phonology and reading disability: Solving the reading puzzle* (pp. 1-33). IARLD Monograph Series. Ann Arbor: University of Michigan Press.

Share, D., Jorm, A., MacLean, R., & Matthews, R. (1984). Sources of individual differences in reading acquisition. *Journal of Educational Psychology, 76,* 1309-1324.

Share, D., & Stanovich, K. (1995). Cognitive processes in early reading development: Accommodating individual differences into a model of acquisition. *Issues in Education: Contributions from Educational Psychology, 1,* 1-57.

Simmons, D. C., Kame'enui, E. J., Stoolmiller, M., Coyne, M. D., & Harn, B. (2003). Accelerating growth and maintaining proficiency: A two-year intervention study of kindergarten and first-grade children at risk for reading difficulties. In B. R. Foorman (Ed.), *Preventing and remediating reading difficulties: Bringing science to scale.* Timonium, MD: York Press.

Stuebing, K., Fletcher, J., LeDoux, J., Lyon, G. R., Shaywitz, S., & Shaywitz, B. (2002). Validity of IQ-discrepancy classifications of reading disabilities: A meta-analysis. *American Educational Research Journal, 39,* 469-518.

Torgesen, J. K. (2000). Individual differences in response to early interventions in reading: The lingering problem of treatment resisters. *Learning Disabilities Research and Practice, 15,* 55-64.

Torgesen, J., Wagner, R., & Rashotte, C. (1997). Prevention and remediation of severe reading disabilities: Keeping the end in mind. *Scientific Studies of Reading, 1,* 217-234.

Vandervelden, M., & Siegel, L. (1997). Teaching phonological processing skills in early literacy: A developmental approach. *Learning Disabilities Quarterly, 20,* 63–81.

Vaughn, S. (2003, December). *How many tiers are needed for response to intervention to achieve acceptable prevention outcomes?* Paper presented at the National Research Center on Learning Disabilities Responsiveness to Intervention Symposium, Kansas City, MO.

Vellutino, F. R., Scanlon, D. M., Sipay, E., Small, S., Pratt, A., Chen, R., et al. (1996). Cognitive profiles of difficult-to-remediate and readily remediated poor readers: Early intervention as a vehicle for distinguishing between cognitive and experiential deficits as basic causes of specific reading disability. *Journal of Educational Psychology, 88,* 601–638.

제4부

3차 중재

제8장

유치원생을 위한 예방 모델에서 세 번째 단계의 특성과 역할

Beth A. Harn, Edward J. Kame'enui,
and Deborah C. Simmons

읽기에 어려움이 있는 학생들에 대한 조기 판별과 중재는 자명한 일이며, 최근 시행된 대다수의 메타분석이나 전국 위원단의 권고사항 중 핵심이다[Foorman & Togesen, 2001; Francis, Shaywitz, Stuebing, Shaywiz, & Flectcher, 1996; National Reading Panel(NRP), 2000; National Research Council(NRC), 1998; Baughn & Fuchs, 2003]. 이러한 연구들은 읽기 실패의 장기적 결과 및 초기 읽기 기술 발달이라는 복잡한 과제에 몇 년을 시달린 후 중재 서비스들을 제공한다는 어렵고 종종 쓸데없는 과제를 기록하고 있다. 그래도 더 힘을 내게 해 주는 것은 초기 읽기 교수의 복잡함과 예방의 힘에 대해 우리가 이제 더 많은 것을 알고 있다는 확실한 결론이다. 예방 노력과 유치원 및 초등학교 1학년을 대상으로 제공된 중재는 이후 교정에 대한 필요성을 감소시키는 데 성공적인 것으로 입증되었다(Kame'enui, Good, & Harn, 2004). 예방 연구의 성공은 현재의 Reading First Initiative(No Child Left Behind Act, 2001; PL 107-110)의 추진력이 되고, 포괄적인 읽기 프로그램의 개발에 영향을 주며, 두 가지 모두 학급에서의 일상적 수행에 영향을 끼친다.

읽기 어려움을 가진 아동을 위한 예방 연구들을 모두 검토하는 것은 이 장의 범위를 넘어서지만(Cavanaugh, Kim, Wanzek, & Vaughn, 2004; Foorman & Torgesen, 2001; Torgesen, 2002), 두 가지 일반적인 결론이 주어진다. 첫째, 읽기에서의 어려움에 대한 가장 흔한 원인은 음운 처리 과정에서 아동이 보이는 능숙함의 결여이므로 유치원과 1학년에서 예방과 중재가 필요하다(Torgesen, 2002). 조기 읽기 곤란을 보이는 유치원 및 1학년 학생들에 대한 중재 노력은 성공적이다. Torgesen은 조기 읽기 중재 연구에 대한 메타분석에서 학생이 조기에 판별되어 소집단에서 명시적이고 체계적인 교수를 제공받을 때 일반적인 아동들 중 2~6%만이 이후의 읽기 숙달도를 예측하는 기술들을 발달시키지 못한다고 판단하였다.

조기 읽기 중재가 가진 힘의 추가적인 지지는 교수가 어떻게 뇌의 신경 기능을 변화시킬 수 있는지를 기록한 최근의 연구들에서 얻을 수 있다(Papanicolaou et al., 2003; Sandak, Mencl, Frost, & Pugh, 2004; Shaywitz, 2003). 기능적 자기공명영상(fMRI)과 자기원시영상(MSI)을 포함한 비외과적 기술(non-invasive technology)의 사용을 통해 연구자들은 아동이 읽기를 할 때의 신경활동을 포착할 수 있다. 이 연구들의 일반적인 결론은 다음과 같다. 1) 유치원 때처럼 이른 시기에 전통적인 초기 문해 측정에서 명백한 읽기 곤란을 보이는 학생들은 전형적인 발달 양상을 띠는 독자들과는 다른 신경활동을 보인다. 2) 읽기에 어려움을 겪는 학생들이 과학적으로 증명된 중재를 받게 되면, 뇌의 신경활동은 전형적인 발달 양상을 띠는 독자들과 더 유사해지는 쪽으로 변화한다(Papanicolaou et al., 2003; Sandak et al., 2004; Shaywitz, 2003). Papanicolaou와 동료들(2003)은 뇌의 메커니즘을 정립하는 데 교수가 중요한 역할을 한다고 결론짓고, 조기 읽기 발달에 있어 신경 처리과정의 발달적 가소성 때문에 조기중재의 중요성을 강조했다. 이러한 현재 연구의 흐름은 관점을 보다 넓히고, 읽기와 관련된 변인이나 복잡한 처리과정을 포착하며, 읽기 성과를 향상시키기 위해 변화될 수 있는 변인들(조기 판별과 과학적으로 증명된 읽기 중재)에 다시금 집중하게 하는 데 도움이 된다.

이 장에서 우리는 체계적이고 반응적인 방식으로 교수 지원을 늘려 감으로써 아동들의 읽기 곤란을 예방하는 데 초점을 맞춘, 읽기 중재의 3단계 모델을 학교에 적용하는 틀을 제공할 것이다. 이러한 교수 지원 시스템의 예는 각 단계마다 제공되겠지만,

읽기 어려움의 위험이 있는 것으로 판별된 유치원생들을 대상으로 완수된 연구에서 도출된 자료들을 포함하여, 단계 3 중재의 핵심적인 특징들이 강조될 것이다. 효과적인 단계 3 중재의 핵심적 특징들은 1) 우선순위가 매겨진 내용, 2) 의도적 교수설계 및 전달, 3) 보호된 시간 및 집단 구성, 4) 수행 점검이다.

읽기 곤란을 예방하기 위한 교수 지원의 3단계 모델

읽기 곤란 예방을 위해 우리가 적용한 이론적·개념적 틀은 공공보건학 문헌에서 도출된 것이다(Caplan & Grunebaum, 1967: Simeonsson, 1994에서 재인용). 이 틀은 1차 예방, 2차 예방, 3차 예방의 세 가지 개별적인 단계 또는 수준으로 구성된다(Kame'enui, Simmons, Good, & Chard, 2002). 이 틀에서 '예방'의 개념은 1) 어떠한 사건이 일어나는 것을 막는 행위 또는 2) 이미 확인된 상황이나 문제를 줄이기 위해 고안된 행위의 두 가지 방식 중 하나로 정의된다.

이 두 가지 의미는 다음에 이어지는 1차·2차·3차 예방의 정의에서 명백하게 발견된다. 체계 수준에서 1차 예방은 전체 집단에서 잠재적 문제(예를 들면, 읽기 곤란, 학습장애, 읽기장애)를 가진 새로운 사례의 수를 줄이는 것과 관련된다. 그러므로 1차 예방은 읽기 곤란이 확고해지고 강력해져서 안정되기 전에 모든 학습자의 요구가 확실히 다루어지도록 학교, 학급, 아동의 수준에서의 정보와 자원의 출처(예를 들면, 읽기를 시작할 때의 교수적 그리고 교육과정 프로그램, 전략, 절차, 접근방식)를 관리한다. 이러한 전략의 주된 초점은 더 집중적인 자원이나 중재를 필요로 하는 학생의 수를 줄이는 것이다. 1차 예방은 유치원이나 1학년 때 학생이 읽기 곤란을 가질 가능성을 감소시키기 위해 과학적으로 증명된 실제를 시행함으로써 시작된다.

1차 예방에 비해 2차 예방은 전체 집단에서 이미 판별된 조건이나 문제에 대한 기존 사례들의 수(유병률)를 줄이는 것과 관련된다. 미국 국립과학원의 읽기 곤란 예방 위원회(Committee on the Prevention of Reading Difficulties)에 따르면 2차 예방은 "보상 기술 및 행동의 촉진을 포함하며 …… (중략) …… 읽기 곤란이 발생할 위험이 높으나 심각한 장기적 결함은 아직 나타나지 않은 아동에게 추가적인 노력을 기울인다."(NRC, 1998, p. 16) 2차 노력의 초점은 위험군으로 판별된 아동들에게 1차 교수 프로그램에서의 교수로부터 이익을 볼 필요가 있는 핵심적인 기술들을 가능한 한 빨리 가르치도록 교수 지원을 증가시키는 데 맞춰져 있다.

마지막으로 3차 예방은 기존의 그리고 판별된 문제나 조건과 연계된 문제들을 줄이는 것과 관련된다. NRC(1998)에 따르면 이 수준의 프로그램과 전략, 중재는 명시적인 교정 혹은 재활에 초점을 맞추고 있다. 만약 아동이 2차 예방에서 적절한 진전도를 보이지 않는다면 현재 받고 있는 교수에 특수교육, 읽기전문가의 개인교습 등 특별히 고안된 추가적 교수를 필요로 할 것이다."(p. 16) 이러한 학생들에게 필요한 교수는 학습 속도를 높이기 위해 훨씬 더 집중적이며 '끈질기고' '꼼꼼하다'(Kavale, 1988, p. 335).

[그림 8-1]에 예방의 세 수준 또는 단계가 묘사되어 있다. 그림에서 볼 수 있듯이 읽

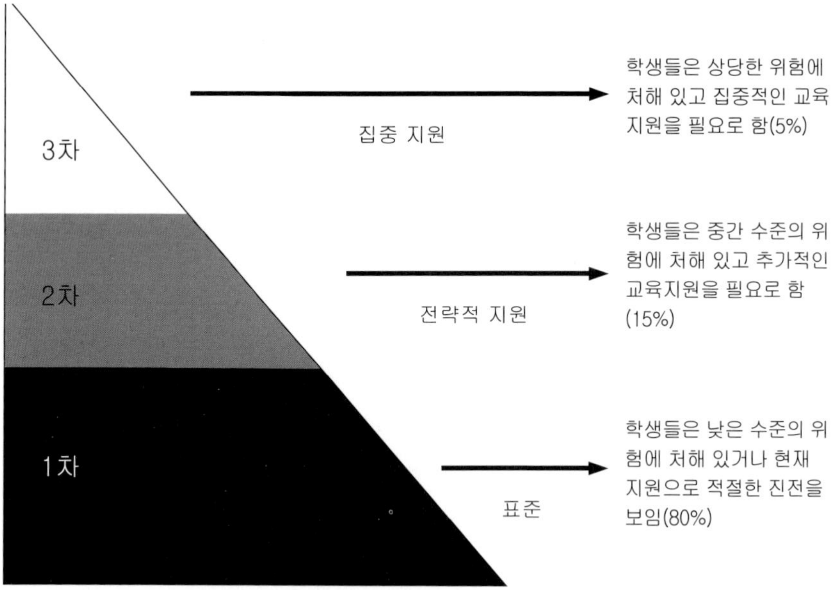

[그림 8-1] 예방 모델의 교수 지원 단계들

출처: Walker, H. M., Horner, R. H., Sugai, G., Bullis, M., Sprague, J. R., Bricker, D. et al.(1996). Integrated approaches to preventing antisocial behavior patterns among school-age children and youth. *Journal of Emotional and Behavioral Disorders*, *4*, 202에서 수정됨.

기 곤란을 보이는 학생들을 위해 지원 서비스의 정보, 자원 그리고 전문화 수준이 증가한다. 3단계 예방 모델의 초점은 3학년 이후 추가적인 지원을 필요로 하는 학생 수를 줄이거나 예방하기 위해 학생의 수행에 반응하여 유치원에서 3학년까지 교수를 체계적으로 강화하는데 맞춰져 있다.

교수 지원에 관한 이 모델은 지난 몇 년 동안 모든 독자의 읽기 곤란을 예방하도록 학교의 노력을 효과적으로 개선하기 위한 학교차원의 체계적 전략과 과정을 실행, 정리 및 확대해 온 우리의 공동연구와 전문성 개발 노력에 기초하고 있다(Good, Simmons, & Kame'enui, 2001; Kame'enui & Simmons, 2002; Simmons et al., 2002; 이 연구에 대한 더 많은 정보는 http://idea.uoregon.edu:16080/~ibr/ 참조). 비록 교육 공동체가 체제적 수준의 예방 연구의 필요성을 깨달았다 하더라도, 무엇이 효과적인 예방 모델을 구성하는지를 평가하기 위한 합의된 접근방식이나 측정법은 없다. 그런 예방 모델에 대한 대규모 실험연구(실험 및 통제집단 무선 배치)는 수행된 적이 없으며, 수행되었던 비실험적 연구들은 종종 학생의 학업적 성과를 종속변인으로 두지 않았다(Zins, Heron, & Goddard, 1999). 따라서 예방 노력을 평가하는 가장 좋은 방법은 아직 결정되지 않은 것이다. 우리는 학생의 읽기 수행에 대한 노력을 평가하는 한 가지 효과적인 방법으로 3단계 예방 모델 내에서 학교 또는 체제 전체 수준에 대한 형성평가 체제(Dynamic Indicators of Basic Early Literacy Skills: DIBELS)를 사용하는 것이라고 제안한다. 만일 이러한 사정 접근방식으로 학생이 기대만큼 진전도를 보이지 않는다면 해당 학생은 쉽게 판별되고 읽기 곤란이 확고해지는 것을 예방하기 위해 증가된 교수 지원이 실행될 수 있다. 다음 절에서는 교수를 강화하고 곤란을 겪는 독자의 학습을 가속화하기 위해 필요한 교수적 특징, 내용, 절차를 특히 강조하면서 체제 전체 수준에서 이 접근방식의 실행에 대해 논할 것이다.

3단계 예방 모델: 학생의 수행에 기반을 둔 교수적 강도의 체계적 증가

예방 모델에서는 어느 학생이 나중에 읽기 곤란의 위험이 있는지, 누가 추가적인 교수 지원을 필요로 하는지 결정하는 것이 중요하다. DIBELS는 설정된 목표에 관하여 모든 학생을 중요한 문해 기술(예를 들어, 음운 인식, 알파벳 원리, 연결된 텍스트에서의 유창성)에 대해 분기별로 효율적으로 선별하기 위해 고안되었다(Good & Kaminski, 2003; Good, Simmons, & Kame'enui, 2001). 그러므로 이 예방 모델에서는 이 측정에 대한 학생의 수행이 확립된 DIBELS의 기준과 비교된다. 그다음 학생의 점수는 위험 수준(낮은 위험, 약간의 위험, 위험군)과 세 가지 유형의 교수적 제안(표준적, 전략적, 집중적) 중 하나에 대한 요구에 따라 범주화된다. 각 범주에서 학생들의 현재 수행 수준이 나중의 읽기 실패를 예언한다면 그들은 증가된 상대적 위험에 처해 있다고 표현된다. 읽기 곤란이 깊이 자리 잡는 것을 방지하기 위해 우리는 3단계 모델 내에서 어떤 학생들이 교수 지원을 필요로 하는지 결정하기 위해 교수적 권고들을 활용한다.

표준적 교수

표준적 교수 권고를 받는 학생들은 제대로 궤도에 올라 있고 상대적으로 낮은 위험에 처한 것으로 간주된다. 즉, 계속해서 현재의 효과적이고 포괄적인 교수 지원을 받는다면 다음의 조기 문해 목표를 성취할 공산이 크다(80% 이상)는 것이다. 이 학생들의 교수적 필요를 충족시키기에는 1차 또는 단계 1 교수 지원으로 충분하다고 간주된다.

전략적 교수

전략적 교수 지원을 권고받은 학생은 하나 이상의 조기 문해 기술이 장기적인 읽기 성공을 예측할 만한 수준에 올라 있지 않기 때문에, 이후 읽기 곤란을 보일 상대적 위험이 증가되어 있다. 이러한 학생들에게는 학습을 가속화하도록 교수 지원을 늘리기 위해 2차 또는 단계 2 교수 지원이 추천되다.

집중적 교수

상당한 추가적 교수 지원이 즉시, 끈질기게, 명시적 · 지속적으로 제공되지 않는다면, 집중적 교수 권고를 받은 학생들이 다음 문해 목표에 도달할 가능성은 낮다(40% 이하). 이러한 학생들에게는 학습을 가속화할 교수 지원을 상당히 증가시키기 위해 3차 또는 단계 3 수준의 교수 지원이 추천된다.

3단계 예방 모델의 교수적 요소

다음 절에서는 이 체제 전체 접근 방식의 각 단계에 걸친, 교수와 관련된 특징들이 논의될 것이다. 이 특징들은 교수의 속성(예를 들면, 명시성, 시간, 집단 구성), 프로그램, 환경, 학생의 수행을 평가하는 빈도 등과 관련이 있다.

1차(단계 1) 예방: 표준적 교수 지원

단계 1 교수 지원의 목적은 핵심적인 조기 읽기 기술들을 습득하는 데 있어 모든 학생의 요구를 지원하기 위해 과학적으로 증명된 읽기 연구의 핵심 요소들을 강조한 학교 차원의 포괄적 읽기 프로그램을 실행하는 것이다. 가장 중요한 읽기 프로그램을 실행하는 데 더하여 할당된 그리고 집중된 교수 시간, 집단 크기, 교수의 초점 그리고 진전도 점검 등 변경 가능한 변인들이 반드시 고려되어야 한다. 〈표 8-1〉에서 교수 지원의 강도를 증가시키기 위해 조작될 수 있는 변인들의 목록을 확인할 수 있다. 예를 들어, 단계 1 지원을 받는 학생 또는 표준적 교수를 권고받는 학생의 교수 강도는 높지

표 8-1 교수 지원을 증가시키기 위해 변경 가능한 변인: 읽기 곤란 예방

변경 가능한 변인	추천되는 교수 지원의 수준		
	1차 - 단계 1 표준적	2차 - 단계 2 전략적	3차 - 단계 3 집중적
교육과정 프로그램	초기 읽기 교수의 다섯 가지 필수 요소를 강조하는 연구기반 핵심 읽기 프로그램	연구기반 핵심 읽기 프로그램 초기 읽기 또는 특정 학생을 위한 보충 프로그램의 다섯 가지 필수 요소의 전략적 강화	초기 읽기의 선택된 필수 요소에 대한 중재 프로그램의 보충적인 혹은 가속화된 중재 프로그램과 함께 연구기반 읽기 프로그램
교사 주도 교수의 특성	학교에 있는 동안 지속적으로 제공	교수와 초점에 대한 증가된 명시성 학교에 있는 동안 삽입된 추가적 연습 기회 기술을 복습할 증가된 기회 제공	교수와 초점에 대한 증가된 명시성 학교에 있는 동안 삽입된 추가적 연습 기회 기술을 복습할 증가된 기회 제공
높은 수준의 자격을 갖춘 교수자	일반교사	일반교사 추가적인 일반 지원과 보충적인 지원	일반교사 추가적인 일반교육 혹은 특화된 지원
학습 기회	주로 소집단 배치가 가미된 대집단	대집단과 소집단 교수의 혼합 소집단 교수를 목표로 하는 기술들의 신중한 선택	주로 소집단 교수 대집단 교수를 목표로 하는 기술들의 신중한 선택
할당된 교수 시간	문해 기술의 필수 요소에 최소한 90분 할당	문해 기술의 필수 요소에 최소한 90분 할당 소집단에서 필수 기술 발달을 보충하거나 증진하기 위해 구체적으로 정해진 시간	문해 기술의 필수 요소에 최소한 90분 할당 소집단에서 필수 기술 발달을 위해 따로 구체적으로 설정된 시간 소집단 상황에 제공된 하루 20~30분의 추가 시간
교수적 환경	일반학급	일반학급	투입 또는 분리 교수 지원과 함께 일반학급
학생의 학습 평가	학년 초, 중간, 말의 평가	매달 1~2회의 평가	매달 2~4회의 평가

않다. DIBELS 측정에서 표준에 있는 학생들은 일반교사가 전달하는 핵심 교육과정과 교수 절차로 이익을 볼 수 있다. 이 학생들은 제 궤도에 올라 있기 때문에 DIBELS를 이용한 평가는 이후 읽기 숙달도를 예측하는 학습속도를 유지하고 있는지 확인하기 위하여 일 년에 세 번(학년 초, 중간, 학년 말)만 이루어진다. 대조적으로 단계 2(전략적)나 단계 3(집중적) 수준에 있는 학생들은 〈표 8-1〉에 제시된 변경 가능한 변인들 전반에 걸쳐 빈번한 진전도 점검을 포함하여 더 집중적인 교수 지원을 필요로 한다.

우리의 예방 모델 개념화에서 단계 1 교수 지원은 일반 학급에서 시행되는 전략과 함께 핵심 교육과정과 교수적 읽기 프로그램을 의미한다. 단계 1의 1차 예방은 학교에 다니는 학생들 대다수 혹은 유치원에서 초등학교 3학년까지의 학생들 중 약 70~80%를 수용하기 위해 설계되었다. 보다 중요한 것은 이것이 읽기 문제의 위험으로부터 아동들을 예방하기 위해 설계되었다는 것이다. 그러므로 핵심 읽기 프로그램, 교수 지원(예를 들어, 집단 구성 및 교사의 지도), 시간 할당(90분)과 진전도 점검의 빈도는 유치원에서 초등학교 3학년까지의 교사들, 보조 인력들, 부모들 그리고 학교 행정가들 등에게 1차 예방을 위한 투자를 의미한다. 1차 예방은 또한 실행가들에게 핵심 교수적 투자의 효과성에 대해서는 물론, 모든 학생의 읽기 수행에 대한 시의적절하고 중요한 정보를 제공하는 형성평가 체제(예를 들면, DIBELS)를 포함한다.

2차(단계 2) 예방: 전략적 교수 지원

단계 2 교수 지원의 목적은 능숙한 독해자가 되지 못할 위험이 높아진 학생들을 확인하고 교수 지원을 체계적으로 증가시키는 데 있다. 〈표 8-1〉에 구체적으로 정리되어 있듯, 단계 2 교수 지원을 필요로 하는 학생들은 필수적인 초기 읽기기술을 연습하고 복습할 추가적 기회와 함께 보다 구체적이고 명시적인 소집단 교수를 제공받는다. 이 학생들은 위험에 처해 있고 추가적 자원을 필요로 하기 때문에, 그들의 학습은 DIBELS를 사용하여 더 자주 점검된다(매달 한두 번). 그러고 나서 그들의 교수 계획(자료, 시간, 집단 구성)은 자료가 보장하는 것에 따라 수정될 수 있다.

알파벳 표기 체제에서 읽기를 학습할 때 아동 개개인의 다양성과 하나의 핵심 읽기 프로그램이 모든 아동의 요구를 충족시킬 가능성이 낮다는 현실 때문에, 학교는 일련의 읽기 프로그램과 전략, 지원을 개발하고 실행해야 한다. "만병통치약은 없다"는 학교의 교육학적 그리고 교수적 현실이다. 그러므로 단계 2 지원은 뚜렷한 읽기 곤란으로 판별된 아동들을 위한 핵심 읽기 프로그램을 보충하고, 개선시키며, 지원하기 위해 고안되고 적용되는 프로그램과 전략, 절차 등이 포함된다. 단계 2의 목표는 학습을 가속화하기 위해 교수 지원을 늘리는 것이다. 효과적인 단계 1 지원이 제공되는 학교에서는 대략 학생들의 15~20%가 중대한 이해관계가 있는 성과를 충족시키기 위해 단계 2 지원을 필요로 할 것으로 추정된다.

3차(단계 3) 예방: 집중적 교수 지원

단계 3 또는 집중적인 교수 지원을 필요로 하는 학생들은 추가적 교수 지원을 제공받을 때에도 낮은 수준의 미미한 진전을 보인다. 집중적 교수 지원을 필요로 하는 학생들은 단계 2 교수 지원을 받는 학생들보다 더 높은 강도로 그리고 더 구체적으로 전달되는 교수적 자원들을 훨씬 더 많이 요구한다. 단계 2와 다를 수 있는 단계 3의 교수적 변인들에는 1) 더 명시적인 프로그램 자료를 선택하기, 2) 필수 기술에 집중하기, 3) 새로 도입된 기술을 연습하고 복습할 추가적 기회 제공하기(〈표 8-1〉참조) 등이 포함된다. 단계 3 지원을 필요로 하는 학생들이 배울 것이 가장 많기 때문에 소집단 환경에서 제공되는 읽기 교수를 위한 추가적 시간이 매우 중요하다. 집중적 교수 프로그램이 학생들의 요구를 확실히 충족시키기 위해 학습 속도를 보다 적시에 평가하도록 최소한 격주로 자료가 수집된다. 단계 3은 구체적으로 설계되고 읽기에서의 뚜렷한 어려움을 가진 학생들 또는 다른 중재 노력(단계 1이나 단계 2)에 반응하지 않은 학생들에게 맞춰진 읽기 교수를 제공한다. 교수는 종종 특별히 고안된 교수적 자료(중재 또는 가속화 프로그램)를 적용하여 특화된 훈련을 받은 인력(예를 들면, Title 1 교사들, 특수교사, 읽기전문가)이 전달한다. 이 예방 모델의 첫 두 단계를 실행하고 있는 학교에서 조차, 대략 학생들의 5~10%가 중요한 읽기 목표를 성취하기 위해 가장 집중적인 수준의 이 교수 지원을 필요로 할 것으로 예측된다.

요약하자면 3단계 예방 모델의 일반적인 특징에는 다음을 실행함으로써 학생의 수행에 반응하는 체계적으로 증가하는 교수 지원이 포함된다.

1. 효과적이고 과학적으로 증명된 핵심 교육과정과 교수적 실행
2. 읽기 교수를 위해 할당되고 현명하게 보호되는 적절한 시간
3. 추가적 중재와 지원의 연속체 또는 체계
4. 나중에 읽기 곤란을 보일 위험이 있는 학생들을 가려내기 위해 시의적절한 방식으로 활용되는 읽기 진전에 대한 간단하고 반복 가능하며 타당한 형성평가
5. 학생의 학습을 극대화하기 위해 역동적으로 평가된 중재와 교수적 결정에 정보를 제공하기 위한 문제해결팀

다음 절에서는 증가된 교수 지원을 대표하는 각각의 단계와 함께 이 예방 모델이 특정 학교구, 즉 오리건주 유진시의 베델 학교구에서 어떻게 실행되는지 그 예가 제공될 것이다. 또한 이 절에서 우리는 읽기 곤란의 위험이 있는 것으로 판별된 유치원생들을 대상으로 수행된 연구의 결과를 논의할 것이다. 이 결과는 1) 우선순위가 매겨진 내용, 2) 의도적 교수설계 및 전달, 3) 보호된 시간 및 집단 구성 그리고 4) 수행 점검 등 효과적인 3단계 중재의 핵심적인 특징들을 보여 준다.

3단계 예방 모델의 학교구 적용 사례

우리와 베델 학교구와의 관계는 ACCEL-S(Accelerating Children's Competence in Early Reading and Literacy-Schoolwide)라는 이름의 4년짜리 모델 시연 프로젝트를 시행하던 6년 전부터 시작되었다. 이 프로젝트에 대한 전반적 설명은 Simmons와 동료들(2002)의 연구에 잘 나타나 있으나, 주요 특징은 1) 연구기반 교수적 자료 선택에 있어 전문성 개발과 지원, 2) 형성평가 시스템(DIBELS) 실행, 3) 읽기 성과를 향상시키기 위해 고안된 연구기반 교수전략과 절차를 포함한다. ACCEL-S 프로젝트가 Reading

First 계획보다 앞서 시행되었기 때문에, 학교들로 하여금 공통적 핵심 프로그램을 사용하고 매일 최소 90분 이상 읽기 교수를 전달하는 데 동의하게 만든 것은 주목할 만한 성취였다.

다음 절에서는 유치원부터 3학년을 위한 교수 지원 각 수준의 일반적 특징(〈표 8-1〉에 제시된 변경 가능한 변인들과 연관된)을 서술하고 있다. 게다가 이 학교들이 매일 무엇을 했는지 정확히 이해할 수 있도록 돕기 위해 우리는 학교들이 실시한 특정 상업적 읽기와 중재 프로그램을 확인하였다. 이 자료들은 기록된 임상적 효능때문에 학교 교직원이 선택했으며, 어떤 특정 프로그램의 홍보가 아닌 단지 이 학교들에서 실행한 것의 예이기 때문에 여기서 그 이름을 밝히지는 않을 것이다. 비슷한 특징을 가진 그리고 높은 충실도로 실행된 다른 프로그램들도 똑같이 효과적이었을 것이라고 추측한다.

1차 예방: 단계 1

학교들은 모든 학생의 읽기 성취를 최대화하고자 일반교사가 전달하는 연구기반 교수 프로그램을 활용하는 전문성 개발 연수를 채택하고 이수하였다. 프로젝트 ACCEL-S에서는 'Reading Mastery'(Englemann & Bruner, 1995)를 선택한 한 학교를 제외하고 모든 학교가 'Open Court'(Adams et al., 2000)를 선택하였다. 읽기교육은 매일 최소한 90분 동안 전체 집단과 소집단 혼합방식으로 제공되었다. 학생들이 기대치만큼의 진전을 보이고 있는지 확인하고 단계 1 이상의 추가적 교수 지원을 필요로 하는 학생을 가려내기 위해, 모든 학생은 학년 초, 중, 말에 선별되었다. DIBELS에서 '표준'이라고 선별된 학생들은 단계 1 교수 지원으로 효과를 얻고 있는 것으로 보였고 이후에 읽기 어려움을 겪을 위험군에 속하지 않는 것으로 간주되었다.

2차 예방: 단계 2

DIBELS에서 중간 수준의 위험(전략적 지원을 필요로 하는)에 처해 있다고 판별된 학생들에게는 교수 지원이 체계적으로 강화되었다. 〈표 8-1〉에 명시되어 있듯이 핵심 프로그램은 여전히 읽기 교수의 주요 원천이었다. 그러나 소집단 교수가 진행되는 동안 교사들은 의도적으로 DIBELS 및 다른 교수적 평가에서 지적하는 핵심적인 읽기 기술 영역(음운 인식, 파닉스, 어휘)에 초점을 맞췄다. 일부 학교에서는 학생들이 연결된 텍스트를 유창하게 읽는 데 어려움을 보였다. 교사들은 핵심 읽기 프로그램이 유창성을 충분히 강조하고 있지 않다고 느꼈고, 핵심 프로그램을 뒷받침하고 향상시키기 위해 'Read Naturally'(Ihnot, 1991)라는 유창성에 초점을 맞춘 중재 프로그램을 실시하였다. 다른 학교들은 더 통제된 텍스트 읽기와 다시 읽기를 더 체계적인 방식으로 합친 일반적인 유창성 전략을 개발하였다(Greenwood, Maheady, & Delquadri, 2002; Howell & Nolet, 2001). 대집단과 소집단 교수 모두가 진행되는 동안, 교사들은 학생들이 적극적으로 이 필수 기술들을 연습할 수 있는 기회를 늘려 주기 위해 노력하였다. 교사들은 또한 교수적 언어의 명시성과 일관성을 향상시켰다. 많은 학교에서 Title 1인력들은 서비스 전달의 투입 모델의 일환으로 일반학급에서 매일 동질적인 소집단(단계 2) 교수를 제공하였다. 단계 2 지원을 받는 학생들은 읽기 어려움의 위험이 상대적으로 높았기 때문에 교수 지원의 효과성을 평가하기 위하여 적어도 한 달에 한 번은 진전도를 점검하였다. 만일 진전도 점검 자료가 이후 읽기 숙달도에 대하여 긍정적 경향을 보이면 중재 서비스는 계속되었다. 만약 진전도 점검 자료가 적절함에 미치지 못하는 성장을 보이면 단계 2 교사들은 문제해결과 추가적인 교수적 또는 절차적 수정이 필요한지 결정하기 위해 모였다. 수행이 적절하지 못한 경우에는 추가적인 교수 지원이 권고되었고, 보통 단계 3 중재의 일부로 제공되었다.

3차 예방: 단계 3

단계 2의 추가적 교수 지원에서 제한된 성장을 보이거나 DIBELS 평가에서 고위험군(집중적 지원을 필요로 하는)으로 판별된 학생들에게는 교수 지원이 더욱 강화되었다. 이들 중 많은 학생은 몇몇 초기 읽기 영역의 핵심 읽기 프로그램의 교수 목표(예를 들면, 상급 발음 요소)와 학생의 기술 수준(예를 들면, 일관적이지 않은 철자-소리 지식)

간의 차이가 너무 컸기 때문에 학교 수준의 읽기 팀과 학부모들은 일반학급에서 사용되는 것과는 다른 교수 자료가 더 적절할 것이라고 결정하였다. 모든 학생에게 이익이 될 전체 집단 교수가 진행되는 동안 어떤 기술들(예를 들어, 어휘, 이해 전략, 초기 음운 인식, 기술 복습 등)을 가르쳐야 할지에 대해 신중한 결정이 내려졌다. 긴급하게 가르칠 필요가 있는 중요한 기술들(예를 들어, 알파벳 이해, 단어 읽기, 연결된 텍스트 읽기)은 특히 신중하게 순서화된 기술 도입과 개발, 연습하고 복습할 풍부한 기회, 교수시간과 학습을 극대화하기 위한 명시적 교수전략 등으로 설계된 중재와 가속화 프로그램을 통해 가장 잘 다루어지는 것으로 간주되었다. 학교들이 학생의 교수적 필요, 현행 핵심 프로그램, 교수자 친밀도 등에 근거한 각기 다른 다양한 프로그램, 예를 들어 Horizons(Englemann, 1999), Read Well(Sprick, Howard, & Fidanque, 2000), Reading Mastery(Englemann & Bruner, 1995), Read Naturally(Ihnot, 1991)를 선택하면서 교수 지원의 연속체가 형성되었다. 학습을 가속화하기 위해 단계 3 지원을 받는 학생들은 매일 90분 이상의 읽기 교수를 제공받았으며 그 대부분은 Title 1 그리고(혹은) 특수교육 인력에 의해 소집단에서 제공되었다. 〈표 8-1〉의 변경 가능한 변수들 차트가 보여주듯 진전도 점검이 격주로 이루어져 교수가 학생의 학습에 최대한 반응하도록 하였다. 교수적 문제해결팀은 2주마다 모였고 학생의 진전도는 역동적으로 평가되었으며, 자료가 가속화의 필요성이 보일 때 교수 프로그램에 수정이 이루어졌다.

단계 3 중재의 핵심적 특징

ACCEL-S 프로젝트의 실행 내에서 가장 높은 수준의 위험군 학생들과 전형적 발달을 보이는 또래 사이의 차이를 줄이는 데 필요한 유치원 중재의 특징들(예를 들면, 내용, 절차, 교수적 전달)을 더 잘 이해하기 위해 연구가 수행되었다. 이 프로젝트에 대한 더 철저한 논의와 상세한 설명은 Simmons, Kame'enui, Stoolmiller, Coyne 그리고 Harn(2003)의 연구를 참조하라. 다음 절에서는 효과적인 단계 3 중재의 핵심적 특징들을 설명하기 위해 그 연구의 일반적 특징들을 강조할 것이다.

맥락 및 참여자 집단

이 연구의 참여자는 처음에 태평양 연안 북서부의 두 학교구에서 7개 초등학교의 유치원 학생 111명이었다. 모든 학교는 Title 1 읽기 서비스를 받는 대상이었고 본질적으로 시골이었으며 인종적 구성이 비슷하였다(주로 백인). 전체 학생 중 무료 급식 및 급식비 지원 대상자의 비율은 32~63% 정도였다. 중재 대상으로 판별된 학생들은 주로 DIBELS 철자 명명 유창성과 초기 재인 유창성(지금은 초기 소리 유창성이라고 불림; Good & Kaminski, 2003)으로 측정된 문자 지식과 초기 음운 인식의 초기 문해 기술에 따라 위험군으로 선별되었다. 모든 학생은 학년 초에 선별되었고, DIBELS에 의해 '집중적 교수적 권고'로 범주화되는 것과 같은 백분위 20 이하의 수행을 보이는 학생들이 참여의 대상이 되었다. 최종적인 참여자는 주로 백인(84%)이며 남학생(58%)이었고 라틴계/중남미계(13%) 학생들이 약간 있었다.

집중적 중재의 특징: 단계 3 중재의 핵심적 특징

효과적인 단계 3 중재의 특징을 보여 주기 위해 이 연구의 결과는 이 장의 앞 부분에 언급한 매우 중요한 요소들, 1) 보호된 시간과 집단 구성, 2) 수행 점검, 3) 우선순위가 매겨진 내용, 4) 의도적 교수설계와 전달을 가장 잘 보여 주도록 제시될 것이다. 먼저 세 중재 전반에 걸쳐 일관된 특징들을 제시한다.

보호된 시간과 집단 구성

모든 학생들은 2.5시간의 반나절 유치원 교육을 받았고, 그 안에서 최소한 60분이 초기문해 활동에 투입되었다. 이 연구의 모든 학생이 읽기 곤란의 고위험군에 속하였기 때문에 일반적으로 학교에서 보내는 시간에 추가적으로 30분씩 소집단 교수를 일주일에 5일 받았다. 학생의 학습을 극대화하기 위하여 모든 교수는 5명을 넘지 않는 집단에서 제공되었다. 중재는 11월 초에 시작하여 5월 중순에 마무리되었다.

수행 점검

중재 전후의 평가에 더하여 모든 학생은 적어도 한 달에 한 번 DIBELS를 사용한 평가를 받았다. 게다가 학교에서도 자체적으로 한 달에 한 번씩 평가를 시행하여 결국 학생들의 음운 인식과 알파벳 원리에 대한 성장은 한 달에 두 번 점검되었다.

우선순위가 매겨진 내용 및 의도적 교수설계와 전달

의도적 교수 전달과 우선순위가 매겨진 내용의 특징은 중재에 대한 더 일반적인 서술에 가장 잘 나타날 수 있다. 다음의 설명은 이러한 특징들이 학습 속도를 어떻게 가속화하는지 보여 주기 위해 핵심적인 중재 및 중재의 교수적 요소들에 초점을 맞춰 요약되었다.

중재 설명

부호 강조

실험자 개발 중재인 부호 강조는 두 번의 연속적인 15분 단위에서 음운 인식과 알파벳 이해에 대한 전략적 · 명시적 · 체계적 교수를 제공하는 데 초점을 맞추고 있다. 이 중재는 포괄적으로 설계된 것도 아니고 일반학급에서 제공되는 핵심 읽기 교수를 대체하고자 설계된 것도 아니다. 대신 이 중재는 학생들이 읽을 수 있게 되는 데 필요한 가장 핵심적인 기술들의 학습을 가속화하기 위해 신중하게 설계되었다.

우선순위가 매겨진 내용

부호 강조 중재의 내용은 나중의 읽기에 있어 이 읽기 기술들의 중요성을 보고한 연구(NRP, 2000; Simmons & Kame'enui, 1998)를 근거로 신중하게 선택되었다. 첫 15분에 교수는 1) 초성과 종성 분리, 2) 소리 혼합, 3) 소리 분절 등 핵심적인 음운 기술들을 설정하고 강화하였다. 1) 철자 소리와 이름 확인, 2) 자음-모음-자음 단어들을 읽기 위한 철자-소리 혼합, 3) 선택된 불규칙 단어 읽기, 4) 통제된 텍스트의 문장 읽기 등 기초적인 알파벳 기술과 전략들도 가르쳤다. 두 번째 15분에서는 글씨쓰기(예를 들면, 문자 받아쓰기와 만들기)와 통합된 음운론 및 알파벳 기술과 철자 쓰기 등의 교수를 통해 음운론과 알파벳 기술들을 확장하고 심화하였다.

의도적 교수설계와 전달

신중하게 선택되고 우선순위가 매겨진 내용에 더하여, 부호 강조 중재에는 1) 명시적이고 일관성 있는 교사의 언어, 2) 여러 번의 주의 깊은 과제 시범 보이기, 3) 기술 도입과 개발의 신중한 순서 짓기, 4) 기술을 연습할 그리고 기술 수행에 대한 교정적 피드백을 받을 풍부한 기회, 5) 이전에 학습한 기술에 대한 체계적이고 누적적인 복습, 6) 더 상급의 기술을 뒷받침하기 위해 이전에 학습된 기술의 의도적 통합(혼합 활동에 사용된 단어들이 문장 읽기에서도 활용되었다) 등의 교수 요소들이 들어 있다.

부호와 이해 강조

부호와 이해 강조 중재 또한 실험자가 개발한 것이지만 부호 강조 중재보다 교수의 범위가 넓었다. 수업은 두 번의 연속된 15분 동안 음소 인식, 알파벳 이해, 이야기 문법, 어휘에 대한 전략적·명시적·체계적 교수를 활용하여 제공되었다.

우선순위가 매겨진 내용

부호와 이해 강조 중재는 내용에 대한 강조를 읽기의 두 영역 '부호(음운과 알파벳)와 이해(어휘, 이야기체 텍스트 구조, 이야기 다시 말하기)'에 분배하였고, 이러한 교수는 매일 15분 동안 연속 두 번 이루어졌다. 부호와 이해 강조 중재의 절반은 부호 중심 특징들에 그리고 나머지 절반은 어휘와 이해에 할당되었다. 처음 15분은 부호 강조 중재와 같았고 우선순위가 높은 음운과 알파벳 기술에 초점을 맞추었다. 다음 15분에는 1) 이야기책에 나타나는 어휘에 대한 수용적·표현적 지식, 2) 인기 있는 아동 문학서 반복 읽기를 통한 이야기 구조 및 이야기 다시 말하기의 확장된 지식과 개발 등 두 가지의 주요한 초점이 있었다.

의도적 교수설계와 전달

부호 강조 중재에 사용된 것과 같은 명시적이고 체계적인 교수적 요소가 부호와 이해 강조 중재에도 적용되었다.

상업적 프로그램

상업적 프로그램 중재는 비교 집단으로 활용되었고, 음운론 및 알파벳 발달을 강하게 강조하면서 명시적이고 체계적인 특징을 지닌 상업적 읽기 프로그램의 실행이 포함되었다.

우선순위가 매겨진 내용

상업적 프로그램 중재는 포괄적 읽기 프로그램 'Open Court Reading'(Adams et al., 2000)의 '소리와 철자' 모듈로 구성되었다. 총 30분의 소집단 교수 시간은 부호 강조 활동에 할당되었다. 그러나 교수된 기술의 범위가 훨씬 더 넓었다. 예를 들어, 음운 인식 기술의 범위는 운율 맞추기부터 소리 대체까지 전체 기술들을 포함하였다. 일상적으로 아동들은 1) 운율, 시, 노래를 듣고, 2) 소리, 문자, 언어에 대한 지식을 적용하는 언어 및 단어 게임을 하며, 3) 음소 인식 활동에 참여하고, 4) 지정된 문자에 대한 시를 낭송하며, 5) 새로운 문자의 이름과 소리를 배우고, 6) 문장 안에서 새로운 소리를 사용해 보며, 7) 쓰기 연습장에 새로운 문자들을 썼다.

의도적 교수설계와 전달

자료와 전달의 교수적 요소는 부호 강조 중재와 부호와 이해 강조 중재에 비해 덜 집중적이고 덜 의도적이었다. 예를 들어, 부호 강조 중재와 부호와 이해 강조 중재에서처럼 기술을 복습하거나 교정하기 위해 분명한 교수적 언어를 제공하는 대신 이 중재는 1) 기술을 언제, 어떻게 도입하고 연습할지를 지정한 지시와 2) 아동들이 어려움을 겪을 때 복습해야 할 중요한 기술이 무엇인지를 상기시켜 주는 조언을 주었다. 실험 중재와 대조적으로, 교사 모델과 실행 예시의 수가 덜 규정되었고 교정적 피드백이 덜 구체적이었다. 비록 지침들이 교사들에게 아동들이 수행하게 되어 있는 과제를 지시했다 하더라도(예를 들어, 만일 아동들이 혼란스러워한다면, 그들에게 당신이 찾는 단어들이 /s/ 소리로 시작된다는 것을 상기시킬 것; Adams et al., 2000, 2부, 11장, p. 180) 구체적인 교정 절차는 제공되지 않았다.

결과

아동들의 수행 변화는 1) 음운 인식(DIEBELS, Phonemic Segmentation Fluency: PSF; Good & Kaminski, 2003), 2) 비단어 및 유사 비단어 읽기(DIEBELS, Nonsense Word Fluency: NWF; Good & Kaminski, 2003; Woodcock Reading Mastery Tests-Revised: WRMT-R; Word Attack subtest; Woodcock, 1987)와 단어 읽기(WRMT-R, Word Identification subtest; Woodcock, 1987), 3) 일반적인 수용어휘(Peabody Picture Vocabulary Test-Revised; Dunn & Dunn, 1981), 4) 목표 표현 어휘 그리고 5) 듣기 이해(이야기 다시 말하기와 이야기 이해를 이용하기 위해 고안된 실험자 개발 측정도구) 등의 영역에서 평가되었다(괄호 안은 이에 대응하는 측정). 여기 보고된 결과는 음운과 알파벳 기술에만 집중하여, 진전도 점검 측정(DIBELS 측정 활용)과 사전·사후평가(WRMT-R 사용)를 중심으로 조직되었다. 이 중재들의 효과를 결정하기 위하여 37명의 평균적 성취를 보이는 학생들이 학년 초에 선별되어(9월에 같은 판별 측정에서 백분위 50의 수행에 기초함) 학년 내내 점검되었다.

진전도 점검 측정

학생들은 PSF와 NWF 측정을 사용하여 매달 점검받았다. PSF와 NWF 측정의 점수는 세 중재집단 각각과 평균 성취 집단의 전형적 학습자가 분당 35개의 음소와 분당

표 8-2 집단별 유치원 말 음소 분절 유창성과 비단어 유창성 기술통계

	중재를 받은 학생			평균 성취 학생
	부호 강조	부호와 이해 강조	상업적 프로그램	평균 성취
	(n=32)	(n=34)	(n=30)	(n=37)
5월 PSF*				
평균	47.84	41.44	36.43	49.62
표준편차	14.42	17.61	17.54	9.88
5월 NWF**				
평균	39.38	29.38	25.03	39.68
표준편차	17.48	17.81	13.60	25.74

주) n=학생 수

* PSF: 음소 분절 유창성(Good & Kaminski, 2003)

** NWF: 비단어 유창성(Good & Kaminski, 2003)

출처: Simmons, D. C., Kame'enui, E. K., Stoolmiller, M., Coyne, M. D., & Harn, B.(2003). Accelerating growth and maintaining proficiency: A two-year intervention study of kindergarten and first-grade children at risk for reading difficulties. In B. R. Foorman(Ed.), *Preventing and remediating reading difficulties: Bringing science to scale*. (p. 206). Timonium, MD: York Press.

20개의 문자 소리로 설정된 유치원 학년 말 기준을 충족하였음을 보여 주었다(Good, Simmons, & Kame'enui, 2001). 일원분산분석 결과, $F(3,135)=5.245$, $p=.002$로 5월 PSF 측정과 $F(3,134)=4.548$, $p=.005$로 5월 NWF 측정에서 통계적으로 유의한 집단 간 주효과가 나타났다(〈표 8-2〉에 기술통계가 제시되어 있음). Tukey-Kramer 방법을 이용한 세 중재 집단 간의 계획된 비교(표준화 범위 통계치에서 임계치=2.37, 유의확률에 대한 $q=0.5$, 동시대비 3)는 부호 강조 집단이 NWF($q=3.11$)와 PSF($q=2.41$) 모두에서 상업적 프로그램 집단보다, NWF 척도($q=2.94$)에서는 부호와 이해 강조 집단보다 유의하게 높았음을 말해 준다. Tukey-Kramer 방식을 이용한 계획된 비교(임계치=2.37, 유의확률에 대한 $q=0.5$, 동시대비 3)는 상업적 프로그램 집단이 평균 성취 집단보다 PSF($q=-2.56$)와 NWF($q=-3.53$)에서 모두 유의하게 낮았음을 보여 주었다.

중재 말에 NWF 준거를 충족시킨 중재 집단과 평균 성취 비교 집단 사이에 눈여겨 볼 만한 차이가 나타났다. 5월에 부호 강조 집단의 88%에 해당하는 학생들은 분당 20개 이상의 철자 소리를 식별해 내었으며, 이에 비해 부호와 이해 강조 및 상업적 프로그램 집단의 학생들은 각각 65%와 63%의 학생만이 그러한 성취를 보였다. 이러한 결과는 평균 성취 비교 집단의 86% 학생이 기준을 달성했다는 점을 고려해 볼 때 특히 인상적이다. 카이제곱 분석 결과 $x^2(3\ df)=9.55, p=.023$으로 집단과 기준 달성 사이에 유의한 관계가 있는 것으로 나타났다. [그림 8-2]는 1월부터 5월 사이에 NWF에 대해 관찰된 평균 성장 궤적을 보여 준다. 특히 주목할 만한 것은 중재 전반에 걸친 성장률(기울기), 그중에서도 상업적 프로그램 집단과 비교했을 때 부호 강조 집단이 보인 알파벳 원리의 발달 속도다. 부호 강조 중재를 받은 학생들은 상업적 프로그램 중재를 받은 학생들보다 기준에 도달할 가능성이 더 높았을 뿐 아니라 대략 두 달 먼저 도달할 가능성도 높았다.

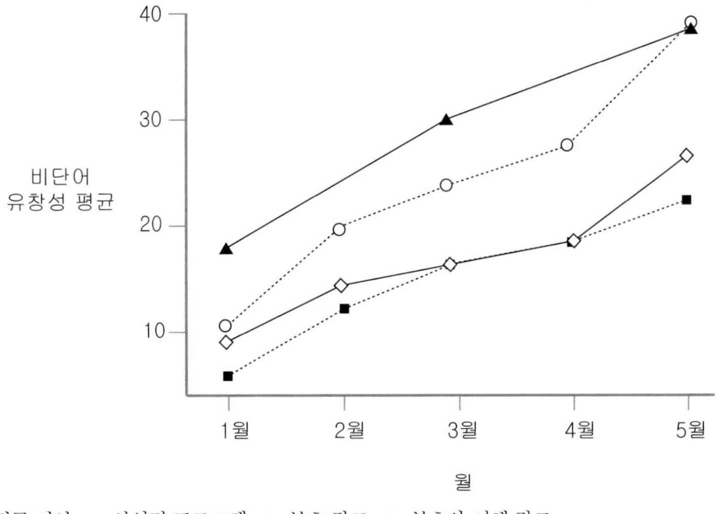

주) ▲=평균 이상, ■=상업적 프로그램, ○=부호 강조, ◇=부호와 이해 강조

[그림 8-2] 중재 전반에 걸친 중재집단의 비단어 유창성 평균

출처: Simmons, D. C., Kame'enui, E. K., Stoolmiller, M., Coyne, M. D., & Harn, B.(2003). Accelerating growth and maintaining proficiency: A two-year intervention study of kindergarten and first-grade children at risk for reading difficulties. In B. R. Foorman(Ed.), *Preventing and remediating reading difficulties: Bringing science to scale*. (p. 207). Timonium, MD: York Press.

사전 및 사후 측정

WRMT-R에서의 수행은 집단들 전반에 걸쳐 중재에 대해 강한 반응을 보여 평균 점수가 평균 범위에 무리없이 속했다. WRMT-R 기초 기술군(단어 공략과 단어 판별 하위검사)에서 각 집단의 평균은 다음과 같았다. 부호 강조(M=190.31), 부호와 이해 강조(M=104.47), 평균 성취(M=111.97)이다. 일원분산분석 결과[$F(3,129)=9.175$, $p<.001$]는 집단 간 주효과가 유의한 것으로 나타났다. Tukey-Kramer 방식을 이용한 세 중재 집단 간의 계획된 비교(임계치=2.37, 유의확률에 대한 q=0.5, 동시대비 3)는 부호 강조 집단이 상업적 프로그램 집단보다 유의하게 높았음을 보여 준다(q=3.28). Tukey-Kramer 절차를 활용한 계획된 비교(α=0.5에서 임계치=2.37, 동시대비 3)는 상업적 프로그램(q=-4.91)과 부호와 이해 강조(q=-3.43) 집단이 평균 성취 집단보다 유의하게 낮았음을 말해 준다(〈표 8-3〉의 기술통계 참조).

표 8-3 집단별 유치원 말 WRMT-R 기술통계

중재	중재			평균 성취 학생
	부호 강조	부호와 이해 강조	상업적 프로그램	평균 성취
평균	109.31	104.47	100.13	111.94
표준편차	9.79	9.51	14.47	15.27

주) WRMT-R=Woodcock Reading Mastery Tests-Revised

출처: Simmons, D. C., Kame'enui, E. K., Stoolmiller, M., Coyne, M. D., & Harn, B. (2003). Accelerating growth and maintaining proficiency: A two-year intervention study of kindergarten and first-grade children at risk for reading difficulties. In B. R. Foorman(Ed.), *Preventing and remediating reading difficulties: Bringing science to scale*. (pp. 206-207). Timonium, MD: York Press.

결과 요약

이러한 결과는 조기중재의 중요성 그 이상의 증거를 제공한다. 그러나 이러한 결과를 우선순위가 매겨진 내용과 의도적인 교수적 전달에 관하여 살펴볼 때, 이 변화 가

능한 요소들의 중요성은 명확해진다. 의도적인 교수설계와 전달의 역할은 부호 강조 중재와 상업적 프로그램 중재의 대조를 통해 증례가 된다. 집단 크기, 시간, 교수 내용(음운 인식과 알파벳 원리)은 같았다. 그러나 부호 강조 중재를 받는 학생들이 상업적 프로그램 중재를 받는 학생들보다 PSF, NWF, WRMT-R 측정에서 월등한 수행 수준을 보였다. 우선순위가 매겨진 내용의 역할은 부호 강조 중재와 부호와 이해 강조 중재의 대조를 통해 증례가 된다. 이 중재들은 내용의 폭(음운 인식과 알파벳 원리 대 음운 인식, 알파벳 원리, 어휘, 이야기 문법)에 관해서만 달라졌다. 부호 강조 중재를 받은 학생들이 부호와 이해 강조 중재를 받은 학생들보다 NWF 측정에서 훨씬 더 나은 수행을 보였다. 또한 부호 강조 중재를 받은 학생들이 평균 성취 집단의 학생들과 모든 초기 읽기 측정들에서 크게 다르지 않았다는 점도 언급되어야 한다.

결론 및 효과적인 3단계 중재의 필수적 특징에 대한 권고

비록 이 연구의 결과가 반복될 필요가 있다 하더라도 결과는 읽기 중재의 3단계 모델의 필요성과 효과를 향상시키는 필수적 특징에 대한 지지를 제공한다. 우리는 세 번째 단계의 교수 지원을 필요로 하는 학생들을 위한 교수 지원을 설계할 때 학교가 취해야 할 네 가지 조치, 즉 1) 의도적인 교수설계와 전달, 2) 우선순위가 매겨진 내용, 3) 보호된 시간과 집단 구성, 4) 수행 점검 등을 권고한다.

의도적인 교수설계와 전달

연구 결과들은 가장 위험에 처한 학생들을 대상으로 학생의 학습을 가속화하는 데 있어 신중하게 설계되고 전달된 교수의 힘을 보여 주고 있다. Lyon과 Chhabra(2004)가 언급하였듯이 "아동들은 읽기 능력을 자연스럽게, 쉽게, 혹은 우연하게 습득하지 않으며"(p. 6), 반드시 가르쳐 주어야 한다. 교수의 방식이나 전달수단은 적용된 교수의 속성이다. 이 연구에서 중재 전반에 걸친 교수의 속성은 교수적 언어의 명시성과 구체성 그리고 프로그램 안에서 교수적 기술이 설계되는 방법을 다루는 데 있어서 다양해졌다. 실험자가 개발한 중재(부호 강조와 부호와 이해 강조)와 상업적 프로그램 중재의 주된 차이점은 제공된 교수 지원의 수준이나 강도였다. 특정 읽기 과제를 도입하고 시범 보이며, 완성하고 교정하는 방법에 대한 명시적인 교수적 언어는 아동들에게 그들이 성공적으로 기술을 학습하는 데 필요한 강력한 수준의 교수 지원을 제공한다(Carnine, Silbert, Kame'enui, & Tarver, 2003; Englemann & Carnine, 1991; Rosenshine & Stevens, 1984). 우리가 비록 학교들이 교육과정 프로그램을 설계하는 것을 옹호하지 않는다 하더라도 프로그램의 구성은 신중하게 검토되어야 한다. 학교가 가장 집중적인 교수적 요구를 가진 학생들을 위한 프로그램을 선택할 때, 교수적 언어의 속성이 주의 깊게 고려되어야 하며, 특히 자격이 있는 교사들과 동일한 수준의 전문성 개발이나 훈련을 받지 않은 교육 보조인력에 의해 프로그램이 전달될 때 더욱 그러하다. 프로그램을 전달하는 데 사용되는 교수적 언어와 관련된 것은 교수 목표를 가르치는 방법을 설계하는 데 기울이는 관심이다.

실험자가 개발한 중재(부호 강조와 부호와 이해 강조)에서 어떤 기술을 언제, 얼마나 오래, 얼마나 자주 가르칠 것인가를 결정하는 데 아주 세심한 주의를 기울였다. 학습자의 혼란을 최소화하고 성공적인 학습을 증대시키기 위하여 기술의 도입, 연습, 복습의 범위와 순서가 면밀하게 설계되었다. 혼동하기 쉬운 기술들(예를 들면, b, d, p, q의 문자 소리)은 일부러 시간 간격을 두었다. 좀 더 어려운 기술들(예를 들어, 2~3개의 음소로 이루어진 단어 분절하기)에는 더 쉬운 기술들(예를 들어, 첫소리 식별하기)을 가르치는 데 더 많은 시간이 할당되었다. 같은 기술을 가르칠 때 줄곧 일관적인 교수 언어와 자료가 사용되었으므로, 학생들의 주의가 새로운 교수 과제에 분산되는 대신 해당 기술을 학습하는 데 집중될 수 있었다(Kame'enui & Simmons, 1990). 중재 전반에 걸쳐 기술의 숙달을 유지하기 위하여 의도적이고 분산된 기술 복습 주기를 설계할 때에는 특정 시간과 관심도 고려되었다. 예를 들어, 이전에 배운 철자 소리를 중재 전반에 걸쳐 체계적이고 분산된 방식으로 빠르게 복습하도록 특정 일정이 계획되었다. 핵심적인 기술의 학습을 가속화하기 위하여, 소집단 교수에서 어떤 기술을 가르칠지를 결정하는 데 있어 관심이 반드시 고려되어야 한다.

우선순위가 매겨진 내용

집중적인 지원을 필요로 하는 학생들을 가르칠 때 가장 어려운 일 중 하나는 교육과정 적용 범위다. 하루 수업 동안의 핵심 읽기 프로그램 내에 구체화된 다른 많은 기술에 각 아동이 놓치고 있는 필수적 기술까지 가르치는 것은 만만찮은 일이다. 그러나 개별 아동이 3학년이 끝날 때까지 읽기를 할 수 있게 만드는 것이 목표라면, 학교는 필수 기술들의 우선순위를 매기고 핵심 읽기 프로그램의 어느 부분을 가르쳐야 할지 결정해야 한다. 다행히도 교육자들이 우선순위를 매기기 쉽도록 읽기 성공의 가장 큰 예언변인으로 작용하는 기술들이 판별되어 있다(Kame'enui, Carnine, Dixon, Simmons, & Coyne, 2002; NRC, 1998; NRP, 2000; Simmons & Kame'enui, 1998). 예를 들어, 가장 뒤처지는 학생들에게 음운 인식을 가르칠 때 부호 강조 중재는 가장 많은 연구가 지목하고 있는 세 가지 기술, 즉 첫소리와 끝소리 구분, 소리 혼합, 소리 분절 등을 우선순위에 놓았다. 대조적으로 상업적 프로그램 중재에서는 모든 범위의 음운론 기술을 가르쳤다. Kame'enui, Carnine, Dixon, Simmons 그리고 Coyne(2002)이 말하듯이 위험군에 속하는 독자에게 너무 많은 교수적 목표를 설정하는 것은 교수가 노출을 감소시킬 수 있고, 이는 기술이 높은 준거로 학습될 가능성을 낮춘다. 세 번째 단계 교수 지원을 필요로 하는 학생들을 위해 사용하는 프로그램을 살펴볼 때, 어떤 기술이 어떤 순서로 어떠한 일정하에 어떤 수행 준거에 맞추어 가르칠지 검토하는 데 시간을 들여야 한다. 이 연구의 결과에서 나타났듯이 우선순위가 매겨진 기술들을 세심하게 순서화하는 것은 학습 속도를 의미 있는 방식으로 가속화시킬 수 있다(예를 들면, 부호 강조 중재를 받는 학생은 상업적 프로그램 중재를 받는 학생보다 대략 두 달 먼저 준거에 도달했다).

보호된 시간과 집단 구성

세 번째 단계 중재를 필요로 하는 학생들은 또래들을 따라잡기 위해 더 많은 읽기 교수 시간을 요구한다. 우리 연구에 참여한 학교구들은 모든 유치원생에 대해 매일 최소 60분의 시간을 읽기 교수에 우선적으로 할애하였다. 게다가 대다수의 위험군 유치원생에게는 전형적 일과 시간 이상의 30분 추가 교수를 제공하였다. 정해진 학급 내에서 교수 시간을 면밀히 계획하는 것은 매우 어려운 일이다. 그러나 제한된 교수 시간을 극대화하려 한다면 이는 매우 중요한 일이다(Kame'enui & Simmons, 1990). 일부 학교는 모든 종류의 교수적 자원(즉, Title 1, 특수교육, 영어 학습자, 보조인력)을 최대화하는 방법에 대한 시각을 넓히기 위하여 학년 수준에서 또 학년 수준 전반에 걸쳐 읽기 교수 시간을 신중하게 계획하였다. 읽기 교수를 뒷받침하기 위해 모든 교수 지원 서비스를 이용 가능하게 만듦으로써, 학교들은 어떻게 하면 소집단 교수가 가장 효율적이고 효과적으로 성취될지 결정할 모든 기회를 갖게 된다.

가장 집중적인 교수적 요구를 지닌 학생들에게는 더 많은 교수가 소집단에서 전달될 필요가 있을 것이다(Vaughn & Bos, 2002). 우선순위가 매겨진 기술에 초점을 맞춘 소집단 교수는 교수가 학생의 기술 수준을 구체적으로 겨냥할 수 있도록 하고 학습을 향상시키기 위해 교사의 교정적 피드백과 함께 기술을 연습할 기회를 확대시킴으로써, 아주 중요한 방식으로 교수 지원을 증가시킨다(Howell & Nolet, 2001). 연구는 평균적으로 1명의 교사에 3명의 학생으로 구성된 교수 집단이 일대일 교수만큼 효과적이었음(Elbaum, Vaughn, Tejero, & Watson Moody, 2000)을 분명히 보여 주었다.

수행 점검

정기적으로 수집된 진전도 점검 자료는 교사들이 학생의 기술 발달을 기록하고 중재 효과성을 평가하는 데 필요한 개관적 정보를 제공해 준다. 학생의 수행 자료를 모으거나 받는 교사들은 더 전략적인 교수적 변화를 이룬다(Fuchs, Deno, & Mirkin, 1984). 그러나 위험군 독자들을 위하여 교수를 강화하는 것에 대한 대부분의 논의에서 이 영역이 항상 다루어지는 것은 아니다(Foorman & Torgesen, 2001). 읽기에 어려움을 가진 독자를 포함한 대부분의 연구는 반복적으로 학생의 수행 속도(기울기)를 평가하도록 설계되지 않은 측정을 사용한다(Lyon & Moats, 1997; Shaywitz & Shaywitz, 1994). DIBELS와 같은 동형검사 형식을 지닌 초기 문해 기술 측정도구들은 특히 일정 기간 동안 성장속도를 사정하기 위해 그리고 교수에 민감하도록 설계되었다(Good

& Kaminski, 2003; Kaminski & Good, 1996). 학생 수행의 추세선(학습 속도)을 수집하여 검토하는 것은 교사들로 하여금 학생의 학습에 더 반응적이게 만들어 준다. 예를 들어, 만약 추세선이 어떤 학습 속도가 경험적으로 타당화된 읽기 목적의 달성을 예측하지 못한다는 것을 보여 준다면 이는 교수에서의 변화를 의미하는 것이다. Ysseldyke(2001)가 언급하였듯이 주기적으로 학생의 수행 자료를 검토하는 것은 교육자들이 학생의 학습에 대하여 교수적 책임을 지는 데 도움을 주고, 학생의 성과를 향상시키기 위해 변경 가능한 변인들(예를 들어, 프로그램 실행의 충실도, 집단 구성, 시간 할당, 출석, 학생 수행의 정확도)에 대한 문제를 해결할 수 있도록 교사들에게 힘을 실어 준다. 학생들의 진전도를 주기적으로 평가하는 것은 중재의 효과성과 수정의 잠재적 필요성을 적시에 평가할 수 있게 해 준다.

결론

Foorman과 Torgesen(2001)이 논의했듯이 일관성 있고 충실하게 전달되는 핵심 읽기 프로그램이 있을 때조차 추가적인 교수 지원은 여전히 필요하다. 학교들은 읽기 곤란의 위험이 있는 학생들을 판별하고 학생들의 교수적 요구에 반응하여 교수 지원을 체계적으로 증가시킴으로써 교수 지원의 각 단계를 주의 깊게 전개해야 한다. 의도적인 교수설계와 전달, 우선순위가 매겨진 내용, 보호된 시간과 집단 구성, 수행 점검의 필수적인 특징들은 학교가 학교의 통제권 내에 있는 중요 요소들에 초점을 맞추도록 도와 낭비할 시간이 없는 학생들의 교수 시간을 극대화할 수 있게 한다.

이 장에서 논의된 예방 노력의 힘은 제6장에서 다룬 신경학적 연구를 고려할 때 더욱 두드러진 것이 된다. 막 읽기를 시작한 독자들의 신경적 가소성은 우리에게 조기 교수를 강화하게 만든다. 다행히도 '집중적 교수'가 어떤 형태인지에 대한 미묘한 차이는 이제 전보다 더 확실해졌다. 이 집중적 교수는 경험적 근거가 있어야 하고, 주의 깊게 설계되고 실행되어야 하며, 우선순위가 매겨지고 보호되어야 하고, 학생의 학습에 반응적이어야 한다. Papanicolaou와 동료들(2003)이 언급했듯이 "좋은 교수는 언제나

뇌에 기반을 둔다."(p. 16)

참고문헌

Adams, M. J., Bereiter, C., Brown, A., Campione, J., Carruthers, I., Case, R., et al. (2000). *Open Court Reading*. New York: McGraw-Hill.

Caplan, G., & Gunebaum, H. (1967). Perspective on primary prevention: A review. *Archives of General Psychiatry, 17*(3), 258-381.

Carnine, D. W., Silbert, J., Kame'enui, E. J., & Tarver, S. (2003). *Direct instruction reading* (4th ed.). Upper Saddle River, NJ: Prentice Hall.

Cavanaugh, C., Kim, A., Wanzek, J., & Vaughn, S. (2004). Kindergarten reading interventions for at-risk students: Twenty years of research. *Learning Disabilities: A Contemporary Journal, 21,* 9-21.

Dunn, L., & Dunn, L. (1981). *Peabody Picture Vocabulary Test* (Rev. ed.). Circle Pines, MN: AGS Publishing.

Elbaum, B., Vaughn, S., Tejero, H., & Watson Moody, S. (2000). How effective are one-to-one tutoring programs in reading for elementary students at risk for reading failure? A meta-analysis of the intervention research. *Journal of Educational Psychology, 92,* 605-619.

Engelmann, S. (1999). *Horizons reading series.* New York: McGraw-Hill.

Engelmann, S., & Bruner, E. C. (1995). *Reading mastery: Rainbow edition.* New York: McGraw-Hill.

Engelmann, S., & Carnine, D. (1991). *Theory of instruction: Principles and applications.* Eugene, OR: ADI Press.

Foorman, B. R., & Torgesen, J. (2001). Critical elements of classroom and small-group instruction promote reading success in all children. *Learning Disabilities Research & Practice, 16*(4), 203-212.

Francis, D. J., Shaywitz, S. E., Stuebing, K. K., Shaywitz, B. A., & Fletcher, J. M. (1996). Developmental lag versus deficit models of reading disability: A longitudinal individual growth curves analysis. *Journal of Educational Psychology, 88,* 3-17.

Fuchs, L. S., Deno, S. L., & Mirkin, P. K. (1984). Effects of frequent curriculum-based measurement on pedagogy, student achievement, and student awareness of learning. *American Educational Research Journal, 21,* 449-460.

Good, R. H., & Kaminski, R. A. (2003). *DIBELS: Dynamic Indicators of Basic Early Literacy Skills* (6th ed.). Longmont, CO: Sopris West Educational Services.

Good, R. H., Simmons, D. C., & Kame'enui, E. J. (2001). The importance and decision-making utility of a continuum of fluency-based indicators of foundational reading skills for third-grade high-stakes outcomes. *Scientific Studies of Reading, 5*(3), 257-288.

Greenwood, C., Maheady, L., & Delquadri, J. (2002). Classwide peer tutoring programs. In M. Shinn, H. Walker, & G. Stoner (Eds.), *Interventions for academic and behavior problems II: Preventive and remedial approaches* (pp. 611-650). Washington, DC: National Association of School Psychologists.

Howell, K., & Nolet, V. (2001). *Curriculum-based evaluation: Teacher and decision making* (3rd ed.). Belmont, CA: Wadsworth Publishing.

Ihnot, C. (1991). *Read Naturally reading program.* St. Paul, MN: Read Naturally.

Kame'enui, E., & Simmons, D. (1990). *Designing instructional strategies: The prevention of academic learning problems.* Columbus, OH: Charles E. Merrill.

Kame'enui, E. J., Carnine, D. W., Dixon, R., Simmons, D. C., & Coyne, M. D. (2002). *Effective teaching strategies that accommodate diverse learners* (2nd ed.). Upper Saddle River, NJ: Prentice Hall.

Kame'enui, E. J., Good, R., & Harn, B. (2004). Beginning reading failure and the quantification of risk: Reading behavior as the supreme index. In W. Heward, T. Heron, N. Neef, S. Peterson, D. Sainato, G. Carrledge, et al. (Eds.), *Focus on behavior analysis in education: Achievements, challenges, & opportunities.* Upper Saddle River, NJ: Prentice Hall.

Kame'enui, E. J., & Simmons, D. C. (2002). From an "exploded view" of beginning reading toward a schoolwide beginning reading model: Getting to scale in complex host environments. In R. Bradley, L. Danielson, & D. P. Hallahan (Eds.), *Identification of learning disabilities: Research to practice* (pp. 163-172). Mahwah, NJ: Lawrence Erlbaum Associates.

Kame'enui, E. J., Simmons, D. C., Good, R., III, & Chard, D. (2002). *Focus and nature of primary, secondary, and tertiary prevention: CIRCUITS model.* Unpublished manuscript.

Kaminski, R. A., & Good, R. H., III. (1996). Toward a technology for assessing basic early literacy skills. *School Psychology Review, 25*(2), 215-227.

Kavale, K. A. (1988). The long-term consequences of learning disabilities. In M. Wang & M. C. Reynolds (Eds.), *Handbook of special education: Research and practice: Vol. 2: Mildly handicapped conditions. Advances in education* (pp. 303-344). Elmsford, NY: Pergamon.

Lyon, G. R., & Chhabra, V. (2004). The science of reading research. *Educational Leadership, 61*(6), 12-17.

Lyon, G. R., & Moats, L. C. (1997). Critical conceptual and methodological considerations in reading intervention research. *Journal of Learning Disabilities, 30,* 578-588.

National Reading Panel. (2000). *Teaching children to read: An evidence-based assessment of the scientific research literature on reading and its implications for reading instruction: Reports of the subgroups.* Bethesda, MD: National Institute of Child Health and Human Development.

National Research Council. (1998). *Preventing reading difficulties in young children.* Washington, DC: National Academies Press.

No Child Left Behind Act of 2001, PL 107-110, 115 Stat. 1425, 20 U.S.C. §§ 6301 *et seq.*

Papanicolaou, A. C., Simos, P. G., Fletcher, J., Francis, D., Foorman, B., Castillo, E., et al. (2003). Early development and placitiy of neurophysiological processes involved in reading. In B. Foorman (Ed.), *Preventing and remediating reading difficulties: Bringing science to scale.* Timonium, MD: York Press.

Rosenshine, B., & Stevens, R. (1984). Classroom instruction in reading. In D. Pearson (Ed.), *Handbook of research on reading* (pp. 745-798). New York: Longman Publishers.

Sandak, R., Mencl, W. E., Frost, S. J., & Pugh, K. R. (2004). The neurobiological basis of skilled and impaired reading: Recent findings and new directions. *Scientific Studies of Reading, 8,* 273-292.

Shaywitz, B. A., & Shaywitz, S. E. (1994). Measuring and analyzing change. In G. R. Lyon (Ed.), *Frames of reference for the assessment of learning disabilities: New views on measurement issues* (pp. 59-68). Baltimore: Paul H. Brookes Publishing Co.

Shaywitz, S. (2003). *Overcoming dyslexia: A new and complete science-based program for reading problems at any level.* New York: Alfred A. Knopf.

Simeonsson, R. J. (1994). Promoting children's health, education, and well-being. In R. J. Simeonsson (Ed.), *Risk, resilience, & prevention: Promoting the well-being of children* (pp. 3-11). Baltimore: Paul H. Brookes Publishing Co.

Simmons, D., & Kame'enui, E. (1998). *What reading research tells us about children with diverse learning needs: Bases and basics.* Mahwah, NJ: Lawrence Erlbaum Associates.

Simmons, D. C., Kame'enui, E. J., Good, R. H., III, Harn, B. A., Cole, C., & Braun, D. (2002). Building, implementing, and sustaining a beginning reading improvement model school by school and lessons learned. In M. Shinn, G. Stoner, & H. M. Walker (Eds.), *Interventions for academic and behavior problems II: Preventive and remedial approaches* (pp. 537-569). Bethesda, MD: National Association of School Psychologists.

Simmons, D. C., Kame'enui, E. J., Stoolmiller, M., Coyne, M. D., & Harn, B. (2003). Accelerating growth and maintaining proficiency: A two-year intervention study of kindergarten and first-grade children at risk for reading difficulties. In B. Foorman (Ed.), *Preventing and remediating reading difficulties: Bringing science to scale* (pp. 197-228). Timonium, MD: York Press.

Sprick, M., Howard, L., & Fidanque, A. (2000). *Read well.* Longmont, CO: Sopris West Educational Services.

Torgesen, J. K. (2002). The prevention of reading difficulties. *Journal of School Psychology, 40,* 7-29.

Vaughn, S., & Bos, C. (2002). *Strategies for teaching students with learning and behavior problems* (5th ed.). Boston: Allyn & Bacon.

Vaughn, S., & Fuchs, L. S. (2003). Redefining learning disabilities as inadequate response to instruction: The promise and potential problems. *Learning Disabilities Research & Practice, 18,* 137-146.

Woodcock, R. (1987). *Woodcock Reading Mastery Test-Revised.* Circle Pines, MN: AGS Publishing.

Ysseldyke, J. (2001). Reflections on a research career: Generalizations from 25 years of research on assessment and instructional decision making. *Exceptional Children, 67,* 295-309.

Zins, J. E., Heron, T. E., & Goddard, Y. L. (1999). Secondary prevention: Applications through intervention assistance teams and inclusive education. In C. R. Reynolds & T. B. Gutkin (Eds.), *The handbook of school psychology* (3rd ed., pp. 800-821). Hoboken, NJ: John Wiley & Sons.

제9장

유치원과 1학년에서 중재를 통해 초기 읽기 곤란 예방하기: 3단계 모델의 변형

Frank R. Vellutino, Donna M. Scanlon, Sheila G. Small,
Diane P. Fanuele, and Joan M. Sweeney

1990년대 중반 이후로, 읽기 문제를 교정하기 위하여 집중적이고 장기간의 치료가 요구되는 아동과 그와 동일한 목표를 성취하는 데에 덜 집중적이고 단기간의 치료가 요구되는 아동을 구분하기 위한 수단으로 중재에 대한 반응을 평가하는 많은 연구가 이루어져 왔다(Foorman, 2003; Vaughn, Linan-Thompson, & Hickman, 2003). 이러한 연구들 가운데 많은 부분은 학습장애의 정의에 있어 지능-성취 불일치를 대신한 중재반응의 사용을 둘러싼 문제와 쟁점의 맥락에서 수행되어 왔다(Gresham, 2002; Vellutino et al., 1996; Vellutino, Scanlon, & Lyon, 2000). 그러나 사실상 모든 연구의 궁극적이고 가장 중요한 목표는 모든 아동의 기능적 문해를 촉진하기 위한 사정과 교수 형식 그리고 절차를 개발하는 것이었다. 읽기 곤란 아동의 요구에 기여하는 중재반응 접근은 연속적으로 순서화된 교정적 처치의 세 가지 서로 다른 유형으로 특징지어지는, '3단계 중재 모델'이라 불리게 된 구조적 틀에서 개념화되어 왔다(Denton & Mathes, 2003; Fuchs & Fuchs, 1997). 단계 1은 학급 내의 모든 아동에게 단어 판별과 이해를 위한 부호 중심 그리고 텍스트 중심 전략을 함양하는 균형 잡히고 명시적이며 체계적인 읽기 교수를 제공하기 위해 해당 아동의 학급에서의 교수 프로그램에 대한 분석을 수반한다. 만일 교수 프로그램이 이러한 준거를 충족시키지 못한다면 프로그램에서 수정 기회를 제공받는 읽기에 어려움을 가진 학생들을 포함하여 학급 내의 모든 아동의 읽기 성장 속도와 수준을 의미 있게 향상시키는 방식으로 프로그램을 조정하기 위한 단계를 밟아야 한다. 이 수준에서의 중재는 읽기에 어려움을 겪는 대다수는 아니더라도 많은 학생이 전형적인 발달을 보이는 또래들에 비해 읽기 교수의 부적절함을 보상받는 데 있어서 준비가 덜 되어 있다는 사실에도 불구하고 그들이 학급 문해 교수를 적절하게 수정하는 것으로부터 이익을 볼 수 있을 것이라는 전제에 근거한다.

3단계 모델 가운데 단계 2는 읽기 곤란이 향상된, 양질의 학급 교수로 해결되지 않는 학생들을 위한 보충적인 2차 중재를 수반한다. 이러한 중재는 일반적으로 일반 교육 장면에서 유사한 요구를 지닌 학생들로 구성된 소집단에서의 더 명시적이며 더 확장된 교수를 수반한다. 다시 읽기에 어려움을 갖는 많은 독자는 2차 중재가 특히 질적으로 우수한 학급 교수와 결합되고 부호 중심 및 의미 중심 읽기전략을 충분히 강조할 경우 이 중재에 잘 반응한다(Denton & Mathes, 2003).

1차와 2차 중재의 제공에도 불구하고, 심한 읽기 곤란이 지속되는 아동들은 3단계 모델 중 단계 3에서 특수교육 서비스의 대상이 되며 읽기장애를 가진 것으로 분류될 수 있다. 이러한 3차 중재는 대부분의 경우 일반교육 환경에서의 학급교수를 보충하는 형태로, 더 오랜 기간의 더 집중적이고 더 높은 수준으로 개별화된 교정 서비스들(예를 들어, 매일 일대일 교수)을 수반하게 된다. 하지만 3단계 모델에서 읽기장애 분류에 대한 고려는 더 전통적인 지능-성취 불일치 준거가 아닌 1차 및 2차 교정 중재에 대한 부적절한 반응에 기초함을 주목하라(Denton & Mathes, 2003; Gresham, 2002).

Denton과 Mathes(2003)는 3단계 모델에 대한 기존 증거를 검토한 후 이 모델이 읽기장애로 진단되는 그리고 집중적이고 장기적인 교정을 요구하는 아동의 수를 대폭 감소시키는 데 있어 유망하다는 결론을 내렸다. "질적으로 우수한 1차와 2차 교수가 정기적으로 공립 학교에 제공된다면, 학생들 가운데 2% 이하만이 3차 중재를 요구할 것이다."(p. 239) 3차 중재에 관하여 이들은 "이 중요한 연구로부터 우리는 매우 집중적인 3차 중재는 심각한 읽기 곤란을 지닌 많은 학생의 해독과 이해 기술을 '정상화'

할 잠재력을 가지며 이러한 효과는 시간이 지나도 지속될 것이라 추론할 수 있다."(p. 240)라고 다시 결론지었다. 우리 자신의 중재 연구는 다음에 제시되는 것처럼 몇 가지 경고와 함께 이렇게 결론에 동의하기에 이르렀다.

이 장에서 우리는 3단계 모델의 구성요소 모두가 아닌 일부를 통합하여 최근 수행한 유치원에서 1학년 중재 연구로부터 선택된 몇 가지 결과를 요약할 것이다 (Vellutino, Scanlon, Small, & Fanuele, 2006). 연구는 학급 언어 프로그램을 광범위하게 접하기 전에 초기 읽기 곤란 위험군으로 판별된 유치원 아동에게 제공되는 교정 서비스에서 3단계 모델으로부터 다소 거리가 있는 중재의 예방적 모델을 평가하고자 설계되었다. 추가적으로 중재는 교수를 수정하려는 어떤 시도 없이 학급 문해 교수를 보충하였다. 하지만 본 연구를 서술하기에 앞서, 현재 연구의 설계로 이어진, 우리가 수행했던 1학년 중재 연구(Vellutino et al., 1996)의 핵심적 특징과 주요 결과들을 간략하게 요약하는 것이 유용해 보인다.

1학년 중재 연구

우리의 1학년 중재 연구는 지능-성취 불일치를 핵심적 정의 준거로 활용하여 읽기 장애를 진단하는 현재의 심리측정적/배제적 접근에 대한 심각한 우려에서 출발하였다 (Gresham, 2002). 이러한 접근이 읽기장애로 분류된 아동의 수를 매우 부풀리며 아동의 이전 교육 이력을 적절하게 고려하지 못한다고 보기 때문에(Clay, 1987), 우리는 학생들이 초기의 그리고 장기간의 읽기 곤란의 주요 원인으로 경험적 및 교수적 결함과 인지적 결함을 구분하고 1학년 읽기 교수를 받기 전에 초기 읽기 곤란의 위험에 처한 아동들을 판별하기 위한 준거를 개발하고자 중재 연구에 대한 프로그램을 설계하였다. 이러한 목적으로 1학년 중반에 읽기에 어려움을 가지고 있거나 전형적으로 읽기를 성취하는 것으로 판별된 중산층과 상위 중산층 아동의 문해 발달을 유치원에 들어갈 때부터(그들의 읽기 집단에서의 지위가 결정되기 이전) 4학년을 마칠 때까지 추적하였다. 이 두 집단은 우리가 유치원에 입학할 때 검사를 실시하였던 대규모 아동 표본

(n=1,407)로부터 선정되었다. 초기 읽기 성취에 대한 가정과 학령기 이전 문해 경험의 영향을 점검하는 데에 관심을 가졌기 때문에, 이 모든 아동에게는 유치원에 들어가기 직전 혹은 들어갔을 때 발현적 문해 기술(예를 들어, 문자의 이름에 대한 지식, 활자 개념에 대한 지식, 음운 인식)을 평가하는 일련의 많은 검사가 실시되었다. 읽기 관련 인지 능력 또한 유치원에서 그리고 다시 1학년과 3학년에 사정되었다. 인지 검사에는 언어, 듣기 이해, 어휘 지식, 통사적 지식, 언어적 기억력과 같은 언어기반 능력, 시공간 분석 및 시각적 기억과 같은 시각적 능력 그리고 언어와 비언어지능의 측정이 포함되었다. 1학년 읽기 성취에 대한 유치원 문해 교수의 영향력을 사정하기 위하여 본 연구에 참여하는 모든 학교의 유치원 언어 프로그램을 주기적으로 관찰하였다(Scanlon & Vellutino, 1996, 1997). 가장 중요한 것은 우리가 최소 15주 동안 읽기 손상을 지닌 학생들의 대부분에게 매일 일대일 튜터링(하루 30분)을 제공하였으며 어떤 경우에는(학생의 진전에 따라) 약 그 두 배의 튜터링이 제공되었다는 것이다. 튜터링 프로그램의 주요 목적은 교정에 어려움이 있는 것으로 나타난 읽기 곤란 학생들과 쉽게 교정되는 것으로 나타난 읽기 곤란 학생들 사이의 존재할 수 있는 인지적 프로파일상의 차이점들에 대한 사정을 촉진하는 데에 있다.

튜터링 프로그램의 특성은 다른 곳에서 상세하게 다루어지고 있다(Vellutino & Scanlon, 2002). 간단히 말해서 튜터링 프로그램은 프로젝트 관련 인력으로부터 훈련을 받은 자격을 갖춘 교사에 의해서 실행되며 고도로 개별화되어 있다. 게다가 모든 회기는 알파벳 부호의 기능적 사용과 의미를 위한 읽기 모두를 신장하기 위하여 설계된 활동들로 구성되었다. 매 회기의 약 15분 동안에는 연계된 텍스트 읽기 활동에 투입되었다. 의미, 유창성 그리고 즐거움을 위한 읽기를 촉진하는 것과 함께, 텍스트 읽기에 소요된 시간의 주된 목적은 우리가 단어 판별과 이해에 있어 대안적 전략, 보완적 전략 그리고 어떤 단어의 정체에 대한 단서로서의 문맥 단서(예를 들어, 문장과 단락의 문맥, 그림들) 활용 및 예측과 이해 모니터링을 촉진하기 위한 이 정보 자원의 활용 등 우리가 '상호작용 전략'이라고 부르게 된 것의 신중한 활용을 발전시키는 데 있다. 단어 판별을 위한 문맥 및 음운(철자-소리) 해독 전략의 공동 활용이 특히 강조되었다. 각 회기의 다른 15분은 아동이 음운 인식, 음운 해독 그리고 일견단어 판별과 같은 단어 수준의 기술을 획득하도록 돕고 아동들이 의미 있는 쓰기에 참여하도록 설계된 활동들에 나누어 할당되었다. 학생의 개별적 요구는 이런저런 단어 수준 활동에 투입되는 시간의 양을 결정한다. 주어진 수업에서 실행되었던 여러 유형의 교정적 활동 개요는 〈표 9-1〉에 제시하였다.

선행 중재 연구(Clay, 1985; Iversen & Tunmer, 1993; Pinell, 1989; Wasik & Slavin, 1993 참조)에서 나타난 결과들로 인해 우리는 매일의 일대일 튜터링이 대부분의 읽기 곤란 학생이 최소한 평균 수준의 읽기 기술을 습득하도록 촉진할 것이라고 기대했다. 그리고 읽기장애 원인론 연구에서 우리가 수행했던 광범위한 연구들로 인해 우리는 또한 쉽게 교정된 독해자들의 인지적 프로파일이 교정이 어려운 독해자들의 인지적 프로파일보다는 정상적인 성취를 보이는 독해자들의 그것과 더 유사할 것이라고도 기대했다. 이러한 기대들은 대개 확인되었다.

첫째, 우리의 표본(자연 감소분 제외 후 n=1,284)에서 추출된 초등학교 1학년 학생들 집단의 대략 9%가 우리의 중재 프로그램이 실행되기 전 읽기장애 분류에 적격성을 인정받았다. 그러나 주요한 정의 준거로 백분위 30 이하의 점수들을 활용하면 이 집단의 단 3%만이 한 학기의 교정 후에 이 분류에 해당되었다. 이 수치는 백분위 15를 기준점으로 사용되면 1.5%로 감소하였다. 게다가 적어도 평균 범주 내의 점수를 받는 튜터링 대상 아동의 비율이 튜터링이 중단된 이후 실질적으로 줄어들었다 하더라도 이러한 '유실(wash-out) 효과'는 주로 교정에 대한 반응에 있어 최소한의 초기 성장을 보인 학생들 가운데서 발생하였다(Vellutino & Scanlon, 2002; Vellutino, Scanlon, & Jaccard, 2003).

둘째, 교정이 가장 어려운 것으로 나타난 학생들은 음운 인식, 음운(철자-소리) 해독, 시각적 기억과 같은 음운론에 기초한 측정에서 정상적인 성취를 보인 독자들과 쉽게 교정되는 것으로 나타난 학생들의 수준보다 낮은 수행을 보이는 경향이 있었다. 게다가 쉽게 교정되는 학생들의 인지적 프로파일은 교정이 어려운 학생들의 그것보다 일반적인 성취를 나타내는 읽기 집단의 프로파일과 더 유사하였다. 셋째, 1학년 중반에 읽기에 어려움을 갖는 것으로 판별된 모든 학생은 유치원을 시작하는 시기에 철자 판별, 음운 인식과 같은 기초적 문해 기술이 부족한 것으로 나타남에 따라, 초기 읽기 어려움은 많은 경우에 초기 문해 기술의 질적 그리고(혹은) 양적 부족에서 기인할

표 9-1 초등학교 1학년 중재 프로그램의 매일 수업에 통합된 활동들의 개요

요소	내용
다시 읽기	유창성과 이해를 촉진하기 위해 이전 회기에 읽었던 하나 이상의 텍스트를 다시 읽게 하였다. 아동으로 하여금 해당 텍스트를 읽게 하기 전, 교사는 복습을 위해 이전 읽기에서 놓쳤던 단어들을 제시했다. 교사는 또한 해당 아동이 활용하도록 배운 하나 이상의 단어 판별 전략을 자주 상기시키거나 아동에게 회상하도록 하였다.
음운 기술	이 수업요소에 초점이 맞춰진 특정 기술들은 아동의 현재 기술 및 교사가 회기 후반부에 아동에게 읽히려 계획한 텍스트에 달려 있다. 이는 교사가 아동을 도와 1) 철자들의 이름과 소리와의 관계를 학습하게 하고, 2) 구어의 음소에 그리고 그 음소들이 활자화된 단어의 철자들과 어떠한 관계가 있는지에 민감하게 하며, 3) 단어군, 접두사, 접미사 등과 같은 더 큰 철자법 단위들을 해독하고 철자를 쓰게 하였다.
새로운 텍스트 읽기	매 회기에 하나 이상의 새로운 텍스트들을 소리 내어 읽게 하였다. 아동으로 하여금 텍스트를 읽게 하기 전, 교사는 해당 텍스트를 소개하였고(제목, 저자, 예상되는 줄거리에 대한 토의) 해당 아동이 텍스트에서 마주치게 될 몇 가지 새로운 일견단어들의 판별 연습을 도입하고 제공하였다. 아동이 해당 텍스트를 읽는 동안, 교사는 다양한 단어 판별 전략의 활용에 대해 안내 및 피드백을 제공하였다. 해당 텍스트를 읽는 내내 교사는 아동이 읽기의 목적을 이해하는지 확인하고 이야기의 즐거움을 촉진하기 위해 이야기에 대해 아동과 가벼운 대화를 하였다.
고빈도 단어	각각의 회기가 진행되는 동안 아동이 가장 빈번하게 등장하는 일견단어들을 숙지하도록 돕기 위해 얼마간의 시간이 투입되었다. 연습활동에는 플래시카드, 목표 단어들 반복 쓰기, 다양한 게임과 같은 활동들[예를 들어, '고기 잡으러 가자(Go Fish)']을 활용한 일견단어 연습이 포함되었다.
쓰기	아동은 매일 쓰기 활동에 참여하였다. 회기 초반 쓰기활동은 교사가 쓴 메시지를 아동이 받아쓰게 하였다. 메시지를 쓰면서 교사는 말로 제공한 단어들을 그 구성 음소들로 분석하는 활동과 그 소리들을 나타내기 위해 어떤 철자들을 사용해야 하는지 결정하는 활동에 아동을 참여하게 하였다. 아동의 기술이 진전을 보이게 됨에 따라 해당 아동은 교사의 안내를 받으면서 더 많이 쓰게 되었다. 쓰기를 할 때 해당 아동은 수업의 초반부 및 초기 수업들의 초점이었던 기술들과 능력들을 적용하도록 가능한 한 최대로 격려를 받았다.

출처: Vellutino, F. R., & Scanlon, D. M. (2002). The interactive strategies approach to reading intervention. *Contemporary educational psychology, 27*, 591.

수 있다는 가능성을 뒷받침하고 있다. 넷째, 단어 수준과 텍스트 처리과정 기술 모두를 상당히 강조한 유치원에서의 균형 잡히고 포괄적인 언어 교수를 받아 온 학생들은 그와 같은 교수를 접하지 못했던 학생들보다 1학년에서 잘 읽지 못하는 학생으로 판별될 가능성이 더 적은 것으로 나타났으며, 이는 초기 읽기 곤란이 부분적으로 초기 문해 교수의 부적절함 때문이라는 가능성과 그 맥락을 같이한다(Scanlon & Vellutino, 1996, 1997).

마지막으로, 교정이 어려운 읽기 곤란 학생들과 교정이 쉬운 읽기 곤란 학생들 사이에는 언어와 비언어적 지능검사에서 뚜렷한 차이가 나타나지 않았다. 읽기에 어려움을 갖는 집단들 중 어느 집단과 평균 지능을 지닌 전형적인 독자 집단 사이에 이러한 측정상에 분명한 차이는 없었다. 동시에 단어 판별과 음운 해독과 같은 기초 단어 수준 기술에 대한 측정에서 평균 지능의 전형적인 독자들과 평균 이상의 지능을 지닌 전형적 독자들 사이에 어떠한 유의한 차이는 없었다. 더욱이 지능-성취 불일치 점수는 분명히 읽기에서의 초기 성장과 실질적인 상관관계를 보이지 않았다(Vellutino, Scanlon, & Lyon, 2000).

이러한 연구의 주요 결과는 읽기에 어려움을 겪는 독해자들의 전부는 아니라 하더라도 대부분의 초기 읽기 곤란은 성공적으로 개선될 수 있고, 경험적 및 교수적 부적절성은 그와 같은 어려움의 1차 원인일 가능성이 생물학적 기원을 갖는 기초 인지적 손상보다 더 높음을 분명하게 해 주고 있다. 더욱이 이 결과들은 읽기장애를 정의하기 위한 지능-성취 불일치의 타당성에 의문을 제기하는 점점 더 늘어나는 증거에 추가되었다(Aaron, 1997; Fletcher et al., 1994; Francis, Shaywitz, Stuebing, & Shaywitz, 1996; Siegel, 1998, 1989; Stanovich & Siegel, 1994). 이러한 결과들을 고려하여, 우리는 생물학적 기원을 갖는 기초 읽기장애 아동들을 판별하는 주요 도구로서 교정 중재에 대한 반응이 지능-성취 불일치 및 기타 심리측정적/배제적 준거를 대체해야 한다고 제안한다. 우리는 또한 그러한 진단적 중재가 실행될 때까지 주어진 사례에서 '읽기장애' 분류를 늦출 것을 제안한다.

Vellutino와 동료들 연구(1996)의 유치원 사정과 학급 관찰 요소로부터 도출된 결과는 아동들의 유치원 이전 문해 경험과 유치원에서 받은 문해와 언어 교수가 1학년 읽기 교수로부터 이익을 볼 능력에 상당한 영향을 미칠 것이라 강력하게 제언하였다. 이러한 가능성을 고려하여 유치원 입학 시 초기 읽기 곤란 위험군을 판별하는 것의 효용성을 탐색하고 1학년과 그 이후의 초기 읽기 곤란을 예방하기 위하여 유치원에서의 중재를 시작함으로써 본 연구의 주요 결과들을 더 평가하고 확대하고자 한다. 또한 우리는 초기 읽기 성취에 있어 개인차의 주요 원천으로서 인지적 요소와 경험 및 교수적 요소를 구분하는 주된 수단으로 중재에 대한 반응을 초기에 사용하는 것의 유용성을 더 평가하는 데에 관심을 가졌다. 이러한 목표를 달성하기 위하여, 유치원을 시작하는 시기에 초기 읽기 곤란 위험군으로 판단된 아동을 위한 소집단 유치원 중재(단계 2)와 1학년을 시작할 시기에 보충 교정 지원을 계속해서 필요로 하는 아동을 위한 일대일 중재(단계 3)를 통합한 두 번째 종단 연구를 실시하였다. 이 장의 나머지 부분에서 우리는 이 연구에서 선택된 결과들에 대하여 논의할 것이다.

유치원과 1학년 중재 프로젝트

유치원 선별

연구는 1997년 늦봄에 시작되어 2002년 늦봄에 종료되었다. 참가자들은 뉴욕주 북부 농촌 및 교외의 하위 중산층에서 상위 중산층에 이르는 가정 출신의 아동들이었다. 두 아동 집단(n=1,373)으로 구성된 최초의 표본은 유치원을 시작할 때 사정되었다. 각 집단의 남녀 비율은 대략 동일하였다(집단 1의 남자는 54%, 집단 2의 남자는 50%). 게다가 전체 표본의 98%가 백인, .67%가 아프리카계 미국인, .59%가 중남미계, .39%가 아시아계 아동으로 구성되었다. 끝으로 전체 표본의 .33% 아동이 영어가 모국어가 아니었으며, 전체 표본 중 8.4%의 아동이 무상 급식 대상자였다.

초기 읽기 곤란 위험군 아동을 판별하기 위하여, 각 아동에게 유치원에 입학할 때 철자 이름에 관한 지식을 평가하는 검사가 주어졌다(1998년과 1999년 가을). 우리는 위험군 아동들의 초기 선별을 위해 철자-이름 검사를 활용하였는데, 이는 우리가 수행한 초등학교 1학년 중재 연구(Vellutino et al., 1996)의 모든 읽기 곤란 아동이 철자-이름 지식에 결손이 있는 상태에서 유치원에 들어갔고, 우리 연구 및 다른 연구들(Adams, 1990; Scanlon & Vellutino, 1997) 모두에서 그러한 지식이 초기 읽기 성취의 단 한 가지 최상의 예측변인으로 밝혀졌기 때문이었다. 그러나 철자-이름 지식에 기반한 초기 선별 결과의 교차 타당화를 위하여 모든 아동은 음운 인식(각운과 두운에 대한 민감성), 사물의 이름 빨리 대기, 1단위로 세기, 숫자 판별을 평가하기 위한 검사를 받았다. 유치원 표본의 약 30%가 초기 읽기 곤란 '위험군'인 것으로 잠정적으로 판별되었다.

〈표 9-2〉는 코호트 집단으로부터 유치원 아동에 대한 철자-이름 검사의 결과를 제시하고 있다. 교차 타당화 척도의 결과 또한 제시되어 있다. 위험군 집단 아동은 그렇지 않은 아동보다 위험군 상태 결정에 사용된 철자-소리 검사뿐만 아니라 모든 교차 타당도 측정에서 훨씬 더 낮은 수행을 보였다. 이러한 결과들은 이전 결과들이 반복된 것이다(Scanlon & Vellutino, 1997; Vellutino et al., 1996). 종합해 보건데 유치원 입학 시기에 실시된 철자-소리 검사상의 수행은 다른 발현적 문해 기술 측정에서의 수행에 대한 꽤 우수한 지표가 될 수 있다고 제안된다. 따라서 철자 이름에 대한 아동의 지식을 사정하는 것은 읽기를 학습하는 초기 국면에서 추가적 교수 지원을 필요로 하는 아동을 가려낼 수 있는 유용한(그리고 비교적 경제적인) 방식임이 입증된 것으로 보인다.

유치원 중재

초기 선별 직후 위험군 집단의 대략 절반의 아동이 프로젝트 중재 집단에 무선적으로 할당되었다(프로젝트 처치 집단). 이 집단의 아동은 프로젝트 교사가 제공하는 교정적 교수를 받았다. 다른 절반은 학교기반 비교 집단에 배정되었다(학교기반 비교 집단). 이 집단의 아동은 프로젝트 착수 시 어떠한 유형의 보충 교수도 받을 것으로 기대되지 않았다. 〈표 9-3〉은 초기 선별 검사에 포함된 검사들에 대한 두 집단의 결과를 보여 주고 있다. 집단들은 연구를 시작할 때에 이 측정들 중 어떤 것에서도 두드러지는 차이를 보이지 않았음을 알 수 있다.

프로젝트 처치 집단에 배정된 아동은 둘 혹은 셋 정도로 구성된 소집단에서 보충 교

표 9-2 유치원 선별검사에서 위험군과 비위험군의 수행 수준(두 집단 모두 코호트)

선택 측정치	위험군[a]	비위험군[b]
WRMT-R 철자 판별 원점수(51)[c]		
M	5.75	25.26
SD	4.21	5.82
(n)	(475)	(898)
WRMT-R 철자 판별 표준점수		
M	84.05	105.75
SD	6.05	8.74
(n)	(475)	(898)
각운 탐지 원점수(12)[c]		
M	6.71	8.93
SD	2.76	2.86
(n)	(474)	(676)
두운 탐지 원점수(12)[c]		
M	4.16	6.02
SD	1.46	2.70
(n)	(475)	(677)
빠른 자동 명명화(초)		
M	83.36	73.00
SD	21.29	17.48
(n)	(470)	(668)
1단위로 세기(가장 큰 수)(40)[c]		
M	23.49	32.94
SD	9.58	8.48
(n)	(475)	(895)
숫자 인식 원점수(12)[c]		
M	4.97	8.67
SD	2.80	1.69
(n)	(475)	(895)

주) WRMT-R=Woodcock Reading Mastery Tests-Revised
M=평균, SD=표준편차, n=각 집단 아동 수
a=위험군, n=475
b=비위험군, n=898
c=괄호 안의 숫자는 해당 측정의 최대 가능 점수를 나타냄
출처: Vellutino et al.(2006).

표 9-3 유치원 선별검사에서 프로젝트 처치 집단과 학교기반 비교 집단의 수행 수준 (두 집단 모두 코호트)

선택 측정치	프로젝트 처치 집단[a]	학교기반 비교 집단[b]
WRMT-R 철자 판별 원점수(51)[c]		
M	5.33	6.29
SD	4.01	4.40
WRMT-R 철자 판별 표준점수		
M	83.53	84.71
SD	5.98	6.13
각운 탐지 원점수(12)[c]		
M	6.65	6.72
SD	2.87	2.67
두운 탐지 원점수(12)[c]		
M	4.09	4.23
SD	1.45	1.43
빠른 자동 명명화(초)		
M	83.62	82.24
SD	21.81	20.15
1단위로 세기(가장 큰 수)(40)[c]		
M	22.81	24.09
SD	10.10	9.02
숫자 인식 원점수(12)[c]		
M	4.70	5.31
SD	2.86	2.71

주) WRMT-R=Woodcock Reading Mastery Tests-Revised
M=평균, SD=표준편차, n=각 집단 아동 수
a=프로젝트 처치 집단, n=232
b=학교기반 비교 집단, n=230
c=괄호 안의 숫자는 해당 측정의 최대 가능 점수를 나타냄
출처: Vellutino et al.(1996).

수를 받았다. 교수는 프로젝트 인력에 의해 훈련된 자격을 갖춘 교사가 제공하였다. 각 집단의 아동은 교실 밖의 공간에서 일주일에 두 번 30분의 회기 동안 교사를 만났다. 교정적 활동은 음운 인식, 철자 인식과 판별, 철자-소리 연계, 알파벳 원리의 기능적 활용, 활자 개념에 대한 지식, 활자 인식, 고빈도 일견단어 등 발현적 문해 기술의 계발을 촉진하고자 고안되었다. 각 회기에서 아동은 이야기를 듣고(듣거나) 읽고, 음소 인식과 알파벳 지도 만들기와 같은 기초 기술을 공부하는 데 시간을 보냈고, 함께 쓰기 혹은 기타 쓰기 활동에 참여했다. 유치원 중재 프로그램의 목표는 〈표 9-4〉

표 9-4 유치원 중재 프로그램의 목표

1. 읽기 및 쓰기에 대한 동기: 아동은 자신의 능력을 벗어나지 않는 읽기 및 쓰기가 즐겁고 유익한 활동이라는 믿음을 갖게 될 것이다.
2. 음소 인식: 아동은 단어들이 어느 정도 분리될 수 있는 분절음으로 구성되어 있다는 사실을 개념적으로 파악할 것이다. 더욱이 아동은 교사가 불러 준 단순한 단어의 개별적 소리를 말하고 개별적 소리들을 합쳐 전체 단어로 만들 수 있게 될 것이다.
3. 철자 판별: 아동은 26개 알파벳(대문자와 소문자 모두) 전체의 이름을 신속하고 정확하게 댈 수 있게 될 것이다.
4. 철자-소리 연계: 아동은 자음 대부분의 소리를 그 자음의 활자화된 표상과 연계시킬 수 있게 될 것이다.
5. 알파벳 원리: 아동은 활자화된 단어들에서 철자들이 구어의 소리를 대표한다는 것을 이해하게 될 것이다. 더욱이 아동은 교사의 요청에 맞게 단음절 단어의 초성이나 종성에서 하나의 자음들을 바꿀 수 있게 될 것이다(예를 들어, 'mat'→ 'bat').
6. 활자 인식: 아동은 활자의 목적이 의사소통을 위한 것임을 이해하게 될 것이다.
7. 활자 관습: 아동은 왼쪽에서 오른쪽으로 그리고 위에서 아래로의 활자 배열, 책을 읽을 때 시작하는 곳, 철자 및 단어의 개념과 같은 가장 기초적인 활자 관습들 중 일부를 이해하게 될 것이다.
8. 전체 단어 판별: 아동은 자주 등장하는 단어들 몇 개를 한 눈에 인식하는 것을 배우게 될 것이다.

출처: Scanlon, D. M., Vellutino, F. R., Small, S. G., Fanuele, D. P., & Sweeney, J. M. (2005). Severe reading difficulties-Can they be prevented? A comparison for prevention and intervention approaches. *Exceptionality*, *13*(4), 212.

에 명시되어 있다. 이 중재 프로그램에서 우리가 활용한 일반적인 접근방식은 우리의 1학년 중재 연구(Vellutino et al., 1996; Vellutino & Scanlon, 2002)에서 사용된 '상호작용 전략(Interactive Strategies)'을 수정한 것이었는데, 이 접근방식은 텍스트를 읽는 동안 아동에게 단어 판별과 이해를 위한 대안적이고 보충적인 전략들을 제공하도록 설계된 것이다.

유치원 중재의 초기 및 단기 효과를 평가하기 위하여 우리는 철자 판별과 음운 인식(각운 및 두운 탐지, 음소 분절, 음소 결합), 활자 개념, 철자 소리 지식, 철자-소리(주요) 해독, 철자 그리고 주요 단어 판별을 평가하는 측정도구들을 활용하여 프로젝트 처치 집단과 학교기반 비교 집단에 대한 주기적 사정(12, 3, 6월)을 실시하여 이들 집단이 보인 진전도를 비교하였다. (주요 단어 판별과 주요 해독 검사는 대다수의 상업적으로 이용 가능한 표준화 검사에서 유치원생 및 초등학교 1학년 학생들에게서 관찰되는 '바닥 효과'를 피하기 위해 우리 연구소에서 구조화되고 규준화된 실험 검사를 사용하였다.) 현재의 목적을 위해 우리는 아동들이 유치원을 마칠 때의 결과(6월 사정)만 보고할 것이다. 결과들은 〈표 9-5〉에 제시되어 있다. 프로젝트 처치 집단이 학교기반 비교 집단보다 대부분의 측정에서 다소 더 나은 수행을 보이는 것을 볼 수 있다. 그러나 .50(널리 수용되는 기준) 이상의 효과크기는 주요 단어 판별, 철자-소리(주요) 해독 그리고 음소 분절에 대한 측정에서만 나타났다.

표 9-5 유치원 6월 추수 검사에서 프로젝트 처치 집단과 학교기반 비교 집단의 수행 수준(두 집단 모두 코호트)

선택 측정치	프로젝트 처치 집단[a]	학교기반 비교 집단[b]	효과크기
WRMT-R 철자 판별 원점수(51)[c]			
M	28.91	27.07	.29
SD	5.13	6.33	
철자 소리 원점수(35)[c]			
M	24.49	20.80	.41
SD	7.80	9.05	

주요 단어 판별 원점수(25)[c]			
M	6.68	4.32	.57
SD	5.18	4.14	
WRMT-R 단어 판별 원점수(106)[c]			
M	3.24	2.11	.35
SD	3.84	3.19	
WRMT-R 단어 공략 원점수(45)[c]			
M	.91	.28	.47
SD	2.33	1.32	
주요 해독(30)[c]			
M	6.51	4.15	.52
SD	6.50	4.56	
활자 개념 원점수(12)[c]			
M	10.88	10.43	.27
SD	1.31	1.68	
각운 탐지 원점수(12)[c]			
M	8.43	8.03	.14
SD	2.99	2.90	
두운 탐지 원점수(12)[c]			
M	8.38	7.53	.28
SD	3.12	3.03	
음소 결합 원점수(20)[c]			
M	14.80	12.97	.47
SD	3.59	3.89	
음소 분절 원점수(22)[c]			
M	6.22	2.76	.65
SD	7.45	5.27	
철자(30)[c]			
M	13.00	10.62	.40
SD	6.36	6.00	

주) WRMT-R=Woodcock Reading Mastery Tests-Revised
M=평균, SD=표준편차, n=각 집단 아동 수
a=프로젝트 처치 집단, n=214
b=학교기반 비교 집단, n=214
c=괄호 안의 숫자는 해당 측정의 최대 가능 점수를 나타냄

앞서 제시한 바와 같이 학교기반 비교 집단에 배치된 아동들은 프로젝트가 시작될 때 어떠한 유형의 교정적 교수도 받을 것으로 기대되지 않았다. 하지만 연구에 참여한 몇몇 학교가 프로젝트 시작 직후에 그들 자신의 유치원 중재 프로그램을 실행하고자 결정하였으며 그에 따라 이 집단과 프로젝트 처치 집단의 비교에 기반을 둔 처치 효과를 약화시켰다. 유치원 중재 프로그램의 효과에 관한 더 유익한 사정은 유치원에서 아무런 중재 프로그램도 실시하지 않은 참여 학교 학생들과 프로젝트 교사에 의해 제공된 중재 프로그램을 받은 같은 학교 학생들을 비교함으로써 이루어진다. 이러한 결과는 〈표 9-6〉에 나타나 있다. 분명 .50 이상의 효과크기는 철자 이름에 관한 지식, 철자 소리에 관한 지식, 주요 단어 판별, 철자-소리(주요) 해독, 철자법, 음소 분절을 평가하는 검사에서 나타났다. 대조적으로 활자 개념, 각운 탐지, 두운 탐지, 음소 결합을 평가하는 검사에서의 효과크기는 통계적으로 수용 가능한 기준 아래에 머무른다. 그

표 9-6 유치원 6월 추수 검사에 대해 학교기반 중재를 제공하지 않았던 학교들에서의 프로젝트 처치 집단과 학교기반 비교 집단의 수행 수준(두 집단 모두 코호트)

선택 측정치	프로젝트 처치 집단[a]	학교기반 비교 집단[b]	효과크기
WRMT-R 철자 판별 원점수(51)[c]			
M	28.52	24.37	.51
SD	3.86	8.14	
철자 소리 원점수(35)[c]			
M	24.69	15.23	.99
SD	7.17	9.54	
주요 단어 판별 원점수(25)[c]			
M	4.38	2.06	1.07
SD	3.30	2.16	
WRMT-R 단어 판별 원점수(106)[c]			
M	2.29	1.02	.44
SD	3.07	2.86	

WRMT-R 단어 공략 원점수(45)[c]			
M	.92	.01	d
SD	2.37	.12	
주요 해독(30)[c]			
M	6.81	2.36	1.30
SD	7.51	3.42	
활자 개념 원점수(12)[c]			
M	10.96	10.48	.25
SD	1.13	1.92	
각운 탐지 원점수(12)[c]			
M	8.13	7.88	.09
SD	2.78	2.93	
두운 탐지 원점수(12)[c]			
M	7.75	6.65	.36
SD	3.36	3.04	
음소 결합 원점수(20)[c]			
M	14.29	12.44	.47
SD	3.49	3.04	
음소 분절 원점수(22)[c]			
M	6.25	1.05	1.66
SD	7.50	3.13	
철자(30)[c]			
M	11.35	7.60	.69
SD	5.99	5.41	

주) WRMT-R=Woodcock Reading Mastery Tests-Revised

M=평균, SD=표준편차, n=각 집단 아동 수

a=프로젝트 처치 집단, n=48

b=학교기반 비교 집단, n=65

c=괄호 안의 숫자는 해당 측정의 최대 가능 점수를 나타냄

d=바닥 효과로 인해 효과크기가 보고되지 않았음

출처: Vellutino, F. R., Scanlon, D. M., Small, S. G., & Fanuele, D. P. (2006). Response to intervention as a vehicle for distinguishing between children with and without reading disabilities: Evidence for the role of kindergarten and first grade intervention. *Journal of learning disabilities*, *39*, 161.

러나 크고 작은 표본 모두에서 모든 효과크기는 프로젝트 처치 집단에서 더 크게 나타났다. 그러므로 이러한 결과만을 놓고 볼 때 유치원 시작 시기에 초기 읽기 곤란의 위험군으로 판별된 아동에게 기초 문해 기술을 도입하기 위한 조기중재는 그러한 기술을 상당히 향상시킬 수 있으며 이에 따라 그 아동들이 초등학교 1학년 읽기 교수를 준비하도록 도울 수 있다고 제안하는 것이 합리적일 것이다.

초등학교 1학년 선별

본 연구에서 평가된 예방 모델의 주요 목적이 유치원에서 보충적 교정 지원을 통해 혜택을 받아 결과적으로 더 이상 위험군이 아닌 아동들과 유치원에서 그러한 지원을 받았음에도 불구하고 1학년에서도 여전히 교정적 지원을 필요로 하는 아동을 구분해 내는 것이기 때문에 유치원 위험군 코호트 집단의 모든 아동은 WRMT-R(Woodcock, 1987)의 철자 판별과 단어 판별 그리고 단어 공략 하위검사뿐 아니라 유치원에서 실시된 철자 소리, 철자-소리(주요) 해독, 주요 단어 판별 지식을 평가하는 실험 측정으로 1학년 초에 반복 평가받았다. 그 후 우리는 각각의 아동에 대하여 검사 각각에서 합산된 z점수에 기초한 종합점수를 계산하였고, 이 점수는 '읽기 부진' 집단과 '더 이상 위험군이 아닌' 집단을 조작적으로 정의하는 데 사용되었다. 초기 읽기 곤란 발생률을 줄이기 위한 수단으로서 유치원 중재의 유용성을 평가하는 것에 대한 우리의 관심에 더하여, 이 중재 프로젝트의 주요 목적은 1학년에서의 교정적 교수에 대한 두 가지 서로 다른 접근(음운 기술을 강조하는 것과 텍스트 처리 기술을 강조하는 것)을 비교하는 것이었음을 밝혀야만 한다. 따라서 이 처치 조건 각각에 적절한 수의 읽기 부진 학생들이 있음을 확실히 하고, 더 이상 위험군이 아닌 집단과 읽기 부진 집단을 가려내기 위해 비교적 느슨한 준거를 채택하였다. 따라서 읽기 부진 집단을 유치원에서 프로젝트 처치 집단으로 배정된 위험군 아동의 z점수 분포에 있어 중간 혹은 그 이하의 합산된 z점수를 기록한 아동들로 정의하였으며 더 이상 위험군이 아닌 집단 아동들은 이 지표 이상의 합산된 z점수를 갖는 아동들로 정의하였다. 따라서 이 정의에 따르면 유치원 중재 집단의 50%가 읽기 부진 집단에 해당된다. 동일한 기준점수를 사용하면, 전체 표본 모두를 계산에 넣을 때 유치원 학교기반 비교 집단의 60%가, 그들 자신의 유치원 중재 프로그램을 제공하지 않았던 유치원 학교기반 비교 집단 학교 학생들만을 근거로 했을 때에는 80%가 읽기 부진에 해당됐다. 이러한 결과는 프로젝트기반 유치원 중재 프로그램이 초등학교 1학년 때 읽기 부진에 해당되는 아동들의 수를 줄이는 데 꽤 성공적이었음을 시사한다. 이 결과는 또한 현 연구에서 평가된 초기 읽기 곤란에 대한 예방적 유형의 접근방식을 지지하는 것이다.

하지만 초기의 그리고 장기간의 읽기 곤란을 예방하기 위한 이러한 접근의 유용성을 더 사정하기 위하여, 우리는 더 이상 위험군이 아닌 집단 아동의 진전을 3학년 말까지(이 프로젝트가 종료될 때까지) 추적하였다. 여기서 특히 중요한 것은 이 아동들이 더 이상의 교정적 지원 없이 더 이상 위험군이 아닌 집단 상태를 유지할 수 있을 것인가에 대한 질문이다. 규준이 되는 표준을 제시하기 위하여, 우리는 1학년 초에 전형적인 성취를 보이는 두 읽기 집단을 판별하고 그들의 읽기 성장도 사정하였다. 두 집단 모두 1학년 초에 실시된 선별 검사에 포함된 검사상의 합산된 z점수가 0 혹은 그 이상인 아동들로 구성하였다. 그러나 한 집단이 평균 지능의 아동만을 포함한 데 반하여 다른 집단에는 평균 이상의 지능을 가진 아동만이 포함되었다. 전형적 독해자 집단은 웩슬러 아동용 지능검사 3판(WISC-III) 종합 IQ 점수(Wechsler, 1991)에서 전형적 독해자 분포의 평균 점수를 기반으로 둘로 나뉘었다. 이 검사는 3학년의 모든 대상 아동에게 실시되었다. 게다가 우리는 1학년 시작 시 읽기 부진으로 판별된 아동의 진전도를 추적하였다. 이들 중 몇몇은 프로젝트 교사가 제공하는 매일의 일대일 튜터링(부호 강조 중재나 의미 강조 중재 중 하나)을 제공받았으며, 나머지 아동들은 그들의 홈스쿨에서 이용 가능한 보상 서비스는 무엇이든 받았다.

끝으로 1학년에서 프로젝트기반 중재를 받은 읽기 부진 아동들은 두 집단으로 구분되었는데, 하나는 교정하기 어려운 집단이고 다른 하나는 교정하기 덜 어려운 집단이다. 우리는 이 아동들을 우리가 교정하기 어려운 것으로 특징지었던 아동들과 비교할 때 교정이 덜 어려운 것으로 언급하였는데, 이는 비록 그들이 교정이 어려운 아동들에 비해 초등학교 1학년 중재에서는 더 긍정적으로 반응하였다 하더라도 유치원 중재에서는 더 이상 위험군이 아닌 집단 아동들만큼 긍정적으로 반응하지 못했으며, 따라서 더 이상 위험군이 아닌 집단 아동들보다는 교정하기 더 어려웠기 때문이다. 교정하기 어려운 집단의 아동들 모두는 3학년 말에 실시된 WRMT-R 단어 판별과 단어 공략 하위검사 종합인 WRMT-R의 기초 기술군에서 표준점수 90점 이상을 받았다. 우리는 특히 더 이상 위험군이 아닌 집단 및 전형적인 독자들의 인지적 프로파일과 이들 두 집단 아동들의 인지적 프로파일을 비교하는 데에 관심을 가졌다. 그러나 본 프로젝트에서 평가된 두 1학년 처치 조건이(다음 설명 참조) 기초 단어 수준 기술에 대한 측정에서 통계적으로 동등한 결과를 산출했기 때문에 교정하기 어려운 집단과 교정하기 덜 어려운 집단은 두 조건에 걸쳐 성과를 나타내지 못한 기초 기술군의 점수에 기반하여 둘로 나뉘었음에 주목하라. 또한 3학년 말에 단어 수준 기술에서 두 1학년 중재 간의 차이 부족이 이 두 조건이 동등하다는 증거가 되어서는 안 된다는 것에 주목하는 것 또한 중요하다. 사실 이 두 조건의 점수 분포는 두드러지는 차이가 있으며 조건들이 이해 수행에 서로 다른 영향을 미친다는 증거가 있다. 이러한 차이는 다른 논문(Scanlon, Vellutino, Small, Fanuele, & Sweeney, 2005)에서도 다루어지며 이 장의 범주를 넘어선다.

〈표 9-7〉은 1학년을 시작할 때 실시된 선별 측정에 대한 다양한 읽기 집단의 결과를 제시한다. 교정하기 어려운 집단과 교정하기 덜 어려운 집단 아동들은 대부분의 측정에서 크게 다르지는 않다는 것을 볼 수 있다. 또한 이들이 모든 측정에 있어 더 이상 위험군이 아닌 집단과 전형적인 독자 집단 아동들 모두보다 상당히 낮은 수행을 보였음도 알 수 있다. 추가적으로 집단 간의 수행 수준이 두 읽기 부진 집단이 일반적으로 가장 낮은 수준의 수행을 보이고 두 전형적인 독자 집단이 가장 높은 수행을 보이며, 더 이상 위험군이 아닌 집단이 그 중간의 수행을 보이는 선형적 경향성과 거의 일치한다. 그러나 특히 중요한 것은 본 연구에서 평가된 예방 모델에 관하여, 더 이상 위험군이 아닌 집단의 아동은 교정하기 어려운 집단과 교정하기 덜 어려운 집단의 아동들보다도 이 척도들에서 전형적 독해자 집단에 훨씬 더 가깝다는 것이다. 게다가 집단 간 수행 수준이 두 읽기 부진 집단이 일반적으로 가장 낮은 수행 수준을 보이고, 두 전형적 독해자 집단이 가장 높은 수행 수준을 보이며, 더 이상 위험군이 아닌 집단이 두 집단 중간 수준의 수행을 보이는 선형 추세에 가까움에 주목하라. 이러한 결과는 유

표 9-7 초등학교 1학년 선별검사에서 읽기 부진 집단, 더 이상 위험군이 아닌 집단, 통제 읽기집단(정상)의 수행 수준

초등학교 1학년 선별 측정	읽기 부진: 교정하기 어려움 (n=19)	읽기 부진: 교정하기 덜 어려움 (n=26)	더 이상 위험군이 아님 (n=81)	평균 IQ 통제 (n=27)	평균 이상 IQ 통제 (n=27)
WRMT-R 철자 판별(51)*					
M	23.16	23.73	32.20	33.12	34.74
SD	6.80	4.83	2.76	2.28	3.08
철자 소리(35)*					
M	13.05	17.54	28.51	28.08	29.63
SD	5.62	6.59	3.02	4.17	4.46
주요 단어 판별(25)*					
M	4.00	2.81	9.22	13.70	16.56
SD	3.73	2.67	5.49	7.46	6.43
WRMT-R 단어 판별(106)*					
M	2.00	1.12	5.70	13.68	19.78
SD	2.45	1.80	4.98	9.87	13.43
WRMT-R 단어 공략(45)*					
M	.00	.23	2.72	4.19	6.96
SD	.00	.59	3.37	4.80	5.29
주요 해독(30)*					
M	1.79	2.58	9.80	10.24	14.89
SD	1.84	1.90	6.01	5.38	8.26
각운 탐지(12)*					
M	5.32	7.27	9.31	9.96	10.37
SD	2.52	3.21	2.30	2.46	1.52
두운 탐지(12)*					
M	6.11	7.54	10.43	10.26	10.89
SD	2.56	2.67	1.91	1.89	1.74
음소 결합(20)*					
M	11.89	12.69	16.74	16.26	16.89
SD	2.40	2.11	2.56	3.29	3.26

음소 분절(22)*					
M	2.84	1.96	11.65	9.00	11.33
SD	5.51	4.31	6.74	7.29	7.45

주) WRMT-R=Woodcock Reading Mastery Tests-Revised
M=평균, SD=표준편차, n=각 집단 아동 수
* 괄호 안의 숫자는 해당 척도의 최대 가능 점수를 나타냄
출처: Vellutino, F. R., Scanlon, D. M., Small, S. G., & Fanuele, D. P. (2006). Response to intervention as a vehicle for distinguishing between children with and without reading disabilities: Evidence for the role of kindergarten and first grade intervention. *Journal of learning disabilities*, *39*, 162.

치원에 다니기 시작할 시기에 위험군 아동들을 가려내는 것의 그리고 초등학교 1학년 문해 교수를 준비시키기 위해 유치원에서 중간 수준의 지원만을 필요로 하는 아동들과 읽기에서의 어려움을 개선하기 위해 초등학교 1학년(가능하면 그 이후에도)에서 더 집중적이고 더 개별화된 교정 지원을 요구할 수 있는 더 심각한 손상을 지닌 아동들을 구분하는 데 있어 '첫 번째 분류(first cut)' 접근방식으로 유치원에서 이들에게 소집단 보충교수를 제공하는 것의 유용성을 대변하고 있다. 자료는 또한 보충적 문해 교수를 유치원에서 제공하는 것이 많은 위험군 아동에게 있어 초기의 그리고 장기간의 읽기 문제를 예방하기 위하여 필요한 모든 것이 될 수 있음을 제안한다. 1, 2, 3학년 말에 실시된 읽기 성취 측정에 대한 결과는 이러한 제안에 대해 추가적 지지를 제공한다(다음 논의 참조).

1학년 중재

유치원 프로젝트 처치 집단과 학교기반 비교 집단 모두에서 1학년 읽기 부진 집단에 해당하는 것으로 밝혀진 아동들은 무선적으로 세 가지 중 하나의 조건에 배정되었다. 조건 중 두 가지에서 아동은 프로젝트 교사가 제공하는 일대일의 교정적 중재(회기 당 30분)를 받았다. 세 번째 조건에서 아동은 홈스쿨에서 제공되는 교정적 중재를 받았다. 그러한 중재는 학교마다 달랐고 매일의 일대일 튜터링(예를 들어, Reading Recovery)부터 주당 수회에 걸쳐 제공되는 소집단 교정적 읽기에 이르기까지 모든 것

이 포괄된다. 프로젝트 교사가 제공하는 1학년 중재 프로그램들은 모두 각각의 매일 수업에 익숙한 텍스트 다시 읽기와 새로운 텍스트 읽기, 음운 기술을 향상시키기 위한 활동과 함께, 일견단어 판별 그리고 작문 등 동일한 교수적 요소를 포함한다. 하지만 중재 프로그램은 음운 기술 개발을 촉진하고자 고안된 활동 혹은 텍스트 처리 기술의 개발을 촉진하고자 고안된 활동을 강조하는가에 따라 차이가 난다. 이러한 이유로 음운 기술을 강조하는 조건에서는 수업의 음운 기술요소에 15분, 연속적인 텍스트에 대한 지원된 읽기, 일견단어 발달, 쓰기 등 다른 주요 활동에 각각 5분씩 투입된다. 음운 기술 요소는 음소 인식, 철자 이름과 철자 소리에 대한 지식, 철자-소리 해독, 음성학상 및 철자상으로 중복되는 표음문자의 발견과 기능적 사용(예를 들어, "cat" "fat" "rat"에서의 "at")을 촉진하기 위한 직접교수를 포함한다.

텍스트 강조 조건에서는 연속적인 텍스트에 대한 지원된 읽기에 15분이 할애되며, 음운 기술, 일견단어 발달, 쓰기 등 수업의 다른 요소들 각각에 대략 5분씩 투입된다. 앞서 설명한 것처럼 단어 판별 및 이해를 위한 읽기에서의 정확성 및 유창성을 촉진하기 위해 보충적이고 상호작용적인 전략들의 활용을 배양하도록 고안된 활동들이 특히 강조되었다. 이러한 활동들에는 단어 판별을 위해 그림과 문맥, 철자-소리 단서들의 공동 사용, 단어 판별과 이해를 돕기 위한 예측 전략들의 활용 그리고 이해 점검 등이 포함된다. 이들 두 처치 조건에 대한 더 상세한 설명은 다른 곳에서 찾을 수 있다(Scanlon, Vellutino, Small, & Fanuele, 2000, Scanlon, Vellutino, Small, Fanuele, & Sweeney, 2003; Scanlon, Vellutino, Small et al., 2005).

우리는 유치원과 1학년 학교기반 비교 집단 아동들이 접했던 중재 프로그램에 관한 상세한 정보를 통제하거나 얻는 것이 불가능하였기 때문에 프로젝트 교사에 의하여 유치원과 1학년 중재를 제공받은 읽기 부진 집단(교정하기 어려운 집단과 교정하기 덜 어려운 집단) 그리고 프로젝트 교사에 의해 유치원 중재만을 제공받은 더 이상 위험군이 아닌 집단 아동들에 대한 결과만을 두 전형적인 독자 집단과 비교하여 보고한다.

〈표 9-8〉은 3학년 말에 접촉 가능했던 각 독자 집단 아동들을 대상으로 1, 2, 3학년 말에 실시한 추수 사정에 대한 읽기 성취 측정의 결과를 표준 점수 단위로 제시한 것이다. 비교를 목적으로 우리는 이 측정들에 대한 원점수를 도표로 나타내었다([그림

표 9-8 초등학교 1, 2, 3학년 성취 측정에서 읽기 부진 집단, 더 이상 위험군이 아닌 집단, 통제 읽기집단(정상)의 수행 수준

학년		읽기 부진: 교정하기 어려움 (n=19)	읽기 부진: 교정하기 덜 어려움 (n=26)	더 이상 위험군이 아님 (n=81)	평균 IQ 통제 (n=27)	평균 이상 IQ 통제 (n=27)
		단어 판별[a]				
1학년	M	94.63	105.73	109.24	118.89	127.33
	SD	8.50	5.72	11.71	13.05	14.69
2학년	M	83.94	102.73	107.47	117.67	125.78
	SD	11.46	8.37	12.19	14.68	12.21
3학년	M	79.16	99.50	103.44	109.74	114.81
	SD	11.58	6.63	9.70	11.37	8.13
		단어 공략[a]				
1학년	M	93.32	102.23	102.15	109.19	114.52
	SD	7.87	8.80	9.70	10.66	13.08
2학년	M	84.68	101.54	102.26	110.11	114.96
	SD	10.49	7.61	12.81	11.98	13.34
3학년	M	79.95	101.62	101.38	107.74	109.56
	SD	6.69	9.61	11.37	10.54	11.39
		독해[b]				
1학년	M	86.63	96.27	100.61	107.85	117.15
	SD	5.92	7.16	8.95	11.64	12.68
2학년	M	86.36	99.65	102.85	108.44	114.81
	SD	9.36	7.81	10.14	10.74	11.64
3학년	M	88.47	98.23	105.99	109.30	120.11
	SD	7.24	7.00	9.86	9.75	12.73

주) WRMT-R=Woodcock Reading Mastery Tests-Revised

M=평균, SD=표준편차, n=각 집단 아동 수

a=Woodcock Reading Mastery Tests-Revised(Woodcock, 1987) 표준점수

b=Wechsler Individual Achievement Test(Wechsler, 1992) 표준점수

출처: Vellutino, F. R., Scanlon, D. M., Small, S. G., & Fanuele, D. P. (2006). Response to intervention as a vehicle for distinguishing between children with and without reading disabilities: Evidence for the role of kindergarten and first grade intervention. *Journal of learning disabilities*, *39*, 163.

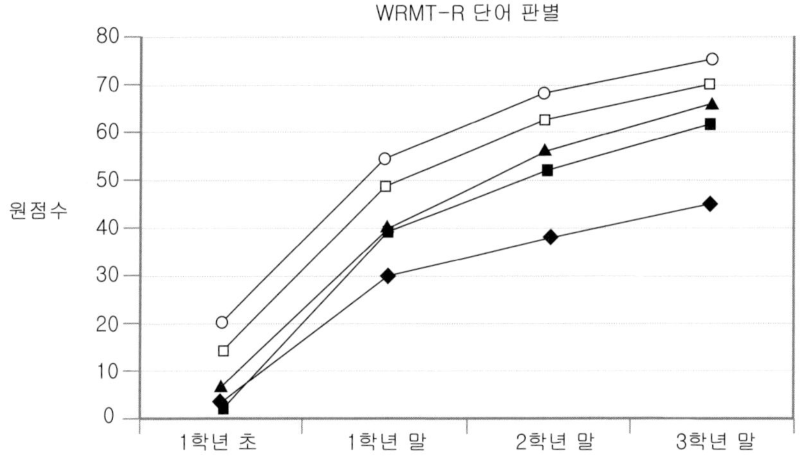

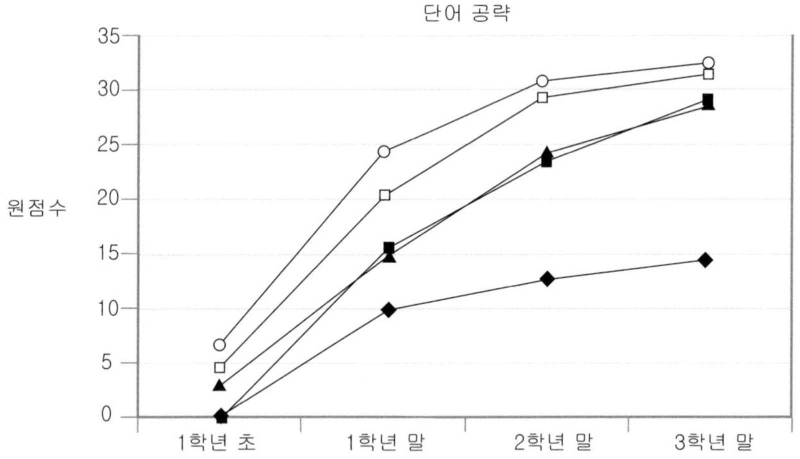

주) WRMT-R=Woodcock Reading Mastery Tests-Revised

WIAT=Wechsler Individual Achievement Test

◆=읽기 부진(교정하기 어려움), ■=읽기 부진(교정하기 덜 어려움), ▲=더 이상 위험군 아님, □=평균 IQ 전형적인 독해자, ○=평균 이상 IQ 전형적인 독해자

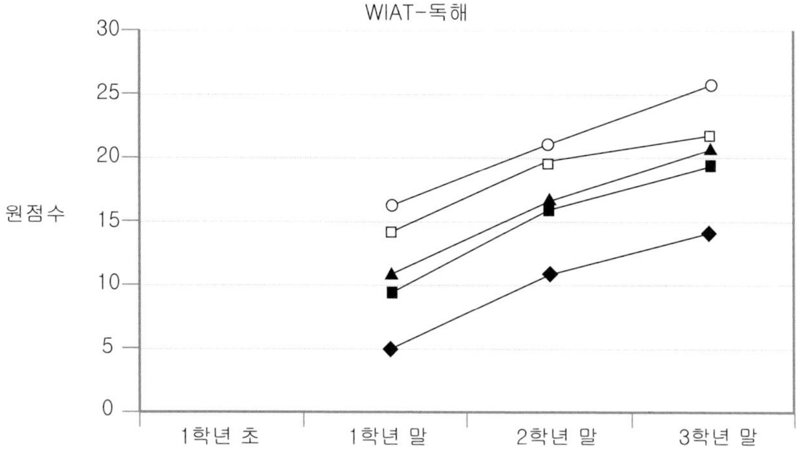

주) WRMT-R=Woodcock Reading Mastery Tests-Revised

WIAT=Wechsler Individual Achievement Test

◆=읽기 부진(교정하기 어려움), ■=읽기 부진(교정하기 덜 어려움), ▲=더 이상 위험군 아님,

□=평균 IQ 전형적인 독해자, ○=평균 이상 IQ 전형적인 독해자

[그림 9-1] 읽기 척도에서 읽기 부진 집단, 더 이상 위험군이 아닌 집단, 전형적인 독해자 집단 전반에 걸친 수행 수준

출처: Vellutino, F. R., Scanlon, D. M., Small, S. G., & Fanuele, D. P. (2006). Response to intervention as a vehicle for distinguishing between children with and without reading disabilities: Evidence for the role of kindergarten and first grade intervention. *Journal of learning disabilities*, *39*, 164.

9-1] 참조). 1학년 선별 측정에서 관찰된 바와 유사한 선형적 경향성이 읽기 측정 각각에서도 관찰되고 있음을 볼 수 있다. 각각의 사정에서 그리고 모든 측정에 있어서 교정하기 어려운 집단 아동은 가장 낮은 수준으로 수행하였으며, 평균 지능과 평균 이상 지능 아동들은 가장 높은 수준의 수행을 그리고 교정하기 덜 어려운 집단과 더 이상 위험군이 아닌 집단 아동은 교정하기 어려운 집단과 전형적 독자 집단 아동의 중간 수준의 수행을 보였다. 더욱이 교정하기 덜 어려운 집단과 더 이상 위험군이 아닌 집단 아동들은 학년 수준에 전반에 걸쳐 모든 문해 측정에서 일관되게 평균적인 수준으로 수행하였으며, 더 이상 위험군이 아닌 집단은 대부분의 측정에 있어 교정하기 덜 어려운 집단보다 약간의 장점만을 지니고 있었다. 더 나아가 두 집단의 수행 수준은 단어 수준 측정에서 전형적 독자 집단에 근접하였다. 따라서 프로젝트 교사에 의해 유치원

중재만을 받거나 유치원과 1학년 중재 모두를 받은 위험군 아동의 전체 표본(n=117) 가운데 84%가 3학년 말까지 모든 문해 측정에서 최소한 평균 수준의 읽기 기술을 성취했고(교정하기 덜 어려운 집단과 더 이상 위험군이 아닌 집단), 이들 중 73%(72/98)가 (더 이상 위험군이 아닌 집단 아동들) 유치원 중재만을 받았으며, 이는 위험군 아동의 전체 표본의 62%(72/117)에 해당된다.

이러한 결과는 고무적이고 또한 중요하다. 우리는 몇 가지 이유에서 이렇게 말할 수 있다. 첫째, 이러한 결과들이 만일 읽기 어려움의 위험에 처한 것으로 나타난 아동들이 (더 일찍은 아니더라도) 유치원 초기에 판별된다면 그리고 만일 기초 문해 기술들을 도입하기 위한 적절한 중재가 유치원에 다니는 내내 제공된다면 이 아동들 대다수에게서 초기의 그리고 장기적인 읽기 곤란이 예방될 수 있음을 시사하는 한, 이 결과들은 현 연구에서 평가된 예방적 중재 모델에 강력한 지지를 제공한다. 둘째, 자료는 유치원에서의 소집단 보충 교정 교수는 대부분의 위험군 아동이 1학년 학급 문해 교수를 준비하고 그로부터 이익을 얻을 수 있을 것임을 확실히 하는 데 충분한 수단이 되고 추가적인 교정적 지원 없이도 기능적으로 독립적인 독자가 될 수 있다는 우리의 제안에 추가적인 지지를 제공하고 있다. 셋째, 이 결과들은 유치원에서 그러한 지원을 받았음에도 불구하고 1학년 시작 시기에 교정적 지원을 지속적으로 필요로 하는 아동의 대부분 1학년 말에 문해 성취에 있어 최소한 평균 수준에 도달할 수 있게 됨을 암시한다. 사실, 1학년 중재 대상이 된 45명의 아동 가운데 단지 4명(9%)만이 1학년 말에 기초 기술군에 대해 표준 점수 90점 이하를 받았다. 더욱이 이들 중 58%(교정하기 덜 어려운 집단 가운데 26명)은 2학년과 3학년에서도 지속적으로 평균 범위의 수행을 보였다.

마지막으로, 우리의 첫 번째 중재 연구(Vellutino et al., 1996)와 다른 중재 연구들(Torgesen, 2000; Torgesen, Rose, Lindamood, Conway, & Garvam, 1999 참조)에서 얻어진 결과와 같이, 본 연구에서 평가된 유치원과 1학년에 일정 양과 유형의 중재를 제공받은 아동들 가운데 상당한 비율은 기능적으로 독립적인 독자가 되기 위해서 1학년 이후에도 추가적인 교정적 지원을 필요로 한다. 그러므로 1학년 중재 대상이 된 45명의 아동 가운데(교정하기 어려운 집단 19명) 42%는 3학년 말 단어 수준 측정에서 평균 범주에 훨씬 못 미치는 수행을 보였고 읽기 이해 측정에서는 낮은 평균 범주의 수행을 보였을 뿐이었다. 그러나 아동들은 일반적으로 1학년 말에는 단어 수준 측정에서 평균 범주 내의 수행을 지속하였다. 이러한 결과는 비록 교정하기 어려운 집단 아동이 1학년에서 그들이 받은 추가적 지원으로부터 이익을 봤지만, 그들은 교정 프로그램이 중단되었을 때 그들이 얻은 것을 공고히 하지 못했고 그들이 얻은 것을 유지하기 위해서는 홈스쿨에서 제공되는 유형 그리고(혹은) 양과는 다른 교수를 필요로 한다는 것을 시사하고 있다. 하지만 초등학교 3학년 말까지 전체 표본을 추적할 수 없었고, 따라서 이 표본의 자연 감소율을 추정할 믿을 만한 방식이 없었기 때문에 교정하기 어려운 집단과 교정하기 덜 어려운 집단의 아동 수로 대표되는 표본 전체의 비율을 계산하는 것이 불가능했음에 주목하라.

독자 집단의 인지적 프로파일

앞서 논의한 1학년 중재 연구(Vellutino et al., 1996; Vellutino et al., 2003)에서 우리는 유치원과 1, 3학년에서 실시된 읽기 관련 인지 능력의 검사에서 읽기 부진 집단이 일반적으로 전형적인 읽기 집단보다 낮은 수행을 보였음을 발견하였다. 이들 두 집단은 특히 음운 인식, 철자-소리 해독, 시각적 기억과 같은 음운 능력에 대한 검사에서 다른 양상을 나타내었다. 우리는 또한 교정하기 어려운 집단 아동들이 종종 동일한 측정 중 많은 부분에서 교정하기 덜 어려운 집단 아동들보다 낮은 수행을 보였음을 발견하기도 하였다. 더욱이 교정하기 덜 어려운 집단 아동들의 인지적 프로파일은 교정하기 어려운 집단 아동들의 인지적 프로파일보다는 평균 지능 독해자들의 인지적 프로파일과 더 유사했다. 본질적으로 결과의 동일한 형태가 본 연구에 나타났다.

〈표 9-9〉는 1학년 그리고(혹은) 3학년에 실시된 선택된 인지 측정에 대한 다섯 독해자 집단(교정하기 어려운 집단, 교정하기 덜 어려운 집단, 더 이상 위험군이 아닌 집단, 평균 지능 집단, 평균 이상 지능 집단) 각각의 결과를 보여 주고 있다. 여기에는 빠른 자동 명명화, 음운 기억, 숫자에 대한 기억, 수용 어휘, 듣기 이해, 언어적 · 비언어적 지능을 평가하는 검사들이 포함된다. 1학년 선별 측정과 읽기 성취 측정 모두에서 관찰

표 9-9 초등학교 1, 3학년 인지적 측정에서 읽기 부진 집단, 더 이상 위험군이 아닌 집단, 통제 읽기 집단(정상)의 수행 수준

인지적 측정	읽기 부진: 교정하기 어려움 (n=19)	읽기 부진: 교정하기 덜 어려움 (n=26)	더 이상 위험군이 아님 (n=81)	평균 IQ 통제 (n=27)	평균 이상 IQ 통제 (n=27)
1학년 신속하게 철자 이름 대기[a]					
M	45.74	40.58	38.71	33.26	32.74
SD	8.28	9.55	9.45	10.47	8.12
3학년 신속하게 철자 이름 대기[a]					
M	33.89	30.35	28.42	25.67	26.65
SD	6.86	8.39	5.82	5.31	5.25
1학년 신속하게 사물 이름 대기[a]					
M	63.84	57.69	57.88	51.89	49.89
SD	13.41	12.73	11.90	14.62	12.58
3학년 신속하게 사물 이름 대기[a]					
M	52.42	51.15b	47.65	42.81	42.27
SD	12.61	17.31	9.43	8.14	8.04
3학년 Boston 자발적 명명 교정(60)[c]					
M	32.68	34.50	37.22	38.89	42.81
SD	5.51	4.54	4.43	3.41	4.80
1학년 음운 기억 원점수(48)[c]					
M	15.79	14.96	17.42	18.04	20.67
SD	4.52	4.56	5.62	3.97	6.82
3학년 음운 기억 원점수(48)[c]					
M	18.89	20.62	24.19	25.07	28.04
SD	3.89	4.77	5.34	4.87	5.83
3학년 WISC-Ⅲ 숫자 범위 조정 점수					
M	8.58	8.15	10.46	11.19	13.15
SD	2.17	2.43	3.05	3.03	2.57
3학년 Peabody 그림 어휘 검사 표준점수					
M	97.95	99.73	103.53	102.70	115.33
SD	9.49	9.22	11.19	9.71	10.37

3학년 WIAT 듣기 이해					
M	98.00	98.85	105.75	106.00	115.59
SD	10.97	9.33	10.33	10.02	12.11
3학년 WISC-III 언어성 IQ					
M	93.89	97.15	105.51	107.19	120.56
SD	8.84	11.84	9.02	8.17	7.75
3학년 WISC-III 동작성 IQ					
M	98.68	96.04	105.89	99.93	120.67
SD	10.66	11.49	11.78	8.46	7.42
3학년 WISC-III 종합 IQ					
M	95.63	95.92	106.03	103.81	122.59
SD	6.06	10.31	9.41	7.62	5.10

주) WRMT-R=Woodcock Reading Mastery Tests-Revised
WISC-III=Wechsler Intelligence Scale for Children III
WIAT=Wechsler Individual Achievement Test
M=평균, SD=표준편차, n=각 집단 아동 수
a=시간(초)
b=교정하기 덜 어려운 집단 아동들 중 1명의 사물 이름 대기 과제에서의 명명 속도가 이례적이었다(107초). 이 아동의 점수가 분산에서 제거되었을 때 사물 이름 대기에 대한 교정하기 덜 어려운 집단의 평균 점수는 48.92였고 표준편차는 13.30이었다.
c=괄호 안의 숫자는 해당 측정의 최대 가능 점수를 나타낸다.
출처: Vellutino, F. R., Scanlon, D. M., Small, S. G., & Fanuele, D. P. (2006). Response to intervention as a vehicle for distinguishing between children with and without reading disabilities: Evidence for the role of kindergarten and first grade intervention. *Journal of learning disabilities*, *39*, 165.

되는 유사한 결과에 맞게, 우리는 교정하기 어려운 집단과 교정하기 덜 어려운 집단이 가장 낮은 수준의 수행을 보이고, 평균 지능과 평균 이상 지능 집단은 가장 높은 수행을 보이며, 더 이상 위험군이 아닌 집단은 이들의 중간 수행을 보이는 집단 간 선형적 경향성을 발견할 수 있다. 더욱이 모든 집단에서 1학년에서부터 3학년까지 이러한 측정에 있어서의 수행에서 상당한 향상이 있었음에도 불구하고, 이 경향성은 1학년과 3학년 모두에서 실시된 측정에 있어 꽤 안정적인 것이다. 그러나 읽기 측정 척도에 있어 교정하기 덜 어려운 집단 아동이 더 이상 위험군이 아닌 집단 아동과 대략 유사한 수준의 수행을 보였음에 반하여, 이들은 더 이상 위험군이 아닌 집단 아동들과 수행 수준이 더 비슷했던 빠른 자동 명명화 측정 외에 모든 인지적 측정에서 교정하기 어려운 집단 아동들과 유사한 수준의 수행을 더 자주 보였다. 이와 동시에 더 이상 위험군이 아닌 집단 아동들의 수행 수준은 몇 가지 인지적 측정에서 평균 지능 집단 아동들과 가까웠다.

이러한 결과 형태의 유일한 예외는 비언어적 지능검사에서 나타났는데, 여기에서 교정하기 어려운 집단의 평균은 교정하기 덜 어려운 집단이나 평균 지능 집단의 평균과 눈에 띄게 다르지 않았고, 세 집단 평균 모두는 더 이상 위험군이 아닌 집단 평균보다 낮았다. 마지막으로 빠른 자동 명명화 기술을 평가한 검사를 제외하고, 평균 이상 지능 집단은 모든 언어기반 측정에서 평균 지능 집단보다 높은 수행을 보였다.

이러한 결과는 언어기반 능력, 특히 음운 능력이 읽기 학습에 어려움이 있는 아동들과 비언어적 능력에 비하여 읽기 학습에 어려움이 적은 아동들을 더 강력하고 더 신뢰할 수 있게 구별함을 보여 주는 우리의 첫 번째 중재 연구(Vellutino et al., 1996)와 유사한 중재 연구들(Foorman, 2003; Torgesen, 2000; Torgesen et al., 1999)에서 얻은 결과와 매우 일치한다. 그러나 이러한 결과들은 다시 한 번 읽기 능력의 기초가 되는 언어기반 능력에 대하여 읽기 학습에 가장 어려움을 겪는 아동들이 읽기 학습에 어려움을 덜 겪는 아동들에 비해 준비가 덜 되어 있으며, 이 두 집단 모두는 읽기 학습에 어려움이 없는 아동들만큼 준비가 잘 되어 있지 않음을 보여 준 이 선행 연구 결과들에 추가적인 지지를 제공하고 있다.

교정이 어려운, 쉽게 교정되는, 전형적인 발달을 보이는 독자들 집단의 수행 수준에서의 유사 경향성에 대한 논의에서 Vellutino와 동료들(1996)은 아동이 읽기 학습의 기초가 되는 다양한 인지 능력을 서로 다르게 부여받았으며, 그러한 자질이 아동이 접한 문해 경험과 교수의 정도와 유형에 관하여 아동이 기능적으로 독립적인 문해 기술을 얼마나 쉽게 습득하는지 결정하는 연속체상에 놓이게 됨을 제안하였다. 이러한 이유로 읽기 관련 인지능력들의 최적의 혹은 최적에 가까운 혼합체를 부여받은 아동은 최적에 훨씬 미치지 못하는 경험적 · 교수적 상황들에도 불구하고 어려움이 거의 혹은 전혀 없이 강력한 어쩌면 매우 우수한 문해 기술들을 습득할 수 있는 반면, 읽기 관련 인지능력들의 적정 수준보다 낮은 혼합체를 부여받은 아동은 문해 습득이 더 까다로운 일임을 알게 될 수 있다. 그러한 아동은 초기 읽기 곤란을 피하기 위해 보충 교수를 필요로 할 수도 있다. 논리적으로 더 나아가 읽기 능력의 기초가 되는 인지 능력, 특히 언어기반 능력(예를 들어, 음운 부호화, 음운 인식, 언어적 기억 손상)에서 심한 결손을 보이는 아동은 최적의 혹은 최적에 가까운 경험 및 교수가 제공될 때조차 읽기 학습에 이상한 어려움을 보일 수 있다. 이러한 설명에 해당되는 아동은 기능적인 문해력을 갖춘 사람이 되기 위하여 더 집중적이고, 더 개별화되어 있으며, 더 장기간의 문해 교수를 요구할 것이다. 이에 따라 몇몇 학자는 아동의 환경적 · 교수적 경험의 양 · 질과 상호작용하는 아동의 타고난 자질로 독특하게 결정되는 '읽기장애'에 있어서의 '위험의 눈금(gradation of risk)'이라 불리는 것이 존재함을 제안하고 있다(Snowling, Fallagher, & Frith, 2003; Vellutino et al., 2003).

현재 결과에 따른 함의

3단계 모델

우리가 앞서 요약한 연구에서 설명된 예방적 접근은 세 가지 중요한 방식에서 앞서 논의한 3단계 모델에 크게 벗어난다. 첫째, 3단계 모델과 달리 예방적 접근은 아동들이 광범위한 학급 문해 교수에 노출되기에 앞서 유치원에 입학할 때 초기 읽기 곤란 위험군 아동들을 판별하는 것이 포함된다. 둘째, 예방적 접근은 위험군 아동들의 판별에 있어 학급 문해 교수에 대한 반응보다는 발현적 문해 측정을 활용한다. 마지막으로, 예방적 접근은 측정의 결과에 기초하여 보충적인 문해 교수를 실시하며 학급 문해 프로그램에 있어 부적절한 것을 평가하고(하거나) 수정하려 하지 않는다. 3단계 모델 하에서 단계 2 보충 중재는 학급 문해 교수에서의 수정이 아동의 읽기 곤란을 개선하지 못할 경우에만 시작된다.

진술된 3단계 모델의 유용성(Denton & Mathes, 2003)과 관련하여 여기서 설명된 예방적 접근의 효능에 대해 몇 가지 관련된 의문을 제기하는 것이 도움이 될 것이다. 첫째, 철자 판별 측정들을 활용하여 유치원 초기에 아동들을 초기 읽기 곤란 위험군으로 판별하고 그들이 광범위한 학급 문해 교수를 접하기 이전에 이 측정에 대한 수행을 근거로 소집단 문해 교수를 실시하는 것의 효능에 정당한 의문을 제기할 수 있다. 정말로 이러한 접근이 아동들을 지나치게 일찍 위험군 범주에 넣어 그들이 필요로 하지 않을 수 있는 보충 교수를 제공함으로써 참을 수 없을 만큼 많은 수의 '거짓 긍정(false positives)'을 만들어 내는 위험을 초래하지 않을까 걱정할 수 있다. 둘째, 유치원에서 학급 문해 교수를 평가하고 수정하려는 어떠한 노력도 없이 유치원에서의 보충 중재를 초등학교 1학년에 더 개별화되고 더 집중적인(3단계) 교수를 실행하는 주요 근거로 활용하는 것의 효능에 의문을 제기할 수도 있다. 정말로 본 연구에서 제공된 유형의 단계 2 보충 교수(주당 2회만 제공됨)와는 달리 아동들에게 학급 문해 교수가 매일 제공되고 있다는 사실을 고려할 때, 만일 위험군 아동들이 더 균형 잡히고 더 포괄적인 유치원 학급 문해 교수도 접했다면, 초등학교 1학년에 실시된 단계 3 유형 교수가 유치원에서 보충 교수를 받았던(그리고 초등학교 1학년 초에 계속해서 위험군에 있던) 많은 위험군 아동에게는 필요하지 않았을 수 있다고 주장할 수 있다. 마지막으로, 초등학교 1학년 학급 문해 프로그램을 평가하지 않고 아마도 수정도 하지 않은 채 1학년 초에 계속해서 위험군에 있던 아동들에게 단계 3 유형의 중재를 실행하는 것의 효능에 의문을 제기할 수 있다. 일반적으로 학급 수준에서 교수 문제를 다루는 전략들과 통합하지 않은 모든 중재 모델의 효능에 의문을 제기할 수 있다(Fuchs, 2002).

이러한 의문들 중 첫 번째는, 우리는 우리의 이전 중재 연구(Vellutino et al., 1996)에서 1학년에서 읽기 부진으로 판별된 모든 아동이 사실상 유치원에 입학 할 때 알파벳에 대한 지식 및 음운 인식과 같은 기초 문해 기술이 부족했다는 결과에 기초하여 유치원을 시작하는 시기에 위험군 아동을 판별하는 것을 정당화하였다. 우리는 본 연구에서 철자 판별을 위험군 결정에 활용하였는데, 우리와 다른 연구자들이 이 측정이 초기의 그리고 장기간의 읽기 성취에 있어 유일한 최선의 예측변인임을 발견했기 때문이다(예를 들면, Adams, 1990; Scanlon & Vellutino, 1997; Vellutino et al., 2003). 게다가 우리의 이전 중재 연구(Vellutino et al., 1996)에서 유치원 초에 철자 판별 검사에서 결함을 보이는 것으로 나타난 유치원 아동들은 또한 읽기 능력의 기초를 이루는 여러 인지 능력을 평가하는 매우 다양한 검사에서도 결함을 보이는 것으로 나타났으며, 본질적으로 동일한 형태의 결과가 현 연구에서도 관찰되었다. 그러나 본 연구의 유치원생들 대다수가 유치원에서 어떤 형태의 교정적 지원을 받았기 때문에 유치원 초에 판별된 위험군 아동들 전체 표본에 대해 거짓 긍정 비율을 평가할 수 없었다. 그럼에도 불구하고 유치원에서 보충 중재를 받지 않았으며 우리가 1학년 선별 검사를 실시할 때 아직 검사대상이 아니었던 위험군 아동들이 55명 있었다. 이들 중 78%는 WRMT-R 단어 판별 하위검사에서 표준점수 90점 이하를 받았고 96%는 WRMT-R 단어 공략 하위검사에서 표준점수 90점 이하를 받았으며 98%, 93%, 89%가 주요 단어 판별, 주요(철자-소리) 해독, 음소 분절을 평가하는 실험적 검사에서 더 이상 위험군이 아닌 집단과 평균 지능 집단의 평균 이하 점수를 각각 받았다. 따라서 집단의 평균 참 긍정(true positive) 비율은 91%이며 평균 거짓 긍정 비율은 9%였다. 이 집단 아동들이 유치원 선별 검사에서 전체 표본과 크게 다르지 않은 점수를 보였음을 고려할 때(수치는 제시하지 않음), 유치원 시작 시기에 위험군 아동 판별을 위해 철자 판별을 사용하는 것과 관련된 거짓 긍정 비율은 유사하거나 더 큰 비율의 거짓 부정 비율보다는 괜찮다.

교수 프로그램들을 평가하고 수정하려는 어떠한 시도도 하기 전에 위험군 아동들을 위한 보충 중재를 유치원 초에 시작하는 것에 대해 제기된 문제들에 대하여, 비록 유치원에 들어간 시기에는 기초 문해 기술들이 부족했다 하더라도 유치원에서 포괄적이고 균형 잡힌 언어 프로그램을 접한 적이 없는 아동들이 그러한 프로그램들을 접한 아동들에 비해 초등학교 1학년 때 읽기 부진으로 판별될 가능성이 훨씬 더 높았다는 우리의 이전 중재 연구(Vellutino et al., 1996)의 결과가 이 절차를 실행한 원인이 되었음을 지적하는 것으로 충분할 것이다. 그리고 덜 적절한 유치원 언어 교수에 노출될 가능성을 고려하여 초기의 그리고 장기간의 읽기 곤란에 대한 어떤 예방적 접근에 있어, 처음에 기초 문해 기술을 도입하기 위한 보충 교수는 매우 중요한 요소가 될 것으로 여겨진다. 이러한 이유로 우리는 학급 교수 프로그램에서의 변화 가능성과는 관계없이 이 전략을 통합한 어떤 접근방식의 효능을 평가하는 데 관심이 있었고 우리의 결과가 유익하다고 믿는다.

우리는 단계 1 논리에 처방된 것처럼, 학급 문해 프로그램을 평가하고 필요한 경우

이를 수정하고 점검하는 단계를 밟는 것의 중요성을 전적으로 받아들인다. 정말로 첫 중재 연구(Vellutino et al., 1996)에서 우리가 이미 지적했듯이, 유치원에서의 부적절한 학급 문해 교수가 유치원과 초등학교 1학년 모두에 위험군 아동들의 부적절한 문해 발달과 연계되어 있음을 발견하였다. 더욱이 1학년에 단계 3 중재로부터 이익을 얻었지만 중재가 종료되고 난 이후에 그들의 향상을 굳히지 못한 현 연구의 위험군 아동(교정하기 어려운 아동)은 나중에 그들이 그렇게 하기 어렵도록 만든 학급 교수에 이후 노출되는 것은 전적으로 가능한 일이다(다음의 논의 참조). 우리는 우리의 이전 중재 연구(Vellutino et al., 2003)에서 얻은 유사한 결과를 논의하는 데 있어 동일한 문제를 제기한다. 그러므로 우리의 관점에서는 학급 수준에서 교수 문제를 다루는 것이 매우 중요하며 초기의 그리고 장기간의 읽기 곤란을 경험하는 아동의 수를 줄이기 위해 고안된 모든 예방 모델의 중요한 구성요소가 될 것이다. 우리는 학령기 시작 시(그들이 위험군으로 판별된 이후) 초기 문해 곤란의 위험군으로 판별된 아동에 대한 개선된 학급 교수와 적절한 보충교수 모두를 통합하고, 이러한 전략들을 3단계 모델에서 지시하는 것과 같이 순차적으로 실시하는 것보다도 동시에 실행하는 것이 가장 효과적인 예방 모델임을 직감한다. 우리는 또한 가장 효과적인 예방 모델은 보충 교수가 덜 집중적이고 덜 개별화되었으며, 단기적인 것(단계 2)이든 더 집중적이고 더 개별화되었으며, 더 장기적인 것(단계 3)이든 상관없이 개선된 학급 교수를 하나의 중재 전략으로 통합한 것임을 직감한다. 다시 말하자면 학급 문해 프로그램의 가능한 문제점들을 다루는 것은 모든 예방 중재 모델의 매우 중요한 구성요소가 된다는 것이다. 더욱이 질적으로 우수한 보충 교수는 질적으로 우수한 학급 교수를 대체하는 것이어서는 안 되고, 둘을 서로 보완하는 것이어야 한다.

이러한 직관의 타당도 사정에 관심을 갖게 된 우리는, 본 연구에서 평가된 유형의 예방 모델을 2개의 다른 예방 모델들과 비교하는 또 다른 중재 연구를 빈곤율이 높은 학교 아동들을 대상으로 수행하였는데, 2개의 다른 예방 모델 중 하나는 위험군 아동들에게 학급에서의 보충 중재를 제공하지 않고 해당 학년도 시작 전과 해당 학년도 내내 유치원 및 초등학교 1학년 교사들에게 전문성 개발을 제공하는 것이었고, 다른 하나는 위험군 아동들의 학급 교사들을 위한 전문성 개발과 함께 아동들에게 유치원 및 초등학교 1학년에서의 중재를 제공하는 것이었다(Scanlon, Vellutino, Schatschneider et al., 2005). 우리는 본 연구의 주요 결과들이 다시금 나타나기를 기대하고 있으나, 또한 전문성 개발이 기초선 통제집단에 비하여 초기의 그리고 장기간의 읽기 곤란을 겪는 아동의 수를 줄이는 데 효과적일 것이라는 기대를 하고 있다. 하지만 우리는 위험군 아동을 위한 보충 중재와 그들의 학급 교사들을 위한 전문성 개발을 합치는 것이 가장 강력한 효과를 가질 것이라고 충분히 기대하고 있다. 그 연구는 아직까지 지속되고 있으나 예비 분석 결과들은 고무적이다(Scanlon, Vellutino, Schatschneider et al., 2005).

교정에 어려움이 있는 아동의 진전 부족

교정하기 어려운 집단 아동들이 유치원과 1학년 중재 모두를 접했음에도 불구하고 1학년 말에 그들이 성취한 실질적인 향상을 강화하거나 확립할 수 없다는 결과는 그들의 진전 부족에 관한 의문을 제기한다. 한 가지 분명한 가능성은 우리의 중재 프로젝트가 종료된 후 홈스쿨에서 그들이 받은 학급 교수 그리고(혹은) 교정적 교수가 부적절하다는 것이다. 우리가 우리의 프로젝트에 참여한 학교가 제공한 교수의 특성에 관한 자료를 수집하지 않았기 때문에 이 가능성을 포괄적인 방식으로만 평가할 수 있었다. 9개 학교의 학교 수준 결과가 조사될 때, 우리는 1학년 때 중재를 받은 아동의 80~100%가 1학년 말에 기초 기술군에서 표준점수 90점 혹은 그 이상을 얻었음을 발견하였다. 대조적으로 3학년 말에는 학교 중 4곳의 결과에서 90점을 넘은 참가 학생 수가 60% 아래로 하락한 것으로 나타났다. 나머지 5개 학교의 비율은 1학년 수준에서 변화되지 않았다(그리고 그중 4곳은 1학년 중재 학생의 100%가 1학년과 3학년 모두에서 90점 이상의 점수를 보였다). 분명 이러한 형태는 낮은 진전(교정하기 어려운) 집단에 대한 설명과 요소로 2학년과 3학년 교수의 질이 그 원인임을 강력하게 보여 주고 있다. 불행히도 어떤 학교에서 1학년 중재의 대상이 되는 것으로 나타난 아동의 수가 비교적 적기 때문에(대부분의 학교에서 1~5명), 학교 효과를 조사하기 위하여 위계적 선형 모델을 채택하는 것은 가능하지 않았다.

물론 교정하기 어려운 집단의 결과에 대해 다른 가능한 설명도 있다. 그중 하나는 중재가 종료되었을 때 아동들은 단지 독해자로서의 충분한 역량을 아직 성취하지 못했고, 따라서 지속적인 지원이 충분히 제공되지 않고서는 그들이 중재 기간 동안 보였던 성장을 유지할 수 없었던 것이다. 초등학교 1학년 말 교정하기 어려운 집단 아동들이 교정하기 덜 어려운 집단 아동들에 비해 훨씬 낮은 득점을 했다는 사실은 확실히 이 설명에 신빙성을 부여하기는 하지만, 교정하기 어려운 집단 아동들이 중재 기간이 끝날 때쯤 교정하기 덜 어려운 집단 아동들에 비해 그렇게 뒤처지는 이유에 대한 의문을 우리에게 남겨 놓았다. 이는 교정하기 어려운 집단 아동들의 진전부족에 대한 또 다른 가능한 설명을 암시한다. 즉, 그들의 2학년과 3학년에서의 제한된 성장과 1학년 진전에서의 상대적인 부족은 읽기 관련 인지 능력에 있어 의미 있는 결함에 의해 야기된다는 것이다. 사실상 비록 교정하기 덜 어려운 집단과 교정하기 어려운 집단이 많은 언어와 읽기 측정에 있어 1학년의 시작 시 크게 다르지 않다 하더라도 중재 기간이 종료될 때(1학년 말) 두 집단은 일부 언어 측정과 모든 읽기 측정에 있어 상당한 차이를 보였다. 따라서 교정하기 어려운 집단과 교정하기 덜 어려운 집단 모두가 읽기 발달에 있어 중요한 인지 능력에 관하여 연속체의 하단에 있다 하더라도, 교정하기 덜 어려운 집단 아동이 이 능력들의 다소 나은 혼합체를 가지며, 이에 따라 제공된 집중적인 교수에 더 반응하는 것이 가능하다. 그러나 교정하기 덜 어려운 집단 아동들이 단지 1학년 동안 더 효과적인 학급 교수를 받았을 뿐이며 이것이 이후에도 그들의 이점을 유지하게 했다는 것 또한 가능하다. 교정하기 어려운 집단의 아동들이 대개 매우 적은 수의 학교 출신이었음을 고려할 때, 교수에서의 차이는 가장 강력한 설명 요인일 가능성이 높아 보인다.

이러한 설명에도 불구하고 교정하기 어려운 집단 아동이 1학년 말에 계속해서 상당한 지원을 필요로 한다는 것은 분명하다. 물론 이는 어떤 유형의 학교기반 지원이 이 아동으로 하여금 초기 읽기 기술에서 느린 성장을 보이는 것으로부터 예방할 수 있을 것인가에 대한 질문을 제기한다. 지나치게 추측에 근거한다는 위험은 있으나 가능한 한 가지 후보는 1) 단어 판별 및 이해를 위한 부호기반 및 텍스트기반 기술들을 적절히 강조하는 것에 대하여 더 포괄적이고 균형이 더 잘 잡혔고, 2) 이러한 기술들을 적용하고 통합할 기회를 충분히 제공하였으며(Snow, Burns, & Griffin, 1998), 3) 이 아동들이 우리의 초등학교 1학년 중재 프로그램에서 받았던 보상교수와 더 양립할 수 있었고 상호보완적이었던 홈스쿨에서의 초등학교 1학년 학급교수다. 대부분은 아닐지라도 많은 교정하기 어려운 집단 아동이 1학년 말에 그들이 성취한 성과를 유지하고 확장하는 데에 필요한 지원을 받지 못했다는 것 또한 가능하며 어쩌면 가능성이 더 높을 것이다. 예산상의 제약 때문에 우리의 1학년 중재 프로그램에서 제공된 집중적인 교정적 지원(매일의 일대일 튜터링)을 제공한 학교구는 거의 없는데, 모두는 아니라 하더라도 교정하기 어려운 집단의 많은 아동은 1학년 이후에도 그러한 지원을 필요로 할 수 있다. 다른 아동들은 초등학교 1학년 이후 그리고 더 적절한 학급 교수 이상으로 단지 단기간의 소집단 교수만으로도 그들의 성취를 강화하고 확장할 수 있을 것이고, 또 다른 아동들은 아무런 추가적인 보충 교수 없이 더 적절한 학급 교수로 그렇게 할 수 있을 것이다. 어떤 경우든 그러한 구분을 하기 위해 그리고 교정하기 가장 어려운 아동들조차 기능적으로 읽고 쓸 수 있게 됨을 확실히 하는 데 필요한 전문지식 및 인력들을 획득하기 위한 수단을 개발하기 위해 더 많은 연구가 요구된다.

이러한 목적을 만족시키기 위하여 요구되는 전문성의 측면에서 학급과 교정 교사들이 그러한 아동들을 교정하는 데 있어 효과적인 것으로 밝혀진 연구기반 교수 실제를 이해하고 시행할 수 있도록 하는 도구를 긴급하게 개발할 필요가 있다(National Reading Panel, 2000; Snow et al., 1998). 또한 학급과 교정 교수 사이의 더 큰 양립 가능성을 확고히 하는 도구를 개발할 긴급한 필요성도 있으며 이러한 목적들 모두를 만족시키기 위하여 더욱 많은 연구가 요구된다. 교정하기 어려운 아동들이 기능적으로 읽고 쓸 수 있도록 하는 데 요구되는 인력에 관하여, 우리의 자료는 본 연구에서 평가된 것과 같은 중재에의 예방적 접근을 채택할 경우, 그러한 아동에게 집중적이고 장기간의 교정을 제공하는 데 있어 학교들의 재정적 부담을 상당히 완화할 수 있음을 암시한다. 또한 학교의 재정적 부담은 전문적 읽기 교수의 감독을 받으며 교정이 어려운 아동과 함께하도록 보조 인력들을 훈련시킴으로써도 완화될 수 있을 것이라는 증거가 축적되고 있다(Gelzheiser, Scanlon, & D'Angelo, 2001; Invernizzi, Juel, & Rosemary, 1996; Simmons, Kamme'enui, Stoolmiller, Coyne, & Harn, 2003). 보조 인력의 양성 문제는 연구 결과에 있어 또 다른 함의를 강조한다. 특히 교정이 어려운 아동을 위한 단계

3 유형 중재의 차원과 확장성이 더 잘 구체화될 필요가 있다.

중재에 대한 반응을 활용한 읽기장애 진단

효과적인 중재 모델을 개발하는 데 함의에 추가하여 본 연구의 결과는 읽기장애 아동과 읽기장애를 지니지 않은 아동을 구분하는 데 있어 조기 판별과 조기중재의 역할에 관한 중요한 함의를 갖는다. 첫째, 이 결과들은 대부분의 초보 독자들에게서 읽기 어려움이 주로 생물학적 기원의 인지적 손상보다도 경험적 · 교수적 부적절성에 의해 야기된다는 논란에 추가적인 지지를 제공한다(Clay, 1987; Vellutino et al., 1996). 기초 문해 기술에서의 결함은 대부분의 위험군 아동에 있어 유치원 말에 개선된다는 우리 연구의 결과가 이 주장에 대한 지지를 제공한 것이다. 더욱이 읽기 성취에 대한 추수 측정에서 아동들의 수행 수준은 1학년에서 3학년까지 평균 범주에서 일관되게 유지되었으며 일반적으로 1학년 때 교정적 지원을 지속적으로 필요로 했던 읽기 부진 집단의 그것보다 높았다. 하지만 자료는 또한 몇몇 초보 독해자의 읽기 곤란이 주로 생물학적 기반을 지닌 인지 손상에 의해서 야기된다는 주장에 대한 추가적인 지지를 제공한다. 1학년 때 교정적 지원을 지속적으로 요구하는 아동의 인지적 프로파일이 일반적으로 전형적인 독해자들과 더 이상 위험군이 아닌 집단의 아동들의 그것보다 취약하다는 우리의 연구 결과에 의해 이 내용에 대한 추가적인 지지가 제공된다. 이를 종합해 보았을 때, 이 결과들은 유치원에서의 보충 중재에 대한 위험군 아동의 긍정적 반응은 해당 아동이 집중적인 중재 없이 1학년과 그 후에 기능적으로 독립적인 읽기와 쓰기를 할 수 있게 될 정도의 꽤 우수한 예측변인이 될 수 있음을 암시한다. 우리의 이전 중재 연구(Vellutino et al., 1996)에서 획득된 결과와 일치하여, 이 결과들은 어떠한 추가적인 교정적 지원 요구를 필요 없게 만드는 수준으로의 중재에 대한 긍정적 반응이 기초 문해 기술을 습득하기 위한 위험군 아동의 능력에서의 손상이 주로 경험적 · 교수적 부적절성에 의하여 야기되는지 아니면 생물학적 기원의 인지적 손상에 의하여 야기되는지에 대한 의사결정에 도움이 되는 '첫 번째 분류 진단(first-cut diagnostic)'으로써 작용할 수 있음을 의미한다. 이러한 분석에 따라 우리 연구에서 유치원과 1학년 중재 모두를 받았음에도 불구하고 계속해서 교정적 지원을 요구하는 위험군 아동(교정하기 어려운 집단)을 '읽기장애'로 분류하는 데 가장 문제가 없는 것에 반하여, 소집단 유치원 보충 중재만을 받은 이후에 더 이상 교정적 지원을 필요로 하지 않는 위험군 아동(더 이상 위험군이 아닌 집단)은 '읽기장애'로 분류될 가능성이 가장 적은 것이다.

읽기장애 진단에서 중재에 대한 반응의 활용에 대한 현재 결과의 또 다른 함의는 교정이 어려운 아동과 교정이 덜 어려운 아동을 신뢰할 수 있게 구분하지 못했다는 우리의 결과에 내재해 있다. 분명 중재에 대한 반응이 측정된 지능과 관련이 없다면, 그러한 측정은 서비스 전달 상황에서 아무런 유용한 목적도 제공하지 못한다. 하지만 연구 목적에 있어, 비언어적 지능에 대한 검사에 있어 세 가지 중재 집단의 위험군 아동이 전형적 독해자들의 평균 지능과 다르지 않았다는 점에 주목하는 것은 흥미로운 일이다. 그리고 교정이 어려운 아동들(교정하기 어려운 집단과 교정하기 덜 어려운 집단)이 언어적 지능검사에 있어 평균 지능 집단의 독해자들보다 훨씬 낮은 수행을 보였음에 반해, 이러한 차이는 마태 효과(Mattew Effects; Stanovich, 1986)에 귀인하는 것이 합리적일 수 있다. 이전의 중재 연구(Vellutino et al., 1996)에서 우리는 1학년과 3학년 모두에 언어성 지능과 비언어성 지능을 평가하였으며, 본 연구 결과와 마찬가지로 가장 교정이 어려운 아동들이 1학년의 어떤 측정에서 평균 지능의 전형적 독자와 크게 다르지 않았으나, 3학년의 언어성 지능 측정에서는 두드러진 차이를 보였음을 발견하였다. 그러므로 지능 측정에 대한 결과는 본질적으로 Vellutino와 동료들의 연구(1996)에서 유사한 측정에 대한 결과를 반복하고 있으며, 읽기장애 진단을 위한 지능-성취 불일치 준거의 활용을 더 약화시키고 있다(Fletcher et al., 1994; Siegel, 1988, 1989; Stanovich & Siegel, 1994; Vellutino et al., 2000 참조). 이들 결과로부터 얻을 수 있는 분명한 시사점은 읽기장애를 진단하기 위한 중재에 대한 반응 접근이 핵심적 정의 준거를 지능-성취 불일치에 두는 심리측정적 접근보다 더 나은 근거를 가지며 더 괜찮다는 점이다.

요약

이 장에서의 연구는 초기 읽기 곤란에 대한 예방적 접근의 효과성을 평가하고자 다음의 내용을 포함하여 설계되었다. 1) 유치원 시작 시기에 읽기 곤란을 가진 위험군 아동 판별, 2) 이 아동들에게 1학년 읽기 교수에 대한 준비로 기초적 문해 기술을 확립하게 하기 위하여 설계된 소집단 보충 유치원 중재의 제공, 3) 유치원 중재의 효과를 평가하기 위한 유치원에서의 문해 발달 사정, 4) 더 이상 읽기 곤란 위험군이 아닌 아동과 여전히 읽기 곤란 위험군에 속하여 추가적인 교정적 지원이 요구되는 아동들 모두를 판별하기 위한 1학년 시작 시의 문해 기술 사정, 5) 전형적 독해자들로 구성된 비교 집단의 판별, 6) 교정적 지원을 지속적으로 요구하는 아동에게 1학년 내내 제공하는 더 집중적이며 매우 개별화된 보충적 중재, 7) 유치원과 1학년 중재의 장기간 효과를 평가하기 위한 모든 대상 아동에 대한 1, 2, 3학년 말의 추수 사정이 그 내용이다.

결과는 유치원에서의 소집단 보충 중재가 1학년 때 읽기 곤란 위험군으로 나타난 아동의 수를 상당히 줄어들게 할 것이며 2학년 내내 제공된 더 집중적이고 더 개별화된 중재가 이 아동들 대다수에게서 읽기 곤란을 교정할 수 있을 것이라고 제안한다. 그러나 자료는 또한 적은 비율의 위험군 아동은 유치원과 1학년의 보충 중재 모두를 통해 그들이 성취한 향상을 유지하고 확장시켜 나가는 데에 어려움을 가지며 기능적으로 읽고 쓰기 위해서는 추가적인 지원을 요구할 것이라고 제안하고 있다. 가장 교정이 어려운 집단에 대하여 최적에 못 미치는 학급 교수는 그들의 느린 진전을 설명하는 데 중요한 역할을 할 것이라는 시사적 증거를 제공하였다. 이를 종합하면 이러한 결과들은 3단계 모델이 다양한 교수 장면에서 제공되는 문해 교수들 간의 양립가능성을 확실히 하기 위해 유치원과 1학년 학급 프로그램 모두에서 필요한 어떠한 수정과 함께 유치원에 입학할 때 초기 읽기 곤란의 위험이 있는 것으로 판별된 아동들을 위한 보충 소집단 중재(단계 2)와 1학년에 교정적 지원을 계속 요구하는 위험군 아동들을 위한 더 집중적이고 더 개별화된(단계 3) 중재를 포함하도록 유용하게 수정될 수 있음을 의미한다. 보다 일반적으로 우리의 자료는 질적으로 우수한 학급(단계 1)과 소집단

(단계 2) 교수가 모든 초등 학급에서 준비되어야 함을 의미하는 것이다. 위험군 아동에 대한 개별적 요구에 반응적인 보충 소집단 교수는 학급 내에서 학급 교사에 의해 혹은 학급 밖에서 중재 교사에 의해(이상적으로는 중재 전문가에 의해) 실시될 수 있다. 더 집중적이고 더 개별화된(단계 3) 교수는 소집단 보충 교수 이후에도 교정적 지원을 지속적으로 요구하는 위험군 아동에게 실시되어야 하지만, 이 더 집중된 형태의 중재는 모든 학년에서 질적으로 우수한 학급 교수를 대신하는 것이어서는 안 된다.

끝으로 우리의 자료는 또한 위험군 아동을 '장애가 있는 독자' 범주에 넣는 것은 해당 아동이 자신의 개별적 요구에 맞춰진 집중적인 교수(단계 3)에 노출될 때까지는 연기되어야 함을 의미하며, 이는 역으로 3단계 중재에 대한 아동의 반응이 읽기장애 진단을 내리기에 앞서 먼저 사정되어야 함을 의미하는 것이다.

참고문헌

Aaron, P. G. (1997). The impending demise of the discrepancy formula. *Review of Educational Research, 67,* 461-502.

Adams, M. J. (1990). *Beginning to read: Thinking and learning about print.* Cambridge, MA: The MIT Press.

Clay, M. M. (1985). *The early detection of reading difficulties* (3rd ed.). Auckland, New Zealand: Heinemann.

Clay, M. M. (1987). Learning to be learning disabled. *New Zealand Journal of Educational Studies, 22,* 155-173.

Denton, C. A., & Mathes, P. G. (2003). Intervention for struggling readers: Possibilities for change. In B. R. Foorman (Ed.), *Preventing and remediating reading difficulties: Bringing science to scale* (pp. 229-251). Timonium, MD: York Press.

Dunn, L. M., & Dunn, L. M. (1997). *Peabody Picture Vocabulary Test-III.* Circle Pines, MN: AGS Publishing.

Fletcher, J. M., Shaywitz, S. E., Shankweiler, D. P., Katz, L., Liberman, I. Y., Stuebing, K. K., et al. (1994). Cognitive profiles of reading disability: Comparisons of discrepancy and low achievement definitions. *Journal of Educational Psychology, 86,* 6-23.

Foorman, B. R. (Ed.). (2003). *Preventing and remediating reading difficulties: Bringing science to scale* (pp. 73-120). Timonium, MD: York Press.

Francis, D. J., Shaywitz, S. E., Stuebing, K. K., & Shaywitz, B. A. (1996). Developmental lag versus deficit models of reading disability: A longitudinal, individual growth curve analysis. *Journal of Educational Psychology, 88*(1), 3-17.

Fuchs, L. (2002). Three conceptualizations of "treatment" in a responsiveness to treatment framework for LD identification. In R. Bradley, L. Danielson, & D. Hallahan (Eds.), *Identification of learning disabilities: Research to practice* (pp. 521-529). Mahwah, NJ: Lawrence Erlbaum Associates.

Fuchs, L., & Fuchs, D. (1997). Use of curriculum-based measurement in identifying students with learning disabilities. *Focus on Exceptional Children, 30,* 1-16.

Gelheizer, L. M., Scanlon, D. M., & D'Angelo, C. (2001, April). *The effects of community volunteers and poor readers engaging in interactive reading of thematically-related texts.* Paper presented at the annual conference of the American Educational Research Association, Seattle, WA.

Gresham, F. K. (2002). Responsiveness to intervention: An alterative approach to the identification of learning disabilities. In R. Bradley, L. Danielson, & D. Hallahan (Eds.), *Identification of learning disabilities: Research to practice* (pp. 467-419). Mahwah, NJ: Lawrence Erlbaum Associates.

Invernizzi, M., Juel, C., & Rosemary, C. A. (1996). A community volunteer tutorial that works. *The Reading Teacher, 50*(4), 304-311.

Iversen, S., & Tunmer, W. (1993). Phonological processing skills and the reading recovery program. *Journal of Educational Psychology, 85,* 112-126.

National Reading Panel. (2000). *Teaching children to read: An evidence-based assessment of the scientific research literature on reading and its implications for reading instruction.* Washington, DC: National Institute of Child Health and Human Development.

Pinnell, G. S. (1989). Reading recovery: Helping at risk children learn to read. *Elementary School Journal, 90,* 161-184.

Scanlon, D. M., & Vellutino, F. R. (1996). Prerequisite skills, early instruction, and success in first grade reading: Selected results from a longitudinal study. *Mental Retardation and Development Disabilities, 2,* 54-63.

Scanlon, D. M., & Vellutino, F. R. (1997). A comparison of the instructional backgrounds and cognitive profiles of poor, average, and good readers who were initially identified as at risk for reading failure. *Scientific Studies of Reading, 1*(3), 191-215.

Scanlon, D. M., Vellutino, F. R., Schatschneider, C., Gelzheiser, L. M., & Dunsmore, K. (2005, February). *Instructional and teaching characteristics of kindergarten teachers whose at-risk students make the largest and smallest gains*. Paper presented at the Pacific Coast Research Conference, Coronado, CA.

Scanlon, D. M., Vellutino, F. R., Small, S. G., & Fanuele, D. P. (2000, April). *Severe reading difficulties: Can they be prevented? A comparison of prevention and intervention approaches*. Paper presented at the annual conference of the American Educational Research Association, New Orleans.

Scanlon, D. M., Vellutino, F. R., Small, S. G., Fanuele, D. P., & Sweeney, J. M. (2003, June). *The short- and long-term effects of different types of early literacy intervention on reading comprehension*. Paper presented at the annual conference of the Society for the Scientific Study of Reading, Boulder, CO.

Scanlon, D. M., Vellutino, F. R., Small, S. G., Fauele, D. P., & Sweeney, J. M. (2005). Severe reading difficulties—Can they be prevented?: A Comparison of prevention and intervention approaches. *Exceptionality, 13*(4), 209-227.

Siegel, L. S. (1988). Evidence that IQ scores are irrelevant to the definition and analysis of reading disability. *Canadian Journal of Psychology, 42*(2), 201-215.

Siegel, L. S. (1989). IQ is irrelevant to the definition of learning disabilities. *Journal of Learning Disabilities, 22*, 469-478.

Simmons, D. C., Kame'enui, E. J., Stoolmiller, M., Coyne, M. D., & Harn, B. (2003). Accelerating growth and maintaining proficiency: A two-year intervention study of kindergarten and first-grade children at risk for reading difficulties. In B. R. Foorman (Ed.), *Preventing and remediating reading difficulties: Bringing science to scale* (pp. 197-228). Timonium, MD: York Press.

Snow, C. E., Burns, M. S., & Griffin, P. (Eds.). (1998). *Preventing reading difficulties in young children*. Washington, DC: National Academies Press.

Snowling, M. J., Gallagher, A., & Frith, U. (2003). Family risk of dyslexia is continuous: Individual differences in the precursors of reading skill. *Child Development, 74*, 358-373.

Stanovich, K. E. (1986). Matthew effects in reading: Some consequences of individual differences in the acquisition of literacy. *Reading Research Quarterly, 21,* 360-407.

Stanovich, K. E., & Siegel, L. S. (1994). Phenotypic performance profile of children with reading disabilities: A regression-based test of the phonological-core variable-difference model. *Journal of Educational Psychology, 86*(1), 24-53.

Torgesen, J. K. (2000). Individual differences in response to early interventions in reading: The lingering problem of treatment resisters. *Learning Disabilities Research and Practice, 15*(1), 55-64.

Torgesen, J. K., Rose, E., Lindamood, P., Conway, T., & Garvan, C. (1999). Preventing reading failure in young children with phonological processing disabilities: Group and individual responses to instruction. *Journal of Educational Psychology, 91,* 579-594.

Vaughn, S., Linan-Thompson, S., & Hickman, P. (2003). Response to instruction as a means of identifying students with reading/learning disabilities. *Exceptional Children, 69*(4), 391-409.

Vellutino, F. R. (1979). *Dyslexia: Theory and research.* Cambridge, MA: The MIT Press.

Vellutino, F. R. (1987, March). Dyslexia. *Scientific American,* 34-41.

Vellutino, F. R., & Scanlon, D. M. (2002). The Interactive Strategies approach to reading intervention. *Contemporary Educational Psychology, 27,* 573-635.

Vellutino, F. R., Scanlon, D. M., & Jaccard, J. (2003). Toward distinguishing between cognitive and experiential deficits as primary sources of difficulty in learning to read: A two-year follow-up of difficult to remediate and readily remediated poor readers. In B. R. Foorman (Ed.), *Preventing and remediating reading difficulties: Bringing science to scale* (pp. 73-120). Timonium, MD: York Press.

Vellutino, F. R., Scanlon, D. M., & Lyon, G. R. (2000). Differentiating between difficult-to-remediate and readily remediated poor readers: More evidence against the IQ-achievement discrepancy definition of reading disability. *Journal of Learning Disabilities, 33,* 223-238.

Vellutino, F. R., Scanlon, D. M., Sipay, E. R., Small, S. G., Pratt, A., Chen, R. S., et al. (1996). Cognitive profiles of difficult to remediate and readily remediated poor readers: Early intervention as a vehicle for distinguishing between cognitive and experiential deficits as basic causes of specific reading disability. *Journal of Educational Psychology, 88,* 601-638.

Vellutino, F. R., Scanlon, D. M., Small, S. G., & Fanuele, D. P. (2006). Response to intervention as a vehicle for distinguishing between children with and without reading disabilities: Evidence for the role of kindergarten and first grade interventions. *Journal of Learning Disabilities, 39*(2), 157-169.

Wasik, B. A., & Slavin, R. R. (1993). Preventing early reading failure with one-to-one tutoring: A review of five programs. *Reading Research Quarterly, 28,* 179-200.

Wechsler, D. (1992). *Wechsler Individual Achievement Test.* New York: Psychological Corporation.

Wechsler, D. (1991). *Wechsler Intelligence Scale for Children* (3rd ed.). New York: Psychological Corporation.

Woodcock, R. W. (1987). *Woodcock Reading Mastery Tests-Revised.* Circle Pines, MN: AGS Publishing.

제5부

3단계 모델의 실행

제10장

문화적 · 언어적으로 다양한 학생에게 중재반응 모델을 시행할 때 고려사항

Janette Klingner, Audrey McCray Sorrells, and Manuel T. Barrera

중재반응 모델은 문화적 · 언어적으로 다양한 학생의 성과를 향상시키고 그들이 특수교육에 불균형적으로 많이 포함되는 현상을 감소시키는 방법으로서의 가능성을 지니고 있다. 중재반응 모델의 다음과 같은 측면들은 특히 고무적이다. 조기중재를 강조함, 아동들이 단계 1이나 학급 혹은 수준에 적절한 교수를 받음을 확실히 하는 데 초점을 맞춤 그리고 지속적인 학급 사정을 기반으로 교수를 아동의 요구에 맞추도록 독려하는 측면이다. 중재반응 모델은 장애나 아동의 내적 결함을 찾는 것에서 모든 아동들에게 최선의 교수를 제공하는 쪽으로 초점을 이동시키는 데 있어 학습장애 분야의 전문가들에게 도움이 될 가능성을 지니고 있다. 하지만 연구자들 및 교육자들이 문화적 · 언어적으로 다양한 학생들을 위한 적절한 사정과 중재들에 대해 알려진 그리고 진화하는 지식을 강조하지 않는다면, 이전의 적격성 준거에 대해서와 마찬가지로 중재반응 모델을 실행하는 사람들은 만일 어떤 아동이 적절한 진전을 보이지 못한다면 해당 아동에게는 어떤 종류의 혹은 (그 아동의 저성취를 도움받을 수 없는 그 무엇으로 만드는) 결함 배경으로부터 나오는 내적 결함이 있음이 틀림없다고 가정할 것이라는 우려 또한 존재한다. 사실 Vaughn과 Fuchs(2003)는 중재반응 모델에 대한 설명에서 "아동들이 교수에 반응하지 못한다면, 교수 프로그램이 아닌 어떤 내적 결함이 반응 부족을 설명해 주고 어떤 특별한 중재가 요구된다고 가정된다."(p. 142)고 언급하였다. 이 가정은 특히 역사적으로 발생률이 높은 장애를 지닌 것으로 과잉 판별되었던 문화적 · 언어적으로 다양한 학생들과 관련되어 있으므로 우려의 원인이 된다. 비록 자료가 분해되고 하위집단 인구를 조사할 때에는 중남미계 미국 학생들 및 아시아계 미국학생들에게서 과잉포함의 사례가 가장 두드러지긴 하더라도, 병합된 자료가 초점일 때 불균형적으로 많이 포함되는 현상은 아프리카계 미국 학생들과 미국 인디언 학생들에게서 가장 분명하게 나타난다. 중남미계 미국 학생들은 일부 학교구에서 과잉 포함되어 있고 어떤 학교구에서는 과소포함되어 있다(Artiles, Trent, & Palmer, 2004; Donovan & Cross, 2002). 아동 개개인이 사실상 문화적으로 반응적이고 적절한 양질의 교수, 즉 '증거기반' 교수('증거'는 연구대상에 의해 결정됨)를 받았음을 확실히 하는 것은 중요한 일이다. 초기 판별 준거들에 대하여 이 모델은 적절한 학습기회를 얻은 학생들에게 그 근거를 두어야 한다. '적절한 학습기회'라는 개념은 어떤 아동이 적절한 학습기회를 갖지 못했을 때 그 아동에게 학습장애가 있다는 결정은 내릴 수 없다는 배제 준거의 일부로 학습장애 정의의 기초적인 측면이 된다.

읽기 중재의 3단계 모델 개념의 기초는 각 단계에서의 교수 실제가 '효과가 있는 것'에 대한 과학적 증거를 기반으로 해야 한다는 것이다. 따라서 누구에게, 어떤 맥락에서, 어떤 상황에서 효과가 있는지 구체적으로 찾아내는 것이 핵심이다. 단계 1 중재는 문화적으로 다양한 학생들에게 어떤 모양이어야 하는가? 영어 학습자들과 빈곤율이 높은 지역에 사는 학생들에게는 어떤 모양이어야 하는가? 단계 2 중재는 어떤 모양이어야 하는가? 모든 학생에게 동일한 것이어야 하는가? 만일 그렇지 않다면 그것이 어떻게 바뀌어야 하는가? 그리고 이러한 변형은 어떻게 결정되어야 하는가? 교육자들은 교수가 사실상 아동들의 요구에 반응한다는 것을 어떻게 보장할 수 있는가? 중재반응 모델이 학교에서 실행됨에 따라 이는 중요한 질문이 된다.

Vellutino, Scanlon, Small, Fanuele(2003; 제9장 참조)와 Fuchs, Mock, Morgan, Young(2003)과 Grimes, Kurns(2003) 그리고 Vaughn, Fuchs(2003)가 제안한 중재반응

모델의 첫 번째 단계에 대한 기술은 학급 교수를 분석하는 것과 어떤 아동이 중재반응 모델의 다음 단계로 이동하기 전에 가능한 경우 그 교수에 상응하게 수정하는 것을 포함하고 있기 때문에 고무적이다. Vellutino는 3단계 모델을 설정할 때, 해당 학급 내의 모든 아동에게 균형 잡히고 명시적이고 체계적인 읽기 교수가 제공되고 있음을 확실히 하기 위해 아동의 학급에서 제공되는 교수 프로그램을 분석하는 것은 중요한 일이라고 언급하고 있다. 이와 유사하게 Vaughn과 Fuchs(2003) 또한 중재반응에 대한 문제해결 접근방식의 일환으로 일반학급 분석을 서술하고 있다. "첫 번째 준거는 일반교육 프로그램이 적절한 학습을 기대할 수 있는 것인지 아닌지이다."(p. 138) Vellutino는 계속해서 만약 교수 프로그램이 충분치 않은 것으로 발견된다면 그것을 수정하는 단계를 밟아야 한다고 말한다. 이 수준에서의 중재는 비록 대다수는 아니더라도 많은 어려움을 겪는 독자들이 읽기 교수의 부적절함을 보충하는 데 있어 정상적 성취를 보이는 급우들보다는 덜 능력이 있는 것으로 보인다 하더라도, 이들은 학급 문해 교수의 적절한 수정으로부터 이익을 얻을 수 있을 것이라는 가정에 기초하고 있다. 많은 학생이 그들이 받는 교수가 적절하지 않을 때 어려움을 겪는다는 이러한 인식은 중요하며 종종 교사들이 더 부유한 학교의 교사들만큼의 자격을 갖추지 못한 빈곤율이 높고 결핍이 많은 학교에서 불균형적으로 많이 교육받는 경향이 있는 문화적 · 언어적으로 다양한 학생들에게 심오한 함의를 지니고 있다(Darling-Hammond, 1995; Oakes, Franke, Quartz, & Rogers, 2002). 결핍이 많은 학교들에서의 특수교육 의뢰 과정을 연구한 Harry와 Klinger(2006)는 의뢰나 적격성 결정을 내릴 때 학급 맥락이 고려되는 일은 거의 없음을 발견하였다. 오히려 교직원들은 아동의 어려움을 재빨리 내적 결함이나 가정환경 탓으로 돌리는 것 같았다.

학급 분석은 중재반응 모델의 핵심적 요소이어야 한다. 학생들이 어려움을 겪을 때, 교직원들은 학생들이 어떤 종류의 결함으로 인해 반응을 보이지 못한다고 가정하기 전에 적절한 교수를 받지 못했을 가능성을 우선 고려해야 한다. 다른 요소들을 고려하는 데 덧붙여, 관찰자들은 또한 아동이 받고 있는 교수가 문화적으로 반응적인 정도에 주목해야 한다.

어떤 독자들은 스스로 '문화적으로 반응적이라고? 학생들이 누구건 상관없이 우수한 교수는 그냥 우수한 교수 아닌가?'라고 말할 수 있다. 우리는 문화적으로 반응적인 교수는 우수한 교수가 어떻게 정의되는가에 따라 어느 정도 '그저 우수한 교수'임에 동의한다. Moje와 Hinchman(2004)은 "모든 실제는 최선의 실제가 되기 위해 문화적으로 반응적일 필요가 있다."(p. 321)고 간결하게 언급하였다. 이 장에서 우리가 상술하는 것은 바로 이 점이다.

연구자들과 교육자들은 그들이 정말로 모든 학생에게 최적의 학습 환경을 제공하고 있는지 그리고 '뒤처질' 것 같은 문화적으로 다양한 학생들을 위한 성과를 향상시키기 위해 그들이 할 수 있는 모든 것을 하고 있는지 물어봐야 한다. 만약 처치 A가 처치 B(혹은 아무것도 하지 않는 것)보다 더 낫다고 밝혀지면, 처치 A가 최고의 처치라고 가정되어서는 안 된다. 만일 처치 A가 특정 집단의 학생들에게 문화적으로 반응적인 것이 되도록 개작된다면, 그러고 나서 문화적으로 반응적인 처치 A가 전통적인 처치 A와 비교된다면 어떤 일이 생길 것인가? 주어진 '충분히 우수한' 중재에 대한 성과는 언제 증가되는가? 다시 말해서, 교육자들과 연구자들은 학생의 성장을 어떻게 보고 그에 대해 생각하는가? 학생들이 '적절한 향상'을 보이는 것은 일반적으로 수용할 만한 것으로 간주된다. 하지만 그것이 의미하는 것은 무엇인가? 대다수의 학생이 현저한 향상을 보이는 동안 문화적 · 언어적으로 다양한 학생들은 문제의 중재로 어느 정도 혹은 적절한 향상을 보이는가? 만일 초등학교 저학년에 재학 중인 문화적 · 언어적으로 다양한 학생들 사이에 약간의 혹은 어느 정도의 향상만이 보인다면, 이것은 초등학교 3학년이 되면 이미 성취에서의 차이가 존재하는 이유를 일부 설명할 수 있다. NRC 보고서(Snow, Burns, & Griffin, 1998)는 학교의 높은 수준의 빈곤이 초기 음소 인식 부족보다 읽기 문제를 갖게 될 아동들을 더 잘 예측하는 요인이라고 언급했다.

> 모든 학생의 75% 이상이 점심을 무상으로 혹은 할인된 가격(높은 빈곤의 척도)으로 제공받는 학교에서 초등학교 1학년 가을 학기에 학생들의 평균 점수는 대략 44점 정도였다. 3학년 봄까지 이 차이는 훨씬 더 벌어진다. 매우 가난한 지역에 사는 아동들은 그들의 초기 읽기 기술 수준과 상관없이 더 뒤처지는 경향이 있다(p. 98).

Gee(1999)는 이 결과를 학교와 다양한 배경을 지닌 학생들 사이의 부조화의 증거로 해석했다.

> 음운 인식에 초점을 맞추는 것은 학교에서의 성공에 대한 더 광범위한 역설을 감출 수 있다. 학교에 도착하기 전 …… (중략) …… 학교 자체에 대해 특히 학교기반 언어 및 학교 실제에 대해 당신이 이미 알고 있는 것이 많으면 많을수록 당신은 학교에서 더 잘하게 될 것이다(p. 367).

다음의 예를 생각해 보라. 실험연구(무선 통제집단 설계)에서 방법 A가 방법 B보다 더 우수한 것으로 밝혀졌고 표본에 속한 학생들의 63%가 중산층의 백인 학생이며 나머지는 다른 민족 집단 출신의 다양한 사회경제적 지위를 지닌 학생들이라고 해 보자. 일부는 영어 학습자들이다. 방법 A는 통계적으로 유의한 수준에서 우수한 것으로 밝혀졌고 효과크기(.56)는 인상적이었다. 결론은 방법 A가 방법 B보다 더 낫다는 것일 것이다. 그러나 그것이 표본에 속한 모든 학생에게 더 나은 것인지 묻는 것은 중요한 일이다. 그러고 나서 만약 자료가 민족 집단이나 사회경제적 지위 혹은 언어 숙련도로 분해되고 상호작용이 조사된다면 어떨 것인가? 만약 표본에 속한 학생들 중 일부에게는 방법 B가 사실상 더 나은 것으로 밝혀진다면 어떨 것인가? 결국 모든 아동이 동일한 것을 배우지는 않으며 어떤 변화가 기대된다. 만약 방법 A가 음운 인식 및 알파벳 원리에 대한 명시적 교수를 포함하고 있고 방법 B가 방법 A와 정확하게 같지만 '문화적으로 반응적인' 요소를 추가하고 있다면 어떨 것인가? 표본의 대다수(중산층 백인 학생들)가 결국 학교 교수가 백인, 중산층 문화와 문화적으로 양립될 수 있는 경향이 있기 때문에 방법 A에서 더 나은 수행을 보였다면 어떨 것인가? 만일 문화적 · 언어적으로 다양한 학생들 중 많은 학생이 방법 B(혹은 아마도 A+라고 불러야 할)에서 더 나은 수행을 보였다면 어떨 것인가? 어떤 결론에 도달할 것인가?

증거기반 중재들은 무시되어야 하는가? 절대로 그렇지 않다. 여러 연구는 중재들이 문화적 · 언어적으로 다양한 아동들을 포함한 많은 아동을 대상으로 함을 입증하고 있다. 그러나 증거기반 중재들이 모든 아동을 대상으로 할 것이라는 증거들은 한정되어 있다. Linan-Thompson, Vaughn, Prater 그리고 Cirino(2006)가 주목한 이러한 중재들을 활용하는 목적은 학습에서의 어려움을 개선하고 학생들의 학습에의 참여를 증가시키는 데 있어야 한다. 하지만 학생의 동기를 증가시키려는 대다수의 접근방식은 본질적으로 외적인 것이며, 예를 들어 학습에 대한 내적 동기에 더 반응하는 경향이 있는 아프리카계 미국 학습자들에게 덜 효과적이다(Chavous et al., 2003; Kaplan & Maehr, 1999; Willis, 2002). 정서적 혹은 문화적 기풍과 동떨어진 중재들은 이 아동들에게 덜 반응적인 것이다. 우리의 입장은 중재반응 모델에서 지원의 각 수준에 증거기반 교수를 포함시키는 것이 바람직하지만 중재들은 문화적 · 언어적으로 반응적인 맥락 내에서 실시되어야 한다는 것이다(Ortiz, 2002). 문화적 · 언어적으로 다양한 학생들을 위한 교수를 향상시키도록 설계된 더 많은 연구가 수행되는 것은 중요하다. 만약 중재 A가 어떤 학생들에게 효과가 없다면 교육자들은 반드시 중재 B 혹은 A+를 시도해야 하고 어떤 아동에게 학습장애가 있을 것이라 가정하는 대신 계속 적절한 중재를 찾으려 해야 한다.

이 장의 나머지 부분에서 우리는 이 쟁점들에 대한 우리의 관점을 상술할 것이다. 우리는 연구 결과들을 과잉일반화하지 않는 것의 중요성은 물론 학교기반 연구를 수행할 때 기대되는 가변성을 논의할 것이다. 이와 유사하게, 우리는 처치 충실도와 교수 모델을 한 상황이나 맥락에서 다른 상황이나 맥락으로 옮기는 것의 실행 가능성 그리고 실행에서의 도전과 관련된 쟁점들을 서술할 것이다. 우리는 연구대상자 표본의 부적절한 기술과 영어 학습자들을 연구에서 배제하는 현상에 대한 우려 또한 전달할 것이다. 우리는 교육 연구를 수행할 때 증거로 인정하는 것에 대해 질문할 것이다. 그 다음 우리는 학습에서 문화의 역할을 논의하고 나서 문화적으로 반응적인 단계 1 교수는 어떤 모양을 하고 있을지에 대한 서술로 마무리 지을 것이다.

가변성 및 과잉일반화를 하지 않는 것의 중요성

이미 언급했듯이 중재반응 모델의 기초는 '증거기반'이어야 한다. 하지만 누구에게 그리고 어떤 상황에서인지를 묻는 것은 중요하다. 불행하게도 무선 혹은 준실험 설계 통제집단에서 보인 결과들은 특히 교육 지도자들과 정책 입안자들에 의해 변화 및 있을 수 있는 처치와 속성의 상호작용이나 학교 혹은 교사 효과가 면밀히 검토되지 않은 채 과잉일반화되는 경향이 있다(Reynolds, 1988; Simmerman & Swanson, 2001; Toria, 1999). 다시 말해서 어떤 실제가 사실상 연구대상자의 상당수 하위집단이 이 모델로 우수한 향상을 보이지 못했다 하더라도 효과적인 것으로 결정되고 '증거기반'이라는 라벨을 부여받을 수 있다는 것이다.

연구자들과 교육자들은 변화에 더 관심을 기울일 필요가 있다. 중재반응 모델에서 '처치 저항자들' 혹은 '무반응자들'을 인구통계학적으로 살펴보고 그들이 반응자들(주류 출신과 유사한 문화 집단 사람들 모두)과 문화적 · 언어적으로 어떻게 다른지 결정하는 일은 중요하다. 그들이 중재의 어떤 측면들에 반응을 보이지 못하거나 저항하며 이것이 그들이 반응하도록 동기를 부여하는 것(내적 · 외적으로)과 어떻게 연결되는가?

게다가 적어도 어떤 변산들은 교사들 간의 차이에 기인하는 것으로 볼 수 있다(Simmerman & Swanson, 2001). 누가 중재를 제공하는지, 그 사람이 초보 교사인지 숙련된 교사인지, 일반교사인지 특수교사인지, 문화적으로 반응적인 교수 훈련을 받은 교사인지 사실상 이러한 교사 준비 교육을 받은 적이 없거나 그에 저항적이었던 교사인지 살펴보는 것은 중요하다. 또한 교사들이 저항적인 혹은 무반응적인 학생들과 함께하지 않을 때에는 증거기반 실제들을 수정하기 위해 그들에게 무엇을 하라고 하는가? Gerber(2003)는 "교수에 대한 반응은 교사 변인은 물론 기관 변인들을 포함하는 복잡한 교육 맥락에 포함되어 있으나 분리될 수는 없다."(p. 2)고 언급하였다. Gerber는 "교사들은 자신의 학생들처럼 …… (중략) …… 전문가로서 준비된 질에도 불구하고 사람으로서 차이가 있다. 그들은 똑같이 만들어질 수 없다."(p. 6)고 강조하면서 학생의 교수에 대한 반응은 물론 교사의 교수에 대한 반응에서의 차이도 고려되어야 한다고 경고했다. 이와 유사하게 Mastropieri(2003)는 "일반교사들이 이런 방식(증거기반 접근 활용)으로 가르치는지 누가 점검하는가?" 그리고 "교사들은 무엇을 하는가?"(p. 8)라고 묻고 있다. 처치 충실도라는 척도는 연구가 매우 부족하다. 예를 들어, 음운 인식에 대한 39편의 연구에서 사용된 실험적 방법론를 비판적으로 검토한 Troia(1999)는 단 7편만이 내적 · 외적 타당도에 대해 자신의 평가 준거의 2/3를 충족했으며, 모든 연구가 적어도 한 가지 치명적인 문제점(예를 들어, 처치 충실도의 불충분한 혹은 존재하지 않는 확신)을 지니고 있다는 것을 발견하였다.

이와 비슷하게 학교라는 맥락을 고려하는 것도 중요하다. 어떤 학교들에는 처치에 알맞게 반응하는 문화적으로 다양한 아동이 있고, 다른 학교에서는 그만큼 적절하게 반응하지 못하는 비슷하게 문화적으로 다양한 아동들이 있는가? 이러한 현상은 빈번하게 발생한다(고전적인 예로, 1학년 연구; Bond & Dykstra, 1967 참조). 이러한 현상이 있을 때 어떤 일이 발생하는가? 처치인가 학교 맥락인가? 즉, 그들이 수적으로 소수집단일 때 문화적 · 언어적으로 다양한 아동들은 학교 인구의 대다수를 차지하는 아동들에 비해 불균형적으로 많이 반응을 보이지 못하는가? 학습을 촉진하거나 방해하는 체제에 대해서는 어떠한가? 학생이 실패했고 따라서 그 학생을 중재의 세 번째 단계로 이동시키거나 그 학생이 특수교육을 받아야 한다고 결정하는 식으로 단순하게 결론 짓는 것은 문제가 있다. 그동안의 연구는 아동들 중 상당 비율이 다양한 이유로 처치에 반응을 보이지 못한다는 것을 보여 주고 있다. 여러 연구는 교육자들이 문화적 · 언어적으로 다양한 학습자들을 충분히 잘 가르치지 못했음을 지적하고 있다. 하지만 이러한 연구들은 종종 증거로서는 간과되거나 무시되었다(Hilliard, 1992, 2001; McCray & Garcia, 2002; Pugach, 2001).

'만병통치약'을 생각하는 것은 합리적이지 않다. 의학 분야의 몇 가지 예를 생각해 보라. 처치에 대한 서로 다른 반응들로부터 많은 것이 이루어졌고, 그중 일부는 의학 전문가들이 인종과 관련되어 있는 것 같다고 말하고 있다(Bloche, 2004; Committee on Pharmacokinetics and Drug Interaction in the Elderly, Institute of Medicine, 1997; Harder, 2005). 물론 이는 논란이 많은 일이고 많은 사람은 이러한 차이가 사회적 불평등과 민족 집단 전반에 걸쳐 제공되는 건강관리에서의 차이에서 기인한다고 말할 것이다(Smedley, Stith, & Nelson, 2003). 인종과 상관없이 사람들은 약에 대한 반응에 있어 다양하다고 알려져 있다. 만일 의사가 심장 질환을 예방하기 위해 모든 사람에게 하루에 아스피린 한 알씩 먹을 것을 말해야 한다고 고집한다면 어떤 일이 생길까? 만약 궤양을 지닌 누군가가 아스피린을 먹는다면 오래지 않아 그 사람의 위벽에서는 피가 나기 시작할 것이다. 또는 우울증 약을 생각해 보라. 비록 임상실험에서 팍실(Paxil)이 성인의 우울증을 감소시키는 데 효과가 있다고 밝혀졌다 하더라도 청소년들에게서 자살 발생률을 증가시키는 것으로 밝혀졌고 영국에서는 금지되었다(Alliance for Human Research Protection, 2003). 성인들에게서조차 팍실은 다른 우울증 약들처럼 어떤 사람들에게는 효과가 있으나 다른 사람들에게는 효과가 없는 것 같다. 주어진 사람에게 가장 효과적인 약을 가려내는 과정은 다소 하나의 시행착오인 것으로 보인다. 요점은 인간들 사이에는 자연스러운 변화가 있고 어떤 학생이 '증거기반 중재'에 대한 반응의 부족에만 근거하여 장애가 있다고 단정적으로 말하는 것은 기껏해야 부적절한 것이고 최악의 경우에는 잘못된 교육이라는 것이다.

가정과 더 밀접한 예를 생각해 보라. 서로 다른 모델의 읽기 교수에 대한 Foorman, Francis, Fletcher, Schatschneider 그리고 Mehta(1998)의 연구에서 '직접 부호화(Direct Code: DC; 해독 가능한 텍스트에서 실행하는 것으로서 철자-소리 대응의 직접교수)' 집단은 분리된 단어 읽기 측정에서 '암묵적 부호화(Iimplicit Code: IC)' 집단과 '내재적 부호화(Embedded Code: EC)' 집단보다 더 나은 수행을 보였다. 이 연구자들은 'DC 집단 학생들 중 16%만'이 'IC 집단 학생들의 46%'와 'EC 집단 학생들의 44%'에 비해 단어 읽기에서 입증할 수 있는 성장을 보이지 못했다고 보고하였다(p. 51). 많이 인용되는 이 연구는 직접 부호화 접근방식에 유리한 증거로 간주되고 있고 확실히 집단 간 차이는 인상적인 것이다. 그러나 진전을 보이지 못한 16%의 학생에 대해서는 어떠한가? 그들에 대해 그리고 그 학생들의 교실에서 무슨 일이 있었는가에 대해 더 많이 이해하는 것은 중요한 일이다. 이 점은 특히 문화적 · 언어적으로 다양한 배경을 지닌 장애학생들을 위한 효과성의 모델로 모든 학생을 바라보는 문제를 강조한다.

그 연구 결과의 다른 측면들 또한 철저하게 검토할 가치가 있다. 연구자들은 비록 DC 집단이 단어 읽기에서 다른 집단들보다 나은 수행을 보였다 하더라도, 연계된 텍스트 읽기에서 통계적으로 더 나은 수행을 보이지 못했으며 읽기에 대한 태도는 IC 조건에서 유의하게 높았다. Foorman과 동료들(1998)은 이러한 프로그램들에서 도출된 장기 효과는 알려져 있지 않으며 IC와 EC 조건의 학생들이 따라잡을 수 있다고 경고하였다. 더욱이 이들은 DC 교수를 포함한 세 조건 모두 "유의한 문헌기반을 갖춘 인쇄물

이 풍부한 환경"(p. 52)에서 발생하였음을 지적하였다. 그러나 이 정보는 연구가 인용될 때 거의 언급되지 않고 있다.

이와 유사하게 NRP(National Reading Panel) 보고서(2000)는 음운 인식과 부호화에서 직접교수를 지지하는 것으로 빈번하게 홍보되고 있다. 하지만 이 교수의 한계는 이러한 결과들과 함께 거의 보고되지 않고 있다. 보고서는 다음과 같이 언급하고 있다.

> 종합하면 이러한 연구들은 음운 인식의 훈련, 특히 철자 및 철자-소리 관계 교수와 연계된 훈련이 위험군 아동들의 읽기 학습을 돕는 데 기여하고 있음을 보여 주고 있다. 훈련의 효과는 비록 매우 일관적이라 하더라도 강도 면에서 중간 수준이고, 지금까지 이해로까지 확장되는 것을 보여 주지 못했다. 보통 훈련받은 대다수의 아동은 음운 인식 및 단어 읽기 기술에서 애초에 더 나은 수행을 보인 학생들과의 격차를 줄이고 있으나 훈련을 통해 완전하게 상황을 이해하는 학생은 소수였고 몇몇 학생은 어떠한 진전도 보여 주지 못했다(p. 251).

NRP를 비판하는 사람들은 파닉스 교수에 덧붙여 후속 읽기 수행과 높은 혹은 더 높은 상관관계를 보이는 다른 요소들을 지적하고 있다. 예를 들어, Camilli, Vargas 그리고 Yurecko(2003)는 동일한 일련의 연구에 대한 분석에서 체계적 파닉스 교수에 대해 NRP가 발견했던 것보다 더 작은 효과를 발견하였다(d=.24). 게다가 이들은 체계적 언어 활동에서 .29, 튜터링에서 .40의 효과를 발견하였는데, 이는 모두 체계적 파닉스 교수와 연계된 .24보다는 높은 것이었다. 더욱이 Camilli와 동료들의 회귀모델은 파닉스와 튜터링 그리고 언어 활동의 효과가 누적적인 것임을 암시하고 있다. 초기 언어 능력들은 또한 NRP에서 미래의 읽기 능력(예를 들어, 어휘, 이야기를 회상하고 이해하는 능력, 언어적 상호작용에 참여하는 능력 등)에 대한 강력한 예측변인으로 언급되어 있다. 여기에서 요점은 파닉스에서의 명시적 교수의 중요성을 깎아내리는 것이 아니라 이 교수가 중요한 교수의 다른 측면들을 희생해 가면서까지 지나치게 강조되어서는 안 된다고 말하는 것이다.

그동안의 연구는 '한 가지 방법을 다른 방법과 겨루게 하는 연구에 대한 경주마 사고방식'은 경솔한 것임을 시사하고 있다(Pearson, 2004, p. 8). 1학년 연구들을 요약하면서 Bond와 Dykstra(1967)는 다음과 같이 언급하였다.

> 아동들은 다양한 교재와 방법으로 읽기를 배운다. …… (중략) …… 더욱이 학생들은 활용된 개개의 프로그램에서 어려움을 경험하였다. 어떤 한 가지 접근방식도 모든 상황에서 그리고 모든 측면에서 의심할 여지없이 단 하나의 최고의 방법으로 간주되어야 할 만큼 더 나은 것은 없다. …… (중략) …… 읽기 프로그램들은 모든 상황에서 똑같이 효과적이지는 않다. …… (중략) …… 미래의 연구는 방법 및 교재보다는 교사 및 학습 상황 특성에 철저히 초점을 맞춰야 할 것이다. 어떤 방법 내에서 학급 간에 존재하는 엄청난 다양성은 사용된 방법 이상의 학습 상황 요소들의 중요성을 알려 주는 것이다(p. 123).

이는 우리가 실험연구들을 버려야 한다고 말하는 것이 아니다. 그와는 반대로 모든 상황에서 그리고 모든 학생에게 효과적인 방법을 찾는 것을 넘어서, 다양한 교수적 접근방식을 실제 세계에 적용하는 것이 복잡하다는 것을 더 잘 이해하도록 맥락과 '잡음'(예를 들어, 외생 변인들), 조절변인 그리고 상호작용 효과에 더 면밀한 주의를 기울이는 것이 중요하다. 1994년 Samuels는 다음과 같이 주장하였다.

> 만일 우리가 우리 분야에서 지속적인 진전을 이루고자 한다면, 우리는 다양한 사람과 조건 그리고 과제 전반에 걸쳐 일반화할 수 있는 단순하고 보편적인 법칙을 찾으려는 시도를 버려야만 할 것이다. 대신 우리는 특정 과정들이 발생하는 조건들을 구체화하여야 할 것이다(p. 362).

1967년 이래로 수행된 일련의 읽기 연구를 요약하면서 Pearson(2004)은 이러한 결론을 되풀이하여 말하고 있다. '읽기 방법에 대한 몇몇 대규모 연구는 모든 환경과 조건에서 어떤 한 가지 방법이 다른 방법에 비해 더 낫지 않음을 보여 주고 있다. …… (중략) …… 연구된 모든 방법에서 어떤 아동들은 읽기를 잘 학습한 반면 다른 아동들은 큰 어려움을 겪었다.' 이러한 그리고 다른 읽기 전문가들처럼 우리는 문해 연구의 초점이 모두를 위한 하나의 최고의 방법을 찾는 것이 아닌 처치 성과에 영향을 주는 변화들과 요소들을 더 잘 이해하는 데 맞춰져야 한다고 믿는다. 불행하게도 마치 이 분야가 다시 원점으로 돌아와 거의 40년 전 1학년 연구들을 이끌어 온 것과 유사한 쟁점들 및 질문들을 다시 연구해야 할 것 같다.

연구대상자에 대한 불충분한 정보

이 장 초반에 논의한 것처럼 연구를 수행할 때 가변성은 예상되는 것이다. 이 가변성을 이해하기 위해서는 연구자들이 연구 보고서에 맥락의 특성들(어떤 사람들이 '잡음'이라고 부르는 것)은 물론 연구대상자에 대한 적절한 정보를 제공하는 것이 중요하다. 문화적 · 언어적으로 다양한 학생들에 대해 불충분한 인구통계학적 자료가 제공되는 일이 너무 잦다(Artiles, Trent, & Kuan, 1997; Donovan & Cross, 2002; Gersten & Baker, 2000; Simmerman & Swanson, 2001; Troia, 1999). 이러한 이유로 민족적으로 다양한 학생들에게 연구 결과들이 적용될 때 이 연구 결과들을 해석하는 데 신중해야 한다. 연구 보고서들에는 언어 숙달도와 민족, 생활 경험(예를 들어, 사회경제적 배경, 구체적 가족 배경, 지역사회 환경, 역사), 연구대상자들의 기타 특성들 등이 포함되어야 하고(Bos & Fletcher, 1997; Keogh, Gallimore, & Weisner, 1997), 이러한 변인들이 어떻게 교육적 성과를 설명하는 데 도움이 되는지 조사해야 한다. 자료들은 중재가 어떻게 다양한 배경을 지닌 학생들에게 차별적으로 영향을 줄 수 있는지 보여 주도록 분해되어야 한다. 다양한 관점을 지닌 학생들이 반드시 주류 학생들과 동일한 방식으로 반응할 것이라고 가정해서는 안 된다.

이와 관련된 우려로는 문화적 · 언어적으로 다양한 학생들, 특히 영어 학습자들이 종종 표본에서 빠진다는 것이 있다. 우세한 언어와 언어 숙달도는 중요한 변인들이지만 회피되는 경우가 너무 잦다(Ortiz, 1997). 수년 동안 특수교사들은 표준화 사정의 유효성 연구에서 장애학생들의 통합을 주장해 왔다. 교육 연구에 영어 학습자를 통합하는 것에 대해서도 동일한 주장이 있을 수 있다. 비록 영어 학습자들을 통합하는 것이 내적 타당도의 문제를 만들어 내고 그들의 부족한 영어 숙달도가 '통제될' 필요성 때문에 그들이 종종 연구에서 배제되고 있다 하더라도, 이러한 실제는 특히 문화적 · 언어적으로 다양한 학생들을 담당하고 있는 교사들에게 있어 연구들의 외적 타당도와 적용 가능성을 제한하고 있다. Pressley가 언급했던 것처럼 "평가되는 교수의 목표인 학생들은 반드시 실험에 포함되어야 한다."(2003, p. 68) 비록 영어 학습자들이 많은 연구에 참여하지 못하고 있다 하더라도 연구 결과들은 일반적으로 학생집단 전반에 걸쳐 널리 적용되는 것으로 홍보되고 있다. 예를 들어, NRP 보고서는 '제2언어 학습과 관련된 쟁점들을 다루지 않았지만'(2000, p. 3) 이 보고서의 결론은 흔히 영어 학습자들이 있는 학교들에 적용된 Reading First 계획을 뒷받침하는 것으로 인용되고 있다.

비록 영어를 단일 언어로 사용하는 사람들을 위한 효과적인 연구기반 전략들에 대해 많은 지식이 쌓여 왔다 하더라도 그리고 이러한 전략들을 영어 학습자들에게 활용하는 것이 적절해 보인다 하더라도, 영어 학습자들을 위한 교수전략들이 수정될 필요가 있거나 어떤 점에서는 달라져야 할 필요가 있음을 인식하는 것은 중요하다(McCardle, Mele-McCarthy, & Leos, 2005). 조기중재를 제공하고 더 집중적인 지원을 필요로 하는 영어 학습자의 판별에 도움이 되는 하나의 방식으로서 중재반응이 유망하다는 결과들을 보여 주는 문헌들이 점점 늘어 가고 있다(Gerber et al., 2004; Haager, 2004; Leatstedt, Richards, & Gerber, 2004; Linan-Thompson et al., 2006; Linan-Thompson, Vaughn, Hickman-Davis, & Kouzekanni, 2003; Vaughn, Linan-Thompson, & Hickman, 2003; Vaughn, Mathes, Linan-Thompson, & Francis, 2005). Gerber와 그의 연구집단은 진전도 점검을 실행하였고 읽기에 어려움을 겪는 것으로 판별된 영어 학습자들에게 긍정적인 결과를 보인 집중적인 소집단 보충 교수를 제공하였다. Vaughn과 동료들(2005)은 영어발달 활동들 및 ESL(English as a Second Language)의 최선의 실제들(예를 들어, 반복적 언어 활용, 시범 보이기 정보, 얼굴 표정, 어휘를 가르치는 데 있어서의 몸짓, 영어 활용에서의 명시적 교수)과 함께 집중적인 읽기 중재의 효과를 서술하였다.

증거로 간주되는 것은 무엇인가

어떤 실제가 증거기반이라는 것은 누가 결정하는가 그리고 어떤 준거들이 사용되는가? 확실히 What Works Clearinghouse(교육과학위원회가 증거기반이라고 간주하는 방법들의 모음)는 이에 대해 결정적 진술을 하고 싶어 한다. 하지만 많은 사람은 사용된 준거들이 너무 한정되어 있고, 복잡한 현상들에 대한 질문에 답하는 데 있어 더 잘 갖추어진 다른 설계들을 희생해 가면서 실험 및 준실험 설계에 지나치게 초점을 맞추고 있다고 주장한다. 신중하게 설계된 실험 및 준실험 연구들로부터 나온 결과들은 확실히 가치가 있지만, 질적 수단들을 통해 많은 것을 배울 수 있고 또 배워야 한다는 것 또한 강조되어야 한다. 준실험 및 실험 접근방식들이 연구자들을 도와 어떤 교수 접근방식들이 일반적인 의미에서 가장 효과적인지 이해할 수 있게 하는 반면, 질적 방법은 '어떻게'에 대한 질문에 답하는 데 있어 이상적으로 맞춰진 것으로 우리가 어떤 접근방식의 효과에 영향을 미치는 핵심적 맥락 변인들을 이해하는 데 도움이 되고, 실행에서의 도전과 어떤 실제가 어떠한 상황하에서 그리고 누구를 대상으로 가장 성공적일 것 같은지에 대한 이해를 촉진하며, 다른 접근방식들을 통해서는 얻을 수 없는 깊이를 더해 준다. 다양한 표본을 대상으로 연구를 수행할 때, 특히 복잡성과 함께 정치 세력들, 기관들, 지역사회들, 가족들 그리고 아동들 간의 상호작용이 갖는 변하기 쉬운 속성들을 제공하는 맥락을 강조하는 것은 매우 중요한 일이다. Shavelson과 Towne(2002)은 다음과 같이 언급하였다.

> 이러한 특징들은 연구과정에서 물리적 · 사회적 · 문화적 · 경제적 · 역사적 환경에 주의를 기울일 것을 요구하는데, 이는 이 맥락적 요소들이 종종 의미 있는 방식으로 결과에 영향을 미치기 때문이다. 미국의 교육체제가 매우 이질적이고 교수 및 학습의 속성이 무척 복잡하기 때문에 맥락에 주의를 기울이는 것은 이론들과 결과들이 다른 시간과 장소 그리고 사람들에게 일반화될 수 있는 정도를 이해하는 데 특히 중요하다(p. 5).

Gee(2001)는 '실세계' 환경에 적용될 때 연구실과 통제된 교실 연구의 한계를 논의하고 있으며 "무엇이 경험적 연구를 구성하는지와 어떤 종류의 경험적 증거들이 문화와 사회적 상호작용, 제도 그리고 인지 등을 필수적으로 포함하고 있는 복잡한 문제들과 관련되어 있는지에 대한 더 넓은 관점"(p. 126)을 요청하고 있다.

문화적 · 언어적으로 다양한 학생이 독해자로서 탁월함을 보이는 학교들과 교실들을 관찰하면 많은 것을 배울 수 있다. 이러한 유형의 연구로부터 얻은 결과는 어떤 실제의 효과를 입증하는 것으로 인정되어야 하는 소중한 '증거'다. 예를 들어, Taylor, Pearson, Clark 그리고 Walpole(2000)은 미국 전역에서 14개의 학교를 조사하였는데 이 학교들 각각은 가난한 생활을 하는 학생들의 비율이 높았다. 이들이 가려낸 가장 효과적인 학교들은 덜 효과적인 학교들에 비해 1) 더 많은 소집단 교수와 더 많은 교사의 지도(예를 들어, 비계설정), 2) 실제 읽기가 진행되는 동안 적용을 강조하는 더 많은 파닉스 교수, 3) 더 많은 고차적 질문(예를 들어, 추론과 통합을 요구하는 질문들), 4) 더 많은 부모의 참여, 5) 더 많은 독립적 읽기를 제공한 것으로 주목을 받았다. 기술들과 전체 교수(예를 들어, 완전한 텍스트 읽기, 작문 쓰기) 사이에는 균형이 잡혀 있다. 또한 아주 흥미로운 것은 더 효과적인 학교들은 학생들이 더 많이 참여한다는 특성이 있다는 것이다(학생들은 생산적 읽기와 쓰기에 더 많은 시간을 쓰고 있었다). 아마도 이 학생들은 이러한 다른 교수 요소들과 분위기와 관련된 요소들로 인해 더 많이 참여하고 있었을 것이다.

Pressley와 동료들(Pressley, Allington, Wharton-McDonald, Block, & Morrow, 2001; Pressley, Wharton-McDonald et al., 2001)은 효과적 프로그램에 대한 자신들의 관찰연구에서 1) 탁월한 학급 관리, 2) 학생들로부터의 많은 강화가 제공되는 긍정적이고 협동적인 학급 환경, 3) 단어 수준, 이해, 쓰기 기술에서의 명시적 교수, 4) 양질의 문헌들에 대한 빈번한 경험 및 많은 시간의 실제 읽기에 참여하는 학생들, 5) 학생들의 역량이 향상됨에 따라 가속화하라고 요구하면서 학생들이 자신의 능력 수준에 맞는 과제에 참여하고 있음을 확인하는 교사들, 6) 학생들을 주의 깊게 점검하고 비계설정된 지원을 제공하는 교사들, 7) 학생들에게 스스로 조절할 것을 격려하는 교사들, 8) 교육과정 전반에 걸친 강력한 연계성(예를 들어, 주제 단위를 통한)을 언급하였다. 이와 유사하게 Graves, Gersten, Haager(2004)와 Haager(2004)는 영어 학습자들이 포함된 초등학교 1학년 학급을 관찰하였고, 효과적인 교사들은 제2언어 교수는 물론 읽기 교수에 대한 정교한 지식을 실현한다고 시사하였다. 이들의 교수는 읽기에 어려움을 겪는 학생들의 사전 지식에 의지하여 그들이 아는 것과 연계시키고, 분명하고 능동적인 단어 판별, 음운 인식, 어휘 교수 그리고 영어를 연습할 수 있는 구조화된 기회들의 제공을 엄청나게 강조하는 것과 같은 명시적인 것이다. 학생들의 참여 수준은 매우 높다. 더욱이 효과적인 교사들의 학급은 따뜻하고 지원적인 환경이다. 이 중요한 연구 결과들은 읽기를 가장 잘 가르치는 방법을 심사숙고할 때 반드시 고려되어야 한다.

충실도, 실현 가능성 그리고 실행에서의 도전

실제들이 실험 설계나 준실험 설계로 수행된 연구를 통해 효과적인 것으로 인정받는 '증거기반' 실제의 한 가지 기초 가정은 결과들이 일반화될 수 있다는 것이다. 즉, 그 결과들이 해당 연구의 대상 표본이 추출된 모집단에 일반화될 수 있다는 것이다. 하지만 그것이 정말로 의미하는 것은 무엇인가? 한 집단의 어떤 측면들이 그것을 다른 집단들과 유사하게 만드는가? 텍사스주 휴스턴에 있는 도심 학교 학생들은 플로리다주 마이애미에 있는 도심 학교 학생들과 '동일'한가? 학생들의 67%가 무상의 혹은 할인된 가격의 점심을 제공받는 학교에서 도출된 연구 결과가 학생들의 98%가 무상의 점심을 제공받는 학교에 일반화될 수 있는가? 학생들의 12%가 영어 학습자인 학교에서 나온 연구 결과가 학생들의 43%가 영어 학습자인 학교에 일반화될 수 있는가? 만일 영어 학습자인 학생들의 비율은 같지만 어떤 학교에서는 학생들이 총 11개의 서로 다른 언어를 모국어로 사용하고 다른 학교에서는 영어 외에 스페인어만을 모국어로 사용한다면 어떨 것인가? 일련의 특정한 특성을 지닌 학생들을 대상으로 하나의 환경에서 검정된 중재가 다른 환경으로 적절하게 전이될 것인가 아니면 적절하게 전이되지 않을 것인가 혹은 다른 환경에서 실행 가능할 것인가?

일반화 가능성의 한 가지 중요한 측면은 증거기반 실제가 새로운 환경에서 실현 가능하고 충실하게 실행될 수 있는가의 여부다. 충실도라는 생각은 '만병통치약'에 대한 믿음, 즉 연구 결과가 일반화될 수 있어야 하며 하나의 환경에서 다른 환경으로 전이될 수 있어야 하고, 전이되지 않는다면 그 모델을 실행하는 사람들이 정확하게 수행하지 않았기 때문이라는 가정과 관련되어 있는 것으로 보인다(Klingner, Cramer, & Harry, 2006). 특히 빈곤율이 높은 도시 학교에서 연구실 혹은 통제된 연구들과 '실세계' 사이의 차이는 상당한 것이다. 어떤 연구기반 모델의 성공을 해석하고 그 모델이 충실하게 실행된 정도를 고려할 때에는 그 모델을 실행한 사람들이 작업하게 되는 환경의 제약조건을 조사하는 것이 중요하다(Herman et al., 2000). 예를 들어, SFA(Success For All) 교육과정을 개발한 사람들은 자신들의 프로그램이 '완전히 실행될' 때에만 효과가 있다고 경고하고 있다(Slavin & Madden, 2001, p. 34). 이 충실도 문제는 SFA 및 다른 학교차원 교수 모델에 대한 논쟁의 중심에 서 있다. 가장 큰 도전들 중 한 가지는 학생들이 정체되어 해당 프로그램의 더 높은 수준으로 가지 못하고, 따라서 그들이 이미 다루었던 교재를 완전히 다시 사용해야 한다는 것에 있는 것 같다. 무상 점심을 제공받는 학생들의 비율이 90%대에 이르는 빈곤율이 높은 도시 학교 4곳 전체에 SFA가 실행될 때 충실도에 영향을 미친 다양한 도전에 대한 연구에서 Klingner와 동료들(2006)은 서로 다른 읽기 수준을 지니고 동일한 수업에 배치된 학년 수준이 매우 다양한 학생들의 문제와 함께 수많은 집단 구성 및 일정상의 어려움을 발견하였다. 실행을 더 복잡하게 만든 것은 SFA와 같은 프로그램들은 본질적으로 교사들을 단순하게 만들고 전문가가 되지 못하게 한다는 매우 효과적인 몇몇 교사의 견해였다. Klingner와 동료들은 이 학교들은 프로그램의 실행과 효과적인 결과에 대한 프로그램의 잠재력 모두를 복잡하게 만들어 버리는 다양한 수준의 수많은 압력에 직면해 있다는 점에 주목하였다. 이러한 압력들에는 대규모 시험을 통한 책무성 입증에 대한 과장된 강조, 학생들을 학교에서의 실패 위험에 처하게 만드는 과도한 빈곤 및 이와 연계된 요인들, 교사들과 학생들의 높은 이동성 그리고 학교들이 위임된 많은 프로그램을 동시에 실행할 수 있을 것이라는 기대가 포함된다. 학생 집단과 학교 맥락의 독특한 특성은 이 학교들이 어떻게 SFA를 실행하는가에 강력한 영향력을 발휘한다. 그러므로 Klingner와 동료들은 이 문제가 실행의 충실도 중 하나일 뿐 아니라 특정 맥락에서의 실현 가능성이기도

하다고 주장하였다. 이들은 만일 교사들이 지역의 맥락과 학생들에 맞게 SFA를 수정할 권한을 부여받았다면 SFA가 더 효과적이었을지에 대해 깊이 생각하였다.

Foorman과 동료들(1998)의 연구에서 표본은 문화적 · 언어적으로 다양했다(그리고 비록 언어 숙달도에 대한 정보가 제공되지 않았다 하더라도 대다수의 표본보다는 더 상세했다는 점을 덧붙여야 한다). 무상 혹은 할인된 가격의 점심을 제공받는 학생들은 32.3%에서 71.4%까지 다양했다. 하지만 이미 언급한 것처럼 이 범위의 학교들과 무상 점심 비율이 90%대인 학교들 사이에는 눈에 띄는 차이가 있었다. 이는 중요한 사실이다. 70% 이하의 학생들이 무상 점심을 제공받는 학교들에서 수행된 연구의 결과가 99%의 학생들이 무상 점심을 제공받는 학교들(우리의 SFA 예에서와 같이)에 전이될 수 있고 적용될 수 있다고 가정될 수는 없는 일이다. 이 학교들 각각에서 무상 점심을 제공받는 학생들이 반드시 빈곤 수준에 있어 서로 다른 것은 아니다. 꼭 고려되어야 할 학교 자체의 엄청난 차이가 존재한다[예를 들어, Kozol의 『Savage Inequalities』(1991) 참조]. 부분적으로 학교들이 더 큰 사회적 영향에 매우 종속적이기 때문에 이는 쉬운 과제가 아니다.

성취에서의 격차가 1960년대 말에서 1980년대 초까지 감소했으나 그 후 다시 커졌음에 주목하는 것은 흥미로운 일이다(Lee, 2002). Gee(1999)는 성취 격차를 줄이는 데 작용하는 요소들은 어떤 것이든 사실상 "그 요소들이 위험군 아동들의 점수를 상당히 향상시키기 때문에 강력한 읽기 중재가 되었다."(p. 359)고 주장하였다. Gee는 이러한 향상이 나중에 해체된 Johnson 대통령의 '빈곤과의 전쟁'이라는 사회복지 프로그램과 관련이 있다고 말하고 있다. 물론 이 프로그램은 읽기 중재가 아니었다. 그러나 이러한 방향의 추론은 Bronfenbrenner(1977)의 내재된 생태학적 체계(nested ecological system) 모델에서처럼 학생의 성취를 고려할 때 다른 요소들의 영향을 살펴보는 것의 중요성을 지적하고 있다. 교수는 아무것도 없는 상태에서 일어나는 것이 아니라 가정과 지역사회, 학교 그리고 사회 전체라는 여러 수준 전반에 걸친 많은 요소의 영향을 받는다. 그러므로 교수 방법에 대한 논쟁은 문해 실제들이 어떻게 사회적 실제, 문화 그리고 이 수준들 전반에 걸친 영향력의 문제들과 상호 관련을 갖는가라는 더 큰 맥락에서 틀이 만들어져야 한다(Gee, 1999). 자신의 NRP 보고서에 대해 Snow가 가한 비판에 대한 Gee(2002)의 답변은 우리의 입장과 많은 주류 연구자의 입장 사이에서 우리가 지각하는 긴장을 멋지게 요약하고 있다. "내가 사회적 · 정치적 · 제도적 체제에 초점을 맞추고자 하는 (그러고 나서 개인적인 것으로 옮겨 가고 싶어 한다) 반면, Snow는 개인들과 그들의 내적 상태에 초점을 맞추고 싶어 한다(그러고 나서 사회적인 것으로 옮겨 가고 싶어 한다)."(p. 122) 즉, 개인의 학습 배경을 제공하는 사회문화적 · 역사적 · 정치적 요소들에 대한 고려가 충분치 못하다는 것이다.

중재반응 모델의 인기가 높아짐에 따라 중재 실행자로서의 교사에게 충분히 주의가 기울여지지 않는 것 같다. 지식과 기술 그리고 성향에서의 많은 가변성과 함께 학급 담당 교사들이 학생들에게 적절한 학습 기회를 제공하는 방식으로 영원히 중재를 실행할 수 있을 것이라 가정하는 것은 비현실적인 일이다. 정말로 많은 그러한 모델(예를 들어, 중재반응, SFA)의 어려움은 그 모델들이 실행을 위해 너무 많은 것을 상정하고, 그로 인해 실행가들에게 그들 자신의 (때때로 비효과적인) '믿을 수 있다고 증명된' 방법들을 유지하게 하고 없애게 하거나 필요한 수정을 하기에는 훈련(혹은 시간)이 부족하기 때문에 분별없는 방식으로 연구기반 중재들을 수정하게 하는 것 같다. 만약 민족적으로 다양한 학생들이 기술기반 학습에서는 숙달도에 도달할 수 있으나 고차적 사고가 포함된 과제들에서는 성공할 수 없다는 것이 어떤 교사의 근본적인 믿음이라면 어떨 것인가? 이 교사는 문화적 · 언어적으로 다양한 학생들을 대상으로 어떤 유형의 교수를 학급에서 사용할 것인가? 증거기반 교수가 그것을 누가 실행할 것인지를 살피지 않은 채 그리고 교사들이 강력한 전문성 개발을 제공받을 때조차 그들이 모든 아동을 가르치는 데 어떻게 '저항'할 것인지 고려하지 않은 채 설계될 수 있다고 생각하는 것은 잘못이다.

이러한 도전을 충분히 인정하지 않는다면 학생들 자신이 읽기에서의 어려움에 대한 책임을 뒤집어쓰고 결함이 있다고 간주되며, 특수교육에 과잉 의뢰되고 과잉 배치된다. 그러므로 교육체제가 읽기에 어려움이 있는 학생들을 판별하고 교정하기 위해 중재반응 모델 쪽으로 움직이기 시작함에 따라 문화를 염두에 두고 중재들을 설계하는 것이 중요하다. 하지만 문화적으로 반응적인 문해 교수를 제공한다는 것은 무엇을 의미하는가? 우리는 곧 이에 대한 논의로 전환할 것이지만, 우선 학습에서 문화의 역할을 더 면밀히 살펴보자.

문화와 학습

학습은 어느 정도까지 문화의 영향을 받는가? Rogoff(2003)와 Cole(1998)은 모든 아동의 학습에 포함된 문화적 과정을 강조하고 있다. 이 장은 가변성 및 연구대상자 표본을 서술하는 데 학생들의 민족성에 대한 충분한 인구통계학적 정보를 포함시키는 것의 중요성에 대해 논의해 왔다. 그러나 동시에 문화가 유동적이고 역동적인 것이며 단순히 고정적이거나 범주적 특질들을 모아 놓은 것이 아님을 고려하는 것은 중요하다. Gutierrez와 Rogoff(2003)는 "우리의 관점에서 문화적 차이를 특질로 취급하는 것은 개인의 학습과 문화적 공동체의 실제 간 관계를 이해하기 어렵게 만들며, 이는 역으로 학생의 학습에 대한 효과적인 도움을 때때로 방해한다"(p. 19)고 경고하고 있다. 어떤 주어진 학급에는 "사람들 개개인이 학교에 가지고 오는 문화적 도구들, 학생들, 교사들 그리고 교직원들이 일정 기간 동안 상호작용하면서 만들어진 문화에 구현된 것으로서의"(Artiles, 2002, p. 696) 여러 문화가 존재한다. 교사들이 문화에 대한 그들 자신의 전제와 이러한 전제들이 어떻게 학생들의 학습에 대한 자신의 견해에 영향을 주는지 인식하는 것은 중요한 일이다. 학생들이 자신의 문화적 배경으로 인해 다르게 배울 수 있지만 문화적 배경은 정확하게 차이이지 결함이 아니다. Heath(1982)는 3개의 서로 다른 지역사회에서 성장하고 학교교육을 매우 다르게 경험한 아동들에 대한 기술에서 이 점을 강조하고 있다. 교육자들이 광범위하고 불충분하게 조사된 일반화와 집단들에 대한 고정관념에 따라 규정에 맞춰 가르치려 하기보다는 문화 집단들의 역사와 소중하게 생각하는 실제들을 이해하는 것이 중요하다. Gutierrez와 Rogoff는 문화적 차이를 개인적 특질로 취급하는 것이 과잉 일반화를 부추긴다고 경고하고 있다. 불균형적으로 많이 포함되는 현상은 부분적으로 연구자들 및 실행가들이 문화에 부적절하게 주의를 기울이고 문화를 지나치게 단순화하는 데서 기인한다.

교수 방법들은 탈맥락화된 일반적인 실제들로는 효과를 발휘하지 못하거나 실패하고, 그 방법들이 실행되는 문화적 맥락과의 관계에서만 효과를 발휘하거나 성공한다(Gee, 1999). 그러므로 일반교육과 다문화 교육 그리고 특수교육 전체에 주입된 문화적으로 반응적인 교육을 촉진하는 것에는 가능성이 있다. 이 세 분야 각각은 본래 한계가 있다. 비록 교사들이 학생들의 문화적 배경을 확실히 고려하고 민감성과 의식을 계발하며, 담당 학생들과 문화적 · 정서적으로 이어지도록 하려는 다문화 교육의 목적이 가치 있는 것이라 하더라도 다문화 교육이나 문화적으로 반응적인 교육을 옹호하는 사람들 또한 증거기반 중재들에 주의를 기울일 필요가 있다(문화적 · 언어적 변화 가능성이라는 조건을 연구 수행에 통합하는 것에 대한 경고와 이 장에 제시된 증거로 인정되는 것을 다시 생각해 보라는 권고를 명심하라). 반대로 일반교사들과 특수교사들은 학습에서의 사회문화적 경험의 역할을 적절히 고려하지 않은 채 그리고 동기 및 흥미와 같은 정서적 변인들을 충분히 고려하지 않은 채 교수적 중재에 초점을 맞추려는 경향이 있다. 가장 강력한 중재들은 다양한 관점을 지닌 여러 목소리가 합쳐진 것으로부터 그리고 장애의 개념을 완전한 사회문화적 맥락과 역사적 맥락에서 연구하는 것으로부터 나올 것이다.

문화적으로 반응적인 문해 교수(단계 1)

이전에 언급했던 것처럼 Moje와 Hinchman(2004)은 "모든 실제가 최고의 실제가 되기 위해서는 문화적으로 반응적일 필요가 있다."(p. 321)는 생각을 밝혔다. 문화적으로 반응적인 교수는 주류 배경과는 다른 배경을 지닌 학생들을 위한 부가물이 아닌 오히려 효과적인 교수의 기본 조건으로 생각되어야 한다. 이것이 중재반응 모델의 '첫 번째 단계'가 보여야 할 모습이라는 것이 우리 개념의 핵심이다. 문화적으로 반응적인 교사는 모든 학습자가 교실에 가져오는 것을 기반으로 한다. 이들은 학생들의 사전 지식과 흥미, 동기, 모국어 등을 활용하고 연결한다(August & Hakuta, 1997; Au, 2000).

문화적으로 반응적인 문해 교수는 의미 있는 맥락들에서 다양하고 풍부한 자료들로 읽기를 연습할 빈번한 기회와 함께 믿을 만하고 다면적이어야 한다(Pressley, 2001). 게다가 이러한 교수는 언어 활동들 및 음운 인식과 알파벳 부호 그리고 어휘 발달과 이해 전략들에서의 명시적 교수를 포함하고 있어야 한다(National Reading Panel, 2000; Reyes, 1992; Snow, 2002; Snow, Burns, & Griffin, 1998). 완전한 문해 이벤트에 초점을 맞추는 것이 전통적인 기술들의 중요성을 부정하는 것은 아니다. "오히려 이러한 기술들은 읽기의 목적 및 조건과 직접적으로 연계된 전체 맥락에서 고려된다."(Roller, 1996, p. 34)

문해 교수는 학생들이 학습을 하는 사회문화적 맥락들을 고려해야 한다(Artiles, 2002; Ruiz, 1998). 이 장 전반에 걸쳐 언급한 것처럼 문화는 중요하다. 아동들에게 읽기를 가르칠 때 누군가의 문화를 설명한다는 것은 무엇을 의미하는가? 첫째, 그것에는 다민족의 다양한 사회에서 읽고 쓸 줄 아는 것으로 인정되는 것은 무엇인지에 대해 폭넓은 관점을 취하는 것이 수반된다. 이는 아동들이 학교에 다니기 시작할 때, 그들이 주류 배경을 지닌 또래들과 동일하게 인쇄물과의 상호작용을 경험하지 못했을 수 있음을 의식하는 것을 말한다. 그러나 그들은 교사들이 기반으로 할 수 있고 기반으로 해야 하는 소중한 경험들을 했다. 이는 가정과 지역사회 그리고 학교의 문해 실제들을 연계할 것을 요구한다. 문화적으로 반응적인 문해 교수에는 학생들의 이야기 및 행동 양식이 학교의 기대와는 맞지 않을 수 있으나 어쨌든 인정될 필요가 있음을 인식하는 것이 포함된다(Brice Heath, 1993; Cazden, 1988). August와 Hakuta(1997)가 시사한 것처럼 이는 이중언어주의가 하나의 자산이며, 영어를 배우는 것이 차감하는 과정이라기보다는 더하는 과정이어야 함을 인식하는 것을 의미한다. 교사들이 문화적으로 반응적인 교수를 제공하기 위해 특정 문화의 '내부자'가 될 필요는 없다. 하지만 교사들은 자신의 학급에 대표된 문화들에 대해 배우려는 노력을 기울이고, 학생들의 가치관을 존중하며, 학생들의 문해에서의 차이를 결함이 아닌 강점으로 볼 필요가 있다(Alvermann, 2003; Ladson-Billings, 1994).

문화적으로 반응적인 문해 프로그램들은 읽기 교수자로 일하도록 자원봉사자로 등록하기와 같이 아동들의 문해를 촉진하는 지역사회 자원들을 활용한다(Baker, Gersten, & Keating, 2000; Fitzgerald, 2001; Invernizzi, Juel, & Rosemary, 1997; Wasik, 1998; Wasik & Slavin, 1993). 부모들 및 다른 이웃사람들을 초청하여 그들의 전문지식이나 다수의 주제들에 대한 '지식 기금'을 공유하는 것은 아동들의 문해를 촉진하는 또 다른 방식이다(Moll & González, 1994). 한 가지 구체적인 예로는 미국 인디언 청년들의 학교 교육에 지역 노인들을 포함시키는 것이 있다(Aguilera, 2003). 가정에서의 문해 경험을 개선하기 위해 부모들 및 다른 양육자들과의 동반자 관계를 만드는 데 초점을 맞추는 것 또한 가치 있는 일이다. 마지막으로 부모들은 문해 성취를 촉진하는 방식으로 자녀들과 상호작용하는 방법을 배울 수 있다(Arnold, Lonigan, Whitehurst, & Epstein, 1994; Dickinson & Smith, 1994; Valdez-Menchaca & Whitehurst, 1992; Whitehurst et al., 1994).

문화적으로 반응적인 방식으로 가르칠 수 있는 교사들을 준비시키기 위해서는 다면적 접근방식이 권장된다. 첫째, 교사 교육 및 전문성 개발 프로그램들에는 문화적·언어적으로 다양한 학생들에게 입증된 교수 실제들 및 사정 절차들에 강력하게 초점을 맞추는 것이 포함되어야 한다. 둘째, 이러한 프로그램들은 또한 참여자들이 문화적으로 반응적인 교사들의 특질을 발달시키는 것을 돕도록 설계된 강한 요소들을 포함하여야 한다(Gay, 2000; Ladson-Billings, 2001; Villegas & Lucas, 2002).

결론

중재반응 모델의 첫 번째 단계는 문화적·언어적으로 다양한 학생들이 일반교육 프로그램에서 학습하려 애쓸 때 그들이 직면한 엄청난 어려움을 다루는 데 매우 중요하다. 연구자들과 교육자들은 반드시 현재 중재들(첫 번째 및 두 번째 단계 모두)이 문화적·언어적으로 다양한 학생들의 요구에 반응적인지 물어야 한다. 우리는 '하지만 아동이 백인이든 아프리카계 미국인이든 음운 인식을 가르치는 것은 같지 않나?'라고 물어 왔다. 우리의 답은 '그래, 하지만 우리는 교실에서 그리고 학교에서 일어나는 다른 모든 것도 고려해야만 해. 별개의 기술들에 대한 교수가 진행되는 맥락은 무시되거나 그 효과에 대한 고려와 분리될 수 없어.'이다. 결론적으로 문화적으로 반응적인 중재반응 모델은 불일치를 기반으로 하는 판별 모델에 내재된 문화적·언어적 편견의 효과를 경감시키고 진짜 장애를 지닌 문화적 · 언어적으로 다양한 학생들과 그렇지 않은 문화적 · 언어적으로 다양한 학생들 사이를 더 적절하게 구분 짓는 데 엄청난 잠재력을 지니고 있다. 그렇게 함으로써만 모든 아동이 자신의 완전한 잠재력을 성취할 수 있다.

참고문헌

Aguilera, D. E. (2003). *Who defines success: An analysis of competing models of education for American Indian and Alaskan Native students.* Unpublished doctoral dissertation, University of Colorado, Boulder.

Alliance for Human Research Protection. (2003, June 10). *UK health department/British prime minister issue statement warning no Paxil for children!* Retrieved April 16, 2005, from http://www.ahrp.org/infomail/0603/10.php

Alvermann, D. (2003). Exemplary literacy instruction in grades 7–12: What counts and who's counting? In J. Flood & P. Anders (Eds.), *Literary development of students in urban schools: Research and policy* (pp. 187–201). Newark, DE: International Reading Association.

Arnold, D. H., Lonigan, C. J., Whitehurst, G. J., & Epstein, J. N. (1994). Accelerating language development through picture book reading: Replication and extension to a videotape training format. *Journal of Educational Psychology, 86,* 235–243.

Artiles, A. J. (2002). Culture in learning: The next frontier in reading difficulties research. In R. Bradley, L. Danielson, & D. P. Hallahan (Eds.), *Identification of learning disabilities: Research to policy* (pp. 693–701). Mahwah, NJ: Lawrence Erlbaum Associates.

Artiles, A. J., Trent, S. C., & Kuan, L. (1997). Learning disabilities empirical research on ethnic minority students: An analysis of 22 years of studies published in selected refereed journals. *Learning Disabilities Research & Practice, 12,* 82–91.

Artiles, A. J., Trent, S. C., & Palmer, J. (2004). Culturally diverse students in special education: Legacies and prospects. In J. A. Banks & C. M. Banks (Eds.), *Handbook of research on multicultural education* (2nd ed., pp. 716–735). San Francisco: Jossey-Bass.

Au, K. H. (2000). A multicultural perspective on policies for improving literacy achievement: Equity and excellence. In M. L. Kamil, P. B. Mosenthal, P. D. Pearson, & R. Barr (Eds.), *Handbook of reading research* (Vol. 3, pp. 835-851). Mahwah, NJ: Lawrence Erlbaum Associates.

August, D., & Hakuta, K. (1997). *Improving schooling for language minority children: A research agenda*. Washington, DC: National Academies Press.

Baker, S., Gersten, R., & Keating, T. (2000). When less may be more: A 2-year longitudinal evaluation of a volunteer tutoring program requiring minimal training. *Reading Research Quarterly, 35,* 494-519.

Bloche, M. G. (2004). Race-based therapeutics. *New England Journal of Medicine, 351,* 2035-2037. Extract available at http://content.nejm.org/cgi/content/extract/351/20/2035

Bond, G. L., & Dykstra, R. (1967). The cooperative research program in first-grade reading instruction. *Reading Research Quarterly, 2,* 10-141.

Bos, C. S., & Fletcher, T. V. (1997). Sociocultural considerations in learning disabilities inclusion research: Knowledge gaps and future directions. *Learning Disabilities Research & Practice, 12,* 92-99.

Brice Heath, S. (1983). *Ways with words: Language, life, and work in communities and classrooms*. New York: Cambridge University Press.

Bronfenbrenner, U. (1977, July). Toward an experimental ecology of human development. *American Psychologist,* 513-531.

Camilli, G., Vargas, S., & Yurecko, M. (2003). Teaching children to read: The fragile link between science and federal education policy [Electronic version]. *Education Policy Analysis Archives, 11*(15).

Cazden, C. B. (1988). *Classroom discourse: The language of teaching and learning*. Portsmouth, NH: Heinemann.

Camilli, G., Vargas, S., & Yurecko, M. (2003). Teaching children to read: The fragile link between science and federal education policy [Electronic version]. *Education Policy Analysis Archives, 11*(15).

Cazden, C. B. (1988). *Classroom discourse: The language of teaching and learning*. Portsmouth, NH: Heinemann.

Chavous, T. M., Bernat, D. H., Schmeelk-Cone, K., Caldwell, C. H., Kohn-Wood, L., & Zimmerman, M. A. (2003). Racial identity and academic attainment among African

American adolescents. *Child Development, 74,* 1076–1090.

Cole, M. (1998). Can cultural psychology help us think about diversity? *Mind, Culture, and Activity, 5*(4), 291–304.

Committee on Pharmacokinetics and Drug Interaction in the Elderly, Institute of Medicine. (1997). *Pharmacokinetics and drug interactions in the elderly and special issues in elderly African-American populations: Workshop summary.* Washington, DC: Natioanl Academies Press.

Darling-Hammond, L. (1995). Inequality and access to knowledge. In J. A. Banks & C. A. Banks (Eds.), *The handbook of research on multicultural education* (pp. 465–483). New York: Macmillan.

Dickinson, D. K., & Smith, M. W. (1994). Long-term effects of preschool teachers' book readings on low-income children's vocabulary and story comprehension. *Reading Research Quarterly, 29,* 104–122.

Donovan, S., & Cross, C. (2002). *Minority students in special and gifted education.* Washington, DC: National Academies Press.

Fitzgerald, J. (2001). Can minimally trained college student volunteers help young at-risk children to read better? *Reading Research Quarterly, 36,* 28–47.

Foorman, B. R., Francis, D. J., Fletcher, J. M., Schatschneider, C., & Mehta, P. (1998). The role of instruction in learning to read: Preventing reading failure in at-risk children. *Journal of Educational Psychology, 90*(1), 37–55.

Fuchs, D., Mock, D., Morgan, P. L., & Young, C. L. (2003). Responsiveness to-intervention: Definitions, evidence, and implications for the learning disabilities construct. *Learning Disabilities Research & Practice, 18,* 157–171.

Gay, G. (2000). *Culturally responsive teaching.* New York: Teachers College Press.

Gee, J. P. (1999). Critical issues: Reading and the new literacy studies: Reframing the National Academy of Sciences Report on Reading. *Journal of Literacy Research, 31,* 355–374.

Gee, J. P. (2001). A sociocultural perspective on early literacy development. In S. B. Neuman & D. K. Dickinson (Eds.), *Handbook of early literacy research* (pp. 30–42). New York: The Guilford Press.

Gee, J. P. (2002). The limits of reframing: A response to Professor Snow. *Journal of Literacy Research, 32,* 121–128.

Gerber, M. M. (2003, December). *Teachers are still the test: Limitations of response to instruction strategies for identifying children with learning disabilities.* Paper presented at the National Research Center on Learning Disabilities Responsiveness-to-Intervention Symposium, Kansas City, MO.

Gerber, M. M., Jimenez, T., Leafstedt, J., Villaruz, J., Richards, C., & English, J. (2004). English reading effects of small-group intensive intervention in Spanish for K-1 English learners. *Learning Disabilities Research & Practice, 19,* 239-251.

Gersten, R., & Baker, S. (2000). What we know about effective instructional practices for English-language learners. *Exceptional Children, 66,* 454-470.

Graves, A., Gersten, R., & Haager, D. (2004). Literacy instruction in multiple-language first-grade classrooms: Linking student outcomes to observed instructional practice. *Learning Disabilities Research & Practice, 19,* 262-272.

Grimes, J., & Kurns, S. (2003, December). *An intervention-based system for addressing NCLB and IDEA expectations: A multiple tiered model to ensure every child learns.* Paper presented at the National Research Center on Learning Disabilities Responsiveness-to-Intervention Symposium, Kansas City, MO.

Gutierrez, K., & Rogoff, B. (2003). Cultural ways of learning: Individual traits or repertoires of practice. *Educational Researcher, 32*(5), 19-25.

Haager, D. (2004, November). *Promoting literacy development for English language learners learning in English: A case for explicit instruction.* Paper presented at the National Center for Culturally Responsive Educational Systems Conference on English Language Learners, Scottsdale, AZ.

Harder, B. (2005). The race to prescribe: Drug for African Americans may debut among debate. *Science News, 167,* 247-248.

Harry, B., & Klingner, J. K. (2006). *Crossing the border from normalcy to disability: Culturally and linguistically diverse students and the special education placement process.* New York: Teachers College Press.

Heath, S. B. (1982). What no bedtime story means: Narrative skills at home and school. *Language in Society, 11,* 49-76.

Herman, R., Carl, B., Lampron, S., Sussman, A., Berger, A., & Innes, F. (2000). *What we know about comprehensive school reform models.* Washington, DC: American Institutes for Research.

Hilliard, A. G., III. (1992). The pitfalls and promises of special education practice. *Exceptional Children, 52*(2), 168-172.

Hilliard, A. G., III. (2001). Race, identity, hegemony, and education: What do we need to know now? In W. H. Watkins, J. H. Lewis, & V. Chou (Eds.), *Race and education: The roles of history and society in educating African American students* (pp. 1-36). Boston: Allyn & Bacon.

Invernizzi, M., Juel, C., & Rosemary, C. A. (1997). A community tutorial that works. *The Reading Teacher, 50,* 304-311.

Kaplan, A., & Maehr, M. L. (1999). Enhancing the motivation of African American students: An achievement goal theory perspective. *Journal of Negro Education, 68*(1), 23-41.

Keogh, B., Gallimore, R., & Weisner, T. (1997). A sociocultural perspective on learning and learning disabilities. *Learning Disabilities Research & Practice, 12,* 107-113.

Klingner, J. K., Cramer, E., & Harry, B. (2006). Challenges in the implementation of Success for All by four urban schools. *Elementary School Journal, 106,* 333-349.

Kozol, J. (1991). *Savage inequalities: Children in America's schools.* New York: HarperPerennial.

Ladson-Billings, G. (1994). *The dreamkeepers: Successful teachers of African American children.* San Francisco: Jossey-Bass.

Ladson-Billings, G. (2001). *Crossing over to Canaan: The journey of new teachers in diverse classrooms.* San Francisco: Jossey-Bass.

Leafstedt, J. M., Richards, C. R., & Gerber, M. M. (2004). Effectiveness of explicit phonological-awareness instruction for at-risk English learners. *Learning Disabilities Research & Practice, 19,* 252-261.

Lee, J. (2002). Racial and ethnic achievement gap trends: Reversing the progress toward equity? *Educational Researcher, 31,* 3-12.

Linan-Thompson, S., Vaughn, S., Hickman-Davis, P., & Kouzekanni, K. (2003). Effectiveness of supplemental reading instruction for second-grade English language learners with reading difficulties. *Elementary School Journal, 103,* 221-238.

Linan-Thompson, S., Vaughn, S., Prater, K., & Cirino, P. T. (2006). The response to intervention of English language learners at-risk for reading problems. *Journal of Learning Disabilities, 39,* 390-398.

Mastropieri, M. A. (2003, December). *Feasibility and consequences of response to intervention (RTI): Examination of the issues and scientific evidence as a model for the identification of individuals with learning disabilities.* Paper presented at the National Research Center on Learning Disabilities Responsiveness-to-Intervention

Symposium, Kansas City, MO.

McCardle, P., Mele-McCarthy, J., & Leos, K. (2005). English language learners and learning disabilities: Research agenda and implications for practice. *Learning Disabilities Research & Practice, 20,* 68-78.

McCray, A. D., & Garcia, S. B. (2002). The stories we must tell: Developing a research agenda for multicultural and bilingual special education. *Qualitative Studies in Education, 15*(6), 599-612.

Moje, E. B., & Hinchman, K. (2004). Culturally responsive practices for youth literacy learning. In T. L. Jetton & J. A. Dole (Eds.), *Adolescent literacy research and practice* (pp. 3211-3350). New York: The Guilford Press.

Moll, L. C., & Gonzälez, N. (1994). Critical issues: Lessons from research with language-minority children. *JRB: A Journal of Literacy, 26,* 439-456.

National Reading Panel. (2000). *Teaching children to read: An evidence-based assessment of the scientific research literature on reading and its implications for reading instruction: Summary Report.* Washington, DC: National Institute of Child Health and Development. Retrieved January 10, 2005, from http://www.nationalreadingpanel.org/Publications/summary.htm

Oakes, J., Franke, M. L., Quartz, K. H., & Rogers, J. (2002). Research for high-quality urban teaching: Defining it, developing it, assessing it. *Journal of Teacher Education, 53,* 228-234.

Ortiz, A. A. (1997). Learning disabilities occurring concomitantly with linguistic differences. *Journal of Learning Disabilities, 30,* 321-332.

Ortiz, A. A. (2002). Prevention of school failure and early intervention for English language learners. In A. J. Artiles & A. A. Ortiz (Eds.), *English language learners with special education needs: Identification, placement, and instruction* (pp. 31-48). Washington, DC: Center for Applied Linguistics.

Pearson, P. D. (2004). American reading instruction since 1967. In International Reading Association (Ed.), *Preparing reading professionals: A collection from the International Reading Association.* (pp. 6-40) Newark, DE: Editor.

Pressley, M. (2001). *Effective beginning reading instruction. Executive summary and paper commissioned by the National Reading Conference.* Chicago: National Reading Conference.

Pressley, M. (2003). A few things reading educators should know about instructional experiments. *Reading Teacher, 57*(1), 64–71.

Pressley, M., Allington, R., Wharton-McDonald, R., Block, C. C., & Morrow, L. M. (2001). *Learning to read: Lessons from exemplary first grades.* New York: The Guilford Press.

Pressley, M., Wharton-McDonald, R., Allington, R., Blöck, C. C., Morrow, L., Tracey, D., et al. (2001). A study of effective grade-1 literacy instruction. *Scientific Studies of Reading, 5,* 35–58.

Pugach, M. C. (2001). The stories we choose to tell: Fulfilling the promise of qualitative research for special education. *Exceptional Children, 67,* 439–453.

Reyes, M. de la Luz. (1992). Challenging venerable assumptions: Literacy instruction for linguistically diverse students. *Harvard Educational Review, 62,* 427–446.

Reynolds, C. (1988). Putting the individual into aptitude-treatment interaction. *Exceptional Children, 54,* 324–331.

Rogoff, B. (2003). *The cultural nature of human development.* New York: Oxford University Press.

Roller, C. (1996). *Variability not disability: Struggling readers in a workshop classroom.* Newark, DE: International Reading Association.

Ruiz, N. (1998). Instructional strategies for children with limited-English proficiency. *Journal of Early Education and Family Review, 5,* 21–22.

Samuels, S. J. (1994). Wood recognition. In R. B. Ruddell, M. R. Ruddell, & H. Singer (Eds.), *Theoretical models and processes of reading* (pp. 359–380). Newark, DE: International Reading Association.

Shavelson, R. J., & Towne, L. (Eds.). (2002). *Scientific research in education.* Washington, DC: National Academies Press.

Simmerman, S., & Swanson, H. L. (2001). Treatment outcomes for students with learning disabilities: How important are internal and external validity. *Journal of Learning Disabilities, 34,* 221–235.

Slavin, R. E., & Madden, N. A. (2001). *Success for All and comprehensive school reform: Evidence-based policies for urban education.* Washington, DC: Office of Educational Research and Improvement.

Smedley, B. D., Stith, A. Y., & Nelson, A. R. (Eds.). (2003). *Unequal treatment: Confronting racial and ethnic disparities in health care.* Washington, DC: National Academies Press.

Snow, C. E. (2002). *Reading for understanding: Toward an R&D program in reading comprehension*. Santa Monica, CA: RAND.

Snow, C. E., Burns, M. S., & Griffin, P. (1998). *Preventing reading difficulties in young children*. Washington, DC: National Academies Press.

Taylor, B. M., Pearson, P. D., Clark, K., & Walpole, S. (2000). Effective schools and accomplished teachers: Lessons about primary-grade reading instruction in low-income schools. *Elementary School Journal, 101,* 121-165.

Troia, G. A. (1999). Phonological awareness intervention research: A critical review of the experimental methodology. *Reading Research Quarterly, 34,* 28-52.

Valdez-Menchaca, M. C., & Whitehurst, G. J. (1992). Accelerating language development through picture book reading: A systematic extension to Mexican day care. *Developmental Psychology, 28,* 1106-1114.

Vaughn, S., & Fuchs, L. (2003). Redefining learning disabilities as inadequate response to instruction: The promise and potential problems. *Learning Disabilities Research & Practice, 18,* 137-146.

Vaughn, S., Linan-Thompson, S., & Hickman, P. (2003). Response to instruction as a means of identifying students with reading/learning disabilities. *Exceptional Children, 69,* 391-409.

Vaughn, S., Mathes, P., Linan-Thompson, S., & Francis, D. J. (2005). Teaching English language learners at risk for reading disabilities to read: Putting research into practice. *Learning Disabilities Research & Practice, 20,* 58-67.

Vellutino, F. R., Scanlon, D. M., Small, S., & Fanuele, D. (2003, December). *Response to intervention as a vehicle for distinguishing between reading disabled and non-reading disabled children: Evidence for the role of kindergarten and first-grade intervention*. Paper presented at the National Research Center on Learning Disabilities Responsiveness-to-Intervention Symposium, Kansas City, MO.

Villegas, A. M., & Lucas, T. (2002). Preparing culturally responsive teachers: Rethinking the curriculum. *Journal of Teacher Education, 53*(1), 20-32.

Wasik, B. A. (1998). Using volunteers as reading tutors: Guidelines for successful practices. *The Reading Teacher, 51*(7), 562-570.

Wasik, B. A., & Slavin, R. E. (1993). Preventing early reading failure with one-to-one tutoring: A review of five programs. *Reading Research Quarterly, 28,* 178-200.

Whitehurst, G. J., Epstein, J. N., Angell, A. L., Payne, A. C., Crone, D. A., & Fischel, J.

E. (1994). Outcomes of an emergent literacy intervention in Head Start. *Journal of Educational Psychology, 86,* 542–555.

Willis, A. I. (2002). Dissin' and disremembering: Motivation and culturally and linguistically diverse students' literacy learning. *Reading and Writing Quarterly, 18,* 293–319.

제11장

중재 실행에서 교사의 역할

Diane Haager and Jennifer Mahdavi

학습에 어려움이 있는 아동을 판별하고 처치하는 수단으로서의 중재반응의 개념은 임의적이며 비일관적인 불일치 준거에 대한 의존과 학생의 손상에 초점을 두는 실제로부터의 중요하고 환영할 만한 변화로 널리 인식되고 있다. 2004년「장애인교육법(Individuals with Disabilities Education Improvement Act: IDEA)」(PL 108-446)으로 특수교육법을 재인증한 것은 학교가 학습장애 학생의 판별에 있어 중재반응 접근을 활용해야 함을 의미한다. 연구자들과 교육자들이 중재반응 모델에서 학생의 학업을 지지하고 개선할 수 있는 중재를 기술하고 타당화해 나가고자 함에 따라 실행과 관련한 실제적 쟁점들 또한 반드시 점검되어야 한다. 특히 관심을 끄는 것은 실제에 있어 이러한 변화가 교수에 책무를 갖는 이들, 즉 일반교사와 특수교사에게 어떻게 영향을 미칠 것인가 하는 점이다.

이 책의 다른 장에서는 읽기 중재에 관한 모델들과 교수적 실제를 서술하고 있다. 따라서 이 장은 이를 간략하게만 설명하겠다. 비록 연구자들에 따라 다단계 모델에 대한 개념화가 다양하지만, 그 기본이 되는 개념적 틀은 유사하다. 첫 번째 단계는 모든 학생에게 제공되는 핵심적 읽기 교수를 나타낸다. 단계 1에서의 교수는 필수적인 초기 읽기 기술을 다루는 데 있어 종합적인 연구기반 읽기 프로그램으로 구성되며, 충분히 실행되고 적절한 전문성 개발을 한 능숙한 교사에 의해 전달된다. 단계 2는 필수적 읽기 기술에 대한 신뢰할 수 있고 타당한 사정에 의해 결정된 것으로, 학년 수준 기대에 훨씬 못 미치는 수행을 보이는 학생들을 위한 핵심적 프로그램 이상의 보충 교수를 포함한다. 단계 3은 단계 2의 명시된 양의 시간에 다루어지지 않았던 심한 학습 문제를 가진 학생들을 위한 더 집중적이고 특화된 교수로 구성된다. 몇몇 연구자와 교육자는 단계 3을 특수교육으로 간주한다. 다른 이들은 인식된 장애를 지닌 학생을 위해 마련된 네 번째 단계를 포함시키고 있다.

분명 많은 아동에게서 긍정적인 읽기 결과를 이끌 심한 학습 문제의 조기 판별과 처치에 대한 과정을 채택하는 것의 이점에 대해 이의를 제기할 사람은 없을 것이다. 학생의 요구에 반응적인 사정과 중재의 체계를 개발하려는 아이디어는 직관적으로 매력적이다. 중재반응 접근에 있어, 교육자들은 읽기 곤란의 초기 징후를 보이는 학생들의 진전을 따라가며 학생의 중재에 대한 반응에 기초하여 교수 혹은 교육과정의 수정과 같은 교육적 결정을 하게 된다. 어떤 학생들은 중재에 잘 반응할 것이며 단시간 내에 중재를 중단할 수 있게 될 것이다. 중재에 대해 부적절한 반응을 보이는 학생들에게는 지속되는 혹은 더 집중적인 중재가 보장된다. 이러한 학생들은 특수교육 프로그램에서 제공되는 것과 같은 집중적이고 특화된 읽기 교수를 요구할 수 있다(Torgesen, 2000).

중재반응 접근은 최전방 교사의 역할과 관련하여 설득력 있는 질문을 던진다. 일반교사와 특수교사의 역할에 대한 설명은 장애 꼬리표가 있는 그리고 없는 학생들이 특화된 교수를 요구함에 따라 덜 명확해지고 있다. 이 장에서 우리는 읽기 중재의 3단계 모델에서의 일반교사와 특수교사의 역할을 심사숙고할 것이다. 이 모델은 교사의 역할과 매일의 활동을 어떻게 변화시킬 것인가? 일반교사와 특수교사가 필요한 실제와 일과들을 채택하는 것이 실현 가능하다는 어떤 증거가 있는가? 충분한 실행을 막을 수 있는 어떤 방해물이 있는가?

이러한 질문에 답하기 위해 우리는 의뢰 전 중재에 대한 선행 연구뿐만 아니라 3단계 읽기 중재 모델에 초점을 둔 최근 연구들로부터 무엇인가를 이끌어 낼 것이다. 연구, 정책, 실제에 대한 검토에 기초하여 우리는 3단계 모델 실행에 있어 일반교사와 특수교사의 역할을 정의하는 구조적 틀을 제안한다. 그 후 우리는 지난 6년 동안 실행된 특정 프로젝트에서의 과정과 일반교사와 특수교사의 역할을 설명할 것이다. 마지막으로 우리는 실행으로부터 배운 교훈을 점검하고, 실행의 잠재적 방해물에 관한 결론을 이끌어 내고, 3단계 체제에서 그들의 까다로운 역할을 받아들이는 교사를 지원하기 위한 지침이 되는 원리들을 제안할 것이다.

의뢰 전 중재 연구: 모든 것이 시작된 곳

의뢰 전 중재는 오랫동안 교육체계의 본질적 요소로 여겨져 왔다(Graden, Casey, & Christenson, 1985; Rock & Zigmond, 2001; Safran & Safran, 1996). 연구자들은 어려움을 겪는 학생들에게 장애 꼬리표를 붙이는 것을 고려하기에 앞서 학습 문제를 개선시키기 위하여 일반교육의 자원들을 활용하는 것의 중요성에 주목해 왔다. 법적으로 학교 관계자는 개별 학생의 특수교육 배치를 고려하기 전에, 일반교육 프로그램에서 적절한 교수를 제공하기 위한 시도들을 기록하여야 한다. 몇몇 연구자와 교육자는 의뢰 전 중재가 자동적으로 특수교육 의뢰로 이어진다는 부적절한 가정을 피하기 위하여 '의뢰 전 중재' 대신 '중재 지원'이라는 용어를 사용할 것을 요청하였다(Graden, 1989; Whitten & Dieker, 1995). 오히려 체계적 중재 지원은 일반교육 체제에 중재의 초점을 두도록 하며 학습장애와 학습문제를 더 분명하게 구분한다.

연구들은 체계적인 의뢰 전 중재 과정과 전략의 중요성을 기록해 왔다. 연구들은 효과적인 의뢰 전 중재 실제들이 특수교육 서비스 대상으로 적격하게 사정된 학생의 수를 증가시킬 뿐만 아니라(McNamara & Hollinger, 2003), 특수교육 사정에 대한 비논리적인 요청을 감소시킬 수 있음(Safran & Safran, 1996; Whitten & Dicker, 1995)을 보여 주었다. 이 과정에 참여한 교사들은 의뢰 전 과정의 결과로 일어나는 관계자들 간의 증가된 의사소통뿐만 아니라 문제해결을 위해 동료들과 함께할 기회에 고마워하는 경향이 있다(Chalfant & Pysh, 1989). 의뢰 전 팀의 구성원들이 주나 대학 프로그램을 통해 훈련을 받고 지원을 받을 때, 이 과정은 더 온전하게 그리고 더 능률적으로 수행된다(Bahr, Whitten, Dieker, Kocarek, & Manson, 1999; Fuchs, Fuchs, Dulan, Roberts, &

Fernstrom, 1992; McDougal, Clonan, & Martens, 2000). 의뢰 전 중재 접근의 한 가지 불운한 문제는 일반교사가 이 과정을 특수교육의 기능으로 바라보는 경향이 있다는 것이다(Gersten & Dimino, 2006).

강력한 자문 혹은 협력 접근방식을 이용하는 의뢰 전 중재는 일반적으로 중재의 활용을 지원한다. 학교 심리학자들이나 다른 자문가들이 일반교사들에게 피드백 혹은 지도를 제공할 때, 학생의 수행이 가변적인 상태로 남아 있을 수 있다 하더라도 해당 교사들의 제안된 중재 활용은 증가한다(Mortenson & Witt, 1998). 교사와 학생들 간의 유관 계약의 활용과 함께 학생들에게 자신의 진전을 점검하는 데 대한 책무를 부여하는 것은 또 다른 효과적인 의뢰 전 중재 전략이다(Bahr, Fuchs, Fuchs, Fernstrom, & Stecker, 1993). 일반적으로 학급 교사에게 의뢰 전 중재를 효과적이고 바람직한 것으로 만드는 것은 전문가 혹은 동료에 의해 제공되는 추가적 지원이다(Lane, Mahdavi, & Borthwick-Duffy, 2003). 이러한 지원은 일반교사의 마음속에 중재를 신선하게 유지시킴으로써 처치 충실도를 증가시킨다. 또한 교사가 의뢰 전 팀이 제안한 여러 유형의 특화된 중재를 제공하는 데 더 편하게 느끼도록 도움을 준다. 의뢰 전 팀 구성원이 아무리 전문적이고 지식이 풍부하다 할지라도 혹은 제안된 중재가 매우 적절하고 타당하다 할지라도, 의뢰 전 중재는 교사와 기타 서비스 제공자들이 충실하게 중재를 실행할 때에만 효과적일 수 있다(Kovaleski, 1999). 그 후 학교가 3단계 읽기 중재 모델의 광범위한 사용으로 옮겨 감에 따라 실천가로서 교사들은 고려할 중요한 주제가 된다.

의뢰 전 중재 실제에 대한 거의 모든 연구가 의뢰 전 중재가 일반교육의 기능으로 보인다는 사실에도 불구하고 특수교육 학회지에 수록되었다는 점에 주목하는 것은 중요하다. 문제는 일반교육의 연구자들과 교육자들이 의뢰 전 중재를 중요하지 않은 것으로 본다는 것이 아니다. 연구자들, 실천가들, 정책입안자들은 많은 학생에게 있어 읽기 실패를 예방하기 위한 명시적이고 보충적인 읽기 교수를 제공하는 것이 우리의 교육체계에서 강력하고 많이 요구되는 변화라는 것에 대하여 동의할 것이다. 그러한 중재는 비싸고 집중적인 특수교육을 요구하는 학생의 수를 상당히 줄일 수 있을 것이다(Lyon et al., 2001). 최근 연구는 초등학생 가운데 25% 혹은 그 이상이 3학년 말까지 학년 수준 읽기에 도달하기 위해서는 최소한 일시적으로나마 중재가 필요하다는 것을 보여 주고 있다(Torgesen, 2002; Vaughn, Linan-Thompson, & Hickerman, 2003). 조기 읽기 중재에 대한 직관적인 매력과 문서화된 요구에도 불구하고, 어떠한 교육적 혁신의 광범위하고 발 빠른 채택은 실행에 대한 염려를 불러일으킨다. 종종 선의의 정책 혹은 입법상의 의사결정을 따라, 지역구는 현장이 아직 효과적 실행을 구성하는 것을 정제하고자 노력하고 있는 동안 새로운 정책을 실행하기 위하여 재빨리 움직이곤 한다(Crockett, 2004; Landrum & Tankersley, 2004; Odom et al., 2005).

이후의 잠재적이고 치명적인 읽기 문제를 피하기 위해 읽기 중재 모델을 채택하려는 연구자들과 실천가들의 열정에도 불구하고, 폭넓은 실행을 완수하는 데 요구되는 것에 대한 질문을 제기하는 것은 중요하다. 학교 개혁 계획의 효과적 실행에 필요한 것으로 종종 인용되는 요소들은 행정적 지원, 재정적 자원, 절차를 정비하고 조정할 시간, 태도적 요인을 포함한다(Desimone, 2002; Evans, Baugh & Sheffer, 2005). 이러한 요인들은 중재반응 모델의 실행에서도 중요할 것 같다. 물론 능숙하고 많은 지식을 가진 교사가 전달하는 중재가 읽기 중재의 3단계 모델을 성공적으로 실행하는 데 핵심적 요소이며 이는 폭넓은 전문능력 계발 교사 지원을 제안한다. 하지만 여러 연구는 교사들이 업무가 과도하며 개별화된 교수에 투자할 시간이 거의 없고, 심각한 읽기 문제를 다룰 지식과 기술이 부족함을 보여 주고 있다(Bahr & Kovaleski, 2006; Moats, 2004; Vaughn, Hughes, Schumm, & Klingner, 1998). 그러면 3단계 중재 체계의 실행에 있어 교사에게 합리적으로 기대되는 바는 무엇일까? 교사의 영향력을 준비하기 위해서는 무엇을 취해야 할까?

읽기 중재의 3단계 모델에서 일반교사와 특수교사의 역할

일반교사와 특수교사는 모두 읽기 곤란 학생들에게 적절한 읽기 교수를 제공함에 있어 결정적인 역할을 해 왔다. 역사적으로 이들의 역할에서의 차이는 그들이 담당하는 학생들이었고, 일반교사는 일반 읽기 교수에 그리고 특수교사는 장애학생 지도에 책임이 있었다. 2000년 이래로 장애학생이 일반학급에서 시간의 전부 혹은 대부분을 보내는 더 통합적인 교육 모델로 이동해 감에 따라 특수교사들의 역할이 다소 변화되었다. 하지만 장애학생은 여전히 특수교사로부터 최소한 약간의 읽기 교수를 받는다. 몇몇 학급에서 이것은 특수교육 대상 학생이 특화된 읽기 교수를 받기 위하여 특수교사를 만나러 학급을 떠나는 시간이 될 것이다. 다른 학급에서는 특수교육 대상 학생이 학급에 머무르며 수정된 동일한 과제를 하거나 특수교사가 일반학급에 들어와 대안적 읽기 수업을 실시하고자 별도의 책상으로 학생을 데리고 갈 수도 있다. 비록 일반교사와 특수교사 모두 장애 및 비장애 학생과 함께할지라도, 일반교사는 주로 핵심적인 읽기 프로그램을 전달할 책임을 지고, 특수교사의 역할은 일반교육 교육과정이나 대안적 읽기 프로그램에서 장애학생에게 지원을 제공하는 것이다.

읽기 중재의 단계 1이 일반교사와 특수교사의 역할을 두드러지게 변화시키는 것으로 보이지 않음에도 불구하고, 사정에 있어 추가적인 책임이 생길 수 있다. Fuchs와 Fuchs(2006)는 교사가 이전 학년도의 대규모 사정을 활용할 것을 제안한다. 그러나 학년 수준 기준을 지정한 수행기반 사정 도구를 활용하여 해당 학년도 초기에 모든 학생을 사정하는 것이 더 낫다. 그러면 누가 그러한 사정을 실시하고 해석할 역할을 맡는가? 이러한 유형의 사정은 일반교사의 역할에는 새로운 것이며 부담스러울 것 같다. 보통 저학년에서 개별적으로 실시되는 그러한 사정은 교수 시간을 빼앗고 교사의 주의를 수업에서 벗어나게 한다. 하지만 선별 사정은 특수교사의 전형적 역할에도 들어가지 않는다. 특수교육은 보통 학생이 장애가 있는 것으로서 판별된 이후에 발생하는 것으로 정의되어 왔다. 그렇다면 다단계 읽기 중재 모델을 실시하기 위하여, 학교는 누가 선별 사정을 실시할 것인지 규명하고 추가적인 책임을 질 교사에 대한 필요한 지원을 제공하여야만 한다.

읽기 중재의 3단계 모델 가운데 단계 2는 누군가 핵심 프로그램 이상의 보충 교수를 제공하기 요구한다. 상식적으로 이 누군가는 잘 훈련받은 교사를 가리킨다. 그러면 누가 단계 2 교수를 실시하여야 할 것인가? 일반교사들은 대부분의 학생이 주 단위의 학업 표준을 충족시키는 데 도움이 되도록 조정된 핵심적 교육과정과 교수를 고안하고 실시하는 데에 능숙하다. 이 교사들은 학생들의 이질적 요구로 인해 가르치는 일이 벅차다는 것을 알게 되지만 이러한 역할의 중요성을 인지하게 될 것이다. 하지만 그들은 더 큰 학습 요구를 지닌 학생들에게 단계 서비스를 제공함으로써 더 집중적인 중재를 맡는 책임감이 불편할 것이다. 이들은 조기중재를 제공할 책임을 자진해서 맡겠다고 보고할 수 있으나, 그러한 교수를 필요로 하는 아동을 가려낼 능력에 대하여, 그리고 이후 그러한 교수를 어떻게 제공할지에 대하여 두려움을 보일 수 있다(Bursuck, Munk, Nelson, & Curran, 2002). 그러나 단계 2 교수를 받는 학생들은 장애가 있는 것으로 판별되지 않았고, 따라서 교수가 특수교사들의 임무 범위 내에 들어가지 않는다. 몇몇 연구 모델에서 단계 2는 보수를 지급받는 중재자에 의해 실시되었다(예를 들어, Vaughn et al., 2003). 중재를 제공하기 위하여 추가 인력을 채용한다는 것은 대부분의 학교에서 설득력이 떨어지는 것 같다. 따라서 일반교사들이 단계 2 교수를 실시할 가능성을 탐색해 보는 것이 중요할 것이다.

일반교사가 단계 2 중재를 시작하기 위해 취해야 하는 첫 번째 단계는 사정이다. 비록 교사들은 해독, 유창성, 이해 검사와 같은 읽기 프로그램에 동반되는 전형적인 측정을 활용할 수 있더라도, 이러한 것들이 항상 추가적 지원을 요구하는 학생들을 선별하기 위한 기준점이나 기준을 제공하는 데 있어 확립된 신뢰도나 타당도를 갖는 것은 아니다. 그 대안은 이러한 목적으로 설계된 규준 참조 혹은 준거 참조 사정을 사용하는 것이다(Fuchs & Fuchs, 2006). 일반교사들은 또한 학생들이 직면한 도전을 선별하는 것에서 벗어나 진단하는 단계로 들어가기 위해 읽기 검목표나 다른 비형식적 측정들을 사용할 수도 있다. 일반학급에서 사용하기 위해 이미 선택된 여러 측정은 학생들의 강점과 요구를 규명하는 데 그리고 학생들을 도와 그들의 잠재력을 충족시킬 교수를 고안하는 데 매우 유용하다(Taylor, Pearson, Clark, & Walpole, 2000). 아마도 학년 수준 동료들과 행정가들, 특수교사와 함께 하게 될 사정 자료 분석은 이 단계의 핵심적인 부분일 것이다.

일단 일반교사들이 학생이 학년 수준의 기대를 충족하는가를 판별하면, 그들은 유사한 학습 요구를 가진 학생들의 소중재 집단을 구성할 수 있을 것이다. 기준 이하의 모든 학생이 동일한 요구를 가진 것은 아니다. 단계 2 중재로 판별된 학생들은 집중적이고, 그들의 학습요구가 대상이 되며, 일관성 있고 충실하게 실행되는 교수를 제공받아야 한다(Marston, 2005). 예를 들어, 어떤 초등학교 1학년 교사에게는 음소 인식에 어려움을 겪는 3~4명의 학생이 있을 수 있다. 이는 특히 음소 기술에 초점을 둔 단기 중재를 위한 집단일 가능성이 높다. 교사는 몇 주간 매일 10분씩 이 학생들과 함께 할 것이며, 그러고 나서 그들이 이 영역의 기준을 충족했는지 보기 위해 다시 검사를 할 것이다. 다른 집단들은 해독 혹은 일견단어 연습과 같은 기타 중요한 기술에 초점을 두고서 구성될 수 있다. 어떤 학생들은 다양한 기술 영역에 있어 집중적인 단계 2 중재를 요구할 것이다. 하지만 대부분의 학생은 교사가 실시하는 일상적 수업으로 적절한 진전을 보일 것이다(Vaughn et al., 2003). 이러한 이유로 단계 2는 단계 1 중재를 결코 대신해서는 안 된다. 게다가 진전도 점검 사정은 중재가 바람직한 결과를 보이는지 확실히 하는 데 있어 교사들에게 도움이 될 것이다.

일반교사들은 또한 필요한 학생들에게 의뢰 전 중재 과정을 시작할 책임을 갖는다. 단계 2 중재를 받은 학생들에 대한 지속적인 진전도 점검을 포함한 사정 결과에 근거하고 있는 이 의뢰는 일반교사들이 시도하거나 일반교사들이 특수교육 사정에 의뢰할 추가적인 전략들로 이어질 것이다(Lane et al., 2003). 사실 단계 2 중재 기간 동안 교사들이 수집한 기록은 의뢰 전 팀이 의뢰 전 지원에 위탁되었던 학생을 위한 교수전략들을 논의하고 그 효과를 평가하기 위해 교사와 함께하면서 의뢰 전 중재 과정의 중요한 일부가 될 것이다. 단계 2 중재 기록은 또한 특수교육 적합성을 결정하기 위해 더 많은 사정이 필요한지에 대한 의사결정에 정보를 제공하는 도움을 줄 수 있다(Menzies, Mahdavi, & Lewis, 2006).

끝으로 중재의 두 번째 단계는 일반교사가 다른 전문가 및 학부모와의 협력을 증가시키도록 요구한다. 교사들은 학교 장면에서 동료들로부터 충분한 지식, 정보 그리고 자원들을 얻을 수 있다. 일반교사들은 흔히 전체 수업을 설계하기 위하여 동료들과 함께 일한다. 소집단과 개별 아동의 요구를 다루기 위한 새로운 아이디어를 발견하는 것으로 이러한 지원을 확대하는 것이 어려워서는 안 된다. 하지만 학생이 하고 있는 것을 조사하고 집단 구성과 교수에 대한 의사결정을 하는 것은 다른 교사와의 협력이 구조화되고 교사들의 약점과 학생이 성공하지 못하는 이유에 대한 혼란을 드러내기 편안한 환경에서 수행된다면 더 효과적일 것이다(Fuchs, Fuchs, & Bahr, 1990; Fuchs, Fuchs, Bahr, Fernstrom, & Stecker, 1990; Littie, Gearhart, Curry, & Kafka, 2003).

다른 교사와 함께 작업하는 것에 더하여 학급 교사들은 어려움을 가진 학생의 부모들과 가능한 한 밀접한 관계를 가져야 한다(Kampwirth, 2003). 부모는 아동의 배경과 경험에 대한 정보를 제공할 수 있으며 학교에서 실시되는 중재를 지원하기 위해 가정에서 많은 것을 기꺼이 수행할 것이다. 부모는 또한 아동의 미래에 있어 분명한 이해관계자로, 아동의 잠재력을 최대화하기 위하여 교사 및 학교와 함께해야 한다. 부모는 아동이 학년 수준의 기대에 도달하도록 돕기 위해 노력하는 데 있어 진정한 협력자가 될 수 있다.

특수교사 또한 중재의 두 번째 단계에서 작업하기 위해 적당히 일하는 것 이상으로 능력을 발휘할 필요가 있을 것이다. 특수교사들은 순전히 독립학급이나 분리 프로그램에서 일하기보다는 간접적·직접적 자문 모두를 통해 일반교육에서 공부하는 학생들을 지원하도록 시간을 내야 한다. 두 번째 단계에서 더 중요한 그들의 역할은 사정 결과를 분석하고 학습에 있어 더 큰 어려움을 지닌 소집단 학생들을 위한 교수를 효과적으로 차별화하기 위해 일반교사들에게 정보 활용 방법을 이해할 수 있도록 지원을 제공하는 것이 될 것이다. 보통 일반교사들이 전체 학급을 대상으로 가르치고 점검하기 때문에 특수교사들이 진전도 점검 사정을 수행하는 것이 더 설득력 있을 것이다. 특수교사들은 특화된 교수의 전달을 시범 보이고 이후 처음으로 차별화된 수업을 제공하려 하는 교사들을 지도함으로써 그들 자신의 단계 2 중재 지원을 발전시킬 수 있다(Haager & Windmueller, 2001).

특수교사들이 보통 맡게 되는 역할인 중재의 세 번째 단계는 학생과의 더 집중적인 작업과 더 다양한 교수적 전략을 요구한다. 단계 3은 특수교육으로 간주된다. 하지만 이것은 결코 법에 의해 보장된 의뢰와 판별 과정을 건너뛰는 것은 아니다. 다학문적 팀은 여전히 특수교육 배치에 대한 선택권을 고려하고 여러 사정을 근거로 개별적 결정을 내리기 위해 개별화교육계획(Individualized Education Program: IEP)을 수행하여야 한다. 일반교사들이 중재의 첫 수준에서 학생이 확실히 진전을 보이게 할 주요한 책무를 갖는 반면에, 특수교사들은 장애를 가진 것으로 판별된 학생들을 위하여 세 번째 단계에서 그러한 기능을 넘겨받는다. 어떤 학교들은 단계 2에서 성공하지 못한 비장애 학생을 위해 단계 3을 개발하는데, 이러한 서비스가 특수교육과는 별개일 수 있다.

어떤 학생이 단계 2에서 성공하지 못해서 특수교육 대상자로 판별될 때, 일반교육자들은 해당 학생의 학습에 대한 책무를 넘겨 주게 되는 것은 아니다. 이 수준에서, 일반 교육자는 특수교육자와 협의하여 학생의 IEP 혹은 「재활법」 504조 계획에 지시된 중재를 실행할 것이다.

특수교사가 기초 기술들에 대한 교수를 제공하기 위해 단계 3에서 주도권을 갖고, 일반교사는 가장 중요한 텍스트, 과제, 수업 제시 등을 조정함으로써 해당 학생이 언어 및 내용 영역의 핵심 교육과정에 접근할 수 있도록 할 가능성이 매우 높다. 특수교사는 중요한 기초 기술에 초점을 두고 이 학생들이 자신의 성취를 강화하도록 도우면서 그들에게 직접적인 서비스를 제공할 것이다. 게다가 단계 3에서 특수교사들은 대상 학생의 요구를 충족시키기 위해 핵심 교육과정을 조절하고 수정할 준비를 하도록 일반교사들에게 더욱 많은 지원을 제공한다. 이 중재 단계에서 일반교사와 특수교사들은 반드시 심한 학습의 어려움을 지닌 학생들에 대한 지원을 유지하기 위하여 열린 의사소통을 유지하는 것이 필요하다.

도시 학교를 위한 단계 2 중재 모델

우리는 일반학급에서 중재의 두 번째 단계를 실시하는 것에 초점을 맞춘 프로젝트를 6년 이상 실시해 왔다. PLUS(Promoting Literacy in Urban Schools) 프로젝트를 통하여 우리는 대부분의 학생이 영어가 모국어가 아니고 사실상 모두가 소수 집단이며 낮은 사회경제적 지위의 배경 출신인 몇몇 도시 학교와 함께 작업하였다. 모든 PLUS 학교는 역사적으로 높은 특수교육 의뢰율을 보였고, 비록 모든 학교에 다양한 수준의 효과성을 보이는 의뢰 전 팀이 있었으나 어느 곳에서도 체계적 중재 실행이 자리 잡지 못했다. 우리의 목적은 읽기 성취를 증진시키는 데 있어 현저한 어려움을 가진 도시 학교에서의 실용적이고 지속 가능한 의뢰 전 읽기 중재 모델을 개발하는 것이었다. 우리의 목적은 장기적으로 지속 가능하지 않은 모델인 중재자 제공을 위한 보조금 활용보다는 충분한 전문성 개발을 제공하고 기존 인력들과 함께 사정 및 단계 2 중재를 실행하기 위해 초등학교에 근무하는 일반 및 특수교사들을 지원하는 것이었다.

PLUS 모델은 한 학교에서 교사 및 행정가들과 함께 협력적으로 개발되었으며 (Haager & Windmueller, 2001), 그 후 효능을 평가하기 위하여 다른 학교들에 전파되었다. 연구팀의 참여가 현재 연구에 반영된 실제를 보장하는 반면, 이 모델의 기반 개발은 절차와 실제에 광범위한 교사의 조언과 절차 및 실제에 대한 현장 검정으로 귀결되었다. 비록 첫 학교가 현장 읽기 코치로부터 거의 전일제 지원을 받았다 하더라도, 후속 학교들은 프로젝트 자문가와 학년 수준 협력 팀 회의에서 한 달에 두 번만 만났고, 기존 학교 인력들을 촉진자로 활용하여 우리가 구상했던 활동이 승인 기간 이상으로 지속되었다. 다음은 PLUS 모델의 요소들이다.

1. 학교의 의지: PLUS 프로젝트에 참여하기 위하여 학교 행정가 및 관련된 모든 교사(초기 프로젝트에서는 유치원~2학년, 현재 프로젝트에서는 1~2학년)는 프로젝트의 전분야에 참여할 것에 동의해야 했다. 중재 프로그램이 의뢰 전 중재 과정에 영향을 미치도록 설계되었고 중재 대상으로 판별된 학생들이 종단적으로 추적되기 때문에 모든 학교 관계자가 함께하는 것이 중요했다.

2. 전문성 개발: 대략 25시간의 초기 전문성 개발이 초등학년 수준에서 근무하는 일반 및 특수교사들에게 제공되었다. 전문성 개발에는 중재를 위해 학생들을 판별하고 집단 구성을 하는 데 기반을 제공하고 장기 중재효과의 기준으로 사용된 도구인 DIBELS(Dynamic Indicators of Basic Early Literacy Skills) 사정(Good & Kaminski, 2003)을 실시하고 채점하며 해석하는 방법에 대한 훈련이 포함됐다. 교사들은 또한 그들의 핵심 읽기 프로그램의 맥락에서 실시될 수 있는 일군의 중재 활동을 배웠다.

3. 사정: 교사들은 적합한 학년 수준에 대한 DIBELS 사정 도구를 활용하여 획득된 자료를 실행하고 채점하며 해석하는 것을 배웠다. 이러한 사정 도구에는 빠른 철자 명명화, 음소 인식, 비언어 단어 해독, 읽기 유창성 그리고 구어 산출이 포함된

다(Good & Kaminski, 2003 참조; DIBELS의 하위검사 및 그 심리측정적 측면에 관한 추가 정보를 위해서는 http://dibels.uoregon.edu 참조). 각각의 하위검사는 특정한 기초 읽기 기술에서의 자동성이나 유창성에 대한 확인을 위하여 시간 제한이 있는 과제들로 구성된다. 교사들은 위험군에 대한 설정 기준과 기준점을 활용하여 중재를 요구하는 아동을 판별하고 유사한 요구를 가진 학생들의 적절한 소집단을 결정하는 것을 배웠다.

4. 중재: PLUS 중재 훈련은 교사들에게 음소 인식, 해독, 유창성 등의 주요 초기 읽기 기술에 초점을 둔 짧은 활동들의 목록을 제공하였다. 교사들은 또한 영어 학습의 시작단계에 있던 영어 학습 학생들을 위한 중재 활동에 영어 발달과 어휘 교수를 통합시키는 방법을 배웠다. 모든 활동은 시범 학교에서 개발되었으며 현장 검토를 거쳤고 효과적인 교수의 연구기반 원리를 반영하도록 고안되었다(Haager, Dimino, & Windmueller, 2007). 모든 활동은 개념을 구체화하기 위한 조작물들(예를 들어, 문자 타일이나 용수철 장난감 등)을 이용하여 어떤 기술을 도입하고 시범 보이기, 교사가 소집단 학생들을 위해 교수의 비계설정(scaffold)을 하고 적절한 교정적 피드백을 주는 안내된 연습 제공하기, 학생들의 능동적 참여와 해당 개념의 분명한 이해 등을 보장하기 위해 학생들이 과제를 개인적으로 연습하고 수행할 기회 제공하기 등의 형식을 따랐다. 상업적 중재 프로그램들과는 달리 이 활동들은 하나의 목록을 의미하는 데 교사들은 학생들의 요구 사정과 교사의 관찰을 기초로 이 목록에서 특정 목표 기술들을 선택할 수 있었다. 활동들은 노트에 쉬운 과제부터 어려운 과제까지 순서대로 제시되어 있으나, 우리의 주된 목적은 교사가 특정 학생의 요구를 판별하고 이 요구를 다루기 위해 적합한 활동을 선택하는 데 능숙해지도록 돕는 데 있었다.

5. 협력적 학년 수준 회의: 어려움을 겪는 독자와의 학습에 폭넓은 경험이 있고 연구기반 읽기 실제에 대한 지식을 갖춘 프로젝트 자문가들이 학년 수준 팀의 교사들과 한 달에 두 번씩 만났다. 자문가들은 교사들의 자료 보고서를 효과적으

로 활용하는 과정을 통하여 교사들을 안내하고 학생들의 집단을 구성하며, 중재를 계획하면서 협력적 논의를 촉진하였다. 교사들은 자신의 도전과 성공을 집단과 공유하고 그들의 실행을 정련하고 조정하는 데 함께하도록 격려받았다. 〈표 11-1〉과 〈표 11-2〉는 협력적 학년 수준 회의를 위해 활용된 구조와 참여 학교에서 실행에 있어 중요한 것으로 나타난 일련의 주제를 보여 주고 있다.

6. 진전도 점검 사정: 교사들은 개별 학생의 진전을 점검하기 위하여 학교가 채택한 읽기 프로그램으로부터의 교육과정중심 사정뿐만 아니라 DIBELS 진전도 점검 도구를 활용하는 방법을 학습하였다. 비록 교사들이 PLUS 모델의 모든 측면을 실시하는 데 동의하였다 할지라도, 우리는 그들이 프로그램기반 사정이라는 무거운 부담을 지니고 있음을 인지하였고 DIBELS 진전도 점검 도구의 활용을 요구하지는 않았다. 따라서 교사들은 학생 진전을 논의할 목적으로 열린 협력적 팀 회의에 DIBELS 또는 프로그램기반 사정을 가지고 올 수 있었다.

표 11-1 협력적 학년 수준 회의를 위한 형식

형식	설명
지난 회의에 대한 보고 듣기(10분)	교사들은 지난 회의 이후로 실시된 중재의 실행에 있어 성공과 도전을 보고한다.
새로운 주제의 도입(20분)	촉진자는 논의를 위한 주제의 초점을 도입하고 교사들이 아이디어를 공유하거나 질문을 제기하는 양방향적 논의를 이끈다.
주제에 대한 협력적 계획(20분)	교사들은 그날의 주제가 그들 자신의 특정 상황에서 어떻게 실행될 것인지 논의한다. 교사들은 그들의 중재 집단에서 이 쟁점을 어떻게 다룰 것인지 결정하고, 적절하다면 그렇게 하기 위한 모든 준비를 수행한다.
교사들이 제기한 추가 질문들이나 쟁점들(10분)	촉진자는 교사들이 중재에 관한 어떤 질문이나 문제를 제기할 수 있도록 회의의 마지막 10분을 남겨 둔다.

표 11-2 협력적 학년 수준 회의를 위한 주제

주제	설명
중재는 어떻게 조직되어야 하는가?	교사들은 일정과 자료를 조직하고 준비할 필요가 있다. 교사들이 그들 자신의 학급과 일과를 위해 이를 맥락화하는 것은 중요하다.
중재는 어떻게 관리되어야 하는가?	교사들은 집중적인 중재를 제공하기 위해 중단되지 않는 시간을 갖도록 다른 학생들과 함께 어떤 단계들을 밟을 것인지 배울 필요가 있다. 이러한 목적에는 조 활동들과 중심 활동들이 유용하다. 교사들은 또한 전체 학급 교수에서 소집단 교수로 신속하게 전환함으로써 교수 시간을 극대화하는 방법을 배울 필요가 있다.
중재는 핵심 읽기 프로그램과 어떻게 조정되어야 하는가?	교사들은 핵심 읽기 프로그램에서 배운 개념들을 강화하고 중재를 하는 동안 동일한 교수 언어를 사용하는 방법을 알기 위해 중재 활동과 자료들을 어떻게 조정해야 하는지 논의할 필요가 있다.
양질의 중재는 어떤 형태여야 하는가?	교사들은 특정 학생의 기술 요구를 판별하고 그에 따라 계획하는 방법을 논의한다. 교사들은 교수를 어떻게 초점을 맞추고 집중적으로 할 것인지 결정하고 학생들의 능동적 참여를 극대화할 전략들을 개발한다.
새로운 기술은 언제 도입되어야 하는가?	교사들은 진전도 점검 사정을 수행하고 분석하는 방법을 배운다. 학생의 진전을 도표화하는 것은 교사들로 하여금 학생들이 새로운 기술로 이동할 시기와 그렇지 않은 시기를 알 수 있게 해 준다.
학생들이 추가적인 안내를 필요로 할 때 무엇을 해야 하는가?	진전도 점검 자료가 어떤 한 학생이 특정 기술 수준에 '정체'되어 있음을 보여 줄 때, 교사들이 중재의 강도나 기간을 증가시킬 것을 고려하는 것은 중요한 일이다. 새로운 접근방식을 시도하는 것 또한 필요하다.
영어 학습자를 위해 중재는 어떻게 조정되어야 하는가?	교사들은 중재 활동에 어휘와 이해 지원을 통합하는 방법을 논의한다. 예를 들어, 8~10개의 단어가 포함된 해독 활동에서 교사들은 2~3개를 선택하여 정의하고 그 후 그 단어들의 활용 예시를 제공한다. 전체 집단 수업에서도 나타난 단어들을 선택하는 것은 학생들에게 새로운 단어들에 여러 번 노출될 수 있게 해 준다. 그다음 며칠 동안 단어들을 복습하는 것은 반복 연습을 제공한다.

다른 기술 수준에 있는 학생들에게 중재를 어떻게 가르쳐야 하는가?	교사들은 종종 그들의 위험군 학생들이 특정 기술에 근거한 집단에 깔끔하게 들어맞지 않는다는 것을 발견한다. 교사들이 이에 대해 논의하고, 예를 들어 더 짧은 기간으로 더 많은 집단을 구성하거나 옆반 교사와 바꿔 수업하기를 계획하는 등의 관리를 위해 브레인스토밍을 하는 것은 유용하다.
새로운 전략들이나 아이디어들이 필요할 때에는 무엇을 해야 하는가?	교사들은 전문성 개발에서 배웠던 것을 반성해 보고 그들의 지식 및 기술을 발전시킬 시간이 필요하다. 교사들은 또한 전문적 자원이나 그 이상의 훈련을 통해 그들의 학습을 확장시키는 데 있어 지원을 필요로 할 수 있다.

직면한 도전과 학습된 교훈

지금에서 우리는 PLUS 실시에서의 성공과 어려움 모두를 보고할 수 있다. 우리의 초기 5년 동안 PLUS 프로젝트는 모델 개발을 위해 설계되었으며 우리는 학생에 대한 DIBELS 점수뿐만 아니라 교사들로부터 평가 자료도 수집하였다. 모든 학교가 주에서 지정한 대규모 평가로 측정된 성취에 있어 향상을 보고하지는 않았다하더라도, 저학년에서는 어떠한 공식적인 점수도 없었다. 우리에게는 DIBELS 점수를 활용한 성취를 측정하는 데 있어 비교대상 학교가 없었다. 모든 참여 학교가 중재를 받은 학생들의 두드러지는 향상을 보고하였지만, 학교구가 채택한 믿음직한 핵심 읽기 프로그램이 아닌 중재가 어느 정도의 결과를 산출했는지 구분하는 것은 어려운 일이다. 우리가 의뢰 자료를 얻을 수 있었던 세 학교는 의뢰율에서의 감소를 경험하였고 보통의 경우보다 일찍 학습장애 학생들을 판별하였다(3, 4학년 때보다는 1, 2학년 때). 2004년 이후 우리는 읽기 곤란 위험군으로 판별된 학생들에 대한 프로그램의 효과를 더 잘 검정하기 위해 실험 설계를 활용하여 새로운 학교들에 PLUS 모델을 반복해서 실행하여왔다.

좌절 수준의 성취점수로 만성적 어려움을 겪는 도시 학교에서 이 프로젝트를 실시하는 과정 동안, 우리는 다단계 읽기 중재 모델의 활용에 있어 소중한 교훈을 얻었다. 다음에서 우리는 그 과정에서 부딪힌 장애물에 대해서 논의하고 교사의 중재 실행을 지원하는 데 있어 우리가 결정적 특성으로 생각하는 바에 대해서 개관하겠다. 우리의 작업에서 나타난 지원과 장애물의 목록과 설명은 〈표 11-3〉과 〈표 11-4〉에 제시되어 있다.

표 11-3 다단계 읽기 중재 모델을 위한 지원

지원	설명
전문성 개발	전문성 개발은 특히 중재 모델의 구성요소에 초점을 맞춰야 하고, 지식과 기술을 쌓도록 충분히 깊이가 있어야 하며, 교사들에게 학습한 원리들을 적용할 연습기회들을 제공해야 한다. 행정가들이 교사들과 함께 전문성 개발에 참석할 때 그들은 구체적이고 집중적이고 현장에 근거한 지원을 제공할 수 있다.
지속적인 교사 지원	협력적 학년 수준의 회의는 교사들에게 사정 자료들을 함께 분석 및 해석하고, 학생 개개인과 그들의 요구를 논의하며, 중재활동들의 계획을 세우고, 수업을 준비할 기회를 제공하기 위해 매달 최소한 두 번은 개최되어야 한다.
공유된 초점	한 학교 전체 혹은 한 학년 수준이 다단계 읽기 중재 모델을 실행하는 데 전념할 때 공동의 목적이 있기 때문에 성공 가능성은 더 높아진다.
행정가의 지원	지원을 아끼지 않는 현장 행정가는 중재 모델을 채택하고, 교사와 함께 전문성 개발에 참여하며, 필요한 자료들과 구조를 제공하고, 위험군 학생들에 대해 교사들과 빈번하게 의사소통하는 데 관여할 것이다.
업무 조직에 관한 지원	중재 모델은 일정과 자료들이 확실히 자리를 잡도록 조직과 계획을 요구한다. 일정에는 실행과 계획을 위해 수업시간 및 수업 외 시간이 포함되어야 한다. 학교는 반드시 확성기를 통한 공지나 들락날락하는 전달자와 같은 방해물을 허용하지 않도록 해야 한다. 자료들은 반드시 구입되고, 정리되고, 준비되어야 한다.
학급 관리	교사들은 그들이 소집단들이나 학생들 개개인과 방해받지 않고 함께 할 수 있게 해 주는 관리체제를 가져야 한다. 짝지어 읽기나 중심 활동과 같은 활동들을 활용하는 것은 교사들로 하여금 유사한 중재 요구를 지닌 소집단 학생들을 20~30분 동안 따로 모이게 해 준다.

코칭 혹은 교사 지원	교사들이 중재 실행에 있어 또래 학생들의 지원을 받는 것은 유용한 일이다. 또래 코치는 소중한 피드백과 지원 그리고 시범 보이기를 제공한다.
사정	초기 선별 및 지속적인 진전도 점검 사정은 충분히 알고 있는 상황에서 선택을 하는 데 있어 중요한 자료를 제공한다.

표 11-4 다단계 읽기 중재 모델의 장애물

장애물	설명
주도권이나 권한 다투기	교사들은 그들의 수업 및 수업 외 시간과 주의를 두고 경쟁하는 여러 가지 학교나 교육구 계획들 혹은 특별 프로젝트들에 참여하게 된다.
부정적 태도나 인식	일반교사들은 종종 읽기에 어려움을 겪는 학생들을 가르치고 싶어 하지 않거나 이를 그들의 책임으로 보려 하지 않을 수 있다.
시간 부족	교사들은 그들에게 소중재 집단을 가르칠 만큼의 수업 시간 혹은 적절한 계획을 세우기 위한 수업 외 시간이 없다고 보고한다.
불충분한 훈련	일반교사들은 그들의 직전 및 현직교육에 포함되어 있지 않았기 때문에 어려움을 겪고 있는 학생들과 함께할 지식과 기술을 갖추고 있지 않을 수 있다.
지원 부족	행정적 지원과 지속적인 또래지원 구조 없이는 실행되지 않을 것이다.

일반교사들이 그들이 직면하는 도전의 복잡한 미로를 포함하는 단계 2 사정과 중재에 참여하기를 저항하는 데는 많은 이유가 있다. 교사들은 성적에 대한 주(state)의 기준을 충족시켜야 하고, 검사 점수는 높아야 하며, 어떠한 아동도 확실히 뒤처져서는 안 된다는 것을 보장해야 한다는 증가하는 압박하에 있다. 하지만 동시에 교사들은 더 다양한 학생 집단, 영어를 제2언어로 배우는 많은 학생, 높은 빈곤율 그리고 증가하는 한부모 가정과 같이 변화하는 사회적 인구통계학의 어려움에 직면한다(Smith, Polloway, Patton, & Dowdy, 2006). 비록 학급이 과거에 비해 덜 동질적이라 하더라도, 많은 교사는 수업을 받는 모든 학생에게 하나의 수업을 전달하는, 법에 규정된 교육

과정을 가르치며 개인적 요구에 기반을 두고 교수를 차별화할 시간이 거의 없는 자신을 발견한다. PLUS 교사들은 확실히 이러한 감정을 표출한다. 많은 의견이 교사가 직면한 엄청난 부담을 강조하고 있었다. PLUS 프로젝트와 동시에 이 특정 도시 학교구는 구조화되고, 대본이 짜인 읽기 프로그램을 채택하였고, 교사들에게 광범위한 전문성 개발을 제공하였다. 비록 PLUS 중재 모델이 채택된 프로그램과 모순되지는 않는다 하더라도, 교사들은 다양하며 경쟁적인 계획들에 초점을 맞추기가 어려움을 발견하였다.

비록 일반교사들이 단계 2 중재 채택을 어떻게 보는가에 대한 연구에서 알려진 것이 거의 없으나, 과거 연구들은 그들이 조정의 제공과 교수의 차별화에 저항적임을 보여 주었다. 일반교사들은 보통 어려움을 가진 학습자들의 요구를 충족시킬 만큼 능력을 갖췄다고 느끼지 않는다(Schumm & Vaughn, 1991, 1995). 한 연구에서 숨은 장애(판별이 어려운 경도장애)를 지닌 학생들은 그들의 일반학급 교사가 교실에서 배제하기 원하는 학생들일 가능성이 높았고 이는 어쩌면 그 학생들이 함께하기 어려웠으며 그들의 장애를 잊지 않고 있기가 어려웠기 때문일 것이다(Cook, 2001). 그렇다면 일반교사들이 다른 요구를 지닌 학생들과 더 잘 함께하기 위해 자신의 교수를 수정하는 데 저항을 보일 수 있고, 이 학생들이 일반학급에 있는 것이 전혀 공정하지 않다고 간주할 수 있다는 것은 이상한 것인가? 우리의 PLUS 교사들은 어려움을 가진 학생들의 요구를 충족시키고자 하는 진솔한 욕구를 표출하였으며 중재 전략을 배우는 데 열심이었다. PLUS 프로젝트의 긍정적 성과는 교사들이 과거에는 커다란 절망을 느끼게 한 학생들과 함께하는 데 있어 역량이 강화되었음을 느낀다는 것이었다. 한 교사는 프로젝트 종료 시 면담에서 익명으로, "나는 이제 위험군 학생들과 어떻게 학습하면 되는지를 알았어요. 더 이상 소집단과 함께 학습하기를 피하지 않을 거예요."라고 말했다.

많은 PLUS 교사가 처음에는 어려움을 가진 학생들과 학습한다는 아이디어에 저항하였다. 특수한 요구를 가진 아동과 학습하는 데에 뜻이 없을 수 있는 일반교사들이 그들이 반드시 단계 2 중재를 제공해야 한다고 들었을 때 발끈한 것은 그리 놀라운 일이 아니다. 일반교사들은 "이러한 수준의 중재를 제공하는 것은 내 일이 아니에요. 읽기 혹은 학습 도움 전문가들이 이런 일을 해야 해요."라고 말할 수 있다. 분명 중재를 제공하는 것은 교수를 계획하고 실행하는 순간 모두에서 시간이 많이 소요되는 일이다. PLUS 교사의 인식을 변화시킨 핵심적 요소는 자료였다. 비록 교사들이 확실히 '사정을 하나 더' 실행할 추가적 책무를 원하지 않았다 하더라도, 두 번째 표준적 수업 기간 직후, 학생의 점수가 상승한 것을 보았을 때, 그들은 기대를 가지고 다음의 자료 획득 지점을 기다리기 시작했다. 향상된 읽기의 구체적인 결과를 보는 것은 교사들에게 그들의 노력이 대가를 얻었음을 보는 데 요구되는 사기를 북돋아 주었다.

교사들은 단계 2 중재 제공을 바라지 않는 다른 많은 이유를 댔다. 그들은 종종 한 아동을 위해 과제를 바꾸거나 추가적 교수를 제공하는 것은 학급의 나머지 아동에게는 불공평한 일이라고 말한다. "그들 모두는 특별한 주의를 받을 자격이 있어요." 교사들은 때때로 이렇게 이야기한다. 흥미롭게도 학생들은 필요한 조정을 제공한 교사를 좋아하는 것으로 보이며, 이는 아마도 그렇게 하는 것이 아동들에게 교사가 학급에 있는 개개인을 주의 깊게 살피고 있다고 보이기 때문일 것이다(Mercer & Mercer, 2001; Vaughn, Schumm, & Kouzekanani, 1993; Vaughn, Schumm, Niarhos, & Daugherty, 1993).

특화된 교수를 계획하거나 조직하고, 준비하거나 실시할 시간의 부족은 교사들이 중재를 실행할 수 없다고 말하는 또 다른 이유다(Safran & Safran, 1996). 교사들은 매일 30명 이상의 학생으로 구성된 학급뿐만 아니라 회의, 문서 작업, 채점, 학부모 연락이 포함되는 많은 전문적 요구에 부딪힌다. 만일 교사가 직업에 있어 일상의 요구사항에 압도된다고 느낀다면 그들의 일 목록에 또 다른 책무를 추가할 방법 혹은 시기를 찾기란 어려울 것이다. 의심할 여지없이 이것은 PLUS 실행에 있어 우리가 부딪힌 가장 큰 도전이었다. 실행 타당도를 확인한 결과는 교사 개개인이 매일 정해진 시간으로 중재 일정을 제출했음에도 불구하고 실행의 빈도와 기간 그리고 충실도에 있어 일관성이 매우 부족함을 보여 주었다. 교사들은 계속해서 계획할 시간이 부족하다고 보고하였으며, 그들이 중재를 실행했을 때의 결과를 알 수 있었을 때조차 중재 집단들을 운영하기 위해 매일 20~30분을 짜내는 것이 어려움을 알게 되었다.

협력적 학년 수준 회의는 PLUS 교사들이 계획 시간을 그들의 일정에 넣는 데 도움이 되었다. 우리는 한 달에 두 번 회의를 개최하는 것이 교사들에게 그들의 사정 자료와 개별 학생의 요구와 진전을 논의하고, 중재 활동을 계획하는 데 충분한 기회를 제공함을 발견하였다. 일반 읽기 프로그램 및 기타 계획이나 도전과 같은 나타날 수 있는 다른 주제들보다는 중재에 초점을 유지하도록 해당 회의의 촉진자를 두는 것이 중요하다. 비록 교사들이 그들의 중재 경험에 대한 보고를 듣고 특정 학생이나 사건에 대한 것을 공유할 시간을 갖는 것이 중요하다 하더라도, 회의가 실행을 용이하게 할 실질적인 쟁점들에 초점을 유지하게 하는 것 또한 마찬가지로 중요한 일이다. 〈표 11-1〉과 〈표 11-2〉는 실행을 유지하는 데 매우 중요한 것으로 PLUS 프로젝트에서 지속적으로 대두되는 회의 실행 형식 및 주제들을 보여 주고 있다.

부적절한 훈련과 지원은 단계 2 중재의 실행에 있어 가장 큰 방해물이 될 것이다. 직전 훈련에서 서로 다른 능력을 가진 학생들의 학습 요구에 관하여 배우지 못했던 교사들은 다양한 수준의 능력을 가진 학생들에게 이익이 될 교수를 설계할 필요성을 이해하지 못할 것이며 그렇게 하기 위해 어떻게 해야 하는지 알지 못할 것이다. 만약 누군가가 예비 교사 프로그램에서 학습한 것을 활용하도록 준비되어 지도 전문성에 들어선다면, 이 미래 교사들이 더 잘 준비할 수 있도록 그곳에서 배우는 것을 변화시킬 필요가 있다(Denton, Vaughn, & Fletcher, 2003). 현직 훈련은 중재 프로그램 실시에 있어 매우 중요하다. 하지만 단발성이고 단순히 서서 전달하는 워크숍은 학급 실제에 제한적 영향을 미치기 때문에 교사의 일일 계획과 계획의 관리에 실제적이며 실질적이고 적절한 지속적인 지원을 제공하는 것이 매우 중요하다. 시범 학교에서 우리는 수업 모델링, 관찰과 피드백 그리고 협력적 계획 회기를 포함한 지도와 지원을 거의 하루 종일 제공하였다. 대부분의 학교에서 이것이 현실적이지 않거나 반복될 수 없는 것임을 깨달았기에, 우리는 특정 요구에 대하여 가능한 추가적 지원과 함께 협력적 학년 수준 회의에서 한 달에 두 번 지원하는 것으로 제한하였다. 우리의 간헐적 실행을 고려할 때, 우리는 이러한 지원의 수준이 실행을 보장하고 유지하는 데에 충분한가에 대하여 의심하였다. 우리는 학급에 더 가까운 지속적 지원을 권고한다. 비록 학년 수준 회의가 교사의 관점에서 생산적이며 중요하더라도 교사들은 행정가나 현장 코치가 학급 내 지원을 제공한다면 더욱 높은 실행을 보일 수 있다.

만약 교사들이 다양한 교수 모델과 그 적절한 활용 방법을 배우지 못하였다면, 그들은 그들이 아는 방법으로만 계속해서 가르칠 것이다. 교사들을 위한 전문성 개발은 흔히 어떤 주제가 짧은 시간에 소개되고 논의되며 그 이후에는 어떠한 추수적 지원 혹은 논의가 제공되지 않는 현직 연수의 형태로 받게 되는 것 같다(Dettmer, Thurston, & Dyck, 2002). 지원이 없거나 전략이 무엇인지 혹은 그것이 왜 유용한지에 대한 진정한 이해 없이 새로운 전략을 실시하도록 내버려 둔다면, 교사들은 첫 시도에 수업이 순탄하게 진행되지 않을 경우 쉽게 포기해 버린다(Brownell, Adams, Sindelar, Waldron, & Vanhover, 2006). 그들은 전문가가 차별화된 교수를 제자리에 채택하는 것을 볼 기회와 그것이 어떻게 효과적일 수 있는지를 볼 기회를 필요로 한다. 그 후 그들은 전문가에 의해 관찰되고 그들의 교수를 개선할 방법에 대한 피드백을 얻을 기회를 필요로 한다(Blachowicz, Obrochta, & Fogelberg, 2005). 훌륭한 학급 교수는 새로운 기술을 확립하기 위한 지도와 피드백뿐만 아니라 충분한 모델링을 포함하지만 교사들을 위한 전문성 개발은 종종 교육과정에 있어 이들 두 가지 중요한 부분을 빠뜨리곤 한다.

마지막으로 우리는 현장기반 행정가의 지속적 지원이 얼마나 중요한가에 대하여 아무리 강조해도 지나치지 않다. 우리가 연구를 수행한 9개 학교에서 우리는 다양한 관리자의 지원과 관리 유형을 보았다. 행정가가 모델의 채택에 적극적으로 참여하고 학교의 우선순위에 대한 메시지를 지속적인 회의와 토론을 통해 전달한다면 성공의 기회는 더 커진다. 행정가가 그러한 일에 거의 주의를 기울이지 않을 때 교사들도 마찬가지가 될 것이다. 또는 행정가가 교사의 동의를 구하거나 동료들의 지지를 촉진하지 않은 채 그러한 일을 교사들에게 밀어붙이고 명령한다면 성공 가능성은 희박해진다. 우리는 차이를 만들어 낼 것으로 보이는 몇 가지 유형의 행정가 지원의 사례들을 제공한다. 한 학교에서는 학교 전체가 참여하도록 결정을 내린 후 교장이 초등학년에 배정된 교사들에게 그들이 사정과 중재를 충분히 실행할 것을 동의해야 한다고 발표하였다. 바로 이 교장은 학년 수준 회의가 계획되고 대립되는 회의 주제를 배정하지 않도록 확실히 하였다. 또 다른 교장은 아동들 개개인에 대한 메모와 함께 DIBELS 결과가 들어 있는 공책을 갖고 있었다. 이 교장은 중재 시간 동안 교실로 들어가 교사와 개인적으로 만나 중재에 대해 토론을 하였다. 한 교장은 교사가 요구하는 교재를 신속하게 주문하였고, 순번으로 돌아가는 중재 계획을 마련하였으며, 중재 시간 동안의 보조 인력들의 학급 일정을 짰다. 요약하자면 이 교장들은 중재 프로그램이 우선임을 보여 주었고 매일의 수행에 참여하였다.

요약

일반교사들은 일반적으로 단계 2 중재가 그들의 역할도 아니며 그들의 전문 분야도 아니라고 본다. 중재가 일반교육 교수의 한 부분이 되기 위해 학교차원의 목표와 광범위한 전문성 개발이 요구된다. 전문성 개발은 성공적 중재 프로그램을 위한 필요조건이지 충분조건은 아니다. 교사들은 교수되는 기술에 직접적으로 관련된 사정 자료들과 중재 실행에 대한 지속적 지원을 필요로 한다. 협력적 팀에서 작업하는 것은 교사의 실행을 촉진하며 집단적 효능감을 키운다. 끝으로 행정적 지원은 매우 중요하다.

참고문헌

Bahr, M. W., Fuchs, D., Fuchs, L. S., Fernstrom, P., & Stecker, P. M. (1993). Effectiveness of student verses teacher monitoring during prereferral intervention. *Exceptionality, 4*(1), 17-31.

Bahr, M. W., & Kovaleski, J. F. (2006). The need for problem-solving teams: Introduction to the special issue. *Remedial and Special Education, 27*(1), 2-5.

Bahr, M. W., Whitten, E., Dieker, L., Kocarek, C. E., & Manson, D. (1999). A comparison of school-based intervention teams: Implication for educational and legal reform. *Exceptional Children, 66,* 67-83.

Blachowicz, C., Obrochta, C., & Fogelberg, E. (2005). Literacy coaching for change. *Educational Leadership, 62,* 55-58.

Brownell, M. T., Adams, A., Sindelar, P., Waldron, N., & Vanhover, S. (2006). Learning from collaboration: The role of teacher qualities. *Exceptional Children, 72,* 169-185.

Bursuck, W. D., Munk, D. D., Nelson, C., & Curran, M. (2002). Research on the prevention of reading problems: Are kindergarten and first-grade teachers listening? *Preventing School Failure, 47,* 4-9.

Chalfant, J. C., & Pysh, M. V. (1989). Teacher assistance teams: Five descriptive studies on 96 teams. *Remedial and Special Education, 10,* 49-58.

Cook, B. G. (2001). A comparison of teachers' attitudes toward their included students with mild and severe disabilities. *Journal of Special Education, 34,* 203-213.

Crockett, J. B. (2004). Taking stock of science in the schoolhouse: Four ideas to foster effective instruction. *Journal of Learning Disabilities, 37,* 189-199.

Benton, C. A., Vaughn, S., & Fletcher, J. M. (2003). Bringing research-based practice in reading intervention to scale. *Learning Disabilities Research & Practice, 18,* 201-211.

Desimone, L. (2002). How can comprehensive school reform models be successfully implemented? *Review of Educational Research, 11*(3), 433-479.

Dettmer, P., Thurston, L. P., & Dyck, N. (2002). *Consultation, collaboration, and teamwork for students with special needs* (4th ed.). Boston: Allyn & Bacon.

Evans, W., Baugh, C., & Sheffer, J. (2005). A study of the sustained effects of comprehensive school reform programs in Pennsylvania. *School Community Journal, 15,* 15-28.

Fuchs, D., & Fuchs, L. S. (2006). Introduction to response to intervention: What, why and how valid is it? *Reading Research Quarterly, 41,* 93-99.

Fuchs, D., Fuchs, L. S., & Bahr, M. W. (1990). Mainstream assistance teams: A scientific basis for the art of consultation. *Exceptional Children, 57,* 128-139.

Fuchs, D., Fuchs, L. S., Bahr, M. W., Fernstrom, P., & Stecker, P. M. (1990). Prereferral intervention: A prescriptive approach. *Exceptional Children, 56,* 493-513.

Fuchs, D., Fuchs, L. S., Dulan, J., Roberts, H., & Fernstrom, P. (1992). Where is the research on consultation effectiveness? *Journal of Educational and Psychological Consultation, 3*(2), 151-175.

Gersten, R., & Dimino, J. A. (2006). RTI(response to intervention): Rethinking special education for students with reading difficulties (yet again). *Reading Research Quarterly, 41,* 99-108.

Good, R. H., III, & Kaminski, R. A. (2003). *Dynamic Indicators of Basic Early Literacy*

Skills: Administration and scoring guide. Longmont, CO: Sopris West Educational Services.

Graden, J. L. (1989). Redefining "prereferral" intervention as intervention assistance: Collaboration between general and special education. *Exceptional Children, 56,* 227–231.

Graden, J. L., Casey, A., & Christenson, L. L. (1985). Implementing a prereferral intervention system: Part I. The model. *Exceptional Children, 51,* 377–384.

Haager, D., Dimino, J. A., & Windmueller, M. (2007). *Interventions for reading success.* Baltimore: Paul H. Brookes Publishing.

Haager, D., & Windmueller, M. (2001). Early literacy intervention for English language learners at-risk for learning disabilities: Student and teacher outcomes in an urban school. *Learning Disability Quarterly, 24,* 235–250.

Individuals with Disabilities Education Improvement Act of 2004, PL 108–446, 20 U.S.C. §§ 1400 *et seq.*

Kampwirth, T. J. (2003). *Collaborative consultation in the schools: Effective practices for students with learning and behavior problems* (2nd ed.). Upper Saddle River, NJ: Prentice Hall.

Kovaleski, J. F. (1999). High versus low implementation of instructional support teams: A case for maintaining program fidelity. *Remedial and Special Education, 20,* 170–183.

Landrum, T. J., & Tankersley, M. (2004). Science in the schoolhouse: An uninvited guest. *Journal of Learning Disabilities, 37,* 207–212.

Lane, K. L., Mahdavi, J. N., & Borthwick-Duffy, S. A. (2003). Teacher perceptions of the prereferral intervention process: A call for assistance with school-based interventions. *Preventing School Failure, 4,* 148–155.

Littie, J. W., Gearhart, M., Curry, M., & Kafka, J. (2003). Looking at student work for teacher learning, teacher community and school reform. *Phi Delta Kappan, 85,* 184–192.

Lyon, G. R., Fletcher, J. M., Shaywitz, S. A., Shaywitz, B. E., Torgesen, J. K., Wood, F. B., et al. (2001). Rethinking learning disabilities. In C. E. Finn, Jr., A. J. Rotherman, & C. R. Hokanson, Jr. (Eds.), *Rethinking special education for a new century* (pp. 259–287). Washington, DC: The Progressive Policy Institute and The Thomas B. Fordham Institute.

Marston, D. (2005). Tiers of intervention in responsiveness to intervention: Prevention outcomes and learning disabilities identification patterns. *Journal of Learning Disabilities, 38,* 539-544.

McDougal, J. L., Clonan, S. M., & Martens, B. K. (2000). Using organizational change procedures to promote the acceptability of prereferral intervention services: The school-based intervention team project. *School Psychology Quarterly, 15,* 149-171.

McNamara, K., & Hollinger, C. (2003). Intervention-based assessment: Evaluation rates and eligibility findings. *Exceptional Children, 69,* 181-193.

Menzies, H. M., Mahdavi, J. N., & Lewis, J. (2006). *Early reading intervention: From research to practice.* Manuscript submitted for publication.

Mercer, C. D., & Mercer, A. R. (2001). *Teaching students with learning problems.* Upper Saddle River, NJ: Prentice Hall.

Moats, L. C. (2004). Science, language, and imagination in the professional development of reading teachers. In P. McCardle & V. Chhagra (Eds.), *The voice of evidence in reading research* (pp. 269-287). Baltimore: Paul H. Brookes Publishing Co.

Mortenson, B. P., & Witt, J. C. (1998). The use of weekly performance feedback to increase teacher implementation of a prereferral academic intervention. *School Psychology Review, 27,* 613-627.

Odom, S. L., Brantlinger, E., Gersten, R., Horner, R. H., Thompson, B., & Harris, K. R. (2005). Research in special education: Scientific methods and evidence-based practices. *Exceptional Children, 71,* 137-148.

Rock, M. L., & Zigmond, N. (2001). Intervention assistance: Is it substance or symbolims? *Preventing School Failure, 45,* 153-161.

Safran, S. P., & Safran, J. S. (1996). Intervention assistance programs and prereferral teams: Directions for the twenty-first century. *Remedial and Special Education, 17,* 363-369.

Schumm, J. S., & Vaughn, S. (1991). Making adaptations for mainstreamed students: General classroom teachers' perspectives. *Remedial and Special Education, 12,* 18-27.

Schumm, J. S., & Vaughn, S. (1995). Getting ready for inclusion: Is the stage set? *Learning Disabilities Research and Practice, 10,* 169-179.

Smith, T. E. C., Polloway, E. A., Patton, J. R., & Dowdy, C. A. (2006). *Teaching students with special needs in inclusive settings* (4th ed.). Boston: Allyn & Bacon.

Taylor, B. M., Pearson, P. D., Clark, K., & Walpole, S. (2000). Effective schools and accomplihsed teachers: Lessons about primary-grade reading instruction in low-income schools. *Elementary School Journal, 101*(2), 121-165.

Torgesen, J. K. (2000). Individual differences in response to early interventions in reading: The lingering problem of treatment resisters. *Learning Disabilities Research & Practice, 10*(1), 55-64.

Torgesen, J. K. (2002). The prevention of reading difficulties. *Journal of School Psychology, 40,* 7-26.

Vaughn, S., Hughes, M. T., Schumm, J. S., & Klingner, J. (1998). A collaborative effort to enhance reading and writing. *Learning Disability Quarterly, 21,* 57-74.

Vaughn, S., Linan-Thompson, S., & Hickman, P. (2003). Response to instruction as a means of identifying students with reading/learning disabilities. *Exceptional Children, 69,* 391-409.

Vaughn, S., Schumm, J. S., & Kouzekanani, K. (1993). What do students thinki when their general education teachers make adaptations? *Journal of Learning Disabilities, 26,* 545-555.

Vaughn, S., Schumm, J. S., Niarhos, F. J., & Daugherty, T. (1993). What do students think when teachers make adaptations? *Teaching and Teacher Education, 9,* 107-118.

Whitten, E., & Dieker, L. (1995). Intervention assistance teams: A broader vision. *Preventing School Failure, 40,* 41-45.

제12장

문제해결에서의 역사적 조망과 현 추세: 미니애폴리스 이야기

Douglas Marston, Amy L. Reschly, Mattew Y. Lau,
Paul Muyskens, and Andrea Canter

1992년 학습장애 및 인지장애 학생들의 판별에 지능검사 활용을 요구한 미네소타 주 판별준거에서의 변화는 기관 혹은 지역 전체 판별 실제의 변화를 촉발시켰다. 이 장에서는 미니애폴리스 공립학교들에서의 문제해결 모델(Problem-Solving Model: PSM) 실행이 논의될 것이다. 이 모델이 미니애폴리스에서 어떻게 사용되고 있는지에 대한 설명 및 최근의 실행 자료와 함께 문제해결에 대한 일반적인 그리고 미니애폴리스에서의 역사적 조망이 제시될 것이다.

문제해결의 역사

문제해결에는 쟁점이나 어려움을 다루기 위해 단계들의 논리적 순서를 적용하는 것이 포함된다. 일반적인 문제해결 모델들은 여러 문헌에 기술되어 왔다. 하지만 인적 서비스 상황에서 학습 및 행동문제에의 적용은 1970년대 Bergan의 행동자문 작업

(Bergan, 1977; Bergan, Curry, Currin, Haberman, & Nicholson, 1973)과, Deno, Mirkin 그리고 미네소타 대학교의 다른 사람들에 의해 수행된 자료기반 프로그램 수정 모델 및 교육과정중심측정 작업(Deno, 1985; Deno, Mirkin, & Shinn, 1979; Deno & Mirkin, 1977) 등과 함께 시작되었다. 행동자문과 자료기반 프로그램 수정 모델에는 많은 유사성이 존재한다. 두 모델 모두 1) 폭넓은 행동 접근방식에 그 뿌리를 두고 있으며, 2) 학습 및 행동문제를 대상으로 하고 있고, 3) 행동 정의, 자료 수집, 중재설계 및 실행 그리고 성과 평가 등을 포함하는 다단계 문제해결을 활용하며, 4) 교실과 같은 자연스러운 상황에서 발생하고, 5) 일반적인 지적 기능과 같은 가설적 구인들의 간접적 측정보다는 직접적 측정들을 사용하며, 6) 아동의 내적인 측면을 기반으로 하는 장애보다는 상황 및 교수의 변화에 초점을 맞추고 있다. 두 모델 사이의 차이는 미묘하지만 중요하다. 행동자문(Bergan, 1977; Bergan & Kratochwill, 1973)은 자문가(예를 들어, 심리학자, 상담가)와 의뢰인(예를 들어, 교사, 부모), 그리고 아동이 포함되는 과정을 통해 전달되는 간접적 서비스다. Bergan은 서로 다른 수준의 자문을 설명하였지만 단연코 가장 중요한 적용은 개인이고 사례 중심이었다. Bergan 모델의 상징적인 진전 중 한 가지는 자문의 성과를 성취하기 위한 수단으로 의도적인 음성언어 상호작용을 개발한 것이다. 비록 학습과 행동 모두에 적용 가능하기는 하더라도 행동자문은 행동문제에 더 빈번하게 활용된다(Tombari & Bergan, 1978).

이에 비해 Deno의 자료기반 문제해결은 아동의 수행을 향상시키는 수단으로 교사 및 다른 사람들이 직접적으로 사용한다. 주요 적용점은 학업성취였고 특히 특수교육에 의뢰되는 가장 흔한 이유인 읽기였다. Deno의 상징적인 성취는 학업기술 문제를 대상으로 문제해결을 촉진하기 위한 수단으로 교육과정중심측정을 개발한 것이었다(Deno, 1985). 학업성취 문제는 수행에 대한 교육과정중심측정들과 또래 참조 기대 등을 이용하여 정의된다. 커다란 불일치가 문제를 정의하는 데 활용된다(예를 들어, 어떤 문제는 기대되는 것과 실제로 발생한 것 사이의 불일치로 정의된다; Deno, 1989). 주별(week) 성장에 대한 교육과정중심측정 규준(예를 들어, 전형적인 또래들의 구두 읽기 유창성에서의 단어 수 증가)이 개인의 수행과 또래의 수행 사이의 불일치를 줄이기 위해 형성된 개개인의 목표를 설정하는 데 사용된다. Deno(1989)는 특수교육에 문제해결 모델을 처음으로 적용한 사람들 중 한 사람이었다. 그리고 이전에 언급한 것처럼 비록 문제해결 모델들이 여러 문헌에 존재한다 하더라도, 이 모델은 중요한 진전이었다. Deno(1989)는 이렇게 언급했다.

> 비록 대다수의 문제해결 모델에서 기초 단계들은 공통적인 것이라 하더라도, 여기 제시된 접근방식을 다른 것들과 차이가 있게 만드는 것은 문제해결 노력의 평가를 돕기 위한 수단으로 시계열 자료들을 수집하는 일련의 특정 측정 절차의 활용을 통해 생성된 데이터베이스에 의존한다는 것이다(p. 12).

분명 성취문제를 경험하고 있는 아동들을 대상으로 한 자료기반 문제해결의 가장 중요한 특징들은 진전도 점검과 형성평가다. 아동의 진전을 빈번하게 점검하고 이 결과들을 바탕으로 변화가 이루어진다. 만일 진전도가 목표를 초과하게 되면 목표는 더 까다로운 것이 된다. 만약 진전이 목표를 충족하지 못한다면, 교수 요소들이 개선된다. 자료기반 문제해결은 계속해서 적용되어 교수와 결과 간의 지속적인 연계를 만들어낸다.

계획 당시 문제해결 모델은 장애아동 판별의 수단으로 의도된 것이 아니었다. 하지만 2004년「장애인교육법(IDEA)」의 개정(PL 108-446)으로 이 특정 문제해결의 적용은 탄력을 받았다. 문제해결의 첫 번째 대규모 혹은 기관 적용(예를 들어, 아이오와주, 미니애폴리스 공립학교들)은 장애아동 판별을 위해, 일반교육을 받는 학생들과 특수교육을 받는 학생들을 위한 중재 및 수정을 설계하기 위해 그리고 특수교육 서비스의 조직적 접근방식으로 이 모델을 활용하였다. 미국 전역에서 유사한 접근방식의 활용이 증가하였다(Barbour, 2002).

미니애폴리스 공립학교

미니애폴리스 공립학교들은 특수교육 판별 실제에서의 커다란 변화에 착수한 지역으로서 독특한 위치에 있었다. 이는 부분적으로 지역과 미네소타 대학교 및 이 대학교의 대학원 과정을 마친 많은 인력 사이의 오래된 협력에서 기인한다. 미니애폴리스 공립학교들과 미네소타 대학교 사람들은 자료기반 문제해결 및 교육과정중심측정 개발에 있어 25년 이상 협력해 왔다. 문제해결 및 교육과정중심측정의 진화는 몇몇 측면에서 미니애폴리스 공립학교들에서 수행된 작업에 반영되어 있다. 1980년대 초반과 중반에 미니애폴리스 공립학교들은 의뢰 전 중재를 위해 특수교육에서 지역 전체에 개별화교육계획을 작성하고 학생들의 진전을 측정하면서 교육과정중심측정을 실행하였다(Marston & Magnusson, 1985). 1980년대 후반, 미니애폴리스 공립학교들 중 하나인 Hiawatha 초등학교는 일반교육 및 특수교육에서 문제해결 접근방식을 촉진한 협력교수 프로젝트에 교육과정중심측정을 활용하였다(Self, Benning, Marston & Magnusson, 1991). 1990년대 미니애폴리스 공립학교들은 문제해결 모델과 일반교육 및 특수교육에서 학생들의 성장을 측정하기 위해 교육과정중심측정을 활용하였다.

미니애폴리스 학교구가 이러한 변화에 착수할 좋은 위치에 있었던 또 다른 이유는 이 학교구가 전통적인 특수교육에서의 의뢰-검사-배치 모델을 덜 지향하고 있었다는 점이다. 1992년 이전 주의 특수교육 규정은 경도 정신지체나 학습장애에 대한 적격성을 결정하는 데 있어 지능검사를 요구하지 않았다. 1992년 미네소타주 특수교육 규정이 바뀌었고 인지장애 및 학습장애에 IQ 검사를 요구하게 되었다. 특수교육에서의 이러한 변화는 지역 내 학교심리 실제에도 변화를 가져왔다. 1979년부터 1991년까지 심리학자들의 시간을 분석한 Canter(1991)의 연구에 의하면 미니애폴리스 공립학교 심리학자들은 자신의 시간을 사정과 자문 그리고 직접 서비스에 고르게 배분하였다. 예를 들어, 미네소타주가 IQ 검사의 활용을 요구하기 전 이 학교심리학자들은 그들의 시간 중 약 30%를 학생 사정에, 35%를 교직원을 상대로 한 자문에 그리고 나머지 35%를 학생들 그리고(혹은) 부모들과의 직접적인 상호작용에 쓰고 있었다. 주 규정의 변화에 따라 검사에 쓰는 시간이 꽤 증가하였다. 예를 들어, 1993년 미니애폴리스 공립학교들의 심리학자들은 자신의 시간 중 약 58%를 사정에 사용하여(Canter, 1995), 이 체제를 전통적인 학교심리학의 사정 형태와 더 일치하게 하였다(Reschly & Wilson, 1995; Hosp & Reschly, 2002). 미니애폴리스 학교구가 주 준거를 포기한다고 신청하고 문제해결 모델의 활용을 제안하였을 때 학교심리학자들은 지능검사를 실행하고 채점하는 것과는 다른 기술을 사용하는 데 잘 준비되어 있었다. 게다가 교직원들은 장애학생들의 판별을 위해 지능검사를 쓰는 것에 대한 많은 철학적 우려를 갖고 있었으며 장애학생들을 위한 사정 실제를 개선하는 데 관심이 있었다. 교직원들의 관심은 1980년대 전국적인 주목을 이끌어 왔던 교육 연구로 거슬러 올라갈 수 있다. 첫 연구들은 특수교육에서의 의사결정을 위해 지능검사를 적절하게 활용하는 것에 대한 문제들을 제기하였다(Ysseldyke et al., 1983). 비록 미니애폴리스의 인구통계학적 특성이 변했다 하더라도, 상당수의 소수민족 학생들, 영어를 제1언어로 하지 않은 학생들, 낮은 사회경제적 지위 출신의 학생들 그리고 가족 전체가 여기저기 떠돌아다니는 학생들이 오랫동안 지역에 등록되어 있었고, 현재도 있다. 특수교육을 받을 학생들을 판별하는 데 있어 지능검사를 활용하는 것을 둘러싸고 특수교육 프로그램에 특정 소수민족 집단 아동들이 과잉포함된 것, 공정성의 문제 그리고 소송의 역사(예를 들어, Larry P. 대 Riles, Marshall 대 Georgia)에 대한 우려들이 있었다. 더욱이 많은 수의 학생이 이 측정들에 대해 수행을 잘하지 못하는 지역에서는 많은 교직원이 지능검사가 학생의 잠재력에 대한 최선의 측정이 아닐 수 있다고 믿고 있었다(Siegal, 1989). 게다가 미국 국립과학원은 정신지체 학생들의 판별에서 지능검사의 유용성에 관한 문제를 제기하였다(Heller, Holtzman, & Messick, 1982). 학습장애에 대한 지능-성취 불일치 공식의 기술적 적절성 및 유용성과 일반적으로 많이 사용되는 사정 도구들의 처치 타당성 부족 그리고 중재보다는 적격성에 맞춘 부적절한 초점에 대한 문제들 또한 제기되었다(Reschly, 1988a, 1988b).

1993년 가을, 미니애폴리스 학교구는 미네소타주에 지능검사 활용 요구에 대한 포기를 밀고 나갔다. 이러한 포기는 갱신 가능한 것으로 승인되었다. 우리는 학업 중재에 대한 학생의 반응이 특수교육을 포함한 더 집중적인 서비스의 필요성을 평가하는 문제해결 모델을 대안적 사정 접근방식으로 활용할 것을 제안하였다. 아이오와와 미니애폴리스에서처럼 장애학생 판별을 위한 문제해결의 대규모 실행이 자리 잡기 전에, 문제해결 모델은 보상교육 혹은 특수교육을 받는 학생들 개개인을 위해 사용되었다. 더 집중적인 프로그램을 필요로 하는 학생들을 판별하는 데 있어 이 모델의 유용성은 분명히 쉽게 드러났지만 이 모델의 활용은 특수교육 적격성에 한정되지 않았다. 미니애폴리스에서 문제해결 모델은 일반교육에서 학업 및 행동상 어려움을 겪는 학생들을 판별하고 중재의 효과를 평가하며 특수교육에의 적격성이 고려되기 전에 강도를 증가시킨 중재를 실행하는 데 이용되고 있다.

미니애폴리스 문제해결 모델

문제해결 모델은 학생의 학업 및 행동 요구를 판별하고 특정 우려들을 다루는 경험기반 교수 중재를 선택하며, 빈번하고 반복적인 측정을 통해 학생의 진전을 점검하고 교수의 효과를 평가하며, 필요한 경우 수정을 하거나 다른 서비스에 의뢰하기 위한 포괄적 접근방식이다. 미니애폴리스 모델의 기초는 문제해결을 위한 순차적 접근방식으로 일반교육의 학급교사와 함께 시작하고 증가하는 팀 협력의 수준을 포함하여 점점 더 강도가 증가하는 중재 및 평가단계들을 통해 이동한다. 문제해결 모델은 다음의 세 가지 주요 영역에서 학생의 학업 및 행동 요구를 충족시키는 학교의 효과를 향상시킨다.

1. 문제해결 모델은 학생들의 입장에서 성취를 가속화하기 위해 사용되는 중재 및 서비스의 연속체를 전달하고 평가하기 위해 학교 내에 자료기반 접근방식을 제공한다.
2. 중재에 대한 학생의 반응에 초점을 맞추는 것은 검사에 있을 수 있는 편견의 효과를 감소시킬 수 있다.
3. 문제해결 모델은 학교의 개선 계획 과정에 기여한다.

문제해결 요소

문제해결의 주요 요소들은 다음과 같다.

1. 학생의 행동 그리고(혹은) 학업 수행을 기술하라.

학생의 강점과 약점에 대한 자세한 기술은 교직원들로 하여금 학생의 요구에 대한 더 적절한 가설을 세우게 하고 효과적일 것 같은 중재전략들을 개발할 수 있게 한다. 학생의 기술을 평가하기 위해 활용되는 형식적 사정 절차는 반드시 기술적으로 적합해야 한다.

2. 학생의 요구에 대한 가설을 세우고 적절한 경험기반 중재전략들을 선택하라.

학생에 대한 자료를 수집한 후 해당 학생의 학업 및 행동 요구에 맞는 교수전략들이 규명된다. 경험적 증거들은 물론 교직원들 및 프로그램 자원의 현실과 조직에 대한 고려사항들을 감안한다면 중재들은 성공 가능성을 근거로 하여 선택되는 것이다.

3. 중재들을 충실하게 실행하라.

선택된 중재들은 반드시 이 방법의 연구자들, 저자들 그리고(혹은) 출판사들이 의도한 대로 실행되어야 한다. 교직원들은 완수를 보장하기 위해 실행계획을 세운다.

4. 진전을 점검하고 중재 효과를 평가하라.

목표를 향한 진전과 중재 효과를 평가하기 위해 학생의 학업 및 행동 자료는 빈번하게 수집된다. 교육과정중심측정(Fuchs, Deno, & Mirkin, 1984; Deno, 1985) 절차들은 단기 성장에 대한 민감성과 중재반응 측정 능력으로 인해 이 단계에서 중요한 역할을 한다. 학교들은 빈번하게 자료를 수집하고, 지역 웹사이트를 통해 도표화된 학생의 교육과정중심측정 자료들을 검토하며, 학급 중재 작업표에 중재를 기록하도록 훈련을 받는다.

5. 학생의 자료에 반응하여 이 순환을 반복하라.

문제해결 모델은 학생의 중재에 대한 반응이 교수에서의 수정을 이끄는 '가르치기-검사하기-가르치기-검사하기' 모델로 특징지을 수 있다. 추수 팀회의는 중재 효과를 평가하고, 변화 혹은 새로운 전략의 필요성을 결정하며, 혹은 잘 설계되고 충실히 실행된 전략들이 기대된 진전을 산출하지 못했을 때 특수교육 평가의 필요성을 결정하는 데 있어서 매우 중요하다.

3개의 연속적인 단계들에서 이 문제해결 순서를 따르게 된다([그림 12-1] 참조). 이 과정은 교사가 열악한 수행을 보이는 학생을 위해 교실에서 수행할 추가 중재들을 선택할 때, 일반교육에서 시작된다(단계 1). 만약 해당 학생이 이 수준에서 제공된 중재들에 반응을 보이지 않는다면 다학문적 팀을 구성하려는 노력이 단계 2에서 시작된

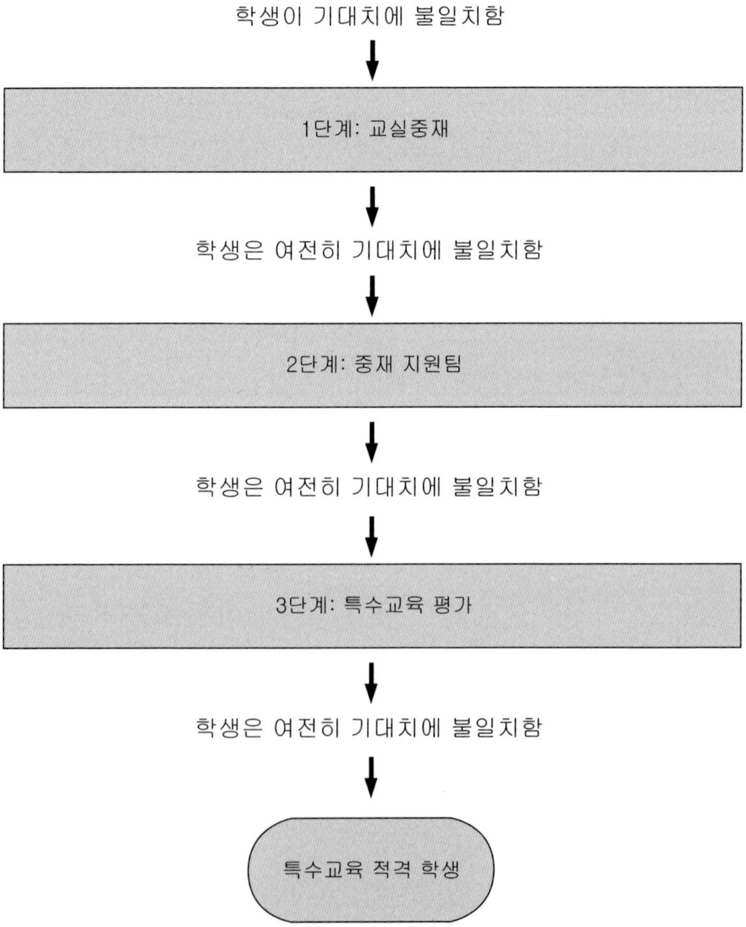

[그림 12-1] 문제해결 모델 도표

다. 이 협력적 문제해결 팀은 해당 학생의 어려움에 대한 가설을 세우고 중재 전략의 다음 단계를 설계한다. 이 팀의 문제해결 중재에 적절한 반응을 보이지 않는 학생들에게는 단계 3이 실행된다. 이 단계에서 해당 학생은 특수교육 평가를 시작한다.

문제해결 단계

일반교육 중재에 대한 학생의 반응은 더 집중적인 교수의 필요성을 결정하는 주요 요소다. 교수 중재의 변경 및 수정은 이 모델의 각 단계들에 특정적인 작업표에 기록되어있다. 미니애폴리스 문제해결 모델의 세 단계에 대한 설명은 [그림 12-1]에 제시된 시각적 표현과 함께 아래에 제공되고 있다.

단계 1: 학급 중재

단계 1에서 학급 교사는 추가적인 지원을 가장 필요로 하는 학생들을 가려내기 위해 교육구의 학업 및 행동 선별 자료들을 활용한다. 교사들은 이 학생들을 위해 자신의 교수를 수정하고 변경한 것이 성공적인지 평가하는 데 도움을 주기 위해 자료를 수집한다. 이 과정을 따르는 교사들을 돕기 위해서 그들은 학급 중재 작업표를 활용하여 이 단계 내의 문제해결 과정을 완수한다. 이 작업표의 요소들로는 해당 학생에 대한 구체적인 우려, 해당 학생의 현재 수행 수준, 과거에 수행된 중재들 및 그 결과 그리고 해당 학생, 해당 학생의 학교 파일, 부모 혹은 보호자 그리고 다른 교직원들이 제공한 정보가 있다.

단계 2: 중재 지원팀

단계 1 중재에 반응하지 못한 학생은 문제해결 팀으로도 불리는 중재 지원팀이 문제해결 과정을 실행하기 시작하는 단계 2로 들어간다. 보통 학교 사회복지사, 일반교사 및 특수교사 그리고 학교 심리학자로 구성되는 이 팀은 문제를 기술하고, 일반교육 중재를 실행하며, 중재에 대한 반응을 평가하는 단계들을 반복한다. 팀 중재 작업표에서 다뤄지고 정의되는 영역들에는 특정 행동들, 해당 학생의 현재 수행 수준, 중재를 위한 구체적 목적 그리고 가능한 중재 전략들, 중재 계획, 중재를 끝까지 하기 위한 방식들 등이 포함된다. 그 후 이 팀은 중재가 실행된 뒤 해당 학생의 자료를 검토한다.

단계 3: 특수교육 평가

만일 문제해결 팀이 어떤 학생이 단계 2에서의 일반교육 중재에 반응을 보이지 못했다고 결정한다면, 단계 3에서 특수교육 평가가 시작된다. 이 시점에서 사정 팀은 해당 학생에 대한 평가를 계획하는데, 여기에는 단계 1과 단계 2에서 수행된 중재의 검토가 포함된다. 게다가 평가는 건강 이력, 인지적 기능, 성취, 적응행동, 해당 학생에 대한 직접 관찰 그리고 부모의 관심사항을 다루게 된다. 모든 포괄적 특수교육 사정에서와 마찬가지로, 이 평가는 행동과 말 그리고 운동 기술을 포함하는 다른 관심 영역들을 고려할 것이다. 이 팀은 또한 특수교육 적격성을 결정하기 전에 문화적 · 언어적 · 경제적 요인들의 영향을 다룬다. 주에서 승인한 대안적 준거를 기반으로 해당 학생이 기대되는 성취 수준과 학업 기술 사이에 심한 불일치를 보이고 그 학생이 일반교육 환경에서는 찾아볼 수 없는 더 집중적인 중재를 필요로 할 것이라면 학생은 문제해결 모델에 적격한 것으로 판별될 수 있다. 이 학생들은 '대안적 프로그램을 필요로 하는 학생들'이라고 불리며 팀은 학생 개개인에 대한 개별화교육계획을 작성하게 될 것이다.

실행

미니애폴리스에서 문제해결 모델의 활용은 이 모델의 단계적 시행과 함께 1994년에 시작되었다. 애초에 6개의 초등학교가 일반교육에서 중재를 실행하고 교육과정중심측정과 같은 지표들을 통해 학생의 진전을 점검하기 위한 3단계 접근방식을 활용하였다. 1998년 이 교육구의 문제해결 모델 실행은 미니애폴리스의 인권부서(Office of Civil Rights: OCR)와의 자발적 준수 협정에 통합되었다. OCR 협정의 목적은 학생들이 학업과 행동에 대해 선별되고 낮은 수준의 수행을 보이는 학생들에게 추가적인 일반교육 중재를 제공하며, 학생의 진전을 점검하고 학생의 진전을 검토하기 위해 학교에 다학문적 팀을 설치하는 체제를 지역 전체에 만듦으로써 특수교육 평가 및 배치에서의 편견을 줄이는 데 있었다. OCR 협정에 의해 기술된 활동들은 문제해결 모델 실행을 뒷받침하였다.

몇 가지 요인이 성공적인 문제해결 모델 실행과 개발 수준에서의 노력을 유지하는 데 기여한다. 가장 중요한 것은 자료기반 의사결정 모델을 활용하기 위한 교직원들의 헌신이다. 선별하고 진전을 점검하며 자료를 검토하는 체제를 학교 일정에 넣은 학교들은 문제해결 모델 성공의 확률을 높인다. 중앙 행정기관은 훈련과 자문, 기술적 지원 그리고 필요한 경우 공학을 제공함으로써 이러한 노력을 지원할 수 있다. 학교의 강력한 행정적 리더십은 또한 실행을 향상시킨다. 학교의 교수와 관련된 리더로서 교장은 교직원들이 학생의 자료를 기꺼이 검토하고, 다양한 학습자를 위해 다양한 증거기반 중재를 제공하는 교직원 능력계발 모델을 촉진하며 그리고 문제해결 모델을 단지 특수교육을 위한 통로로써가 아니라 모든 학생에게 서비스를 전달하는 통합 체제로 보게 되는 조건을 만들 수 있다. 마지막으로 문제해결 모델의 성공은 모든 학생을 위한 문제해결에 협력적으로 일할 다학문적 팀을 만드는 것과 관련이 있다. 학생의 문제에 대한 공유된 주인의식은 학업성취를 가속화할 가능성을 증가시킨다.

문제해결 모델에서의 중재

문제해결 모델의 외부 평가의 일환으로, Reschly와 Starkweather(1997)는 문제해결 모델로 특수교육이 필요하다고 판별된 학생들을 전통적인 적격성 준거에 의해 판별된 학생들과 비교하기 위해 학생들의 의뢰 전 전략 활용을 비교하였다. 최소한 한 번의 기록된 의뢰 전 중재를 받은 학생들은 전통적 모델(36%)보다 문제해결 모델(88%)에 훨씬 더 많았다. 이 의뢰 전 중재들을 검토해 본 결과 두 모델 모두에서 매우 다양한 유형의 중재가 사용되었음을 알 수 있었다. 문제해결 모델에서 훨씬 더 자주 나타났던 중재 유형들은 수정된 교수, 또래 참여, 소집단 교수, 교사로부터의 개인교수, 보조원으로부터의 개인교수, Title 1 서비스, 가정학습 시간 등이었다. 게다가 Reschly와 Starkweather(1997)는 각각의 조건에 있는 학생들에게 실행된 중재의 평균 개수를 결정하였다. 학급과 학교 그리고 가족 중재 수는 전통적인 적격성 체제에 비해 문제해결 모델 학생들에게 훨씬 더 많았다. 이 연구자들은 "이러한 분석을 기반으로 특수교육의 적격성을 고려하기 전에 시도된 의뢰 전 중재들의 수와 다양성에서 면제 프로그램은 확실히 전통적인 체제보다 더 우수한 것으로 나타나고 있다."(p. 39)고 결론지었다.

이전에 서술된 것처럼 문제해결 모델에서의 증거기반 중재들을 선택하는 것은 학생들의 향상에 매우 중요하다. 이 요구를 충족시키기 위해 우리 교육구는 연구된 최선의 실제들의 활용을 촉진하는 몇 가지 계획을 수립하게 되었다. 한 가지 주요 노력으로 Title 1과 영어 학습자, 특수교육 그리고 연구 및 평가를 포함하는 교육구 주요 부서 인력들이 읽기 교수에 최선의 실제를 규명하기 위해 모였다. Adams(1990), Ysseldyke와 Christenson(1993), National Center to Improve the Tools of Education(NCITE; Smith, Simmons, & Kame'enui, 1995; Chard, Simmons, & Kame'enui, 1995; NCITE, 1996), National Institute for Children and Human Development(Grossen, 1997), National Academy of Sciences(Snow, Burns, & Griffin, 1998) 등이 출판한 작업에 의지하여 우리 연구 인력들은 초등학교 교사들을 도와 그들이 자신의 읽기 교수에서 연구기반 전략들을 사용하는 정도를 평가하게 하기 위해 점검표를 만들었다(Minneapolis Public Schools, 1998). 우리가 만든 점검표는 교수 요소들, 적절한 수준의 교수, 참여 시간, 사정 및 진전도 점검, 학급 관리 그리고 가정의 참여와 같은 주요 범주에서 성공적인 읽기의 핵심 요소들을 상세히 기술하고 있었다. 33개 항목들 각각의 실행 정도를 평가하기 위해 4점 평정척도가 사용되었다. '1'이나 '2'의 실행 평정이 나타나는 항목들에 대하여 교사에게 교육구 교육과정 자문가의 자문을 받거나 이 영역들에서의 의식을 끌어올리기 위해 교육구의 전문성 개발 과정을 활용하도록 권고하였다.

애초에 문제해결 모델은 우리 교육구에서 학급 담당 교사들과 학교 지원팀들을 도와 특수교육 평가에 의뢰될 필요가 있는 학생들을 위한 효과적인 중재를 찾게 하기 위해 활용되었다. 그러나 OCR의 자발적 준수 협정의 일부로서의 문제해결 모델은 학업 및 행동에 어려움이 있는 학생들에 대한 교육구 전체 선별과 일반교육 중재 기록 그리고 학생의 진전 및 중재에 대한 반응 점검의 틀이 되었다. 교육구 전체 선별에서 교육구가 채택한 성취검사인 NALT(Northwest Achievement Levels Reading Test; Northweat

Evaluation Association, 2002)에서 백분위 25 이하인 모든 학생은 문제해결 모델 과정의 단계 1에 들어가게 된다. 이 학생들의 교사들에게 범위와 강도 면에서 다양한 일반교육에서의 추가 중재를 제공하도록 요청한다. 충분한 진전을 보이지 못한 학생들은 단계 2로 나아가며, 여기서 중재지원 팀이 중재 프로그램을 개발한다. 이 문제해결 모델 팀은 앞서 언급한 것처럼 그 구성에 있어 다양하지만 보통 해당 학생의 일반교사, 사회복지사, Title 1 인력, 필요한 경우 영어 학습자 인력, 특수교육 인력 그리고 때때로 학교심리학자나 기타 전문가들로 구성된다. 단계 2에서 문제해결 팀은 더 집중적인 중재들을 가려내고 약 8주 동안 실행한다. 이 팀은 해당 학생의 중재에 대한 반응을 판단하기 위해 보통 읽기에 대한 교육과정중심측정 척도인 자료들을 수집한다. 단계 2 중재에 반응하지 못하여 기대와 불일치하는 상태로 남아 있는 학생들은 단계 3 중재로 이동한다. 문제해결 모델의 단계 3은 공식적인 특수교육 평가의 시작이다.

학생의 기초선 자료 기록과 해당 학생을 대상으로 실행된 초기 중재들 그리고 그 중재들의 결과는 교육구의 웹기반 학생 정보관리 체제에 입력된다. 학급 담당 교사들은 단계 1 중재에 대한 설명을 기록하고 문제해결 팀 구성원들은 단계 2 중재를 기록할 책임을 나눠 갖는다. 우리는 '단계 2에서 활용된 그리고 교육구 정보관리 체제에 기록된 중재들은 무엇인가?'라는 질문을 한다. 이 질문에 답하기 우해 우리는 문제해결 모델 단계 2에 들어간 학생 표본 250명의 읽기 중재에 대한 기술을 검토하였다. 이 학생들은 1학년에서 8학년까지의 학생들로 1학년 12.8%, 2학년 21.5%, 3학년 28.5%, 4학년 16.9%, 5학년 5.8%, 6학년 4.18%, 7학년 5.8% 그리고 8학년 4.5%였다. 학생들 중 60%가 남학생이었고 41.6%는 영어 학습자 서비스를 받았다. 민족에 따른 분류를 보면 아메리칸 인디언 3.6%, 아프리카계 미국인 47.6%, 아시아계 미국인 16.0%, 중남미계 미국인 20.8% 그리고 백인 12%였다.

이 250명의 학생에게 총 726개의 읽기 곤란에 대한 중재가 실행되었다. 단계 2에서 학생 개개인에 대한 평균 중재 수는 2.86개(표준편차=1.4)였다. 이 표본의 약 83%가 문제해결 모델의 단계 2에서 2개 이상의 중재를 받았다. 더 상세한 정보는 [그림 12-2]를 참조하라.

726개의 읽기 중재에 대한 분석에서 우리는 20개 유형의 중재 종류를 가려냈다. 이

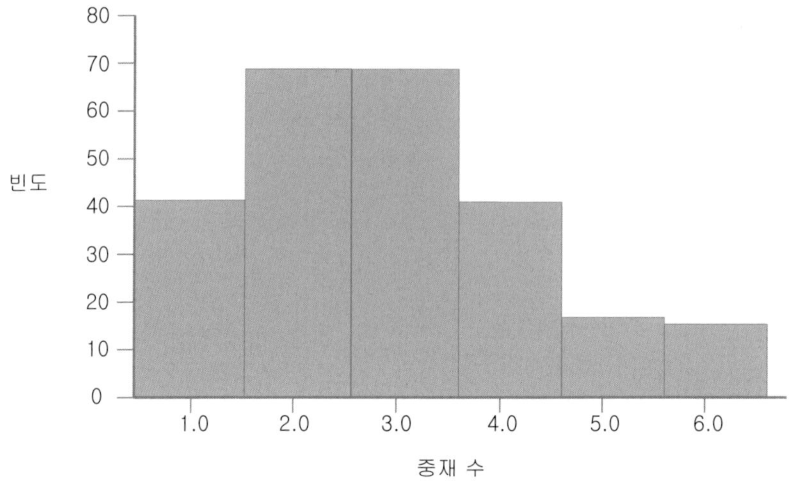

[그림 12-2] 문제해결 모델의 단계 2 학생들에 대한 읽기 중재 수의 빈도 분포

중재 유형들은 다음과 같다.

- 출판되었거나 상업적으로 이용 가능한 교육과정
- 알파벳 이해 및 음소 인식
- 해독, 일견단어 그리고(혹은) 유창성
- 어휘
- 이해
- Title 1 서비스
- 영어 학습자 서비스
- 읽기 소집단
- 일대일 비율의 교육 보조원이나 교수자 혹은 학생 멘토
- 또래교수나 짝짓기
- 전문가 자문(말-언어, 감각)
- 방과 후 프로그램
- 가정 프로그램이나 부모 자문

- 행동, 사회성 기술 혹은 우정 프로그램
- 교수 환경(교육과정이나 과제 수정, 좌석 변경, 할당된 시간)
- 사정
- 신체/다감각 발달
- 언어활동
- 철자
- 기타

이 영역들 각각에 대해 실행된 중재 수는 [그림 12-3]에서 확인할 수 있다.

그러고 나서 우리는 중재 유형 20개를 3개의 주요 범주로 나누었다. 175번 투입되어 단연코 가장 큰 중재 유형인 첫 번째 서술적 범주는 '출판되었거나 상업적으로 이용 가능한 교육과정'이다. 기록된 나머지 중재들은 어떤 교육과정을 구체화하지 않았으나 '학업 지원 형식' 혹은 '읽기 중재의 내용'으로 범주화될 수 있었다. 학업 지원 형식에는 중재 프로그램들이나 교수를 실행한 사람들이 포함되었다. 이 범주의 예들로는 Title 1, 읽기 소집단, 영어 학습자 학급, 또래교수 그리고 방과 후 멘토링이 있다. '읽기 중재의 내용'에는 중재에서 다뤄진 영역을 구체화한 설명이 포함되었다. 이 범주의 예들로는 National Reading Panel(읽기 교수에 대한 연구 요약)의 다섯 가지 주요 요소들, 철자, 언어 활동 그리고 사정이 있다. 모두 합쳐서 기록된 중재들의 24.1%가 상업적으로 이용 가능한 읽기 교육과정이나 교수 자료들이었고, 중재의 40%는 학업 지원으로 그리고 중재의 31.8%는 그 내용으로 만들어졌다.

'출판되었거나 상업적으로 이용 가능한 교육과정' 범주를 검토해 본 결과, 가장 빈번하게 사용된 교육과정들은 직접 교수[Engelmann, Bruner(1995)의 Reading Mastery와 Engelmann과 동료들(1999)의 Corrective Reading 포함] 28% 그리고 CCC(Computer Curriculum Corporation)의 컴퓨터 연구실 18.9%였다. 응답자들이 '학업 지원 형식' 범주에서 가장 인기 있는 중재로 기술한 것은 '학생과 일대일 비율의 교육 보조원이나 교수자 혹은 학생 멘토' 29.8% 그리고 '읽기 소집단' 21.9%였다. '읽기 중재의 내용' 범주에서 가장 자주 지지된 개념은 알파벳 지식과 음소 인식 16.4%, 유창성 및

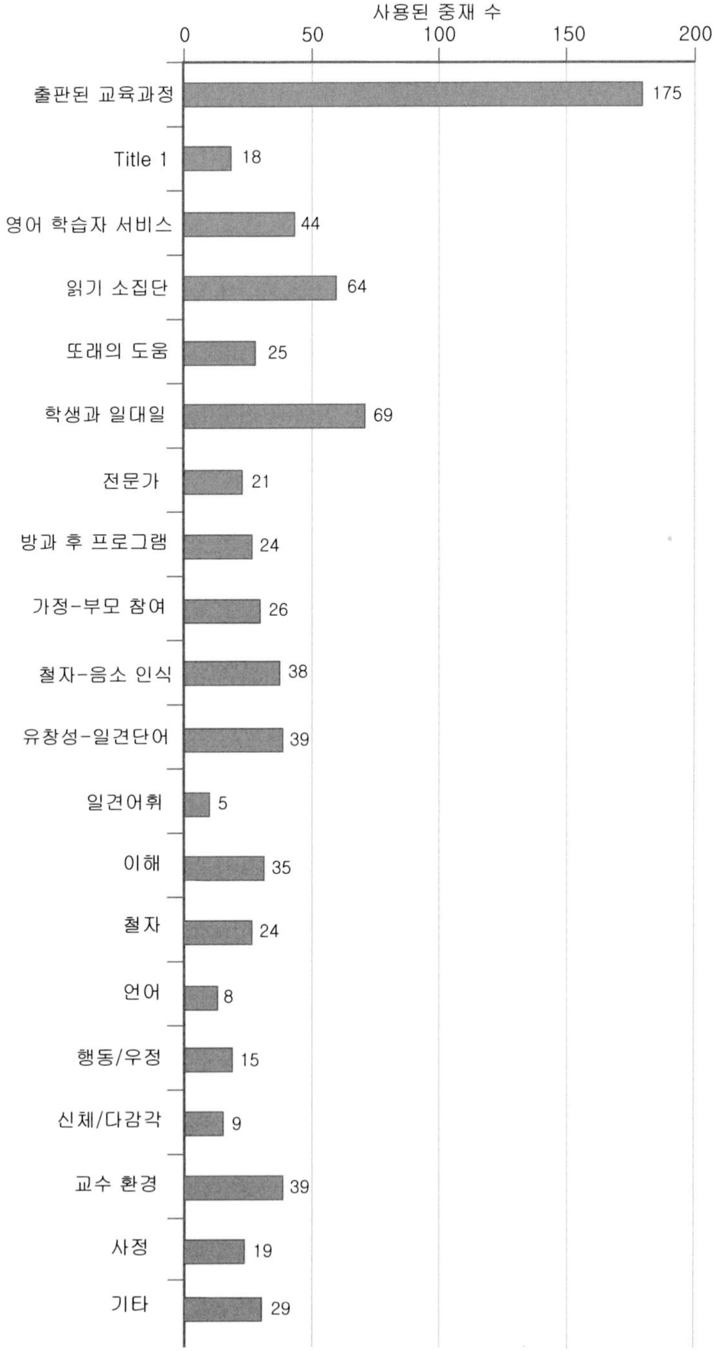

[그림 12-3] 각 주요 범주에서 사용된 중재 수

일견단어 지식 16.9%, 이해 15.1% 그리고 교수 환경 관리 16.9%였다.

문제해결 모델에서의 읽기 중재: 특수교육

문제해결 모델의 초기 실행 시 우리는 읽기 분야에서 몇몇 유망한 중재들의 효과에 대해 공식적인 조사를 수행하였다. 우리는 경도장애를 지닌 학생들을 위한 가장 효과적인 읽기 교수 접근방식은 컴퓨터 보조 읽기 프로그램, 호혜적 교수 그리고 직접교수임을 발견하였다(Marston, Deno, Kim, Diment, & Rogers, 1995). 그 연구의 추수 연구로 우리는 교육구의 특수교육 학습 도움 교사들을 위한 보고과정을 시작하였다. 발생률이 높은 장애를 지닌 특수교육 대상 학생들 모두를 교육과정중심측정 절차를 이용하여 가을과 겨울 그리고 봄에 측정하는 것에 덧붙여, 교사들은 학생에게 읽기를 가르치

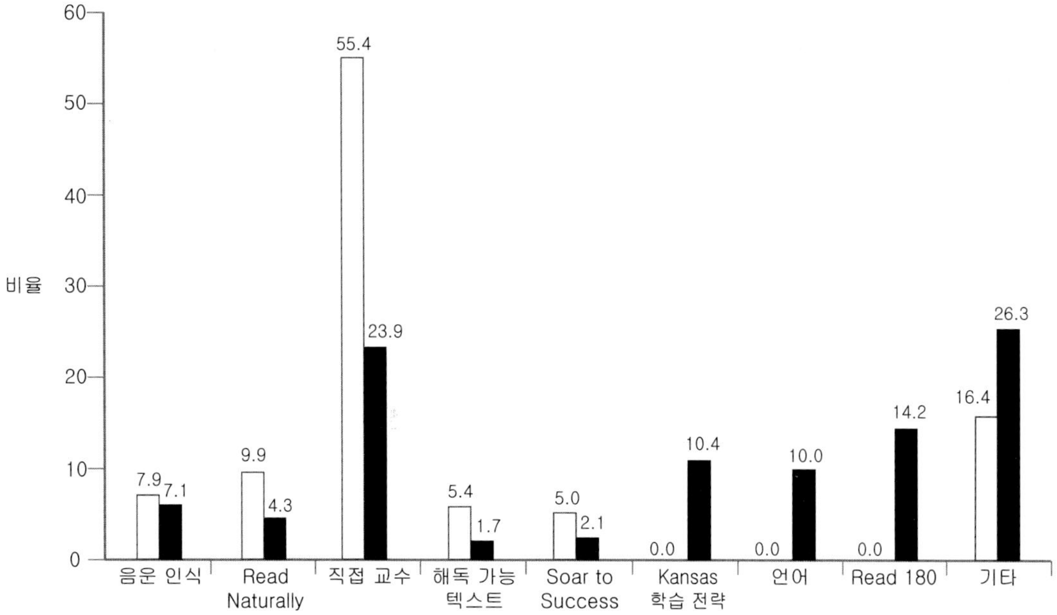

주) □=유치원~5학년, ■=6~12학년

[그림 12-4] 문제해결 모델에서 특수교육 대상 학생들에게 사용된 읽기 중재

는 데 사용된 '주요 중재'를 보고하도록 요청받았다. 교사들은 교육구 웹사이트에 있는 드롭다운 메뉴를 검토하고 자신의 교수 접근방식에 가장 잘 들어맞는 중재를 선택한다. [그림 12-4]의 자료는 발생률이 높은 장애를 지닌 학생들 집단에 대해 초등학생들(유치원~5학년)과 중등학생들(6~12학년)에게 사용된 가장 인기 있는 읽기 중재들을 보여 주고 있다. 그림에서도 볼 수 있듯 초등학교 수준에서 가장 인기 있는 중재는 직접 교수(55.4%)이다. 중등 수준에서는 비록 초등학년에 비해 덜 사용되고는 있지만 직접 교수가 가장 인기 있는 중재로 남아 있다.

중재에 대한 반응에서 학생의 진전도 점검하기

중재에 대한 학생의 반응을 평가하는 것은 타당하고 신뢰할 만하며 빈번하게 실행될 수 있는 측정체제의 활용에 달려 있다. 교육과정중심측정에 대한 Deno(1985, 1986)와 Fuchs, Fuchs, Maxwell(1988)의 연구는 이 형성적 평가의 역할을 이행하고 있다. 미니애폴리스 공립학교들은 1980년대 초에 교육과정중심측정을 활용하기 시작하였고(Marston & Magnusson, 1985, 1988) 현재까지도 계속 사용하고 있다(Tindal & Marston, 1996; Marston, Muyskens, Lau, & Canter, 2003). 우리 교육구는 진전도 점검을 위해 읽기 탐색을 빈번하게 실시하였다. 우리 교육구는 또한 준비도와 작문, 철자와 수학 등의 영역들에서 사용 가능한 탐침자(Probe)을 갖고 있었으며, 이는 특수교육에서 선별, 배치에 활용되는 보조 사정, IEP 개발, 목적 및 목표에 대한 진전도 점검 그리고 프로그램 평가를 결정하기 위해 사용될 수 있다. 비록 처음에는 특수교육에서 사용되었다 하더라도 교육과정중심측정의 유용성은 읽기 영역에서 문제해결 모델의 진전도 점검 측면을 이행하는 것을 특별히 강조하면서 미니애폴리스 지역의 50개가 넘는 초등학교로 퍼져 나갔다. 1997년 교육구 직원들은 교육과정중심측정 읽기 측정이 미네소타 기초 읽기 능력 검사(Fuchs, Deno, & Marston, 1997)와 같은 대규모 검사와 높은 상관관계를 보인다는 것을 발견하였다. 추가적인 연구들은 교육과정중심측정과 초등학교 3학년과 5학년이 보인 미네소타 읽기 이해 사정에서의 수행 사이의 상관관계

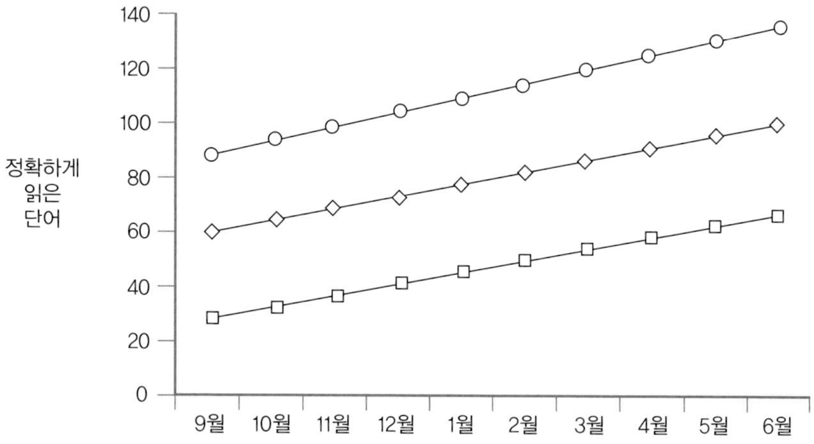

주) □=백분위 25, ◇=백분위 50, ○=백분위 75

[그림 12-5] 백분위 25, 50, 75인 3학년 학생들의 정확하게 읽은 단어 수행

가 .60~.75임을 보여 주었다(Marston, Muyskens, Betts, & Heistad, 2005). 결과적으로 교육구 직원들은 주(state) 책무 읽기검사의 '통과' 기준을 만들었다. 게다가 정확하게 읽은 단어에서의 성장을 보여 주는 규준 차트가 교육구 직원들에게 제공된다. [그림 12-5]에 제시된 문제해결 모델의 학업 기술 수행 사정(MPS, 2003)에서 나온 차트는 교사들이 해당 학생이 적절한 진전을 보이는지 평가하는 것을 돕기 위해 문제해결 모델에서 활용될 수 있다. 이 그림은 백분위 25, 50, 75인 3학년 학생들의 교육과정중심측정 수행 수준을 9월부터 6월까지 보여 주고 있다.

문제해결 모델과 관련하여, 우리 교육구는 또한 학생의 성장을 평가하는 데 사용할 수 있는 초기 문해 측정도구를 개발하였다. Marston, Pickart, Reschly, Heistad, Muyskens 그리고 Tindal(출판 중)은 미니애폴리스 학생들을 대상으로 철자 소리, 시작 음소 판별 그리고 음소 분절의 기술적 적합성을 검토하였다. 이 세 가지 측정도구 모두 타당성을 입증받았고, 우수한 신뢰도를 갖췄으며, 단기 성장에 민감하다는 증거를 보여 주었다. 초등학교 1학년 말 정확하게 읽은 단어와 유치원 말 시행된 이 세 측정치의 상관관계는 시작 음소 판별 .50, 음소 분절 .57 그리고 철자 소리 .70이었다. 이 측정도구들에 대한 검사-재검사 신뢰도는 .90~.97이었으며, 평정자

간 신뢰도는 .95~.99였다. 이 표본 중 유치원생들에 대한 평균 철자 소리는 가을에는 3이었고 봄에는 18이었다. 초등학교 1학년 학생들에 대한 평균 철자 소리는 가을에는 17이었고 겨울에는 38에 이르렀다.

중재반응 모델의 실행 평가하기

이전 장에서 우리는 중재반응 모델에서 연구기반 읽기 중재와 진전도 점검을 활용하는 것의 중요성에 대해 논의하였다. 비록 중재반응을 읽기 문제에 적용하는 것이 증거기반 읽기 중재와 기술적으로 적합한 진전도 점검 절차들의 활용에 근거를 둔다고 하더라도 학생의 성취 향상에 있어 이 모델의 전반적인 성공은 모든 문제해결 특징에 대한 최선의 실제 실행에 달려 있다. 모든 문제해결 요소들의 이상적 실행의 중요성을 인식한 Reschly, Tilly 그리고 Grimes(1998) 등은 문제해결 혁신 구성 평정척도를 개발하였다. 이 직원개발 도구는 문제해결 모델을 실행하는 사람들에게 문제해결 모델이 그들의 학교에서 이상적인 방식으로 적용되는 정도를 검토할 도구를 제공한다. 이들의 점검표는 다음을 포함한 아홉 가지 주요 영역을 규명해 냈다(p. 236).

- 부모 참여
- 문제 진술
- 체계적 자료 수집
- 문제 분석
- 목표
- 중재 계획 개발
- 중재 계획 실행
- 진전도 점검
- 의사결정

각각의 영역에 대해 Tilly, Reschly 그리고 Grimes(1998)는 초기 실행에서 발생할 수 있는 다양한 종류의 실제를 개발하였다. 이러한 변형들은 '받아들일 수 없는'부터 '이상적인'에 이른다. 이 점검표의 목적은 교직원들이 자신의 실행을 '이상적인' 서술자와 비교하고 해당 학교에 수용 가능한 실제가 부족한 영역들을 개선함으로써 그들 자신의 문제해결 모델 실행을 향상시키도록 하는 데 있다. 문제해결 혁신 구성을 하나의 모델으로 사용하여 우리는 Tilly와 동료들(1998)의 점검표를 미니애폴리스 공립학교들의 문제해결 모델 실행에 맞게 수정하였다. 우리의 실행 점검표에서 다뤄진 영역들은 단계 1, 2, 3에 문제해결 모델 요소를 포함시키는 방향으로 확장되었다. 그 후 교육구 직원들은 더 집중적인 검사 및 후속 조치를 필요로 하는 학교들을 결정하기 위해 이 실행 점검표에서의 평정을 활용하였다.

문제해결 모델 실행의 성과

우리는 학생에 초점을 맞춘 문제해결 모델 실행의 중요한 성과 몇 가지를 다른 곳에서 설명하였다. Marston과 동료들(2003)은 이 모델이 발생률이 높은 장애를 지닌 학생들의 수를 증가시키지 않았으며 꼬리표(label)의 효용을 감소시켰고, 부모들로부터 긍정적인 지원을 받았음을 보여 주었다. 그 논문에서 Marston과 동료들은 또한 일반교육을 받는 학생들과 단계 1, 2, 3 학생들을 위한 교육과정중심측정 절차들에 대한 전형적인 성장 추세도 보여 주었다. 초기 수행 및 향상의 기울기가 종종 문제해결 모델에서 학생이 밟고 있는 단계의 함수로 변화된다는 것은 놀랄 일이 아니다. 가장 높은 초기 읽기 수준과 기울기는 보통 일반교육을 받는 학생들에게서 발견되었다. 문제해결 모델의 단계 1, 2, 3을 거친 학생들과 특수교육에 적격성을 지닌 것으로 발견된 학생들은 보통 교육과정중심측정 수행의 두 측정 모두에서 더 낮은 결과를 보였다. 이 장을 위해 우리는 단계 2 학생들의 수행을 그들의 단계 2 성과의 함수로 조사함으로써 이 분석의 일부를 되풀이하였다.

분석에서 우리는 단계 1에서 단계 2로 전환한 그리고 해당 학년도의 가을 및 봄에 교육과정중심측정 학년 수준 단락들로 측정된 학생들 391명의 성장을 검토하였다. 문제해결 모델은 중재들에 반응하지 못해서 더 집중적인 중재를 필요로 하는 학생들을 판별하는 데 효과적인 것으로 보였다. 단계 2 중재에 반응을 보인 학생들과 결국 특수교육에서 더 집중적인 중재를 필요로 하는 것으로 판별된 단계 2 학생들 사이에 차이가 발견되었다. 중재에 반응한 학생들은 가을부터 봄까지 정확하게 읽은 단어 수가 평균 29.9개(학생 수 n=321, 표준편차=17.1) 증가하였고, 이에 비해 특수교육에 들어간 학생들의 평균 향상은 20.7개(n=70, 표준편차=12.9)였다.

문제해결 모델 적용을 받은 학생들의 교육적 배치 성과는 또 다른 관심사다. 역사적으로 어떤 학생을 특수교육에 의뢰한다는 것은 거의 이 서비스들에 대한 어떤 판별을 의미해 왔다. 학급 담당 교사는 해당 학생을 학업에서의 어려움이나 행동에서의 어려움을 지닌 것으로 판별하고, 해당 아동은 더 집중적인 교육적 중재를 위해 특수교육에 의뢰되었다. Algozzine, Christenson 그리고 Ysseldyke(1982)는 이 '배치 의뢰' 과정을 해당 학생이 장애를 지닌 것이기 때문에 특수교육서비스에 적합한 것으로 밝혀졌다는 사실상의 보장으로 기술하였다. 이러한 결과들은 나중에 Ysseldyke, Vanderwood 그리고 Shriner(1997)에 의해 반복되었다. 하지만 중재반응 자료는 동일한 관계가 존재함을 의미하지 않는다. Vaughn(2003)은 읽기 중재의 3단계 모델을 실행하였고, 대다수의 학생이 단계 1과 단계 2 중재에 반응을 보였고 약 24%만이 단계 3에서 제공되는 더 집중적인 중재를 받게 되었음을 보고하였다. 미니애폴리스 공립학교들에서 문제해결 모델을 실행한 결과는 지난 3년간 단계 2 중재에 의뢰된 학생들의 약 28%, 26%, 27%가 나중에 장애를 지닌 것으로 판별되었음을 보여 주고 있다. 이 보고는 학업에 어려움을 겪는 학생들의 거의 3/4이 일반교육 환경에서 효과적인 중재를 받는 것을 의미하는 것으로 보인다.

중재반응이나 문제해결 모델이 어떻게 전체 학생 수 자료에 영향을 주는가? 중재반응에 대한 한 실험연구에서 O'Connor(2003)는 전통적인 적격성 모델을 적용받는 통제집단 학생들의 15%가 특수교육에 배치되는 데 비해 중재반응 모델을 적용받는 학생들은 8%가 특수교육에 배치되었음을 보고하였다. 이러한 자료들은 문제해결 모델 모델에서 발생률이 높은 장애의 비율이 약 7% 정도임을 보여 주었던 Marston과 동료들

(2003)의 자료와 일치하며, 이는 문제해결 모델이 실행된 이래 별다른 변화가 없었다.

Lau, Sieler, Muyskens, Canter, Van Keuren 그리고 Marston(2006)은 미니애폴리스 공립학교들에서의 문제해결 모델의 실행과 서로 다른 교직원 역할에 대한 긍정적인 영향을 설명하였다. 교장 및 교원들에게 문제해결 모델의 사용이 학교를 더 많은 연구기반 중재들을 활용하는 방향으로 이동하게 하였으며 학생의 진전도 점검을 증가시키고 있다. 적격성 결정에 적합한 기록된 중재 및 학생 반응 자료 그리고 개별화 교육계획의 작성에 초점을 맞춘 의뢰-평가 과정이 진행되는 동안 특수교육 교원들의 진보는 분명하다. 학교심리학자들에게 "문제해결 모델은 그들의 역할을 문지기와 같은 심리측정자에서 자료기반 문제해결자로 확대시켰다."(p. 122)

요약

이 장에서 우리는 교육심리학에서의 시작부터 미니애폴리스 공립학교들에서의 실행까지 문제해결 모델 모델의 역사적 근원을 추적하였다. 일반적으로 이 모델의 활용 결과는 호의적이었다. 여기에서 제시되고 다른 연구자들의 연구에서 인용된 자료 및 절차들은 중재반응 모델이 연구기반 중재들의 활용과 연계되어 있고 학생에 대한 의사결정을 위해 기술적으로 적절한 진전도 점검 자료를 수집하며, 인력들이 쉽게 접근할 수 있는 웹기반 학생 수행 점검 체제에 성공적으로 통합되었고, 특수교육에 배치되기 전에 효과적인 중재를 받는 학업에 어려움을 겪는 학생들의 가능성을 향상시켰다.

Lau와 동료들(2006)은 문제해결 모델의 지원과 훈련, 절차 사용 그리고 평가와 관련하여 문제해결 모델을 성공적으로 실행하기 위한 아이디어 몇 가지를 제공하였다. 이 모델 및 서비스 제공 인력의 지원에 관하여 이들은 주요 이해 당사자들의 참여와 강력한 행정적 리더십 그리고 입문 훈련을 넘어 멘토링, 시범 보이기, 지도하기를 포함하는 방향으로 확장된 심층적 인력 개발 등을 권고하고 있다. 문제해결 모델의 성공적인 일일 활용은 정기적으로 만나는 일반교육 및 특수교육 교원들로 구성된 다양한 문제해결 모델 팀을 필요로 하고, 부모들의 조언을 받으며, 학생들 개개인을 위한 중재 및 수행 수준이 낮은 많은 학생을 위한 학교차원의 중재를 만드는 것 모두에 초점을 맞춘다. 마지막으로 이 모델의 효과적 활용에는 학생 성취에 대해 비판적인 시선을 던지는 문제해결 모델의 주기적 검토 그리고(혹은) 평가, 아동 수치 자료, 교수적 통합, 직원 투입이 포함된다.

그러나 양질의 문제해결 모델 실행은 하루아침에 일어나지 않는다. 실행의 질을 개선하는 것은 일반교사와 특수교사 사이의 협력, 연구기반 중재 활용에의 전념, 중재에 대한 반응을 점검하기 위한 형성평가 절차의 교육구 차원의 채택, 이러한 중재들의 통합성 유지, 실행에 대한 체계적인 내적 검토, 전문성 개발을 위한 시간 등의 산물이다.

참고문헌

Adams, M. J. (1990). *Beginning to read: Thinking and learning about print*. Cambridge, MA: The MIT Press.

Algozzine, B., Christenson, S., & Ysseldyke, J. E. (1982). Probabilities associated with the referral to placement process. *Teacher Education and Special Education, 5*(3), 19-23.

Barbour, B. (2002). Best practices in promoting educational reform at a school district level. In A. Thomas & J. Grimes (Eds.), *Best practices in school psychology* (4th ed., pp. 293-300). Bethesda, MD: National Association of School Psychologists.

Bergan, J. R. (1977). *Behavioral consultation*. Columbus, OH: Charles E. Merrill.

Bergan, J. R., Curry, D. R., Currin, S., Haberman, K., & Nicholson, E. (1973). *Tucson early education psychological services*. Tucson: Arizona Center for Educational Research and Development, College of Education, University of Arizona.

Bergan, J. R., & Kratochwill, T. R. (1990). *Behavioral consultation and therapy*. New York: Plenum.

Burns, M. K., Appleton, J. J., & Stehouwer, J. D. (2005). Meta-analytic review of responsiveness-to-intervention research: Examining field-based research-implemented models. *Journal of Psychoeducational Assessment, 23*(4), 362-380.

Canter, A. (1992). Effective psychological services for all students: A data based model of service delivery. In G. Stoner, M. Shinn, & H. Walker (Eds.), *Interventions for achievement and behavior problems* (pp. 49-78). Washington, DC: National Association of School Psychologists.

Canter, A. (1995). *School psychology department annual report.* Minneapolis, MN: Minneapolis Public Schools.

Chard, D., Simmons, D. C., Kame'enui, E. J. (1995). *Understanding the primary role of word recognition in the reading process: Synthesis of research on beginning reading.* (Synthesis of Research, Technical Report No. 15). Eugene, OR: National Center to Improve the Tools of Educators.

Deno, S. L. (1985). Curriculum-based measurement: The emerging alternative. *Exceptional Children, 52,* 219-232.

Deno, S. L. (1986). Formative evaluation of individual student programs: A new role for school psychologists. *School Psychology Review, 15,* 358-374.

Deno, S. L. (1989). Curriculum-based measurement and special education services: A fundamental and direct relationship. In M. Shinn (Ed.), *Curriculum-based measurement: Assessing special children* (pp. 1-17). New York: The Guilford Press.

Deno, S. L., & Mirkin, P. K. (1977). *Data-based program modification: A manual.* Minneapolis, MN: Leadership Training Institute for Special Education, University of Minnesota. (ERIC Document Reproduction Service No. ED144270)

Deno, S. L., Mirkin, P. K., & Shinn, M. (1979). *Behavioral perspectives on the assessment of learning disabled children.* Minneapolis, MN: Institute for Research on Learning Disabilities, University of Minnesota. (ERIC Document Reproduction Service No. ED185769)

Engelmann, S., & Bruner, E. C. (1995). *Reading Mastery.* New York: McGraw-Hill.

Engelman, S., Meyer, L., Carnine, L., Becker, W., Eisole, J., & Johnson, G. (1999). *Corrective Reading.* New York: McGraw-Hill.

Fuchs, L. S., Deno, S. L., & Marston, D. (1997, February). *Alternative measures of student progress and state standards testing.* La Jolla, CA: Pacific Coast Research Conference.

Fuchs, L. S., Deno, S. L., & Mirkin, P. K. (1984). The effects of frequent curriculum-based measurement and evaluation on pedagogy, student achievement, and student awareness of learning. *American Educational Research Journal, 21,* 449-460.

Fuchs, L. S., Fuchs, D., & Maxwell, L. (1988). The validity of informal reading comprehension measures. *Remedial and Special Education, 9*(2), 20-29.

Grossen, B. (1997). *30 years of NICHD research: What we now know about how children learn to read.* Santo Cruz, CA: The Center for the Future of Teaching and Learning.

Heller, K., Holtzman, W., & Messick, S. (1982). *National Research Council Special Task Force report.* Washington, DC: National Academies Press.

Hosp, J. L., & Reschly, D. J. (2002). Regional differences in school psychology practice. *School Psychology Review, 31,* 11-29.

Individuals with Disabilities Education Improvement Act of 2004, PL 108-446, 20 U.S.C. §§ 1400 *et seq.*

Larry P. vs. Riles, 793 F. 2ed 969 (9th cir. 1984).

Lau, M. Y., Sieler, J. D., Muyskens, P., Canter, A., Van Kevren, B., & Marston, D. (2006). Perspectives on the use of the problem-solving model from the viewpoint of a school psychologist, administration, and teacher. *Psychology in the Schools, 43*(1), 117-127.

Marston, D., Pickart, M., Reschly, A., Heistad, D., Muyskens, P., & Tindal, G. (in press). Early literacy measures for improving student reading achievement: Translating research into practice. *Exceptionality.*

Marston, D., Deno, S. L., Kim, D., Diment, K., & Rogers, D. (1995). Comparison of reading intervention approaches for students with mild disabilities. *Exceptional Children, 62*(1), 20-37.

Marston, D., & Magnusson, D. (1985). Implementing Curriculum-Based Measurement in special and regular education settings. *Exceptional Children, 52*(3), 266-276.

Marston, D., Muyskens, P., Lau, M., & Canter, A. (2003). Problem-Solving Model for decision-making with high-incidence disabilities: The Minneapolis experience. *Learning Disabilities Research and Practice, 18*(3), 187-200.

Marston, D., & Magnusson, D. (1988). Curriculum-based measurement: District level implementation. In J. L. Graden, J. E. Zins, & M. J. Curtis (Eds.), *Alternative educational delivery systems: enhancing instructional options for all students.* Washington, DC: National Association of School Psychologists.

Marston, D., Muyskens, P., Betts, J., & Heistad, D. (2005). *Tracking the progress of diverse learns toward success on tests of accountability: A three year study.* Minneapolis, MN: Minneapolis Public Schools. Manuscript in review.

Minneapolis Public Schools. (1998). *Reading instruction: Best practices for diverse learners.* Minneapolis, MN: Author.

Minneapolis Public Schools. (2003). *Performance assessment of academic skills in the problem-solving model*. Minneapolis, MN: Author.

National Center to Improve the Tools of Education. (1996). *Learning to read, reading to learn: Helping children with learning disabilities to succeed*. Project funded by the Office of Special Education Programs, U.S. Department of Education.

Northwest Evaluation Association. (2002). *Northwest Achievement Levels Test (NALT)*. Portland, OR: Author.

O'Connor, R. (2003, December). *Tiers of intervention in kindergarten through third grade*. Presented at National Research Center on Learning Disabilities RTI Symposium, Kansas City, MO.

Reschly, D. J. (1988a). Special education reform: School psychology revolution. *School Psychology Review, 17,* 459–475.

Reschly, D. J. (1988b). Obstacles, starting points, and doldrums notwithstanding: Reform: revolution from outcomes criteria. *School Psychology Review, 17,* 495–501.

Reschly, D. J., & Starkweather, A. (1997). *Evaluation of an alterative special education assessment and classification program in Minneapolis Public Schools*. Ames: Iowa State University.

Reschly, D. J., Tilly, W. J., & Grimes, J. P. (1998). *Functional and noncategorical identification and intervention in special education*. Des Moines: Iowa Department of Education.

Reschly, D. J., & Wilson, M. S. (1995). School psychology faculty and practitioners: 1986 to 1991 trends in demographic characteristics, roles, satisfaction, and system reform. *School Psychology Review, 24,* 62–80.

Siegal, L. S. (1989). IQ is irrelevant to the definition of learning disabilities. *Journal of Learning Disabilities, 22,* 469–486.

Self, H., Benning, A., Marston, D., & Magnusson, D. (1991). Cooperative teaching project: A model for students at risk. *Exceptional Children, 58,* 26–34.

Smith, S. B., Simmons, D. C., & Kame'enui, E. J. (1995). *Synthesis of research on phonological awareness: Principles and implications for reading acquisition*. (Synthesis of research, Technical Report No. 21). Eugene, OR: National Center to Improve the Tools of Educators.

Snow, C. E., Burns, S., & Griffin, P. (1998). *Preventing reading difficulties in young children*. Washington, DC: National Academies Press.

Tilly, W. D., Reschly, D. J., & Grimes, J. P. (1998). Disability determination in problem-solving systems: Connectional foundations and critical components. In D. J. Reschly, W. D. Tilly, & J. P. Grimes. *Functional and Noncategorical Identification in Intervention in Special Education*. Des Moines, IA: Department of Englewood Cliffs, NJ: Prentice-Hall.

Tindal, G., & Marston, D. (1996). Alternative reading measures as performance assessments. *Exceptionality, 6*(4), 201-230.

Tombari, M., & Bergan, J. (1978). Consultant cues, teacher problem definitions, judgments, and expectancies for children's adjustment problems. *Journal of School Psychology, 16,* 212-219.

Vaughn, S. (2003, December). *How many tiers are needed for response to intervention to achieve acceptable prevention outcomes?* Presented at National Research Center on Learning Disabilities RTI Symposium, Kansas City, MO.

Ysseldyke, J. E., & Christenson, S. (1993). *The Instructional Environment System-II (TIES-II): A system to identify a student's instructional needs*. Longmont, CO: Sopris West Educational Services.

Ysseldyke, J. E., Thurlow, M., Grade, J., Wesson, C., Algozinne, B., & Deno, S. L. (1983). Generalizations from five years of research on assessment and decision-making: The University of Minnesota Institute. *Exceptional Children Quarterly, 4,* 75-93.

Ysseldyke, J. E., Vanderwood, M. L., & Shriner, J. (1997). Changes over the past decade in special education referral to placement probability: An incredibly reliable practice. *Diagnostique, 23,* 193-201.

제13장

중재반응 연구의 쟁점은 무엇인가

Deborah L. Speece and Caroline Y. Walker

중재반응은 학습장애 판별에 있어 지능-성취 불일치에 대한 대안으로 나타났다. 이러한 전환의 이유는 잘 기록되어 있고 불일치 모델의 단점 및 중재반응의 잠재력 모두에 관하여 논의되었다(예를 들어, Fletcher et al., 1998; Fuchs, 1995; Fuchs & Fuchs, 1998; Speece, Case, & Molloy, 2003; Vaughn & Fuchs, 2003). 학습장애 판별의 지능 점수-성취 불일치 모델은 적용 범위가 부족하고, 아동들이 불일치를 보이는 데 너무 많은 시간을 요구하며, 교수에 대한 아무런 함의도 지니고 있지 못하다. 중재반응은 학습을 하지 못하는 모든 아동을 정확하게 포착하고, 아동의 학교 이력 초기에 이 모델을 실행할 수 있게 해 주며, 교수에 추론을 별로 하지 않아도 되는 직접적인 연계를 가능하게 함으로써 이러한 각각의 문제들을 잠재적으로 무력화한다. 이 책은 읽기장애를 강조하고 있으나, 개념적으로 중재반응은 수학과 철자 그리고 쓰기와 같은 다른 학업 영역들에도 적용될 수 있다.

우리는 중재반응이 오랜 역사적 근원을 지니고 있음에도 불구하고 활발한 경험적 연구 기간이 10년이 안 되는 대상이었기 때문에 중재반응에 대한 이전 요약에서 '잠재적으로'를 강조한 것이다. 중재반응의 가능성은 그 증거나 넘쳐나고, 따라서 중요한 질문에 대한 얼마간의 반성은 적절한 것으로 보인다. 이 모델의 표면상 단순성(아동이 학습하지 못하면, 교수를 바꾸라)은 예방과 판별 그리고 교정의 중복된 목적을 지닌 다요소 체제의 복잡성이 거짓임을 보여 준다. 이 장에서 우리는 선별 절차, 교수의 강도 및 내용, 반응의 정의, 초등 이후 아동들을 위한 함의 등 우리가 조사를 필요로 한다고 믿는 중재반응 모델의 네 가지 요소들에 대해 심사숙고할 것이다. 우리가 입증된 교수 실제들을 중재반응과 학습장애라는 더 큰 맥락에서 고려하려 노력함에 따라 우리의 관점은 이 책의 목적보다 더 넓다. 우리는 중재반응이 학습장애라는 구인에 어떠한 의미를 지니고 있는가에 대한 몇 가지 생각으로 결론을 지을 것이다.

보편적 선별

공립학교에서 학습장애 판별은 교사가 학교를 기반으로 하는 아동 연구팀에 의뢰함으로써 시작된다. 만약 아동들이 이 선별 절차에 의뢰되지 않는다면 그들은 모든 실제적 목적에 대하여 판별되지 않을 것이다. 교사중심 의뢰에 대한 몇몇 연구는 이 절차가 남자아이와 행동문제를 지닌 아동들의 과잉판별과 읽기에 어려움을 지닌 여자아이의 과소판별로 이어진다고 주장하고 있다(MacMillan & Siperstein, 2002; Shaywitz, Shaywitz, Fletcher, & Escobar, 1990). 이 문제는 거짓 긍정(false positive)과 거짓 부정(false negative) 판별 모두를 포함하며 더 집중적인 교수를 필요로 하는 아동들이 판별되지 않기 때문에 보통 거짓 부정이 더 문제가 있는 것으로 보인다. 이는 교사의 판단에 대한 고발이 아니며 오히려 교사의 판단이 유일한 선별 변인일 때 부정확해질 수 있음을 인정하는 것이다. 저짓 긍정 판별도 문제가 없는 것이 아니다. 중재를 필요로 하지 않는 아동들에게 중재를 제공하는 것과 관련된 비용 문제가 특히 그렇다.

선별 결정을 포함한 의사결정의 각 단계에서 '반응'이 사용되는 중재반응 틀은 허위음성 사례의 가능성을 감소시킨다. Fuchs와 Fuchs가 제안한 것처럼(L. S. Fuchs, 1995; L. S. Fuchs & Fuchs, 1998), 교실에 있는 모든 아동은 정기적으로(예를 들어, 매주나 격주) 선별된다. 일정 기간의 성장과 수행 수준에 있어 급우들보다 낮은 수행을 보이는 아동들은 교수 수정의 후보가 된다. 이 방법은 반응을 근거로 한 보편적 선별을 반영한다. 모든 아동은 반응의 주기적 검토와 함께 진전도 점검 사정을 받게 된다. 선별에 대한 이러한 관점의 중요한 특성은 그것이 학습장애의 핵심적인 원리를 고려한다는 것이다. 아동은 적절한 교수에 반응하는 데 실패할 것인가? 만약 학급 전체의 평균 수준 및 기울기가 다른 학급들보다 낮다면 적절한 교수라는 가정은 지지되지 않는다. 개선된 교수 형태의 학급 수준 중재는 아동이 2차 중재를 받기 전에 필요하다(L. S. Fuchs & Fuchs, 1998).

이러한 유형의 보편적 선별의 논리를 반박하기는 어려운 일이지만 지속적인 진전도 점검 접근방식은 실질적인 이유로 수요자들(혹은 이 문제에 대한 연구자들)에게 받아들여지지 않을 수 있다. 이는 경험과 관련된 문제다. 보편적 선별은 주간 진전도 점검만큼 힘들 필요가 없다. 그러나 한 시점에 실시될 수 있고 나중에 읽기문제를 보일 아동들을 정확하게 판별하는 측정도구를 가려내려는 시도는 성공적이지 못했다(Jenkins & O'Connor, 2002; Scarborough, 1998). 이러한 접근방식들은 보통 문제를 갖게 될 아동들보다는 그렇지 않을 아동들을 가려내는 데 더 낫다(Speece, 2005). 선별 준거는 사실상 거짓 부정 사례들을 만들지 않도록 준비될 수 있지만 그 대신 거짓 긍정 사례들이 증가한다. 읽기장애의 조기 판별에 대한 문헌에서는 비록 목적이 후에 문제를 보일 모든 아동을 포착하는 데 있다 하더라도, 진단된 아동들보다 위험군이라는 꼬리표를 단 아동들이 대략 두 배 더 많다(Ritchey & Speece, 2004).

이러한 쟁점들로부터 선별과 중재반응 틀 내에서 2차 중재 대상 아동들을 선별하는 최선의 방법에 관한 연구 문제들이 대두된다. 효율적이지만 교수의 2차 단계를 위한 선별의 정확성을 향상시켜 줄 절차들과 측정도구들 간의 어떤 조합이 존재하는가? 학급 교수의 적합성은 어떻게 사정될 수 있는가? 예를 들어, 교사의 의뢰만으로는 정확성이 부족할 수 있다 하더라도 어쩌면 간단한 측정도구들과 결합된 교사 평정이 지속적인 진전도 점검과 교사의 의뢰와 같은 대안에 맞서 고안되고 검정될 수 있었다. 우리는 중재반응 연구자들이 아동들이 어떻게 중재에 이르게 되는지보다는 중재에 더 초점을 맞추고 있음을 인지하고 있다. 그러나 학급 교수의 질을 포함하는 합리적인 선별 프로토콜 개발과 같은 다른 쟁점들에 대한 주의 부족은 지능-성취 불일치가 그랬듯 우리를 동일한 입장으로, 즉 학업에서의 문제에 선행하는 교수 조건들에 주의를 기울이지 못하도록 이끌어 갈 수 있을 것이다. 단계 2 중재가 일반교육 교수의 적합성에 대한 문제를 해결해 줄 것이라는 주장이 있을 수 있다. 즉각적으로 반응하는 아동들은 아마도 일반교육에서 부적절한 교수를 받았던 아동들일 것이다. 그래서 어떻다는 것인가? 교수를 강화하기 위한 기제 없이는 그 교수가 열악한 것임을 아는 것은 전혀 도움이 안 된다.

중재반응 연구들은 아동들이 2차 중재 대상으로 판별되는 방법에 있어 다양함을 보인다. 평균 성취를 보이는 아동들과의 비교를 강조하며 선별을 위해 지속적으로 진전도를 점검하는 것은 더 집중적인 교수를 요구하는 아동들 집단을 가려낸다(McMaster, Fuchs, Fuchs, & Compton, 2005; Speece & Case, 2001). 이 아동들은 저성취나 지능-성취 불일치로 판별되는 아동들보다 더 큰 손상을 지닌 것으로 보인다. 동일한 표시에 의해 교사의 의뢰 및 선별 측정을 활용하는 연구자들 또한 더 집중적인 교수를 요구하는 아동들을 판별한다(Vaughn & Fuchs, 2003; Vellutino et al., 1996). 교사의 의뢰 및 선별 측정으로 알 수 없는 것은 아동들을 놓치지 않았는지(거짓 부정)의 여부와 이 아동들이 교수적 수정 이전에 합리적인 교수를 받은 정도 등이다. 중재반응 연구 의제에 있어 중요한 항목은 이와 경쟁하는 선별 모델(예를 들어, Fuchs & Fuchs, 제3장)을 검정하고 대다수의 아동이 학습을 하고 있는 학급 환경이라는 맥락에서 거짓 부정과 거짓 긍정 사례들의 비율을 결정하는 데 있을 것이다.

교수의 강도 및 내용

이전 장들을 집필한 저자들은 읽기 중재의 3단계 모델에 대한 수많은 변형을 논의하고 있다. 이러한 논의들은 전체적으로 봐서 3단계 읽기 교수를 이해하고 규정하는 데 풍부한 틀을 제공한다. 그러나 이 책에서 논의된 다양한 접근방식은 또한 3단계 모델의 해결되지 않는 요소들을 강조하고 있다. 이 요소들 중 주된 것들은 첫 번째 단계의 '우수한 교수' 접근방식을 정의하는 데 있어 차이와 그리고 두 번째와 세 번째 단계 사이의 구분점에 있어 차이다.

단계 1 중재

이 책의 저자들 사이에는 단계 1 교수가 연구기반이어야 하고 입증된 것, 즉 대다수의 학생에게 읽기를 성공적으로 가르치는 데 있어 이를 활용하고 있다는 것을 보여 주는 증거가 뒷받침되어야 한다는 합의가 존재한다. 게다가 그러한 '우수한 교수'는 읽기 분야에서 학습에 어려움을 보이는 학생들의 수를 감소시킬 것이라는 기대를 받고 있다. 효과적인 단계 1 교수로 인정되는 것에는 커다란 가변성이 존재한다. 일반적으로 강력한 해독 요소를 지닌 교육과정이 효과적인 것으로 보인다(Foorman, 1995).

어떤 연구자들은 Open Court 프로그램을 옹호하였고(Fuchs & Fuchs, 제3장; Harn et al., 제8장), 반면 다른 연구자들은 일반적으로 부호기반 프로그램들을 홍보하였다(O'Connor, 제7장). 읽기 교육과정들의 차이는 시작에 불과하다. 많은 연구자가 전문성 개발을 강조해 왔지만 일관성 있는 강도는 확립되지 않았다(O'Connor, 제7장; Vaughn et al., 제2장). 다른 학급 수준 혹은 단계 1 중재들은 표준 학급 전체 교수보다 더 효과적인 것으로 나타났다. 이러한 중재들에는 학급 전체 또래교수(Fuchs, Fuchs, Kazdan, & Allen, 1999; Greenwood, 1996)와 교수 중재팀(Kovaleski, Tucker, & Stevens, 1996)이 포함된다. 모델들을 어떻게 조합하는 것이 가장 효과적인지는 연구가 필요하다.

어떤 학교들은 이미 Reading First 보조금을 받기 위한 요구조건으로 연구기반 읽기 교수를 활용하고 있다. 2001년 「낙오아동방지법(PL 107-110)」의 일환으로, 이 학교들은 단계 1 교수를 지지하는 프로그램들과 유사하고, 연구로 입증된 읽기 교수 실제를 실행하도록 요구받았다. 이 보조금을 받는 학교들은 긍정적인 결과가 학회지에 출판되거나 '과학적 검토를 통해 …… (중략) …… 독립적인 전문가 위원회'가 승인한 프로그램들을 채택해야 한다[20 U.S.C. § 6368(6)]. 게다가 이 학교들은 효과가 과학적으로 입증되지 않았다면 더 이상 특별 프로그램에 의지할 수 없다.

이는 학교들이 해당 교수의 입증된 효과를 유지하기 위해 연구기반 프로그램들을 어느 정도로 규정해야 하는지에 대한 의문을 제기하는 것이다. 교사들은 자신의 특정 학급 상황에 맞게 어떤 프로그램을 개작하고 연구에 기록된 것과 동일한 혹은 그보다 더 나은 결과들을 성취할 수 있는가? 또는 교수 충실도와 Reading First 보조금을 받기 위한 요구조건을 엄격하게 고수하는 문제 모두로 교사들에게 읽기 프로그램의 수정을 최소한으로 하여 실행할 것을 요구해야 하는가? 만일 이것이 이상적인 것이라면 가능하기는 한가? 연구와 실제의 괴리에 대한 좋은 증거가 존재한다(Carnine, 1997; Kennedy, 1997; Malouf & Schiller, 1995; Vaughn, Klingner, & Hughes, 2000). 교수 기법들을 유지하기 위한 교사의 능력을 방해하는 몇 가지 요인에는 고부담 시험의 침입과 같은 교육과정의 제약, 특정 교육과정을 다뤄야 할 필요성, 학생들의 역량과 교수자료의 부조화, 일정 문제들 그리고 교수 중재 요소들을 교사가 잊어버리거나 수정하거나 빠트리는 것이 포함된다(Greenwood, Terry, Arreaga-Mayer, & Finney, 1992; Klinger, Vaughn, Hughes, & Arguelles, 1999).

교사들이 최대한 충실하게 프로그램들을 실행하는 것을 보장하기 위해 어떤 학교 내 절차가 엄중한 연구 프로토콜을 대신할 것인가? 혹은 이것이 우선사항이기는 한가? 3단계 읽기 중재 모델의 성공에 대한 연구는 필연적으로 단계 1 교수를 위해 중재 충실도를 개선시키는 엄격한 프로토콜이라는 환경 내에서 발생해 왔다. 비록 O'Connor(제7장)가 교사들을 위한 전문성 개발이 학생들의 성과를 향상시킬 수 있다고 제안한다 하더라도, 실험 상황 바깥에서 비교 가능한 성공들이 성취될 수 있는가의 여부는 아직 모르겠다. 3단계 모델의 효과를 연구하는 데 필요한 요소는 단계 1 교수 프로그램들이 '실제 세계'라는 맥락에서 충실하게 실행될 수 있는 정도에 대한 그리고 프로그램의 프로토콜을 고수하지 못함으로써 학생의 성과가 감소된다면 얼마나 감소되는지에 대해 연구가 이루어져야 한다.

추가적으로 단지 어려움을 보이는 것으로 보이거나 학습장애를 지닌 것으로 정의되는 학생들만이 아닌 대다수의 학생을 위한 성공적인 읽기 교수를 만드는 데 있어 어떤 요소들이 가장 필수적인지 결정하기 위해 서로 다른 단계 1 중재들의 효과를 비교하는 연구가 필요하다. 어떠한 산출물들과 전략들이 가장 많은 수의 학생에게 가장 긍정적인 영향을 미치는지 그리고 그 프로그램들의 효과적인 대규모 실행이 가능하도록 어떤 단계들이 필요한지 아는 것은 중요하다.

단계 1 교수와 단계 2 교수의 차이

읽기 교수의 3단계 모델은 읽기 중재를 세 가지 계층으로 개념화하려 한다. 단계 1 교수는 학급 전체를 대상으로 하고, 일반교육 맥락에서 발생하며 연구로 입증된 최고의 교수 실제들에 기반을 둔다. 이 수준의 교수는 대다수의 학생에게 충분해야만 한다. 그러나 소수이지만 상당한 규모의 학생들은 단계 1 교수만으로 읽기에서 적절한 진전을 보이지 못할 것이다. 이 학생들은 더 집중적인 초점으로 소집단에서 추가적인 교수를 필요로 할 것이다. 이러한 추가 교수는 3단계 모델의 두 번째 및 세 번째 단계의 읽기 교수를 구성한다. 하지만 이 분야는 두 번째 및 세 번째 단계의 읽기 교수는 질이 핵심이라는 것에 대해 혹은 여러 속성이 단계 2 교수와 단계 3 교수를 구분한다는 것에 관해 일관성이 부족하다. 이러한 차이들은 이러한 형태의 읽기 교수의 효과에 엄격한 3단계 개념이 얼마나 중요한지 궁금하게 만들 수 있다.

집단 크기와 교수를 전달하는 사람

단계 2 교수는 변함없이 소집단에서 실행되는 것으로 기술된다. 하지만 이러한 집단을 구성하는 학생 수에 있어 연구자들에 따라 차이가 있다. 단계 2 소집단 교수는 집단별 1명(Fuchs & Fuchs, 제3장)부터 집단별 5명(Blachman, Ball, Black, & Tangel, 2000)까지 중 어디쯤이다. 연구자들은 또한 단계 2 교수를 누가 전달해야 하는지에 대한 개념에서도 차이를 보인다. 어떤 연구자들은 수석 학급교사의 감독을 받는 보조인력들이 단계 2 교수를 전달해야 한다고 제안하며(Fuchs & Fuchs, 제3장) 어떤 연구자들은 자격을 갖춘 교사들(Vellutino et al., 제9장)을 그리고 다른 연구자들은 전문 읽기교사들(Haager et al., 제11장)을 제시한다. 집단 크기와 단계 2 교수의 도움을 제공하는 사람들의 자격을 조정하며 실행된 연구들은 3단계 모델의 성공적인 결과들에 부정적 영향을 끼치지 않으면서 기존 자원들을 최선의 방식으로 할당하는 방법을 결정하는 데 학교들을 안내해 준다.

교수 강도

단계 2 교수에서 제공된 교수의 기간은 연구들에 따라 다르다. 기간은 단계 2 회기들 각각에 투입된 시간의 길이와 학생들에게 제공된 단계 2 중재 전체에 투입된 시간의 길이로 구성된다. 단계 2 중재들은 주당 두 번에서 다섯 번의 회기들이 실행되고(Vellutino et al., 제9장; Vaughn et al., 제2장), 회기당 10~45분 동안 지속되는 것(O'Connor, 제7장; Fuchs & Fuchs, 제3장)으로, 중재는 10~30주 동안 지속되는 것(Vaughn, Linan-Thompson, & Hickman-Davis, 2003)으로 기술되었다.

단계 2 교수에 대한 저자들의 설명은 교수가 어디에서 실행되어야 하는지에 대해서도 차이가 있다. 어떤 연구자들은 일반학급에서 실행되는 단계 2 중재들에 대해 논의하였고(Fuchs & Fuchs, 제3장), 다른 많은 연구자가 이 주제에 대해 침묵을 지키고 있는 반면 어떤 연구자들은 그 중재들이 분리 프로그램을 통해 실행되어야 한다고 지적하였다(Vellutino et al., 제9장).

더욱이 저자들은 수많은 방식으로 '증가된 강도'를 설명하고 있다. 많은 저자는 강도를 음운 인식, 철자 재인, 철자-소리 인식, 알파벳 원리, 일견단어 읽기 등과 같은 읽기의 교정적 그리고 기초적 개념들에 초점을 맞추는 것으로 개념화하였다(Vellutino et al., 제9장; Fuchs & Fuchs, 제3장; O'Connor, 제7장). 연구자들이 언급한 증가된 강도의 다른 특성들에는 매우 명시적인 교수(Fuchs & Fuchs, 제3장; Harn et al., 제8장)와 증가된 구체성(Harn et al., 제8장), 그리고 기초 기술들을 연습할 추가적 기회(Harn et al., 제8장)가 포함되었다.

이러한 교수의 강도 변인들이 단계 2 교수의 성공에 필수적이라면 어떤 변인들이 필수적인지를 조사할 연구가 필요하다. 현 연구들이 강도와 관련된 변인들의 수에 대해 서로 다른 입장을 보이고 있기 때문에, 회기 지속기간, 주당 회기 수, 교수 장소, 교정적 혹은 명시적 교수의 형태와 같은 각 요소들을 구분하기 위해 더 집중된 연구가 필요하다. 이 요소들은 학생들이 지닌 기술들을 개선하고 유지하는 데 결부될 필요가 있다. 이러한 연구들은 학교 행정가들과 교사들을 도와 3단계 교수를 자신의 학교 환경에 맞게 고치는 데 있어 결정을 내릴 수 있게 해 줄 것이다.

단계에 들어가기와 나오기

저자들은 학생들을 단계 2에서 단계 3 교수로 혹은 단계 2에서 다시 단계 1 교수로 이동시키기 위해 활용되는 준거에서 차이를 보인다. 저자들은 단계 2 중재가 진행되는 기간이 규정된 시간의 양만큼이어야 하는지 아니면 읽기 성취에 있어 특정 숙달 수준이나 성장 수준에 근거해야 하는지에 대해 이견을 보이고 있다. 예를 들어, Fuchs와 Fuchs(제3장)는 고정된 일정, 즉 8주마다 재평가한 것으로 보였지만 교육과정중심측정에서 정확한 것으로 채점된 항목 수의 주간 증가로 대표되는, 미리 정의된 성장 수준의 도달에 근거하여 학생들을 단계 간 이동시켰다. 이와 유사하게 Vaughn과 동료들(2003)의 연구에서 활용된 중재들은 학생들이 선별과 유창성 진전도 점검 측정에서 통과 점수에 도달하는 데 얼마나 걸리는지에 따라 10주나 20주 혹은 30주 동안 지속되었다. O'Connor(제7장)와 같은 다른 저자들은 학기마다 주기적으로 학생들을 재평가하여 필요에 따라 단계 간 이동을 시킨 것 같았다.

3단계 모델이 개별화 및 학생 진전도 점검을 강조하는 것을 고려해 보면, 교수자들이 일정을 엄격하게 고수하기보다는 학생들이 사전에 결정된 숙달 수준에 도달하는 것을 기반으로 단계에 들어가게 하거나 단계에서 나오게 하는 것이 이치에 맞는 것 같다. 그러나 미리 설정된 평가 시기(예를 들어, 10주마다, 분기별, 학기마다)는 학생들의 진전을 대규모로 추적하는 데 유용한 지침을 제공하는 것 같다. 앞으로의 연구가 추후 학생의 읽기 성공에 의해 결정되는, 단계 2 교수로부터 학생들을 이동시킬 적절한 시점을 규명하는 데 더 효과적인 것은 무엇인지를 조사하기 위해 설정된 일정과 숙달 수준 접근방식을 비교하는 것은 유용할 수 있다.

연구의 목적과 결론에 대한 연구 목적의 영향

추천되는 연구의 길에서 저자들 간의 많은 차이가 읽기 중재 3단계 모델에 대한 연구를 수행하는 목적을 달리하기 때문으로 설명될 수 있음을 기억하는 것은 중요하다. 학습장애를 지닌 학생들을 판별하기 위해 3단계 모델을 활용하는 저자들은 단기의 고정된 중재기간과 함께 대규모 학생 집단을 이용하는 경향이 있다. 일종의 교정으로 3단계 접근방식을 검정하는 데 더 관심이 있는 연구자들은 소집단 교수를 더 긴 기간 동안 활용할 가능성이 높다.

단계 3 변형들

단계 3의 일부 특성에 대해 연구자들 사이에 큰 합의가 존재하는 것으로 보인다. 일반적으로 단계 3 교수는 더 개별적으로 초점을 맞춘 것으로 그리고 표준 교육과정에 덜 의존하고 대신 학생 개개인의 요구에 집중하는 것으로 기술되고 있다. 비록 어떤 연구자들이 최대 5명까지의 소집단 교수 또한 효과적일 수 있다(Harn et al., 제8장)고 시사하고 있다 하더라도, 단계 3 교수는 특정 학생의 요구에 맞춰진 중재 내용과 함께 일대일 교수라는 일반적인 합의가 존재한다. 누가 교수를 제공하느냐 또한 단계 3에서는 문제가 된다. 그리고 많은 연구자는 특수교사가 단계 3 교수의 주요 제공자이어야 한다(Vaughn et al., 제2장; Vellutino et al., 제9장; Fuchs & Fuchs, 제3장)는 데 동의하는 것 같다. 단계 3 중재의 전통적인 특수교육과의 유사성이 지속되면서, 비록 소수의 저자만이 분명하게 진술하고 있다 하더라도(Vellutino et al., 제9장) 저자들 대다수는 단계 3 교수를 분리된 환경에서 제공하고 있는 것 같았다. 소수의 저자는 또한 단계 3 교수 회기의 길이나 중재의 길이를 논의하였다. Harn과 동료들(제8장)이 수행한 연구에서 유치원생들은 추가 30분의 소집단 교수를 주당 5일 받았으며, 중재는 11월 초에 시작되어 5월 중순에 종료되었다. 단계 3 교수에 대한 연구가 계속됨에 따라 책무성을 망각하지 않는 것은 중요하다. 특수교육이나 단계 3 교수 또한 학생의 성과를 향상시키기 위해서는 연구로 입증된 방법론에 그 근거를 두어야 한다.

반응의 정의

아마도 중재반응 '운동'에서 도출된 보다 더 중요한 이해들 중 하나는 아동들, 특히 빈약한 학업성취 위험성이 있는 아동들의 진전을 추적할 필요성일 것이다. 책무성은 교육과정중심측정(Deno, 1985; Shinn, 1989)의 오랫동안 인정된 초석이고 이제는 중재반응의 기초다. 이는 매우 좋은 소식이다. 하지만 개념을 정의하는 것보다는 그 개념에 동의하는 것이 더 쉽다. 이 시점에서 문헌에서 사용되는 '반응'과 '무반응'의 정의는 매우 가변적이다. 연구자들은 때때로 결정을 이끌기 위한 기준을 택하지만 종종 기준을 확립하기 위한 표준은 분명히 표현되지 않거나 옹호하기 어렵다. 또 다른 접근방식은 규준참조 검사들에 의존하지만, 단기간에 성장을 나타내는 규준참조 검사들의 능력에는 문제가 있다고 언급되고 있다. 하지만 또 다른 방법이 교육과정중심측정에서의 수준과 성장에 있어 참조집단과의 불일치를 활용하고 있으나 요구되는 불일치의 양은 보통 임의적이다. 이는 분명한 승자가 없는 가능성의 어지러운 집합체다.

Fuchs, Fuchs 그리고 Compton(2004)은 초등학교 1학년과 2학년 아동들 표본에서 반응을 정의하는 몇 가지 접근방식을 비교하였다. 각각의 정의는 2차(단계 2) 중재를 받았던 '반응'과 '무반응' 아동들의 집단을 형성하는 데 적용되었다. 그 후 이 집단들은 몇몇 읽기 성과 및 성장 변인들에 대하여 비교되었다. 큰 집단 차이는 반응을 정의하는 더 나은 방식으로 해석되었다. 교육과정중심측정 단어 읽기 유창성 측정에서 중앙값 분리는 1학년 학생들의 무반응을 가장 잘 정의하였다. 두 번째 최선의 방법은 출판된 검사에서의 규준적 표준(표준점수 90 미만)이었다. 교육과정중심측정 단락 읽기 유창성에 있어 중앙값 분리 및 교육과정중심측정 단락 읽기 유창성 수행과 성장 모두를 활용한(이중 불일치) 규준적 준거는 2학년 학생들의 무반응을 가장 잘 정의하였다.

이전 요약에서 '최선'은 가장 심한 차이를 산출한 방법들로 정의된다. 중앙값 분리 접근방식이 크고 의미 있는 차이를 산출했다는 사실은 그것이 완전히 표본에 달려 있기 때문에 당혹하게 한다.

Fuchs와 동료들(2004)이 한 분석의 흥미로운 측면에는 분류(classification) 신뢰도에 상응하는 함의로 활용된 준거에 따라 무반응으로 판별된 아동들의 비율이 가지각색이라는 것이 포함된다. 만약 중재반응이 학습장애 정의(단계 3에 들어감)의 요소로 활용된다면, 반응이라는 골치 아픈 쟁점에 대해 더 많은 작업이 요구된다.

3학년과 그 이상

읽기 곤란에 있어 확실히 조기 발견과 중재가 목적이고 이 분야에서의 연구들 대다수는 유치원부터 초등학교 3학년까지의 아동들에게 초점을 맞추고 있다. 이전 장들에서 서술된 연구들도 예외는 아니다. Vellutino와 동료들(제9장), Vaughn과 동료들(제2장), O'Connor(제7장)는 유치원생들을 대상으로 중재를 시작하고 있으며 그들을 초등학교 3학년까지 추적하고 있다.

그러나 읽기기반 학습장애를 갖게 될 모든 학생이 3학년까지 판별되는 것은 아니다. 우리가 알기로는 초등학교 3학년에 판별된 집단에 대한 연구는 없다. 여러 연구가 나중에, 즉 3학년 이후에 나타나는 읽기장애에 대한 유병률을 읽기장애로 판별된 학생들 총수의 22~42% 사이로 평가하였다(Kavale & Reese, 1992; Shaywitz, Escobar, Shaywitz, Fletcher, & Makuch, 1992). 읽기장애로 진단될 아동들 대다수가 학교 교육 초기에 징후를 보일 가능성이 높다 하더라도, 이러한 추정치를 고려해 볼 때 소수이지만 상당한 규모의 학생들은 짐작컨대 교수의 초점이 읽기를 배우는 것에서 배우기 위해 읽는 것으로 옮겨 갈 나중에 판별될 것이다. 그렇다면 나중에 시작된 읽기장애를 지닌 학생들을 위해 그와 같은 읽기 중재의 3단계 모델의 유용성을 조사하는 것은 중요한 것 같다. 특히 3단계 접근방식이 읽기장애를 지닌 더 나이 든 학생들을 판별하기 위해 필요한 정도와 그러한 접근방식을 3학년이 지나 실행하는 것이 실현 가능한 일인지 질문해야 한다.

나중에 시작된 읽기장애 판별

읽기기반 학습장애를 초등학교 3학년 이후에 갖게 되는 학생들에게 초점을 맞춘 연구는 거의 없었다. 3학년까지 읽기장애로 판별된 학생들의 많게는 74%가 중학교와 고등학교에 들어갈 때에도 이러한 진단을 유지한다고 알려져 있기는 하더라도, 소수의 연구자가 초등학교 3학년이나 4학년까지는 전형적인 성취를 보이고 난 후 읽기기반 학습장애를 갖는 학생들을 연구하였다(Lyon, 1996: McCray, Vaughn, & Neal, 2001에서 재인용).

그러한 학생들에게 초점을 맞춘 얼마 안 되는 연구들 중 하나(Leach, Scarborough, & Rescorla, 2003)는 3학년 이후에 읽기기반 학습장애로 판별된 학생들은 이질적인 집단이었음을 발견하였다. 4학년 때 이해기반 읽기 부진을 보여 주는 초기 연구들(Catts & Hogan, 2002)을 확인하면서, Leach와 동료들의 연구에서 나중에 판별된 학생들 중 많은 학생이 우수한 기초 해독 기술과 함께 빈약한 이해 기술을 보여 주었다(32%). 그러나 35%는 단어 수준 처리 장애와 적절한 이해 기술을 보여 주었고, 반면에 32%는 단어수준 처리와 이해 모두에서 어려움을 보였다. 이는 3학년에 혹은 3학년 이전에 어려움이 판별된 학생들로 구성된 비교 집단과 대비되는 것이다. 3학년에 혹은 3학년 이전에 판별된 학습장애 학생들 중 6%만이 이해에서만 어려움을 보였고 49%는 단어 수준 처리에서 그리고 46%는 단어 수준 처리와 이해 모두에서 문제를 보였다. 이러한 결과는 조기 판별된 학생들 중 소수가 이해에서만 문제를 갖고 있음을 보여 준다. 게다가 단어 수준에서만 어려움이 있거나 단어 처리와 이해가 결합된 어려움이 있는 대다수의 학생(61%)은 3학년까지 또는 더 빨리 판별되었다.

Leach와 동료들(2003)은 또한 그들의 표본에서 읽기기반 학습장애를 지닌 4학년과 5학년 학생들 중 47%가 3학년 이후에 판별되었음을 발견하였다. 이 학생들의 장애가 이전 학년에서 단지 간과되었는지 혹은 그들이 사실상 3학년 이후가 될 때까지 어려움이 없었는지 확인하기 위해 연구자들은 이 학생들의 3학년, 4학년, 5학년 읽기성취검사 점수를 조사하였다. 이 자료들을 분석한 결과 연구자들은 늦게 판별된 학습장애 학생들이 이전에 단지 간과된 것이 아닌 나중에 나타난 읽기 어려움을 갖고 있다고 결론지었다.

이러한 연구의 읽기 중재 3단계 모델에 대한 함의는 4학년이나 그 후까지 심각한 읽기 어려움을 보이지 않을 상당수의 학생을 판별하고 처치하기 위해 선별 및 진전도 점검이 3학년과 그 이후까지 확장될 필요가 있다는 것이다. 비록 어떤 사람들은 그러한 학생들은 선별 측정 없이도 고학년 교사들이 분명하게 알 수 있다고 주장하고 있다 하더라도, Leach와 동료들(2003)의 연구는 그러한 가정이 거짓임을 보여 주고 있다. 해당 연구의 읽기장애 준거에 맞는 학생들 중 상당수가 이전에 학교에 의해 판별되지 않았고 이는 읽기장애를 지닌 더 나이 든 학생들이 구조화된 선별 과정 없이 항상 쉽게 판별되는 것은 아니라는 사실을 말해 주고 있다. 일찍 나타나는 그리고 나중에 나타나는 읽기장애 학생들 모두가 판별된다는 점을 확실히 하기 위해 선별과 진전도 점검 둘 다 더 기초적인 단어 수준 해독 기술에 덧붙여 학생들의 이해 능력을 구체적으로 조사하는 지표에 통합될 필요가 있다.

Fuchs와 Fuchs(제3장)는 선별과 점검을 3학년 이상으로 확장하는 것에 대해 논의하였다. 게다가 3단계 접근방식을 4학년 및 그 이후까지 계속하는 것은 상대적으로 쉬운 것 같다. 선별 및 진전도 점검은 학급 교수 외에 많은 시간을 필요로 하지 않으며 교사들 및 다른 교직원들에게 약간의 추가 훈련을 요구한다. 최소한 4학년 이후, 어쩌면 중학교까지 이 기법들을 확장하는 것이 학교 자원을 심각하게 고갈시키는 것을 의미해서는 안 된다.

그러나 어떤 사람들은 만약 읽기 중재의 3단계 모델이 충실하게 실행된다면 해독기반 읽기장애를 지닌 학생들 거의가 4학년 이전에 판별되어야 한다고 주장할 것이다. 누군가 학생의 성취 및 성장을 신중하게 점검하는 한 기초 단어 수준 읽기 기술에 어려움을 보이는 학생들을 판별할 수 있어야 하고, 만일 단계 2 중재를 위한 역치 수준이 보수적인 수준으로 설정된다면 이 학생들은 4학년 이전에 얼마간의 집중적인 소집단 교수를 받을 가능성이 높을 것이다. 4학년 이전에 이해기반 읽기 곤란을 예측할 수 있는 측정도구들의 도입은 이러한 유형의 학습장애를 지닌 학생들을 더 이른 나이에 효과적으로 선별할 수 있게 할 것이다. 예를 들어, 최근 연구들은 작업기억이 초등학교 3~5학년 수준의 텍스트를 이해하는 학생들의 능력과 밀접하게 관련되어 있음을 제안하고 있으므로, 작업기억의 선별은 미래의 읽기이해의 어려움을 예측하는 데 사용될 수 있을 것이다(Cain, Oakhill, & Bryant, 2004). 나중에 나타나는 학습장애를 지닌 학생들에 대한 한정된 사전 연구들이 읽기 중재의 3단계 모델을 실행하지 않았던 학교들에서 이루어졌다. 이것이 4학년 및 그 이후까지 진단되지 않았던 학습장애 학생들의 22~42%가 3단계 맥락 내에서 유효한지 알아보는 것을 어렵게 한다.

나중에 판별된 그리고(혹은) 나중에 나타난 학습장애를 지닌 학생들에 대한 이전 연구들이 주로 그러한 학생들을 판별하고 그들이 보이는 다양한 읽기 학습장애를 범주화하는 데 관심이 있었음을 주목하는 것 또한 중요하다. 이러한 연구들은 우리에게 이러한 형태의 학습장애를 지닌 학생들이 더 이른 시기에 학습장애로 판별된 학생들보다 더 수용적인지, 덜 수용적인지 혹은 동일하게 수용적인지에 관하여 아무런 암시도 주지 않고 있다. 그러므로 읽기 중재의 3단계 모델의 효과와 이른 시기에 나타난 학습장애를 지닌 학생들과 나중에 나타난 학습장애를 지닌 학생들로 구성된 집단들과 비교하는 것은 흥미로운 일이 될 것이다.

고학년에서의 3단계 교수의 실용성

읽기 중재의 3단계 모델의 선별 및 진전도 점검 측면들을 초등학교 3학년 이상으로 확대하는 것이 단순한 것이라 하더라도, 이 접근방식 자체가 고학년에서 효과적으로 실행될 수 있을지의 문제는 남아 있다. 학생들이 읽기를 배우는 것에서 배우기 위해 읽는 것으로 전환할 때 3단계 접근방식은 일반교육 교수에서 이득을 보지 못하는 학생들에게 수행을 향상시키는 실질적인 수단으로 판명될 것인가?

저학년에서 우수한 3단계 교수에 노출되는 것이 학생들이 고학년이 되기 전에 읽기에서의 많은 어려움을 개선해 줄 것으로 기대할 수 있다. 하지만 읽기장애의 지속성에 대한 이전 연구들은 많은 학생이 여전히 단계 2와 단계 3 교수를 요구하는 심각한 장애를 지니고 있음을 시사한다. 이 고학년 학생들에게서 그러한 교수는 기초 해독과 높은 수준의 이해 기술들 모두에 대해 공부하는 소집단 학생들을 위한 분리 교수로 인해 전통적인 특수교육과 더 유사하다.

학습장애라는 구인에 대한 함의

양질의 중재들을 개발하고, 교수를 전달하는 최적의 조건들을 이해하며, 결정을 이끌기 위해 사정 자료를 활용하는 것은 중재반응의 가능성을 이해하는 데 필요하다. 하지만 이러한 쟁점들을 해결하는 것은 학습장애 판별 문제를 다루는 데 충분하지 않다. 중재반응은 아마도 그 많은 형태와 그 본질로 학습장애를 판별하는 하나의 방법일 것이다. 개정된 IDEA는 특히 중재반응이 지능-성취 불일치 방법을 대체할 수 있을 것으로 진술하고 있다(http://copaa.org/pdf/IDEA97-04COMP.pdf 참조). 중재반응이 또한 예방과 조기 교정 등과 같은 다른 성과들도 보이고 있다는 것은 지속적으로 연구할 이유를 강화시키는 데 사용되는 눈에 띄고 사소하지 않은 특징들이다.

그렇다면 중재반응 연구로부터 학습장애에 대해 알려진 것은 무엇인가? 소수의 연구가 이를 하나의 초점으로 삼았다. 한 학년도 내내 일반교육의 읽기 교수에 반응을 보이지 못했던 위험에 처한 어린 아동들이 지능-성취 불일치를 보이는 아동들보다 더 열악한 기술을 지니고 있음이 알려지고 있다. 중요한 것은 무반응 집단이 그들이 표집된 인구 집단에 비례하는 성별 및 민족적 특성들을 보이고 있다는 것이다(Speece & Case, 2001). 또한 초등학교 저학년 전반에 걸쳐 지속적으로 반응을 보이지 못하고 따라서 단계 3 중재에 대상이 될 가능성이 높은 위험군 아동들이 더 나은 수준의 반응을 보이는 위험군 아동들보다 더 열악한 읽기 및 행동 결과를 보인다(Case, Speece, & Molloy, 2003; Vaughn et al., 2003).

학습장애와 중재반응의 관련성은 분명히 이 초기 결과들 이상의 정교화가 필요하다. 단계들과 중재들에 대한 초점으로부터 한 걸음 물러서서 분류 및 판별에 대한 쟁점들을 심사숙고할 때, 단계 3에 접어든 아동들은 학습장애라는 구인이 불일치 이후의 세계에서 어떻게 진화할 것인지에 관심을 가진 사람들에게 가장 높은 수준의 흥미를 끌게 될 것이다. 이 아동들은 누구인가? 이들은 이들 자신을 2차 중재에 적절하게 반응하는 아동들과 구분하게 하는 일련의 특성(반응 외에)에 있어 동질적인가? 혹은, 예를 들어 주의집중, 신경생물학, 사회적 배경 그리고 학업 기술의 차원들을 연구할 때 나타날 수 있는 하위 유형들이 있는가?

개인차에 덧붙여, 한 아동의 프로파일에 맞춰질 때 더 성공적일 차별화 중재들이 존재하는가? 탁월한 1차 및 2차 중재들을 넘어서서 지속되는 어떤 아동의 읽기 문제들을 다루는 것이 얼마나 어려운지 언급하는 것은 중요하다(Fuchs, Fuchs, McMaster, & Al Otaiba, 2003). 반응 수준이 낮은 아동들의 인지적 · 신경생물학적 · 사회적 프로파일과 신중하게 계획된 중재에 대한 반응 사이의 관계를 이해하는 것은 학습장애라는 구인의 진화를 설명하는 데 있어 핵심이 될 것이다. Blashfield와 Draguns(1976)는 우수한 분류 체계는 반드시 실행가들과 의사소통해서 이론을 세워야 한다고 말했다. 우리는 중재반응 연구들이 중재를 정의하는 데서 멈추지 않고 학습장애를 더 잘 이해하도록 이 책에 분명하게 제시된 강력한 기반을 활용할 것이라고 희망해 본다.

참고문헌

Blachman, B. A, Ball, E. W., Black, R., & Tangel, D. M. (2000). *Road to the code: A phonological awareness program for young children*. Baltimore: Paul H. Brookes Publishing Co.

Blashfield, R. K., & Draguns, J. G. (1976). Evaluation criteria for psychiatric classification. *Journal of Abnormal Psychology, 85,* 140-150.

Cain, K., Oakhill, J., & Bryant, P. (2004). Children's reading comprehension ability: Concurrent prediction by working memory, verbal ability, and component skills. *Journal of Educational Psychology, 96,* 31-42.

Carnine, D. (1997). Bridging the research-to-practice gap. *Exceptional Children, 63,* 513-522.

Case, L. P., Speece, D. L., & Molloy, D. E. (2003). The validity of a response-to-instruction paradigm to identify reading disabilities: A longitudinal analysis of individual differences and contextual factors. *School Psychology Review, 32,* 557-582.

Catts, H. W., & Hogan, T. P. (2002, June). *The fourth grade slump: Late emerging poor readers*. Paper presented at the annual meeting of the Society for the Scientific Study of Reading, Chicago.

The Council of Parent Attorneys and Advocates. (2004). *Individuals with Disabilities Education Improvement Act of 2004 Compared to IEDA'97*. Retrieved January 12, 2005, from http://www.copaa.org/pdf/IDEA97-04COMP.pdf

Deno, S. L. (1985). Curriculum-based measurement: The emerging alternative. *Exceptional Children, 52,* 219-232.

Fletcher, J. M., Francis, D. J., Shaywitz, S. E., Lyon, G. R., Foorman, B. R., Stuebing, K.

K., et al. (1998). Intelligent testing and the discrepancy model for children with LD. *Learning Disabilities Research and Practice, 13,* 186–203.

Foorman, B. R. (1995). Research on "The great debate": Code-oriented versus whole language approaches to reading instruction. *School Psychology Review, 24,* 376–392.

Fuchs, D., Fuchs, L. S., & Compton, D. L. (2004). Identifying reading disabilities by responsiveness-to-instruction: Specifying measures and criteria. *Learning Disability Quarterly, 27,* 216–227.

Fuchs, D., Fuchs, L. S., McMaster, K. N., & Al Otaiba, S. (2003). Identifying children at risk for reading failure: Curriculum-based measurement and the dual-discrepancy approach. In L. Swanson, K. R. Harris, & S. Graham (Eds.), *Handbook of learning disabilities* (pp. 431–449). New York: The Guilford Press.

Fuchs, L. S. (1995, May). *Incorporating curriculum-based measurement into the eligibility decision-making process: A focus on treatment validity and student growth.* Paper presented at the Workshop on IQ Testing and Educational Decision Making, National Research Council, National Academy of Science, Washington, DC.

Fuchs, L. S., & Fuchs, D. (1998). Treatment validity: A unifying concept for reconceptualizing the identification of learning disabilities. *Learning Disabilities Research and Practice, 13,* 204–219.

Fuchs, L. S., Fuchs, D., Kazdan, S., & Allen, S. (1999). Effects of peer-assisted learning strategies in reading with and without training in elaborated help giving. *Elementary School Journal, 99,* 201–220.

Greenwood, C. R. (1996). Research on the practices and behavior of effective teachers at the Juniper gardens children's project: Implications for the education of diverse learners. In D. L. Speece & B. K. Keogh (Eds.), *Research on classroom ecologies* (pp. 39–79). Mahwah, NJ: Lawrence Erlbaum Associates.

Greenwood, C. R., Terry, B., Arreaga-Mayer, C., & Finney, R. (1992). The ClassWide Peer Tutoring Program: Implementation factors moderating students' achievement. *Journal of Applied Behavioral Analysis, 25,* 101–116.

Jenkins, J. R., & O'Connor, R. E. (2002). Early identification and intervention for young children with reading/learning disabilities. In R. Bradley, L. Danielson, & D. P. Hallahan (Eds.), *Identification of learning disabilities: Research to Practice* (pp. 99–149). Mahwah, NJ: Lawrence Erlbaum Associates.

Kavale, K. A., & Reese, J. H. (1992). The character of learning disabilities: An Iowa profile.

Learning Disability Quarterly, 15, 74-94.

Kennedy, M. M. (1997). The connection between research and practice. *Educational Researcher, 26*(7), 4-12.

Klingner, J. K., Vaughn, S., Hughes, M. T., & Arguelles, M. E. (1999). Sustaining research-based practices in reading: A 3-year follow-up. *Remedial and Special Education, 20,* 263-274, 287.

Kovaleski, J. F., Tucker, J. A., & Stevens, L. (1996). Bridging special and regular education: The Pennsylvania initiative. *Educational Leadership, 53*(5), 44-47.

Leach, J. M., Scarborough, H. S., & Rescorla, L. (2003). Late-emerging reading disabilities. *Journal of Educational Psychology, 95,* 211-224.

MacMillan, D. L., & Siperstein, G. N. (2002). Learning disabilities as operationally defined by schools. In R. Bradley, L. Danielson, & D. P. Hallahan (Eds.), *Identification of learning disabilities: Research to practice* (pp. 287-333). Mahwah, NJ: Lawrence Erlbaum Associates.

Malouf, D. B., & Schiller, E. P. (1995). Practice and research in special education. *Exceptional Children, 61,* 414-424.

McCray, A. D., Vaughn, S., & Neal, L. I. (2001). Not all students learn to read by third grade: Middle school students speak out about their reading disabilities. *Journal of Special Education, 35,* 17-33.

McMaster, K. L., Fuchs, D., Fuchs, L. S., & Compton, D. L. (2005). Responding to non-responders: An experimental field trial of identification and intervention models. *Exceptional Children, 71,* 445-463.

No Child Left Behind Act of 2001, PL 107-110, 115 Stat. 1425, 20 U.S.C. §§ 6301 *et seq.*

Richley, K. D., & Speece, D. L. (2004). Early identification of reading disabilities: Current states and new directions. *Assessment for Effective Intervention, 29,* 13-24.

Scarborough, H. S. (1998). Early identification of children at risk for reading disabilities: Phonological awareness and some other promising predictors. In B. K. Shapiro, P. J. Accardo, & A. J. Capute (Eds.), *Specific reading disability: A view of the spectrum* (pp. 75-107). Timonium, MD: York Press.

Shaywitz, S. E., Escobar, M. D., Shaywitz, B. A., Fletcher, J. M., & Makuch, R. (1992). Evidence that dyslexia may represent the lower tail of a normal distribution of reading ability. *New England Journal of Medicine, 326,* 145-150.

Shaywitz, S. E., Shaywitz, B. A., Fletcher, J. M., & Escobar, M. D. (1990). Prevalence of reading disability in boys and girls: Results of the Connecticut longitudinal study. *Journal of the American Medical Association, 264,* 998-102.

Shinn, M. R. (Ed.). (1989). *Curriculum-based measurement: Assessing special children.* New York: The Guilford Press.

Speece, D. L. (2005). Hitting the moving target known as reading development: Some thoughts on screening first-grade children for secondary interventions. *Journal of Learning Disabilities, 38,* 437-493.

Speece, D. L., & Case, L. P. (2001). Classification in context: An alternative approach to identifying early reading disability. *Journal of Educational Psychology, 93,* 735-749.

Speece, D. L., Case, L. P., & Molloy, D. E. (2003). Responsiveness to general education instruction as the first gate to learning disabilities identification. *Learning Disabilities Research & Practice, 18,* 147-156.

Vaughn, S., & Fuchs, L. S. (2003). Redefining learning disabilities as inadequate response to instruction: The promise and potential problems. *Learning Disabilities Research & Practice, 18,* 137-146.

Vaughn, S. R., Klingner, J., & Hughes, M. (2000). Sustainability of research-based practices. *Exceptional Children, 66,* 163-171.

Vaughn, S., Linan-Thompson, S., & Hickman-Davis, P. (2003). Response to treatment as a means of identifying students with reading/learning disabilities. *Exceptional Children, 69,* 391-409.

Vellutino, F. R., Scanlon, D. M., Sipay, E. R., Small, S. G., Pratt, A., Chen, R. S., et al. (1996). Cognitive profiles of difficult to remediate and readily remediated poor readers: Early intervention as a vehicle for distinguishing between cognitive and experiential deficits as basic causes of specific reading disability. *Journal of Educational Psychology, 88,* 607-638.

찾아보기

[인명]

[내용]

편저자 소개

Diane Haager

읽기 및 학습장애 분야의 연구자이자 교사 교육자이다. California 주립 대학교의 교수로, 교사들에게 발생률이 높은 장애를 지닌 아동들을 가르치기 위한 방법을 강의한다. Haager 박사는 여러 공립학교에서 읽기 전문가 및 특수교사로 일해 왔으며, 수많은 책과 논문의 저자이기도 하다. 영어 학습자들과 학습장애를 지닌 학생들 그리고 읽기에 실패할 위험에 처한 아동들을 위한 효과적인 읽기 교수와 관련된 쟁점들을 연구하는 데 관심을 지니고 있다.

Janette Klingner

Colorado 대학교의 Division for Educational Equity and Cultural Diversity에서 이중언어/제2언어로서의 영어 특수교육 프로그램을 맡고 있는 조교수이다. Klingner 박사는 Miami 대학교에서 읽기 및 학습장애로 박사학위를 취득하기 이전에는 이중언어 특수교육 교사로 10년 동안 재직하였다. 문화적 · 언어적으로 다양한 학생들이 특수교육에 불균형적으로 대표되어 있는 문제를 다루기 위해 설립된 기술적 지원 센터인 The National Center for Culturally Responsive Educational Systems의 공동 주 조사자이다. Klingner 박사는 다양한 사람들을 위한 독해 전략 교수, 문화적 · 언어적으로 다양한 학생들의 특수교육에의 불균형적 대표 그리고 입증된 실제들이 지속적 실행으로 이어지는 교사 연수 등을 연구하는 데 관심을 갖고 있다. 2004년에는 American Educational Research Association에서 수여하는 Early Career Awards를 수상하였다.

Sharon Vaughn

H. E. Hartfelder Southland Corporation Regents의 의장이자 Texas 대학교의 교수이다. Vaughn 박사는 연구에 대한 기여로 American Educational Research Association에서 수여하는 Special Education State Improvement Grant Award를 받았다. 『Journal of Learning Disabilities』의 편집장이자 『Learning Disabilities Research and Practice』의 공동 편집인이며, 수많은 책과 논문의 저자이기도 하다.

기여자 소개

Jason L. Anthony
Texas 대학교 Health Science Center 발달 소아과학부 조교수

Manuel T. Barrera
Walden 대학교 사범대학장

Andrea Canter
Minneapolis 독립 자문가 및 편집자

Coleen D. Carlson
Houston 대학교 연구 부교수이자 Houston 대학교 Texas Institute for Measurement, Evaluation, and Statistics 연구소 부소장

Carolyn A. Denton
Texas 대학교(Austin) 특수교육과 조교수

Diane P. Fanuele
New York 주립 대학교(Albany) Child Research and Study Center 연구 코디네이터 보조원

Jack M. Fletcher
Houston 대학교 심리학 석좌교수

Barbara R. Foorman
Florida 주립 대학교 교육 프랜시스 에피스(Francis Eppes) 교수이자 Florida Center for Reading Research 연구소 부소장

Douglas Fuchs
Vanderbilt 대학교 특수교육 및 인간발달 니콜라스 홉스(Nicholas Hobbs) 교수

Lynn S. Fuchs
Vanderbilt 대학교 특수교육 및 인간발달 니콜라스 홉스(Nicholas Hobbs) 교수

Charles R. Greenwood
Kansas 대학교 응용행동과학 교수 및 선임 과학자이자 Juniper Gardens Children's Project 소장

Beth A. Harn
Oregon 대학교 Center on Teaching and Learning 조교수

Edward J. Kame'enui
National Center for Special Education Research 회장

Debra Kamps
Kansas 대학교 Center for Early Intervention in Reading and Behavior, Juniper Gardens Children's Project 선임 과학자이자 소장

Matthew Y. Lau
Minneapolis 공립학교 특수교육 서비스 학교 심리학자 및 프로그램 조정자이자 Minnesota 대학교 학교 심리학 프로그램 현장실습 코디네이터

Sylvia Linan-Thompson
Texas 대학교(Austin) 특수교육과 부교수

Deborah L. Linebarger
Pennsylvania 대학교 Annenberg School for Communication 조교수

Jennifer Mahdavi
Sonoma 주립 대학교 조교수

Douglas Marston
Minneapolis 공립학교 Research and Evaluation in Special Education 관리자이자 Minnesota 대학교 교육심리학과 외래교수

Paul Muyskens
Minneapolis 공립학교 특수교육부 소속 학교 심리학자

Rollanda E. O'Connor
California 대학교(Riverside) 교육대학원 특수교육 및 읽기 교수

Andrew C. Papanicolaou
Texas 대학교 의과대학 임상 신경과학부 책임자이자 신경외과 교수

Amy L. Reschly
Georgia 대학교 교육심리 및 교수공학과 조교수

Kristi L. Santi
Santi 그룹

Donna M. Scanlon
New York 주립 대학교(Albany) 부교수 및 읽기 전공 교수이자 Child Research and Study Center 부소장

Deborah C. Simmons
Texas A&M 대학교 교육 및 인간발달대학 교육심리학과 특수교육 교수

Panagiotis G. Simos
Greece Crete 대학교(Gallos Campus) 심리학과 부교수

Sheila G. Small
New York 주립 대학교(Albany) Child Research and Study Center 연구 코디네이터

Audrey McCray Sorrells
Texas 대학교(Austin) 특수교육과 부교수

Deborah L. Speece
Maryland 대학교 특수교육과 교수

Joan M. Sweeney
New York 주립 대학교(Albany) Child Research and Study Center 연구원

Barbara J. Terry
Kansas 대학교 Juniper Gardens Children's Project 연구 조교수

Frank R. Vellutino
New York 주립 대학교(Albany) Child Research and Study Center 교수 및 책임자

Caroline Y. Walker
Maryland 대학교 특수교육과 박사과정

Jeanne Wanzek
Texas 대학교(Austin) Vaughn Gross Center for Reading and Language Arts 연구 보조원

Althea L. Woodruff
Texas 대학교(Austin) Vaughn Gross Center for Reading and Language Arts 프로젝트 책임자 및 강사

역자 소개

이병혁(Lee Byounghyuk)
단국대학교 대학원 특수교육 전공(교육학 박사)
현 극동대학교 중등특수교육학과 교수

홍성두(Hong Sungdoo)
서울대학교 대학원 특수교육 전공(교육학 박사)
현 서울교육대학교 유아·특수교육과 교수

중재반응을 위한 증거기반 읽기 교수

Evidence-Based Reading Practices for Response to Intervention

2018년 7월 20일 1판 1쇄 인쇄
2018년 7월 30일 1판 1쇄 발행

엮은이 • Diane Haager · Janette Klingner · Sharon Vaughn
옮긴이 • 이병혁 · 홍성두
펴낸이 • 김진환
펴낸곳 • (주) 학지사
04031 서울특별시 마포구 양화로 15길 20 마인드월드빌딩
대표전화 • 02)330-5114 팩스 • 02)324-2345
등록번호 • 제313-2006-000265호

홈페이지 • http://www.hakjisa.co.kr
페이스북 • https://www.facebook.com/hakjisa

ISBN 978-89-997-1194-7 93370

정가 22,000원

이 도서의 국립중앙도서관 출판시도서목록(CIP)은 서지정보유통지원시스템 홈페이지(http://seoji.nl.go.kr)와 국가자료공동목록시스템(http://www.nl.go.kr/kolisnet)에서 이용하실 수 있습니다.
(CIP 제어번호: CIP2018020921)